suhrkamp taschenbuch
wissenschaft 2452

Der populistische Appell an das »Volk« und die Mobilisierung gegen die »Eliten« dominieren mittlerweile die Politik in vielen Ländern der Welt. Aber wo liegen die geschichtlichen Wurzeln dieser Politikform? Und wie hängt sie mit gesellschaftlichen Krisenprozessen zusammen? Welche Spielarten des Populismus sind zu unterscheiden und was ist ihr Verhältnis zu Demokratie und Verfassung? Kolja Möller verfolgt die Wege des Populismus, die bereits im 11. Jahrhundert beginnen und bis zu den jüngsten Konflikten im Zuge der Globalisierung führen, und er entwickelt eine umfassende Gesellschaftstheorie dieser Politikform. Ein unverzichtbares Buch, um die gegenwärtige populistische Welle zu verstehen.

Kolja Möller arbeitet als Wissenschaftlicher Mitarbeiter am Institut für Politikwissenschaften der TU Dresden und im Forschungsprojekt »Legal Populism« (gefördert durch die German-Israeli Foundation). Im Suhrkamp Verlag hat er herausgegeben: *Populismus. Ein Reader* (stw 2340).

Kolja Möller

Volk und Elite

Eine Gesellschaftstheorie des Populismus

Suhrkamp

Erste Auflage 2024
suhrkamp taschenbuch wissenschaft 2452
Originalausgabe

Druck und Bindung: C. H. Beck, Nördlingen
Printed in Germany
Umschlag nach Entwürfen
von Willy Fleckhaus und Rolf Staudt
ISBN 978-3-518-30052-7

www.suhrkamp.de

Inhalt

Prolog

Es gibt nur wenige Romane, in denen die historischen Erfahrungen des Antifaschismus in so dichter Form beschrieben werden wie in der *Ästhetik des Widerstands* von Peter Weiss. Der Roman beginnt mit einem langen Gespräch zwischen drei Antifaschisten. Sie treffen sich am 20. September 1937 vor dem Pergamonfries in einem Berliner Museum – Auftakt einer Handlung, in der sich die Figuren während der 1920er und 1930er Jahre dem Faschismus in den Weg stellen. Der ist zu dieser Zeit schon auf dem Siegeszug, draußen dröhnt das »taktfeste Schmettern nagelbeschlagner Stiefel«.[1] Doch die drei lassen sich von den widrigen Bedingungen nicht beirren, sondern unterhalten sich über den Kampf zwischen Göttern und Titanen in der griechischen Mythologie, welcher auf dem Fries dargestellt ist. Sie interpretieren die Szenen als Verbildlichung politischer Ordnungskonflikte. Die ganze Bedeutung dieser Einstiegsszene in der *Ästhetik des Widerstands* erschließt sich erst am Ende des Romans nach einer langen Reise des Ich-Erzählers, die ihn von Berlin in den spanischen Bürgerkrieg und über Paris bis ins skandinavische Exil führt. Gezeichnet von den politischen Niederlagen und dem Verlust enger Freunde und Weggefährten sowie seinen tiefen Persönlichkeitskrisen, wendet er sich am Schluss erneut dem Herakles gewidmeten Friesabschnitt zu. Von dieser Herakles-Figur ist im Fries allerdings nur die von seinem Umhang stammende Löwenpranke erhalten geblieben. Sein Platz ist leer. Dabei war aber, trauen wir der Überlieferung, gerade Herakles, der als unehelicher Sohn einer Sterblichen und eines Gottes weder zu den Giganten noch zu den Göttern gehörte, ausschlaggebend für den Sieg der Götter. Peter Weiss schreibt:

> [U]nd ein Platz im Gemenge würde frei sein, die Löwenpranke würde dort hängen, greifbar für jeden, und solange sie unten nicht abließen voneinander, würden sie die Pranke des Löwenfells nicht sehn, und es würde kein Kenntlicher kommen, den leeren Platz zu füllen, sie müßten selber mächtig werden dieses einzigen Griffs, dieser weit ausholenden und schwingenden Bewegung, mit der sie den furchtbaren Druck, der auf ihnen lastete, endlich hinwegfegen könnten.[2]

1 Peter Weiss, *Ästhetik des Widerstands*, Frankfurt am Main 1976/1978/1981, S. 19.

2 Ebd., S. 1196.

Mit dieser Schlusspassage wird die Handlung des Romans erschlossen: Seine Figuren sind stets damit beschäftigt, diesen leeren Platz zu füllen. Sie nehmen Abstand von sich und der Welt, wie sie ist, und überlegen, wie sie so in die Geschichte eingreifen können, dass Veränderungen ermöglicht werden. Was heißt es, den leeren Platz zu füllen, der den Konflikt entscheidet und einer neuen Ordnung zum Durchbruch verhilft? Den leeren Platz zu besetzen, ist in den Augen der drei Antifaschisten nicht allein eine Frage des Willens, sondern der realen Möglichkeiten, die sich im Geschichtsverlauf ergeben.

Es gehört zu den charakteristischen Merkmalen von demokratischen Verfassungen, dass sie einen solchen »leeren Platz« bereithalten. Sie schreiben nicht feingliedrig inhaltlich vor, wie genau er zu besetzen ist, aber gründen sich auf die Volkssouveränität – auf die verfassungsgebende Gewalt des Volkes. Von dort aus erhält die Ordnung ihre Legitimation und kann verändert, umgewälzt oder gar revolutioniert werden. Dass politische und soziale Bewegungen immer wieder auf das »We, the people« zurückkommen, ist dementsprechend kein Zufall, sondern hängt mit der Art zusammen, wie der Bereich der Politik in Demokratien konfiguriert und der leere Platz dem Volk zugeordnet ist. Wer nicht nur Geländegewinne erzielen, sondern die Ordnung verändern will, muss erfolgreich das Volk repräsentieren.

Die demokratische Verfassung löst das Problem des leeren Platzes jedoch nie endgültig, sondern – darauf haben unterschiedliche politische Theorien immer wieder hingewiesen – stellt es auf Dauer, und das mit allen Risiken. Schließlich schwanken die Appelle ans Volk zwischen Emanzipation und identitärer Schließung – bis hin zu einer autoritären Transformation der Ordnung, die den leeren Platz in der Folge auslöscht, indem sie ihn dauerhaft besetzt. In diesem Sinne – das ist eine zentrale These der folgenden Überlegungen – ist der zugespitzte Populismus, der für sich beansprucht, das Volk gegen die Eliten zu vertreten, eine wiederkehrende politische Handlungsoption. Die Auseinandersetzung mit seiner Theorie und Geschichte soll den Blick dafür schärfen, wie er genau zu verstehen ist und welche Trajektorien sich im historischen Verlauf nachweisen lassen. Dieser Zugriff beschränkt sich nicht darauf, populistische Politikformen zurückzuweisen oder zu verteidigen. Vielmehr wird der Frage nachgegangen, inwieweit populistische

Politikformen dazu geeignet sind, den »furchtbaren Druck«, der auf den Machtunterworfenen und ihrer Geschichte lastet, tatsächlich zu überwinden, oder ob sie sich ganz im Gegenteil eher als Blockade erweisen.

Zur Beantwortung dieser Fragen wird zunächst im ersten Teil des Buches eine systematische Theorie zum Verhältnis von Volkssouveränität, Gesellschaft und Populismus entwickelt (Kapitel 1-3), in deren Mittelpunkt die folgenden Thesen stehen: Der Populismus ist in der Art, wie das politische und rechtliche System konstitutionalisiert, d. h. in der demokratischen Verfassung miteinander verknüpft sind, als Kommunikations- und Handlungsoption angelegt. Er übernimmt eine spezifische Funktion, indem er die Volkssouveränität im Sinne einer konstituierenden Gegenmacht in die regulären Verfahren des politischen Systems einführt, um die jeweiligen Eliten und Funktionsträger:innen abzulösen (*Populismus als Politikform*) und öffentliche Amtsmacht zu erobern (*Populismus an der Macht*). Obwohl sich verschiedene Formen von Populismus durchaus unterscheiden, weisen sie doch ein gemeinsames soziales Substrat auf. Sie treten in Situationen auf, in denen die strukturellen Kopplungen unterschiedlicher Sozialsysteme wie insbesondere Politik, Recht und Wirtschaft in Krisen geraten (*populistische Momente*). Populistische Politikformen lassen sich demnach nicht nur im Hinblick darauf untersuchen, mit welchen Ideologien sie verknüpft sind und wie sie ihr Volk der Volkssouveränität jeweils bestimmen, sondern auch, inwiefern sie aussichtsreich auf die jeweiligen Krisen reagieren und eine transformative Veränderung bewirken (*Kritik des Populismus*).

Auf diesen Thesen aufbauend werden im zweiten Teil des Buches unterschiedliche Etappen einer Problemgeschichte nachgezeichnet. Dabei wird ersichtlich, wie der Bezug auf das Volk in die Geschichte eintrat und schrittweise zur Fundierungsnorm der Politik avancierte. Ein besonderes Augenmerk wird auf die Veränderungen gelegt, die Volkssouveränität und Populismus über die Jahrhunderte durchliefen.

Zu Beginn dieser Problemgeschichte wird analysiert, wie die Grundstrukturen der Volkssouveränität schon in den frühen Volksbezügen des katholischen Kirchenvolks (*populus dei*) und der Stadtstaaten (*popolo*) angelegt waren (Kapitel 4). Beide Entwicklungslinien werden in der Folge in einem sich von der Gesellschaft und der Kirche lösenden Bereich politischer Herrschaftsausübung miteinander kombiniert. Dies mündet mit den bürgerlichen Revolutionen des 18. Jahrhunderts in ein modernes Verständnis der Volkssouveränität (Kapitel 5). Fortan gerät der Populismus in ein Spannungsverhältnis zum prozeduralen Legitimationsmodell, wie es in den einschlägigen bürgerlichen Vertragstheorien angelegt ist. Dies hält die sozialen Bewegungen des 19. Jahrhunderts indes nicht davon ab, wieder auf die Verkörperung des Volkes zurückzukommen (Kapitel 6). Sie bringen sich als Volk der Arbeit in Stellung, das in den ökonomischen Produktionsverhältnissen begründet ist. Damit verschiebt sich die Fragestellung zudem dahingehend, ob der Volkswille überhaupt als Ausgangspunkt für eine gelingende soziale Transformation tauglich ist. Eine sozialwissenschaftliche Aufklärung, an die die marxistisch geprägte Arbeiterbewegung anschloss, identifizierte Fehlstellungen und kritisierte eine populistische Lesart der Volkssouveränität. Doch ließ sich diese Lesart nicht einfach verdrängen. Der Kampf um die demokratische Volkssouveränität avancierte vielmehr zum Kernprojekt der sozialen Bewegungen. Das politische System inkludierte das Volk als Masse in seine Verfahren und die Revolutionen seit 1917 führten das erste Mal Verfassungsordnungen ein, nach denen ein inklusives Volk das gesellschaftliche Leben ausgestalten sollte (Kapitel 7).

Dieser scheinbare demokratische Fortschritt erlebte in der Folge allerdings massive Regressionen: In den 1920er und 1930er Jahren entstand eine populistische Konstellation, in der faschistische Kräfte das Volk als Volksgemeinschaft mobilisierten und die rechtlich gebundene Volkssouveränität in einer gewaltschwangeren Dauerbewegung auflösten (Kapitel 8). Wiederum bestand die Antwort auf diese Entwicklung in einer popularen Lesart der Volkssouveränität: Franklin D. Roosevelts New-Deal-Politik in den USA ebenso wie die Volksrepubliken und Volksfronten, die den Faschismus bekämpften, bemühten ein weiteres Mal einen demokratischen Volkswillen, den sie dem Faschismus zu entwenden suchten. Dies sorgte für einen großangelegten Neuanlauf demokratischer Volkssouveränität in der westlichen Welt und eine internationale Völkerrechtsordnung, die einer nochmaligen Machtergreifung durch den Faschismus entgegenwirken sollten.

Populistische Politikformen waren jedoch auch dieses Mal nicht dauerhaft zu verdrängen: Seit den 1950er und 1960er Jahren reüssierten nationale Befreiungsbewegungen in Lateinamerika, Asien und Afrika. Sie stützten sich auf ein heterogenes Volk der Leute, das sich im Konflikt mit den Kolonialmächten herausbildete. Dies war Teil einer Veränderung der Weltordnung, die sich schließlich auch in den Staaten der westlichen Welt und des Ostblocks in den Forderungen nach einer »Demokratisierung der Demokratie« beziehungsweise nach einem »demokratischen Sozialismus« niederschlug (Kapitel 9).

Diese Dynamik wurde ab den 1980er Jahren jäh gestoppt. Neoliberale und autoritäre Populismen riefen erfolgreich ein Marktvolk der vereinzelten Individuen als Selbstunternehmer herbei und zogen das populistische Moment auf ihre Seite. Die Demokratisierungsdynamik wurde durch das Leitbild des Marktes als neues gesellschaftliches Allgemeines abgelöst und transnationale Spielarten der Verfassungsbildung blockierten Eingriffe in die Wirtschafts- und Eigentumsordnung fortan dauerhaft. Diese Kombination aus Freihandel und Marktvolk manövrierte die Welt in eine Krise, die sich spätestens mit der Finanzkrise 2008 deutlich manifestierte. Darauf reagiert gegenwärtig wieder eine populistische Welle, die versucht, zu einer nationalen, identitären Volkssouveränität zurückkehren und die globalen Krisen gewaltbewährt zu verdrängen (Kapitel 10). So stellt sich am Ende dieser Problemgeschichte die Frage, ob eine andersgeartete populare Politik bessere Antworten im Umgang mit den existenziellen Gefährdungen unserer Zeit finden und erneut aus der national-identitären Spielart der Volkssouveränität heraustreten kann.

1 Gegenwart des Populismus

Das Schwanken des Populismus lässt sich an einer Episode aus dem US-amerikanischen Präsidentschaftswahlkampf von 2016 verdeutlichen. Barack Obama erklärte: »Mir liegen die Menschen am Herzen. […] Das macht mich wohl zu einem Populisten.«[3] Ein wahrer Populist, so Barack Obama in einer längeren Ausführung,

3 »Obama's Epic Rant On Trump's ›Populism‹«, ⟨https://www.youtube.com/watch?v=PUMje1X2pKA⟩.

stütze sich nicht nur auf unmittelbare Zustimmung in der Bevölkerung, sondern vertrete die Interessen der Leute. Obama erläuterte, wie er sich für streikende Arbeiter:innen, alleinerziehende Mütter und benachteiligte Stadtteile in seinem politischen Leben eingesetzt habe. Deutlich wendete er sich gegen die amerikanische Rechte, die das Etikett »populistisch« ausdrücklich nicht verdiene. Mit ihren Forderungen nach Steuersenkungen und Privilegien für die weiße Bevölkerung und mit ihrem Desinteresse an der Lebenssituation der Schwachen unterlaufe sie den wesentlichen Kern des Populismus, die Interessen des einfachen Volkes zu vertreten. Offenkundig verhallte Obamas Versuch, den Populismus für sein Lager zu beanspruchen. Donald Trump gewann die Wahlen mit jenem »Make America Great Again«-Slogan, den Obama im Wahlkampf als Etikettenschwindel entlarvt hatte. In dieser Episode kommt eine tiefer liegende Problemlage zum Ausdruck. Sowohl Barack Obama als auch Donald Trump werfen hintergründig die Frage nach der Volkssouveränität auf: Wer ist die Gründungsmacht des Gemeinwesens, aus dem die jeweiligen Organgewalten und politischen Funktionär:innen ihre Legitimation beziehen – ein ländliches Amerika der Mittelklassen, vom christlichen Glauben zum auserwählten Volk erklärt, oder ein Volk der Arbeiter:innen, alleinerziehenden Mütter und einfachen Leute, an die Obama appellierte?[4]

Das politische Leben der letzten Jahre ist ganz offensichtlich von Bewegungen geprägt, die in der Öffentlichkeit und wissenschaftlichen Forschung als populistisch gelten, nicht zuletzt in der Europäischen Union des letzten Jahrzehnts. Zunächst artikulierte sich der Widerstand gegen die Austeritätspolitik in der Euro-Zone als popularer Protest des europäischen Südens gegen die Brüsseler Funktionäre.[5] Ab 2015 erstarkte eine bis heute anhaltende Welle des Rechtspopulismus. Zwar sind diese Bewegungen in einzelnen Ländern schon seit den 1980er Jahren erfolgreich, aber erst die Diskus-

4 Zur langen Tradition des Populismus in den USA: Michael Kazin, *The Populist Persuasion. An American History*, Ithaca/London 1995; Richard Hofstadter, *The Age of Reform*, New York 1955.

5 Yannis Stavrakakis, »The Return of ›the People‹: Populism and Anti-Populism in the Shadow of the European Crisis«, in: *Constellations* 4 (2014), S. 505-517; Oscar García Agustín/Marco Briziarelli (Hg.), *Podemos and the New Political Cycle: Left-Wing Populism and Anti-Establishment Politics*, Cham 2017.

sionen um die jüngeren Migrationsbewegungen sorgten für ihren erneuten Aufschwung.[6]

Es wäre jedoch vorschnell, den Populismus auf rechte oder linke Bewegungen zu reduzieren. Schließlich beschränkt sich die populistische Wende nicht nur auf den Parteienwettbewerb. Sie nistet sich auch in der Verfassungsrechtsprechung ein, wo die Frage nach dem Volk ebenfalls auftaucht. So forderte das Bundesverfassungsgericht ein, dass Kompetenzübertragungen an die Europäische Union nur abgestuft erfolgen und nicht in die Verfassungsidentität des Staatsvolkes eingreifen dürfen.[7] Im entsprechenden Urteil figurierte das Gericht ein gründendes Gemeinwesen, auf dem die europäische und internationale Verrechtlichung aufbaut. In besonders brisanter Weise ist die Konzeption der Verfassungsidentität durch die Rechtsprechung der sogenannten »Visegrád-Staaten« in den letzten Jahren aufgegriffen worden, in der nicht nur die Verfassung, sondern auch das jeweilige Staatsvolk identitär bestimmt wird. Die Verfassungsgerichte interpretieren das Demokratieprinzip so, dass ein national bestimmtes Volk der Verfassung vorausgeht. Das einschlägige Beispiel ist die Verfassungsrevolution in Ungarn 2011: Die Regierung installierte eine neue Verfassung, die das Volk als verfassungsgebende Gewalt begreift, die mit eindeutig feststellbarer Substanz, Geschichte und religiöser Orientierung vor der Verfassung existiert. Die Verfassungsidentität des neuen ungarischen »Grundgesetzes« gilt als »Grundwert«, der »nicht aus der Verfassung hervorgeht«, sondern nur von ihr »anerkannt« wird.[8] Das siebte Änderungsgesetz, das das Parlament 2018 beschloss, führte diese Argumentationslinie nochmal explizit aus: »Wir bekennen uns dazu, dass

6 Zu den Anfängen des Rechtspopulismus in den 1980er und 1990er Jahren: Frank Decker, »Die populistische Herausforderung. Theoretische und ländervergleichende Perspektiven«, in: Frank Decker (Hg.), *Populismus. Gefahr für die Demokratie oder nützliches Korrektiv?*, Wiesbaden 2006, S. 9-32.

7 Eine »unübertragbare und insoweit integrationsfeste Identität der Verfassung«, vgl. BVerfG, Beschluss vom 30. 6. 2009, Rd. 235; kritisch zur Rolle der Verfassungsidentität in der Rechtsprechung des BVerfG: Christoph Schönberger, »Identitäterä: Verfassungsidentität zwischen Widerstandsformel und Musealisierung des Grundgesetzes«, in: *Jahrbuch des öffentlichen Rechts der Gegenwart* (2015), S. 41-62; Albert Ingold, »Die verfassungsrechtliche Identität der Bundesrepublik Deutschland: Karriere – Konzept – Kritik«, in: *Archiv des öffentlichen Rechts* (2015), S. 1-30.

8 Zsolt Körtvélyesi/Balázs Majtényi, »Game of Values: The Threat of Exclusive Constitutional Identity, the EU and Hungary«, in: *German Law Journal* 7 (2018), S. 1721-1744, 1735.

der Schutz unserer in unserer historischen Verfassung verwurzelten Identität eine grundsätzliche Verpflichtung des Staates ist.«[9] Ähnliche identitäre Neudefinitionen spielen in den Verfassungsdiskursen der anderen Mitglieder der Visegrád-Gruppe (neben Ungarn auch Polen, Tschechien, Slowakei) eine herausgehobene Rolle, in denen »liberale Komponenten« der Verfassungen aus den 1990er Jahren in Frage gestellt werden.[10] Die Verfassungsgerichte beanspruchen, eine Identitätskontrolle vorzunehmen, also zu überprüfen, inwieweit einfache Gesetze, aber auch die Bindung an Europa- und Völkerrecht mit der supponierten Volksidentität vereinbar sind, so das slowakische Verfassungsgericht im Jahr 2010, das tschechische Verfassungsgericht 2011 und das ungarische Verfassungsgericht 2016 in ihren Urteilen.[11] Durch Geschichte, kulturelle Traditionen und christlichen Glauben geprägt, wird die Identität in den Verfahren der Demokratie und von den Gerichten nur noch bestätigt. So hält der ungarische Verfassungsgerichtshof in einer Entscheidung 2016 fest: »Das Verfassungsgericht stellt fest, dass die verfassungsmäßige Selbstidentität Ungarns ein Grundwert ist, der nicht durch das Grundgesetz geschaffen wird, sondern lediglich durch das Grundgesetz anerkannt wird. Folglich kann die Verfassungsidentität nicht durch einen völkerrechtlichen Vertrag aufgehoben werden [...].«[12]

Im internationalen Maßstab hat sich die Verfassungs- und Staatsrechtslehre in den letzten Jahren einer möglichen Transnationalisierung der Volkssouveränität zugewandt.[13] Zwar werden nationale,

9 Vgl. The Fundamental Law of Hungary: ⟨https://2015-2019.kormany.hu/download/a/68/11000/The_Fundamental_Law_of_Hungary_01072016.pdf⟩.

10 Kriszta Kovács, »The Rise of an Ethnocultural Constitutional Identity in the Jurisprudence of the East Central European Courts«, in: *German Law Journal* 7 (2017), S. 1703-1720, 1709; grundsätzlich zur »illiberalen« Dimension des Verfassungswandels: Jan-Werner Müller, »Populism and Constitutionalism«, in: Cristóbal Rovira Kaltwasser u. a. (Hg.), *The Oxford Handbook of Populism*, Oxford 2017, S. 590-606, 591; Yascha Mounk, *Der Zerfall der Demokratie: Wie der Populismus den Rechtsstaat bedroht*, München 2018, S. 33 ff.

11 Slowakei: Decision II. ÚS 501/2010; Tschechien: Decision Pl. ÚS 5/12 31 January 2012; Ungarn: Decision 22/2016, insbes. Rd. 54.; vgl. auch: Gábor Mészáros, »Carl Schmitt in Hungary: Constitutional Crisis in the Shadow of Covid-19«, in: *Review of Central and East European Law* 1 (2021), S. 69-90.

12 Decision 22/2016, Rd. 67.

13 Markus Patberg, *Usurpation und Autorisierung. Konstituierende Gewalt im globalen Zeitalter*, Frankfurt am Main 2018; Peter Niesen u. a., »Konstituierende Autorität. Ein Grundbegriff für die Internationale Politische Theorie«, in: *Zeit-*

identitäre Volksverständnisse oft als unzeitgemäß zurückgewiesen, aber das Problem der verfassungsgebenden Gewalt stellt sich trotzdem weiterhin. Man versucht daher, die Rolle des Volkes zu reformulieren und auf die Globalisierung zu beziehen. So liegen unterschiedliche Vorschläge vor, die Gründungs- und Kontrollfunktion des Volkes in verschiedene Typen der Öffentlichkeit, in konstituierende beziehungsweise destituierende Kommunikationsverhältnisse oder in Spielarten transnationaler Bürgerschaft zu verlagern. Die aufgezeigten Entwicklungen deuten auf eine tiefgreifende Veränderung hin, die die Gegenwart prägt. Nach dem Versuch, seit den 1990er Jahren eine liberale Weltordnung zu verallgemeinern, die von ökonomischem Freihandel und internationaler Rechtsstaatlichkeit gekennzeichnet ist, sind Gegentendenzen beobachtbar. Die Repräsentation des Volkes erschien lange als veraltetes Konzept, das sich nur schwer mit der Komplexität der modernen Gesellschaft verträgt. Gegenwärtig avanciert es wieder zum zentralen politischen Kampfplatz.

Diese Wiederkehr ist insofern nicht erstaunlich, als auch in der Vergangenheit die Gesellschaft sich immer wieder mit der Rolle des Volkes auseinandersetzte und sich das politische Leben von dort aus strukturierte. Freilich wiederholt sich die Geschichte nicht einfach, schließlich ist die Gegenwart von ganz anderen Rahmenbedingungen gekennzeichnet. Aber die Frage nach dem Volk als Gründungs- und Gegenmacht hat die Evolution politischer Ordnungen immer begleitet.[14] Ein Blick in die einschlägigen Handbücher zur Ge-

schrift für politische Theorie 2 (2015), S. 159-172; Christian Volk, »Why Global Constitutionalism does not live up to its Promises«, in: *Goettingen Journal of International Law* 2 (2013), S. 551-573; Nico Krisch, »Pouvoir Constituant and Pouvoir Irritant in the Postnational Order«, in: *International Journal of Constitutional Law* 3 (2015), S. 657-679; Mark Wenman, *Agonistic Democracy. Constituent Power in the Era of Globalization*, New York 2013; Alexander Somek, »Constituent Power in National and Transnational Contexts«, in: *Transnational Legal Theory* 1 (2012), S. 31-60; Kolja Möller, »Konstituierende als destituierende Macht. Zur Entgrenzung und Transnationalisierung der Lehre vom pouvoir constituant«, in: Nele Kortendiek/Marina Martinez Marteo (Hg.), *Grenze und Demokratie – ein Spannungsverhältnis*, Frankfurt am Main/New York 2017, S. 200-225.

14 Roger Dupuy, *La Politique du Peuple. Racines, Permanences et Ambiguités du Populisme*, Paris 2002; Rogers M. Smith, *Political Peoplehood. The Role of Values, Interests, and Identities*, Chicago/London 2015; zur Rolle der Massen in der griechischen Polis: Josiah Ober, *Rhetoric, Ideology, and the Power of the People*, New Jersey 1989; zu den Ordnungskämpfen der römischen Republik: Isabell Lorey, *Figuren des Immunen: Elemente einer politischen Theorie*, Zürich 2011.

schichte der Demokratie, die sich ja schließlich als Volksherrschaft versteht, lässt erkennen, dass die Frage nach dem Volk mit der alttestamentarischen Überlieferung zum Auszug des Volkes Israels ins Gelobte Land beginnt. Sie erstreckt sich dann von der griechischen Polis und den dortigen Diskussionen um die Volksherrschaft sowie den Ordnungskämpfen der römischen Republik zwischen Plebejern und Patriziern über die unterschiedlichen Volksbewegungen und -aufstände des Mittelalters bis hin zu den Revolutionen des 18. und 19. Jahrhunderts, die dem Volk die verfassungsgebende Gewalt zuschrieben. Die Politik führte fortan ihre gründende Einrichtung auf das Volk als verfassungsgebende Gewalt zurück.[15] Der Populismus – die Mobilisierung des Volkes gegen die jeweiligen Eliten – war also schon immer eine Option der Politik. Mehr noch: Sobald das Volk schließlich offiziell in der Verfassung als verfassungsgebende Gewalt geadelt wird, entfesselt dies die Auseinandersetzung darum, auf welche Weise sich der Volkswille zur Geltung bringt.

Die deutschsprachige Diskussion neigt bisher dazu, diese Zusammenhänge zu übersehen. Sie will nicht wahrnehmen, dass der Begriff des Populismus in vielen Ländern und Regionen neutral oder sogar positiv besetzt ist. Dies gilt vor allem in präsidentiellen Systemen, in denen das Volk viel unmittelbarer auf die höchste Macht im Staat – das Präsidentenamt – zugreift, als es in der parlamentarischen Demokratie der Fall ist. In präsidentiellen Systemen begleitet die Selbstinszenierung, wonach die einzelnen Kandidat:innen auch das Volk in seiner Gesamtheit verkörpern, das politische Leben. Insgesamt verkennt eine Betrachtung, die den Populismus einseitig mit der neuen Welle des Rechtspopulismus kurzschließt, dass populistische Bewegungen in ganz unterschiedlichen Facetten zu beobachten sind.

So identifiziert die Forschung in den Politik- und Sozialwissenschaften einen wichtigen Bezugspunkt für populistische Politikfor-

15 Zur Rolle und Funktion der verfassungsgebenden Gewalt des Volkes vgl. Josef Isensee, *Das Volk als Grund der Verfassung. Mythos und Relevanz der Lehre von der verfassunggebenden Gewalt*, Opladen 1995; Ernst-Wolfgang Böckenförde, »Die verfassunggebende Gewalt des Volkes. Ein Grenzbegriff des Verfassungsrechts«, in: Ulrich K. Preuss (Hg.), *Zum Begriff der Verfassung. Die Ordnung des Politischen*, Frankfurt am Main 1994, S. 58-82; Antonio Negri, Insurgencies: *Constituent Power and the Modern State*, Minneapolis 1999.

men in den Widerstandsbewegungen von Bauern und Landarbeiter:innen in den USA der 1890er Jahre. Sie begehrten gegen die Machtkonzentration in Politik und Wirtschaft auf und gründeten eine »Populist Party«.[16] In dieser Bewegung traten nicht nur typische Strukturmerkmale des Populismus hervor, sie bezeichnete sich auch selbst in einem machtkritischen Sinne als populistisch. Die Macht, die sich in den Händen der Großbanken und der im Entstehen begriffenen Industrie konzentrierte, sollte an die einfache Landbevölkerung zurückgegeben werden. Dieses Selbstverständnis drückte eine damalige Trägerorganisation des Widerstands, die Farmers Alliance, wie folgt aus: »Die Bauern dieses Landes haben gearbeitet, und andere haben die Gesetze gemacht [...], der Nichtproduzent blühte auf, während der Produzent arm geworden ist.«[17] Das Volk dieses US-Populismus war die Gemeinschaft derjenigen, die – zumindest im Selbstbild – hart arbeiten und das Land versorgen, während das Establishment auf ihre Kosten lebt. In etwa zur selben Zeit entstanden in Russland soziale Bewegungen der Bauern und Intellektuellen, die sich »Narodniki«, »Volkstümler«, nannten, und auf eine demokratische Selbstverwaltung von Land und Wirtschaft zielten.[18] Dies sind nur zwei Beispiele aus der vielgestaltigen Geschichte des Populismus, die sich über Jahrhunderte erstreckt.[19]

Eine weitere Fehlstellung der jüngeren Diskussion ist der Kurzschluss von besonders vereinfachender oder provokanter Kommunikation und Populismus. Dabei wird ein folgenreicher Kategorienfehler wirksam. Das politische System ist schließlich *von sich aus* darauf angelegt, komplexe Problemlagen zu vereinfachen und einzelnen Entscheider:innen zuzurechnen, mitsamt dem Provokations- und Emotionalisierungsdruck, der sich zwischen Opposition und Regierung ergibt. Man mag allzu grobe Vereinfachungen kritisieren, populistisch sind sie nicht zwangsläufig. Schließlich wird nicht in jeder Vereinfachung der Anspruch ausgedrückt, das Volk

16 Lawrence Goodwyn, *The Populist Moment. A Short History of the Agrarian Revolt in America*, Oxford 1978.

17 Zit. nach Margaret Canovan, *Populism*, New York/London 1981, S. 26.

18 Ebd., S. 59 ff.

19 Vgl. etwa Guy Hermet, *Les Populismes dans le monde. Une histoire sociologique (XIXe-XXe siècle)*, Paris 2001; für das englische Beispiel: Craig J. Calhoun, *The Question of Class Struggle: Social Foundations of Popular Radicalism During the Industrial Revolution*, Chicago 1982.

gegen die Eliten vertreten zu wollen. Wird der Populismus jedoch mit Vereinfachung gleichgesetzt, wird eine spezifische politische Operation in Gang gesetzt. Man teilt die Öffentlichkeit in das Lager derjenigen, die auf Vernunft setzen, und derjenigen, die einer gefühlsgetriebenen Vereinfachung folgen. Und so spaltet sich die Gesellschaft angeblich in diejenigen auf, die sich an der Rückkehr von einfachen Botschaften und Gefühlen erfreuen, während die anderen genau darin massive Risiken sehen und die wildgewordenen Gefühle der Massen kontrollieren wollen.

Solche Zugriffe missachten, dass zwischenzeitlich mehr über die Gesellschaft bekannt ist, als die Autor:innen der deutschen Klassik wussten, die ihr Weltbild noch auf dem Konflikt zwischen Pflicht und Neigung errichteten. Anders formuliert: Das Verhältnis von affektiven und sozialen Systemen ist komplexer strukturiert, als es die Rede von der Gefahr der Vereinfachung oder das Lob der Leidenschaften nahelegt. Gerade in der Verarbeitung von Komplexität spielt Vereinfachung notwendigerweise eine Rolle, genauso wie Gefühle nicht einfach als Gegenpart zur *ratio* zu verstehen sind, sondern in vielen Fällen eine rationale Funktion übernehmen. Diese Einsichten sagen noch nichts darüber aus, ob und wann eine komplexitätssteigernde oder -reduzierende Politik angezeigt ist. In jedem Fall ist die Gegenüberstellung von vereinfachender, gefühlsgetriebener Kommunikation und Vernunft für eine Analyse des Populismus nicht erkenntnisfördernd, da sie sich die jeweiligen Übersetzungs- und Differenzierungsmechanismen nicht vor Augen führt.

2 Populismusforschung

Die wissenschaftliche Forschung begreift Populismus demgegenüber als eigene Form der Politik, die durch spezifische Merkmale geprägt ist.[20] Dabei ist der Begriff des Populismus noch recht jung,

20 Zum Überblick über die Populismusforschung: Cristóbal Rovira Kaltwasser u. a., »Populism: An Overview of the Concept and the State of the Art«, in: Cristóbal Rovira Kaltwasser u. a. (Hg.), *The Oxford Handbook of Populism*, New York 2017, S. 1-24; einzelne Beiträge stellen auch auf Stilfragen ab: Benjamin Moffitt/Simon Tormey, »Rethinking Populism: Politics, Mediatisation and Political Style«, in: *Political Studies* (2014), S. 381-397.

denn als wissenschaftlicher Reflexionsbegriff wird er erst seit den späten 1960er Jahren verwendet.[21] Allerdings wurden vergleichbare Zusammenhänge schon zuvor unter anderen Leitbegriffen diskutiert – sei es als Bonapartismus, als Cäsarismus, als Herrschaft der Masse oder des Pöbels.

Im Europa des 19. Jahrhunderts tauchten beispielsweise viele Fragestellungen auf, die wir heute unter dem Gesichtspunkt des Populismus behandeln. Damals waren es die lebhaften Diskussionen um die Herrschaftsprojekte von Napoleon Bonaparte (1799-1815) und Louis Napoleon Bonaparte (1851-1870).[22] Beide stützten ihre Legitimation auf eine Verbindung von autokratischer Führung und popularer Unterstützung, die in Plebisziten zum Ausdruck kam. Die damaligen Zeitgenossen – Georg Wilhelm Friedrich Hegel, Karl Marx, Heinrich Heine, Victor Hugo und Jules Michelet – stritten darüber, inwieweit der Volkswille als verlässlicher Träger sozialen Fortschritts gelten könne. Auch damals teilte sich die Debatte in widerstreitende Lager. Hegel sehnte in seiner frühen Schrift »Die Verfassung Deutschlands« (1800-1802) einen »Theseus«, einen Helden, herbei, der die Verfassungsbildung der Nation vorantreibe:

> Der gemeine Haufen des deutschen Volkes nebst ihren Landständen [...] müßte durch die Gewalt eines Eroberers in eine Masse versammelt, sie müßten gezwungen werden, sich Deutschland zugehörig zu betrachten. Dieser Theseus müßte Großmut haben, dem Volk, das er aus zerstreuten Völkern geschaffen hätte, einen Anteil an dem, was alle betrifft, einzuräumen [...].[23]

Demgegenüber entlarvte Marx fünfzig Jahre später in seiner Schrift »Der achtzehnte Brumaire des Louis Bonaparte« die Fehlstellungen des Bonapartismus und zeigte auf, wie dieser die demokratischen Aspirationen der Revolutionen 1789 und 1848 verriet.[24]

In der Populismusforschung, die seit den 1960er und 1970er Jah-

21 Vgl. Isaiah Berlin u. a., »To Define Populism«, in: *Government and Opposition* 2 (1968), S. 137-179.

22 Vgl. Heinz Gollwitzer, »Der Cäsarismus Napoleons III. im Widerhall der öffentlichen Meinung Deutschlands«, in: *Historische Zeitschrift* 1 (1952), S. 23-75.

23 Georg Wilhelm Friedrich Hegel, »Die Verfassung Deutschlands«, in: *Werke 1: Frühe Schriften*, Frankfurt am Main 1986, S. 580.

24 Karl Marx, »Der 18. Brumaire des Louis Bonaparte (1852)«, in: *Marx-Engels-Werke Band 8*, Berlin 1972, S. 111-207.

ren zu beobachten ist, kehren diese Fragestellungen wieder,[25] wenn auch unter anderen Zeitumständen. Nach dem Zweiten Weltkrieg strebten viele Länder des globalen Südens nach nationaler Unabhängigkeit. Diese Dekolonialisierung vollzog sich aber nicht anhand von eindeutig liberal-kapitalistischen oder sozialistischen Ordnungsvorstellungen, wie sie die Welt im damaligen Zustand der Blockkonfrontation prägten.[26] Die dominanten politischen Entwicklungen des globalen Südens reichten von nationalen Befreiungsbewegungen bis hin zu sich demokratisch gebärdenden Diktaturen. Sie stützten sich in vielen Fällen auf einen allgemeinen Volkswillen, knüpften an regional verankerte Ideologien und populare Traditionen an.

So war es nur konsequent, dass einige Teilnehmer:innen auf der ersten Konferenz zur Populismusforschung an der London School of Economics im Jahre 1967 eine ausdrücklich modernisierungstheoretische Perspektive einnahmen. Der Populismus erschien ihnen als eine spezifische »Entwicklungsideologie«.[27] In Gesellschaften mit einer nachholenden Modernisierung, in denen keine klare Fraktionierung unterschiedlicher sozialer Klassen entlang der Unterscheidung von Kapital und Arbeit eintrat, waren offenere Bezugspunkte zu identifizieren, die politische Kohärenz herstellten. Der Bezug aufs Volk bot sich als Integrationsbegriff an, um die verschiedenen sozialen Gruppen zu verbinden. Dabei zeigten schon die damaligen Diskussionen auf, wie sich der Populismus von anderen Politikformen dadurch unterscheidet, dass er das Volk in seiner Gesamtheit repräsentieren will und es der Elite oder einem Machtblock gegenüberstellt. In seinem Beitrag zur Londoner Konferenz legte der Philosoph Isaiah Berlin eine Definition vor, die sich später durchsetzte. Demnach »entspringe« der Populismus »den unzufriedenen Menschen, die das Gefühl haben, dass sie irgendwie die Mehrheit der Nation repräsentieren, die von der einen oder anderen Minderheit heruntergeputzt worden ist«.[28]

25 Vgl. etwa den Band Ghita Ionescu/Ernest Gellner, *Populism. Its Meanings and Defining Characteristics*, New York 1969.

26 Zum Überblick: Jean Ziegler, *Gegen die Ordnung der Welt. Befreiungsbewegungen in Afrika und Lateinamerika*, Wuppertal 1986.

27 Isaiah Berlin u. a., »To Define Populism«, S. 156.

28 Ebd., S. 175. Berlin ist in der bisherigen Populismusdiskussion vor allem im Hinblick auf den von ihm apostrophieren »Aschenputtel-Komplex« herangezogen

Die Populismusforschung löste sich im weiteren Verlauf von diesen modernisierungstheoretischen Grundlagen, weil die Entwicklungen in den westlichen Demokratien seit den 1970er Jahren gegen die These von der Übergangsideologie sprachen. So wurde herausgearbeitet, wie etwa die neoliberalen Projekte Margret Thatchers und Ronald Reagans in den 1980er Jahren eine populistische Politikform bemühten.[29] Sie mobilisierten den Volkswillen der nach Freiheit strebenden Individuen als Marktvolk gegen den Wohlfahrtsstaat und seine vermeintlichen Eliten. Auch der Rechtspopulismus, der in den 1980er Jahren in Frankreich, Italien und Österreich erste Erfolge erzielte, unterlief die modernisierungstheoretischen Annahmen. Schließlich tauchten hier populistische Bewegungen in stabilen Demokratien auf und zogen das nationale Volk gegen die etablierten Volksparteien auf ihre Seite.[30]

Seitdem versuchen die Populismusstudien, der Vielgestaltigkeit des Phänomens gerecht zu werden. Sie beobachten rechte, linke, zentristische, religiöse, agrarische und liberale Populismen und grenzen sie voneinander ab. Dahinter steht eine knappe Definition, die besagt, dass populistische Politikformen den Volkswillen gegen eine sich verselbstständigende Elite oder einen Machtblock wenden.[31] Die populistische Politikform beruht nicht auf einer umfassenden Lehre von der Gesellschaft, der Geschichte oder des Menschen, wie die historisch gewachsenen Strömungen des Libera-

worden. Der Begriff des Populismus, so Berlin, sei unscharf und nie wirklich passend, er sei so wie der Schuh im Märchen von Aschenputtel, entweder zu groß oder zu klein. Die Populismusforschung weist seitdem immer wieder darauf hin, wie schwer, mühsam, komplex und unscharf ihr eigener Begriff sei. Im Grunde handelt es sich dabei jedoch um eine Umstrittenheit, die auf alle zentralen politischen Begriffe zutrifft, beispielsweise »Macht«, »Herrschaft«, »Demokratie« oder »Verfassung«.

29 Stuart Hall, »Popular-demokratischer oder autoritärer Populismus«, in: Helmut Dubiel (Hg.), *Populismus und Aufklärung*, Frankfurt am Main 1986, S. 84-105; Kazin, *The Populist Persuasion*, S. 245 ff.; Norman Birnbaum, »Populismus, Reaganismus und die amerikanische Demokratie«, in: Helmut Dubiel (Hg.), *Populismus und Aufklärung*, Frankfurt am Main 1986, S. 106-131.

30 Vgl. Yves Mény/Yves Surel, *Par le peuple, pour le peuple. Le populisme et les démocracies*, Paris 2000.

31 Cas Mudde, »The Populist Zeitgeist«, in: *Government and Opposition* 4 (2004), S. 542-563, 543; Mudde bezieht das Konzept der »thin centred ideology« von: Michael Freeden, *The Political Theory of Political Thinking*, Oxford 2013.

lismus, des Sozialismus oder des Konservatismus sie hervorgebracht haben. Populistische Politikformen orientieren sich demgegenüber an der Leitunterscheidung zwischen Volk und Machtblock beziehungsweise einer Elite:

> Populismus in modernen demokratischen Gesellschaften lässt sich am besten als Appell an ›das Volk‹ gegen sowohl die etablierte Machtstruktur als auch die vorherrschenden Ideen und Werte der Gesellschaft verstehen.[32]

Unabhängig davon, unter welchen gesellschaftlichen Rahmenbedingungen populistische Politikformen auftreten und ob sie sich als linke oder rechte, bewahrende oder modernisierende Kraft gerieren – entscheidend ist die Unterscheidung von Volk und Elite. So kann sich der Populismus als Politikform – scheint es jedenfalls – höchst unterschiedlichen politischen Projekten anschmiegen. Mit dieser Forschungsperspektive können verschiedene politische Bewegungen beobachtet, ihre Interaktionsverhältnisse mit der etablierten Politik beschrieben oder die vielfältigen Spielarten des Populismus unterschieden werden.

3 Volk/Elite: Doppelte Unterbestimmung

Die Unterscheidung zwischen Volk und Elite ist somit das kennzeichnende Merkmal des Populismus. Sie wird genutzt, um nachzuzeichnen, wie der Populismus in unterschiedlichen Formationen – seien es Bewegungen oder Parteien – Gestalt annimmt. Doch der Verweis auf das einende Merkmal in der Vielfältigkeit reicht nicht aus, um populistische Politikformen zu durchdringen. Es bleibt dabei offen, welche systematische Rolle und Funktion der Populismus in der Politik spielt und in welchem Verhältnis er zur Grundstruktur des politischen Systems sowie insbesondere zur Volkssouveränität steht. Schließlich gilt, wie bereits gesehen, die Volkssouveränität

32 Margaret Canovan, »Trust the People! Populism and the Two Faces of Democracy«, in: *Political Studies* 1 (1999), S. 2-16, 3; ähnlich: Catherine Colliot-Thélène, »Quel est le peuple du populisme?«, in: Catherine Colliot-Thélène/Florian Guénard (Hg.), *Peuples et Populismes*, Paris 2014, S. 5-25, 13; Hans-Jürgen Puhle, »Was ist Populismus?«, in: Helmut Dubiel (Hg.), *Populismus und Aufklärung*, Frankfurt am Main 1986, S. 12-32, 13; Ernesto Laclau, *Politik und Ideologie im Marxismus. Kapitalismus – Faschismus – Populismus*, Berlin 1981.

als höchste demokratische Verfassungsnorm in der Moderne, auf die sich Recht und Politik zurückführen lassen. Handelt es sich beim Populismus um eine bloße Ideologie, auf die Akteure beliebig zugreifen, oder nicht doch um einen Mechanismus, der im politischen System angelegt ist? Als Teil der konstitutionellen Formen ist die Unterscheidung zwischen Volk und Elite in andere Unterscheidungen verstrickt. Die erste Frage müsste gerade darin bestehen, wie sich diese Unterscheidung zur Verfassung verhält. Wer die Unterscheidung zwischen Volk und Elite bemüht, setzt nicht nur eine besonders grelle Kommunikation in Gang; vielmehr wird an die grundlegende konstituierende Macht eines wie auch immer zu verstehenden Volkes appelliert. Eine Definition des Populismus wird also nicht umhinkommen, den Ort des Volkes in diesen Verweisungszusammenhängen anspruchsvoller herauszuarbeiten.

Wenn sich eine Populismustheorie allein darauf konzentriert, das Selbstverständnis politischer Akteur:innen zu beleuchten, können nur schwache Aussagen über die praktische Wirksamkeit und die Veränderungsfähigkeit von Gesellschaften durch den Populismus gewonnen werden.[33] Als zweiter, in gewisser Weise gesellschaftstheoretischer Fragekomplex wäre zu untersuchen, in welchen Situationen populistische Politikformen reüssieren, wie ihre Konjunkturen zu verstehen sind und in welchem Sinne sie Gesellschaft und Politik verändern. Dabei ist eine weitere Unterbestimmung der Unterscheidung zwischen Volk und Elite zu beobachten, die besonders deutlich in Überlegungen hervortritt, die den Populismus kritisieren oder verteidigen. Wenn der Populismus als Dynamisierungsinstrument verteidigt wird, wird in der Regel darauf verwiesen, dass er den kommunikativen Verfestigungen in der Meinungsbildung entgegenwirke.[34] Solche Verteidigungen wei-

33 Ähnlich: Philip Manow, *Die Politische Ökonomie des Populismus*, Berlin 2018, S. 29.

34 So etwa am Beispiel des rechten Populismus in Australien: John Dryzek, *Foundations and Frontiers of Deliberative Governance*, Oxford/New York 2010, S. 82; vgl. ferner die Betonung der Öffnungsfunktion: Chantal Mouffe, *Über das Politische*, Frankfurt am Main 2007; Stavrakakis, »The Return of ›the People‹: Populism and Anti-Populism in the Shadow of the European Crisis«; Laura Grattan, »Pierre Bourdieu and Populism: The Everyday Politics of Outrageous Resistance«, in: *The Good Society* 2 (2012), S. 194-218; Dirk Jörke/Veith Selk, »Der hilflose Antipopulismus«, in: *Leviathan* 4 (2015), S. 484-500.

sen insbesondere auf seine Explorationsfunktion hin. Selbst wenn der Populismus seine Positionen vereinfacht artikuliere, so die Annahme, so sei doch zu würdigen, dass sie auf diese Weise überhaupt erst zugänglich und verarbeitbar gemacht würden. Dabei bleibt jedoch offen, ob und in welcher Hinsicht der Populismus nicht nur der neutrale *Träger* bestimmter Inhalte ist, sondern als *Politikform* operiert, die auf die Themensetzung einwirkt.

Das Argument der Gegenseite, der Populismuskritiker:innen,[35] wiederum lautet, dass der Populismus eine angemessene Exploration gerade unterlaufe, indem er den Volkswillen für sich beanspruche oder polemisch überspitze. So präformiere der Populismus die Inhalte auf eine Weise, dass sie nicht mehr in rationalen Verfahren bearbeitbar seien. Die Populismuskritiker:innen sehen in der Unterscheidung zwischen Volk und Elite eine ständige Regressionsgefahr angelegt: Schwingen sich Bewegungen auf, einen totalisierenden Anspruch auf die Vertretung des Volkswillens zu erheben, führe dies immer in eine autoritäre Transformation des Rechtsstaats und halte andere soziale Gruppen davon ab, ihre Standpunkte in die öffentliche Diskussion einzuspeisen. Doch die Frage, ob der Populismus immerzu öffnet und dynamisiert oder immerzu ins Autoritäre umschlagen muss, lässt sich nur dann beantworten, wenn seine Rolle und Funktion in der modernen Politik geklärt ist: In welchem Sinne ist der Populismus in unser Demokratieverständnis verstrickt? Welche Rolle spielt der Appell ans Volk? Entscheiden die politischen Akteure überhaupt bewusst, ob sie einer populistischen Strategie folgen oder nicht? Und wie sollen oder können sie dies entscheiden, wenn der Populismus sowieso immer Teil des Spiels ist?

Um den Populismus zu durchdringen, muss also eine anspruchsvollere Bestimmung der Volk/Elite-Unterscheidung ausgearbeitet werden. Dies ist voraussetzungsreich, da die Unterscheidung einen eigentümlichen Doppelcharakter aufweist. Sie ist einerseits eine ausdrücklich politische Unterscheidung in dem Sinne, dass sie sich in das politische System einfügt, doch sie geht andererseits auch

35 Jan-Werner Müller, *Was ist Populismus?*, Berlin 2016, S. 20 ff.; Nadia Urbinati, *Democracy Disfigured: Opinion, Truth, and the People*, Cambridge 2014, S. 128 ff.; ähnlich: Pierre Rosanvallon, »Penser le populisme«, in: Catherine Colliot-Thélène/Florian Guénard (Hg.), *Peuples et Populismes*, Paris 2014, S. 27-42; Andreas Voßkuhle, »Demokratie und Populismus«, in: *Der Staat* 1 (2018), S. 119-134.

über dieses hinaus. Schließlich drücken sich in ihr allgemeinere Machtkonstellationen aus, die Bezüge zur Wirtschaft und zum gesellschaftlichen Leben oder sogar zu Fragen des Geschmacks oder der Lebensgestaltung aufweisen.[36] Insofern nimmt der Populismus nicht nur an der Politik teil, sondern ist auch durch ein soziales Substrat gekennzeichnet.[37] Viele Forschungsbeiträge gehen – zumindest hintergründig – davon aus, dass populistische Politikformen in einem Verhältnis zur Sozialstruktur stehen und von dort ihren Nährboden beziehen. Dies gilt insbesondere für Zugriffe, die den Populismus auf modernisierungskritische Trägergruppen zurückführen. Sie betrachten den ökonomischen Wandel, der die Gruppe der Modernisierungsverlierer:innen anwachsen lässt, als Nährboden für den Populismus.[38] Andere Theorien des Populismus erkennen in ihm einen Hebel, um gesellschaftliche Fortschritte durchzusetzen. In diesem Sinne bringt der Populismus ein Wechselspiel aus Verallgemeinerung und Protest zum Ausdruck, das in der Logik des Sozialen angelegt ist.[39] Die Unterscheidung zwischen Volk und Elite ist dementsprechend um Annahmen über die Verhältnisse anzureichern, auf die der Populismus reagiert. Um populistische Politikformen zu erklären, muss somit untersucht werden, in welchem gesellschaftlichen Umfeld sie gedeihen, welche Anlässe ihre Entstehung begünstigen und ob sie Spielräume für gesellschaftliche Veränderungen erschließen. Der hier vorgebrachte Einwand gegen die bisherigen Populismusstudien lautet also, dass sie an einer *doppelten Unterbestimmung* leiden.

Um diese doppelte Unterbestimmung zu beheben, entwickelt die vorliegende Studie eine *Gesellschaftstheorie des Populismus*. Die zentrale Annahme ist, dass erst die Einsicht in das wechselseitige Verhältnis von Politik, Recht und Gesellschaft aufweisen kann, wie populistische Politikformen zu verstehen sind und in welchen

36 Vgl. etwa der »cultural populism«: Jim McGuigan, *Cultural Populism*, London 1992; Michail Bachtin, *Rabelais und seine Welt. Volkskultur als Gegenkultur*, Frankfurt am Main 1987.

37 Karl Marx, »Grundrisse der Kritik der politischen Ökonomie«, in: *Marx-Engels-Werke Band 42*, Berlin 1962, S. 15-770, 36.

38 Frank Decker, »Die populistische Herausforderung. Theoretische und ländervergleichende Perspektiven«, in: Frank Decker (Hg.), *Populismus. Gefahr für die Demokratie oder nützliches Korrektiv?*, Wiesbaden 2006, S. 9-32, 14 ff.

39 Ernesto Laclau, *On Populist Reason*, London/New York 2005, S. 82.

charakteristischen gesellschaftlichen Konstellationen sie entstehen. Dazu setzt die Studie auf einem gewissen Abstraktionsniveau an. Auch wenn sich der Argumentationsgang bemüht, immer wieder Beispiele und historische Entwicklungslinien zu analysieren, so geht es letztlich darum, den Populismus als Politikform zu durchdringen. Diese theoretische Distanzierung mag für den geneigten Leser oder die geneigte Leserin, die engagiert in der Welt lebt und politisch für oder gegen »die Populisten« Partei ergreift, zunächst eine gewisse Zumutung darstellen. Wer eine solche immanente Betrachtungsweise entwickelt, wer den Populismus also nicht an externen (oftmals moralischen) Kriterien misst, sondern aus sich selbst heraus zu analysieren, zu verstehen und zu kritisieren sucht, begibt sich notwendigerweise in eine Verstrickung in seinen Gegenstand und lässt sich ein Stück weit auf diesen ein.[40] Der Mehrwert eines solchen Verfahrens besteht jedoch darin, so die hier vertretene These, dass sich dadurch besser nachzuvollziehen lässt, wie der Populismus *als Politikform funktioniert* und was die *allgemeinen Problemstellungen* sind, die sich unabhängig von der eigenen Weltanschauung, demokratiepolitischen Überzeugung oder moralischen Werthaltung ergeben. In diesem Sinne versucht eine immanente Betrachtungsweise dieses fraglos politisch umkämpften und heiklen Forschungsgegenstands ein in unserer Zeit ohnehin schon allzu verbreitetes »preaching to the converted« zu umgehen, das bereits existierende Erwartungshaltungen bloß verstärkt. Das hier vorgeschlagene Verfahren setzt auf ein Wechselspiel zwischen dem Einlassen auf den Gegenstand und einer gewissen Distanz zu allzu schematischen Anwendungsperspektiven, die vorgefasste Wertungen oder Prinzipien nur applizieren und zu zeigen versuchen, dass das eine mit dem jeweils anderen im Konflikt steht. Doch Konflikte und Widersprüche, so die immanente Perspektive, ergeben sich vielmehr aus einem dynamischen Prozess des Durcharbeitens. Dies ist ein Verfahren, das fraglos irritationsanfälliger ist als die Anwendungsperspektive, weil es sich seinen Grund erst erschließen muss.

40 Siehe dazu schon mein Versuch: Kolja Möller, *Volksaufstand und Katzenjammer. Zur Geschichte des Populismus*, Berlin 2020 und Victor Kempfs Kritik: »Immanente Populismuskritik«, erschienen auf *soziopolis* (24.6.2020) ⟨https://www.soziopolis.de/immanente-populismuskritik.html⟩. Für eine eingehende Diskussion externer, interner und immanenter Analyseverfahren: Rahel Jaeggi, *Kritik von Lebensformen*, Berlin 2014.

Es ist aber auch leistungsfähiger, da es besser bestimmen kann, wo die Defizite und Potentiale des jeweiligen Forschungsgegenstands liegen. Die Leser:in wird hier daher eingeladen, diesen Weg mitzugehen und die vorgefasste Meinung über die »Populisten« zumindest für den Moment der Lektüre ruhen zu lassen.

Die in dieser Studie auszuarbeitende Analyse betrachtet die soziale Differenzierung und das Zusammenspiel von Politik, Recht und Gesellschaft in der modernen Gesellschaft. Sie knüpft damit an eine gesellschaftstheoretische Traditionslinie an, die sich seit dem 19. Jahrhundert und dort insbesondere seit Hegel und Marx herausgebildet hat. Insofern wird in den folgenden Überlegungen einerseits immer wieder auf Forschungsarbeiten aus dieser Traditionslinie zurückgegriffen, andererseits wird davon ausgegangen, dass sich die Arbeiten, die in den letzten Jahrzehnten als Systemtheorie der Gesellschaft ausgearbeitet worden sind, ebenfalls in diese Traditionslinie einfügen. Trotz hartnäckiger Kontroversen in den Sozialwissenschaften der Nachkriegszeit sind doch verblüffende Überschneidungen festzustellen – sei es die immanente Betrachtungsweise sozialer Phänomene, das Interesse an historischen Trajektorien oder die Annahme einer Ausdifferenzierung gesellschaftlicher Sphären und Formen. So ist es nicht verwunderlich, dass gerade in jüngerer Zeit an Synthetisierungen und Anschlüssen gearbeitet worden ist, die sich als außerordentlich fruchtbar erwiesen haben.[41] In einem Forschungsumfeld, dass immer stärker von einem freischwebenden Normativismus oder einem übermäßigen Fokus auf lokale Macht- und Subjektivierungspraktiken geprägt ist, soll hier nochmals eine Gesellschaftsanalyse gewagt werden,

41 Andreas Fischer-Lescano, »Critical Systems Theory«, in: *Philosophy & Social Criticism* 1 (2012), S. 3-23; siehe auch die Beiträge in: Kolja Möller/Jasmin Siri (Hg.), *Systemtheorie und Gesellschaftskritik. Perspektiven der Kritischen Systemtheorie*, Bielefeld 2016; João Paulo Bachur, *Kapitalismus und funktionale Differenzierung*, Baden-Baden 2013; Hauke Brunkhorst, »Sociological Constitutionalism: An Evolutionary Approach«, in: Paul Blokker/Chris Thornhill (Hg.), *Sociological Constitutionalism*, Cambridge 2017, S. 95-132; Darrow Schecter, *Critical Theory and Sociological Theory. On Late Modernity and Social Statehood*, Manchester 2019; das Anknüpfen an die Beiträge der kritischen Gesellschaftstheorie der 1970er Jahre: Jan-Philipp Kruse, *Semantische Krisen. Urteilen und Erfahrung in der Gesellschaft ungelöster Probleme*, Weilerwist 2022; zum Stand der systemtheoretischen Diskussion: Moritz von Stetten, *Verfremdungsspiele. Zur Unterscheidung von vier Formen des systemtheoretischen Denkens*, Weilerswist 2018.

die aufs Ganze geht. Ein solches Projekt steht fraglos vor großen Herausforderungen – sei es die Einbeziehung globalgeschichtlicher Betrachtungen, sei es die Frage nach dem Verhältnis unterschiedlicher Konflikttypen wie Widersprüche und Paradoxien oder sei es die nach dem Verhältnis von Normativität und Kritik.

Das vorliegende Buch zur Gesellschaftstheorie des Populismus wird selbstverständlich nicht alle diese Herausforderungen vollumfänglich abarbeiten können. Doch es ist von der Annahme getragen, dass angesichts der aktuellen Krisentendenzen in der Welt geradezu erforderlich ist, allgemeinere Tendenzen und Mechanismen der gesellschaftlichen Entwicklung zu bestimmen, um von dort her die Möglichkeit einer Überwindung oder wenigstens eines Umgangs mit diesen Krisen zu eröffnen. Es knüpft damit an das Programm an, das einst in der kritischen Gesellschaftstheorie und im Marxismus, aber auch in der Systemtheorie und in den vielfältigen Studien zur Evolutionsgeschichte politischer und rechtlicher Herrschaft seit den 1960er und 1970er Jahre ausgearbeitet wurde – dann jedoch für allzu lange Zeit liegen gelassen worden ist.[42]

42 Ich denke hier insbesondere an die Studien aus dem Bereich der kritischen Theorie: Claus Offe, *Strukturprobleme des kapitalistischen Staates. Aufsätze zur politischen Soziologie*, Frankfurt am Main 1973; Jürgen Habermas, *Zur Rekonstruktion des Historischen Materialismus*, Frankfurt am Main 1976; des Neo-Marxismus: Nicos Poulantzas, *Staatstheorie. Politischer Überbau, Ideologie, Autoritärer Etatismus (1978)*, Hamburg 2002; Louis Althusser, *Ideologie und ideologische Staatsapparate (1970)*, Hamburg 2010; der Systemtheorie: Niklas Luhmann, *Die Politik der Gesellschaft*, Frankfurt am Main 2002; Niklas Luhmann, *Das Recht der Gesellschaft*, Frankfurt am Main 1993; Gunther Teubner, »Reflexives Recht: Entwicklungsmodelle des Rechts in vergleichender Perspektive«, in: *Archiv für Rechts- und Sozialphilosophie* (1982), S. 13-59; Rudolf Wiethölter, »Just-ifications of a Law of Society«, in: Oren Perez/G. Teubner (Hg.), *Paradoxes and Inconsistencies in the Law*, Oxford 2005, S. 65-77; Georg Klaus, *Kybernetik und Gesellschaft*, Berlin 1964; in historischer Perspektive: Harold J. Berman, *Recht und Revolution. Die Bildung der westlichen Rechtstradition*, Frankfurt am Main 1991; Hauke Brunkhorst, *Critical Theory of Legal Revolutions*, London/New York 2014.

Erster Teil

Kapitel 1
Populismus als Politikform

1 Verfassung und Volkssouveränität

Die Verfassung ist die Grundlage des gesellschaftlichen Zusammenlebens und legt das Ganze der Ordnung fest. Dies gilt umso mehr für Verfassungen, die sich im Nachgang der demokratischen Revolutionen so verstehen, dass sie auf der verfassungsgebenden Gewalt des Volkes – der Volkssouveränität – beruhen. Die Annahme ist dabei, dass die jeweilige Verfassungsordnung ihre Anerkennungsfähigkeit auf ganz spezifische Weise herstellt: Sie führt ihre Einrichtung auf die konstituierende Macht des Volkes zurück, sich eine Verfassung zu geben und sich in deren Rahmen selbst zu regieren. In den Verfassungstexten fallen die jeweiligen Formulierungen unterschiedlich aus, wenn sie die Volkssouveränität beschreiben. So heißt es im Grundgesetz »Alle Staatsgewalt geht vom Volke aus« (Art. 20), in der französischen Verfassung »gouvernement du peuple, par le peuple et pour le peuple« (Art. 2) oder in der italienischen Verfassung »La sovranità appartiene al popolo« (Art. 1).

Diese Formulierungen haben eine Gemeinsamkeit. Sie verweisen alle darauf, dass man die jeweilige Verfassungsordnung als vom Volk gegeben begreifen soll. Selbst wenn faktisch gar keine vollumfängliche revolutionäre Verfassungsgebung stattgefunden hat, soll wenigstens rückwirkend die Verfassung so eingerichtet werden, als wäre dies der Fall gewesen. In prägnanter Weise brachte ein zentraler Theoretiker und Politiker der Französischen Revolution, Emmanuel Joseph Sieyès, diesen Umstand auf den Punkt, als er in seinem berühmten Text »Was ist der dritte Stand?« zwischen dem *pouvoir constituant* und den *pouvoirs constitués* unterschied.[1] Er schrieb dem Volk den *pouvoir constituant* zu, aus dem sich die *pouvoir constitués* – die konstituierten Organgewalten wie beispielsweise Parlamente oder Gerichte – ableiten, was für die Verfassungsordnung folgenreich ist. Denn ist das Volk erst einmal als *pouvoir constituant* in die

1 Emmanuel Joseph Sieyès, »Was ist der dritte Stand? (1788)«, in: Eberhard Schmitt/Rolf Reichardt (Hg.), *Emmanuel Joseph Sieyès Schriften 1788-1790*, Darmstadt/Neuwied 1975, S. 117-195, 167.

Verfassung eingetragen, stehen die konstituierten Organgewalten unter dem Vorbehalt, verändert, reformiert oder sogar revolutioniert zu werden, wenn sie die Volkssouveränität nicht mehr adäquat zum Ausdruck bringen.

In der Verfassungstheorie wird seit Jahrhunderten über die damit einhergehenden Herausforderungen gestritten, insbesondere wie die Unterscheidung zwischen *pouvoir constituant* und *pouvoirs constitués* zu verstehen ist, wie weit sie reicht und welche Spielräume für politische Erneuerungen sie bietet: Wie und unter welchen Umständen kann die Verfassung verändert, reformiert oder grundlegend revolutioniert werden? Was ist unter dem Volkswillen überhaupt zu verstehen? Ist die Interpretation der Volkssouveränität den Verfassungsgerichten vorbehalten oder darf sie vom allgemeinen Gründungsbegriff auch zum politischen Kampfbegriff avancieren?

All diese Überlegungen sind jedoch nur die Hälfte der Geschichte, wie verfassungssoziologische Analysen herausstellen, die mit Hegels Rechtsphilosophie im beginnenden 19. Jahrhundert einsetzen. So stark die Lehre von der Volkssouveränität die moderne Verfassungsdiskussion informiert, so sehr ist die Verfassung auch immer Gesellschaftsverfassung. Sie geht aus einem historischen Entwicklungsprozess hervor und reguliert die Differenzierung von unterschiedlichen sozialen Sphären und Systemen, die von der Wirtschaft über die Wissenschaft bis hin zur Verwaltung reichen.[2] Die jeweiligen Rechtekataloge am Beginn der Verfassung oder deren Passagen zu anderen gesellschaftlichen Bereichen wie Religion, Wirtschaft oder Sozialstaat zeugen davon, dass hier soziale Komplexität durch Verrechtlichung organisiert und ermöglicht wird. Insofern verankert die Verfassung nicht nur die jeweiligen *pouvoirs constitués* in Recht und Politik, sondern konstituiert auch andere gesellschaftliche Sphären mit – etwa die Wirtschaftsweise, das Bildungs- oder Gesundheitswesen oder die Wissenschaften. Sie ist mithin ein Regulationszusammenhang, der direkt auf die gesellschaftlichen Entwicklungsoptionen einwirkt.

Die Verfassung, so resümierte Hegel in seiner Rechtsphilosophie, sei nicht nur eine revolutionäre Errungenschaft, sondern

2 Vgl. zur jüngeren Aktualisierung der Traditionslinie des gesellschaftlichen Konstitutionalismus: Gunther Teubner, *Verfassungsfragmente. Gesellschaftlicher Konstitutionalismus in der Globalisierung*, Berlin 2012; Paul Blokker/Chris Thornhill (Hg.), *Sociological Constitutionalism*, Cambridge 2017.

ebenso »wesentlich ein System der Vermittlung«.[3] Für Hegel war dies der zentrale Grund, warum er die Lehre von der Volkssouveränität zurückwies, wie sie die Französische Revolution geprägt hatte. Zwar wollte Hegel die freiheitlichen Fortschritte des modernen Verfassungswesens sichern, er kritisierte jedoch die Lehre von der Volkssouveränität scharf. Sie sei ein »verworrener Gedanke«, ja eine »wüste Vorstellung«: Indem sie revolutionär von einer »Gliederung des Ganzen« absehe, abstrahiere die Rede vom Volk von den sozialen Umständen. Sie werde unbestimmt, formlos, leer und verleugne, dass es stets ein organisierendes Moment brauche (schon konstituierte Organe oder Amtsträger:innen und Führungspersonen), um den Volkswillen in produktiver Weise zur Geltung zu bringen.[4] Deshalb überzeuge die Lehre von der volkssouveränen Umwälzung in der Sache nicht und neige in der Konsequenz dazu, die Fortschritte des Konstitutionalismus – die vermittelnde »Arbeit von Jahrhunderten«, die sich in den gewachsenen Institutionen ansatzweise verkörpere[5] – zu zerstören. Wie diese Einlassungen aus der Einleitung seiner Rechtsphilosophie verdeutlichen, wollte sich Hegel deutlich vom »Fanatismus der Zertrümmerung aller bestehenden gesellschaftlichen Ordnung« abgrenzen, den er in der jakobinischen Endphase der Französischen Revolution und der sie tragenden Verfassungslehre angelegt sah.[6]

Dessen ungeachtet ist die Lehre von der Volkssouveränität über das 19. Jahrhundert hinweg Teil der Verfassungsevolution geworden und prägt das politische Leben bis heute. Volksbewegungen, Volksverfassungen, Volksrevolutionen oder Volksrechte mag man als undifferenziert, schlecht begründet, destruktiv, verkürzt, überschüssig oder romantisierend zurückweisen oder, wie Bertolt Brecht einst vorschlug, man ersetzt das Wort Volk einfach durch das Wort Bevölkerung.[7] Dies kann jedoch nicht darüber hinwegtäuschen, dass

3 Georg Wilhelm Friedrich Hegel, *Grundlinien der Philosophie des Rechts (1821), Werke Band 7*, Frankfurt am Main 1986, S. 472.

4 Ebd., S. 447.

5 Ebd., S. 440.

6 Ebd., S. 50.

7 Ähnlich Brigitte Reimann in ihrem Roman Franziska Linkerhand: »›Mein geschätzter Mitarbeiter‹, sagte er […], ›wird Sie belehren wollen, dass der neue Auftraggeber das Kollektiv ist.‹ ›Das Volk, in der Tat‹, sagte Schlafheutlin. ›Das Volk, verzeihen Sie, lieber Kollege, das ist Lyrik.‹« (Brigitte Reimann, *Franziska Linkerhand*, Berlin 2008, S. 155)

politische Bewegungen immer wieder an die Lehre von der Volkssouveränität anknüpfen und auf diesem Wege gesellschaftliche Veränderungen zu erreichen versuchen.

Eine Betrachtung der Politik, wie sie in der modernen Verfassung konstitutionalisiert ist, muss folglich beides berücksichtigen: Einerseits ist die Volkssouveränität nicht einfach ein Hirngespinst, sondern erstreckt sich, wie im Folgenden gezeigt wird, bis in die regulären Verfahren des politischen Systems. Andererseits darf sich eine Betrachtung der Politik nicht einseitig in die Lehre vom *pouvoir constituant* – sei es in verteidigender oder verwerfender Absicht – zurückziehen; vielmehr trägt die Verfassung zu gesellschaftlichen Differenzierungsprozessen bei, die im Gegenzug die Reichweite und Richtung politischer Entscheidungen eingrenzen. Schließlich stützt der Konstitutionalismus als vermittelndes System maßgeblich ebenjene Differenzierungsvorgänge ab. Diesen Doppelcharakter der Verfassung zum Ausgangspunkt zu wählen, ist von zentraler Bedeutung: Denn erst wenn man beides berücksichtigt – dass die Lehre von der Volkssouveränität in rechtliche Begründungskonflikte und den Bereich politischer Handlungsoptionen hineinragt *und* dass die Verfassung immer Gesellschaftsverfassung ist –, lässt sich sinnvoll fragen, inwieweit eine Politik, die für sich in Anspruch nimmt, das Volk zu vertreten, zu einem gelingenden gesellschaftlichen Wandel beitragen kann oder sich im Gegenteil als problematische Transformationsblockade erweist.

Diesen Doppelcharakter untersuchte Karl Marx in seinen Frühschriften. Er knüpfte an Hegels Beobachtung zur vermittelnden Funktion der Verfassung an, entwickelte sie aber weiter, indem er spezifischer das Zusammenspiel aus politischem Staat und kapitalistischer Wirtschaftsweise in der bürgerlichen Gesellschaft analysierte.[8] Die sozialwissenschaftliche Forschungsliteratur hat die Frühschriften vor allem als normatives Projekt ausgedeutet, das eine radikaldemokratische Kritik des politischen Staates formuliert.[9] Marx hat in diesen Frühschriften aber nicht nur den Fluchtpunkt

8 Karl Marx, »Kritik des Hegelschen Staatsrechts« (1843), in: *Marx-Engels-Werke Band 1*, Berlin 1972, S. 203-333.

9 Vgl. zur Rekonstruktion der politischen Theorie bei Marx: Miguel Abensour, *Demokratie gegen den Staat. Marx und das machiavellische Moment*, Berlin 2012; Alan Gilbert, *Marx's Politics*, New Jersey 1981; John E. Maguire, *Marx's Theory of Politics*, Cambridge 1978.

einer radikalen Demokratie angedeutet; vielmehr ist seine Auseinandersetzung mit Staat und Verfassung ein instruktives Erklärungsmodell, das das Verhältnis von Volkssouveränität und Gesellschaft genauer beleuchtet. Den Marx'schen Frühschriften folgend differenziert sich im politischen Staat ein eigener, von der Gesellschaft getrennter Bereich heraus, der sich gleichsam als Hüter des gesellschaftlichen Ganzen versteht. Dabei schließt auch Marx an die Verfassungstheorie der Französischen Revolution an, wie sie Jean-Jacques Rousseau in seinem *Gesellschaftsvertrag* und der Abbé Sieyès in seinen Schriften ausgearbeitet hatten. Nach der Französischen Revolution ist die Gründungsmacht zunächst das Volk, indem es als *pouvoir constituant* Verfassungsrang erhält. Im politischen Staat, so Marx, werde »ohne Rücksicht auf diese Unterschiede jedes Glied des Volkes zum gleichmäßigen Teilnehmer der Volkssouveränität« ausgerufen.[10] Das Volk trage seinen Willen in die Verfassung und die Gesetze ein und schaffe sich so ein Ganzes nach seinem Bilde: »In der Demokratie ist die Verfassung, das Gesetz, der Staat selbst nur eine Selbstbestimmung des Volkes und ein bestimmter Inhalt desselben, soweit er politische Verfassung ist.«[11]

Im nächsten Schritt erweitert Marx diese Beobachtung und problematisiert sie zugleich. Denn der holistische Anspruch der Volkssouveränität nimmt an einem umfassenderen sozialen Transformationsprozess teil – nämlich am Übergang zur »bürgerlichen Gesellschaft«, die von einer beschleunigten Differenzierung gesellschaftlicher Funktionssysteme, insbesondere der kapitalistischen Wirtschaft, gekennzeichnet ist. Insofern findet die konstitutionelle Vermittlung der sozialen Differenzierung nicht nur als Vermittlung von bürgerlicher Gesellschaft, Familie und Verwaltung (Hegel) statt, sondern stützt die kapitalistische Wirtschaftsweise ab, verhilft ihr zur Dominanz und blockiert die gewonnenen Freiheiten und Entwicklungsoptionen der anderen sozialen Sphären dort, wo sie in Konflikt mit ihr geraten.

Die Verfassungen postulieren die gleiche Freiheit der Bürger:innen als Gesetzgeber:innen. Sie halten jedoch gleichsam – so argu-

10 Karl Marx, »Zur Judenfrage (1843)«, in: *Marx-Engels-Werke Band 1*, Berlin 1972, S. 347-377, 354.

11 Karl Marx, »Kritik des Hegelschen Staatsrechts, S. 203-233, 232. Ausführlich dazu Kolja Möller, *Formwandel der Verfassung. Die postdemokratische Verfasstheit des Transnationalen*, Bielefeld 2015, S. 21 ff.

mentiert Marx vor allem in seinem Text »Zur Judenfrage« – vorpolitische Rechte fest, wie das Recht auf Eigentum. Auf diese Weise konstituiert die Verfassung sowohl die Gesetzgebung als auch den Wirtschaftsverkehr und schirmt dessen zentrale Institutionen – Eigentum und Vertrag – von gesetzgeberischen Eingriffen ab. Vor diesem Hintergrund begrüßt Marx die demokratische Volkssouveränität und die Lehre vom *pouvoir constituant*, da sie anerkennen, dass die Menschen ihre Geschichte selbst machen. Die Demokratie sieht er als »aufgelöstes Rätsel aller Verfassungen« an, indem sie die gesellschaftlichen Kooperationsverhältnisse als Grund des Sozialen offenlegt.[12] Doch die Lehre vom *pouvoir constituant* bleibt in einen frühbürgerlichen Liberalismus verstrickt, der nicht nur als Volk der *citoyens* figuriert, sondern in noch viel stärkerem Maße als Volk der selbstinteressierten Privatbürger:innen – der *bourgeois* –, die ihren Interessen und Neigungen nachgehen. Er beschreibt diesen Widerspruch wie folgt:

> Wo der politische Staat seine wahre Ausbildung erreicht hat, führt der Mensch nicht nur im Gedanken, im Bewußtsein, sondern in der Wirklichkeit, im Leben ein doppeltes, ein himmlisches und ein irdisches Leben, das Leben im politischen Gemeinwesen, worin er sich als Gemeinwesen gilt, und das Leben in der bürgerlichen Gesellschaft, worin er als Privatmensch tätig ist, die andern Menschen als Mittel betrachtet, sich selbst zum Mittel herabwürdigt und zum Spielball fremder Mächte wird.[13]

Demnach bezieht sich die Politik immer zugleich auf das Volk der gemeinwohlorientierten *citoyens* als auch auf das der *bourgeois*, die als Privatbürger:innen ihren Interessen nachgehen, ohne vom Staat daran gehindert zu werden. Dieser Widerspruch macht sich in der politischen Praxis und Theorie immer wieder bemerkbar – sei es als Konflikt zwischen Allgemeinwohl und individueller Freiheit oder zwischen Republikanismus und Liberalismus. Dabei entsteht ein Variationsspielraum, den die Politik dazu nutzt, regulierend tätig zu werden und die Gesellschaft zu gestalten. Im Namen des Allgemeinwohls greift der Staat verändernd in den Wirtschaftsverkehr ein, allerdings ohne dass er seinen »unpolitischen« Bezugspunkt im »natürlichen« Volk der egoistischen Individuen antastet.[14] Nach der

12 Karl Marx, »Kritik des Hegelschen Staatsrechts«, S. 203-233, 230.

13 Karl Marx, »Zur Judenfrage«, S. 347-377, 365.

14 Ebd., S. 369 ff.

Marx'schen radikalen Demokratiekonzeption wird dieser kapitalistische Differenzierungstyp von Politik, Recht und Gesellschaft erst dann überwunden, wenn an seine Stelle eine »wahre Demokratie« tritt, die das in der Volkssouveränität mitschwingende Verfügbarmachen der Gesellschaft für die Gestaltungsmacht sozialer Kooperation einlöst.

Marx übt hier also nicht nur eine in den damaligen frühsozialistischen Strömungen gängige Staatskritik, darüber hinaus beschreibt er, dass in der Politik ein Mechanismus angelegt ist, der für Variation, Korrektur und Konflikt sorgt. Der »politische Staat« differenziert sich als »organisierende Form« aus und legt die handelnden Akteure auf eine entweder staatsbürgerlich-republikanische oder liberal-besitzegoistische Grammatik fest. So sorgt die Politik dafür, dass die Gesellschaft auf sich selbst einwirkt, sie stabilisiert oder verändert sie. Stets jedoch verallgemeinert der Staat eine Konstellation, die den gesellschaftlichen Problemhaushalt fortschreibt oder – sobald sich eine Überwindung der kapitalistischen Gesellschaft aufdrängt – blockiert. Schließlich bleiben die Eigentums- und Verfügungsverhältnisse rechtlich geschützt. Deshalb sind, so die Marx'sche Demokratiekritik, die sozialen Widersprüche vom Standpunkt des politischen Staates schwer zu adressieren. Wenn um das Allgemeinwohl gerungen wird oder wenn Interessen zum Volkswillen avancieren, sind die ausschlaggebenden Konfliktlinien im Bereich der politischen Ökonomie nur um den Preis ihrer Verfremdung kommunikationsfähig. Sie werden, so betont auch eine Linie des an Marx anschließenden politischen Denkens, eingemeindet und verlieren ihr gesellschaftsveränderndes Potential.[15] Unabhängig davon, ob man daraus eine nüchterne Analyse der Volkssouveränität abliest oder ihre radikale Kritik, besteht der Widerspruch nicht nur zwischen den unterschiedlichen Interessen, die in Konflikten aufeinanderprallen, sondern zwischen Volkssouveränität und Gesellschaft, zwischen dem gesellschaftlichen Problemhaushalt und den Möglichkeiten, ihn erfolgreich im Rahmen der konstitutionalisierten Politik zu bearbeiten.

15 Das ist der Ausgangspunkt der marxistischen Staatskritik, vgl. die Aktualisierungen: Johannes Agnoli, *Die Transformation der Demokratie* (1967), Freiburg 1990; Antonio Negri, *Insurgencies: Constituent Power and the Modern State*, Minneapolis 1999.

Marx verfolgte diese verfassungstheoretischen Einlassungen in seiner späteren Kritik der politischen Ökonomie nicht systematisch weiter. Die an seine Schriften anschließenden kritischen Theorien der Politik bemühten sich allerdings darum, diese Überlegungen fortzuführen. Sie widmeten sich jedoch in den meisten Fällen vordringlich der Frage, wie sich Interessenkonflikte institutionell artikulieren lassen und wie sich die kapitalistische Wirtschaft zu den staatlichen Institutionen verhält. Die Frage nach der genaueren Konfiguration des politischen Systems und seiner Rolle im Kontext der Verfassung haben sie bis auf wenige Ausnahmen ausgespart.[16] Erst die Gesellschaftstheorien aus dem Umfeld der Systemtheorie der Nachkriegszeit kommen dann sowohl auf das Zusammenspiel von Volkssouveränität und sozialer Differenzierung als auch auf die interne Konfiguration des politischen Systems zurück.[17] In der Verbindung beider Linien entsteht eine angemessenere Beobachtung des Verhältnisses von Volkssouveränität und Gesellschaft, die sich als aufschlussreich für die Analyse des Populismus erweist.[18] Während Marx' Schriften von der Geschichtsphilosophie des 19. Jahrhunderts geprägt waren, bezieht die Systemtheorie unterschiedliche Evolutionstheorien sowie Erkenntnisse der Kybernetik ein, die den Prozess sozialer Differenzierung auf kommunikative Selbstreferenz zurückführen.[19] Demnach verketten sich Kommunikationen zu Systemen, die jeweils bestimmte Funktionen erfüllen und eigenen

16 Ausnahmen sind sicherlich folgende Beiträge, wobei auch hier die Beziehung Staat/Ökonomie im Mittelpunkt steht: Nicos Poulantzas, *Staatstheorie. Politischer Überbau, Ideologie, Autoritärer Etatismus* (1978), Hamburg 2002; Claus Offe, *Strukturprobleme des kapitalistischen Staates. Aufsätze zur politischen Soziologie*, Frankfurt am Main 1973.

17 Vgl. Beobachtungen dieser Nähe: Dirk Baecker, *Form und Formen der Kommunikation*, Frankfurt am Main 2007, S. 55; Thore Prien, »Kritische Systemtheorie und materialistische Gesellschaftstheorie«, in: Marc Amstutz/Andreas Fischer-Lescano (Hg.), *Kritische Systemtheorie. Zur Evolution einer normativen Theorie*, Bielefeld 2013, S. 81-98.

18 Vgl. dazu die jüngeren Arbeiten der Kritischen Systemtheorie: Amstutz/Fischer-Lescano (Hg.), *Kritische Systemtheorie*, Bielefeld 2013; Kolja Möller/Jasmin Siri (Hg.), *Systemtheorie und Gesellschaftskritik. Perspektiven der Kritischen Systemtheorie*, Bielefeld 2016.

19 Niklas Luhmann, *Soziale Systeme. Grundriß einer allgemeinen Theorie*, Frankfurt am Main 1984, S. 30 ff.

Codierungen folgen. Dabei werden im jeweiligen System nur solche Kommunikationen beobachtbar, die sich an spezifischen Codierungen – beispielsweise Recht/Unrecht im Rechtssystem oder Zahlung/Nicht-Zahlung in der Wirtschaft – orientieren. Alle anderen Kommunikationen verharren in der diffusen sozialen Umwelt.

Die Kernfunktion des Bereichs der Politik besteht im »Bereithalten der Kapazität zu kollektiv bindendem Entscheiden«.[20] Die Politik differenziert sich aus, indem sie sich darauf spezialisiert. Sie trifft Entscheidungen, die das Kollektiv binden, und ermöglicht es, dass diese Entscheidungen – in der Regel durch die »Institution des Verfahrens«[21] – variiert werden. Das politische System codiert die Kommunikation als Unterscheidung zwischen Machtüberlegenheit und Machtunterlegenheit.[22] Es geht immer darum, wer privilegierten Zugriff auf Ämter und Verfahren hat, in denen bindende Entscheidungen getroffen werden. Kommunikationen, die sich nicht am Machtcode orientieren, sind mithin für die Politik unlesbar und in die soziale Umwelt verwiesen. Die oft vorgetragene Klage über mangelnde Sachorientierung in der Politik vollzieht sich vor dem Hintergrund, dass Themen oder Inhalte nur zählen, wenn sie für das Verhältnis von Machtüberlegenheit und -unterlegenheit eine gewisse Bedeutung erlangen.

Im Übergang zur Demokratie wird die Machtkommunikation umgeformt und mit anderen Sozialsystemen vernetzt, was sich in zwei Schritten vollzieht. In einem ersten Schritt findet eine »Re-Codierung der politischen Macht«[23] statt: Die Unterscheidung zwischen Machtüberlegenheit und -unterlegenheit wird in den Konflikt zwischen Regierung und Opposition überführt. Die entscheidende Veränderung besteht darin, dass die unterlegene Seite – die Opposition – eine anerkannte Rolle übernimmt und die Regierung mit Kritik konfrontiert bis hin zum Punkt, wo sie die

20 Niklas Luhmann, *Die Politik der Gesellschaft*, Frankfurt am Main 2002, S. 84; vgl. auch Niklas Luhmann, *Politische Soziologie*, Berlin 2010, S. 20; Armin Nassehi, »Politik des Staates oder Politik der Gesellschaft? Kollektivität als Problemformel des Politischen«, in: Kai-Uwe Hellmann/Rainer Schmalz-Bruns (Hg.), *Theorie der Politik. Niklas Luhmanns politische Soziologie*, Frankfurt am Main 2002, S. 38-59, 45 ff.

21 Ebd., S. 85.

22 Ebd., S. 88 ff.

23 Ebd., S. 97.

Ämter übernehmen kann.[24] So tritt eine andauernde Spaltung der Spitze ein und die Politik reflektiert auf ihre Kontingenz, also auf die Änderbarkeit ihrer Entscheidungen.[25] Die Regierung muss stets mit der Möglichkeit leben, von der Opposition abgelöst zu werden. Jedes oppositionelle Thema, jede Forderung oder jedes Interesse kann zum Ausgangspunkt für eine Übernahme der Regierungsgeschäfte avancieren. Dies ist folgenreich für die Art, wie in der Politik verfahren und diskutiert wird. Die Re-Codierung politischer Macht stellt immer auch eine Erweiterung dar. Denn die Funktion der Politik fußt nun nicht nur auf kollektiv bindenden Entscheidungen, sondern verspricht zudem kollektive Selbsteinwirkung, bewusste Veränderung und gesamtgesellschaftliche Steuerung.

Als zweiter Schritt lässt sich herausstellen, dass das Entscheiden in rechtlich formalisierter Form stattfindet und Politik strukturell mit dem Recht gekoppelt ist. Bei einer strukturellen Kopplung bildet ein System einen privilegierten und dauerhaften Kontakt mit einem anderen System aus, indem die jeweiligen Kommunikationskanäle für wechselseitigen Einfluss geöffnet werden. Dies ist der Fall, wenn »ein System bestimmte Eigenarten seiner Umwelt dauerhaft« voraussetzt und sich auf sie »verlässt«.[26] Die Politik ist allein aufgrund der erforderlichen Verfahrensorientierung mit dem Rechtssystem gekoppelt, weil das Recht die nötigen Formen und Regeln zur Verfügung stellt[27] – von der Gesetzgebung bis zur rechtlichen Bindung der Exekutive.

Diese Kopplung mit dem Recht ermöglicht es, die offenliegenden Gründungsprobleme der Politik handhabbar zu machen: Indem die Politik ans Recht gebunden ist, führt sie ihre Einrichtung nicht mehr einseitig auf willkürliche Entscheidungen zurück, die – den demokratischen Kontingenzansprüchen folgend – auch immer anders hätten ausfallen können. Sie unterwirft sich einer höherrangigen Verfassung, die die Spielräume politischer Entscheidungen eingrenzt. Die demokratische Volkssouveränität führt also

24 Ebd., S. 97.

25 Niklas Luhmann, »Die Zukunft der Demokratie«, in: Niklas Luhmann, *Soziologische Aufklärung 4*, Wiesbaden 1987, S. 131-138, 132.

26 Niklas Luhmann, *Das Recht der Gesellschaft*, Frankfurt am Main 1993, S. 441; vgl. ausführlich: Luhmann, *Die Politik der Gesellschaft*, S. 372 ff.

27 Ebd., S. 388 ff., Luhmann, *Das Recht der Gesellschaft*, S. 440 ff.

gerade nicht einseitig zu einer voluntaristischen Vereinfachung der Verfassungsgebung (»Alle Gewalt geht vom Volk aus«), sondern zu einer paradoxen Verknüpfung von rechtlicher und politischer Souveränität, von Bindung und Willkür, von *ratio* und *voluntas*.[28] Das Volk wird zur verfassungsgebenden Gewalt geadelt, die allerdings wiederum an ein höchstes Gesetz gebunden bleibt.

Aus der Kopplung mit dem Recht in der Verfassung geht eine Zweistufigkeit hervor, denn politische Entscheidungen setzen sich damit zugleich einer Beobachtung zweiter Ordnung nach dem Muster verfassungsgemäß/verfassungswidrig aus.[29] Diese Beobachtung hat nicht einzig den konkreten Inhalt des Entscheidens zum Gegenstand, sondern reflektiert die Verfasstheit derjenigen Verfahren, in denen entschieden wird. Vor diesem Hintergrund ist es nicht erstaunlich, dass in der konstitutionalisierten Politik stets eine konstituierende Politik wirksam bleibt.[30] Sie tritt zutage, wenn die grundlegende Verteilung der Macht und die Verfahren, die die Gesetzgebung und Ämterverteilung organisieren, kritisiert, reformiert, verändert oder umgewälzt werden. Damit enthält der Konstitutionalismus eine interne Dynamisierungsoption, die über die reguläre Oppositionsrolle hinausgeht und sie radikalisiert. Dies ist der Fall, wenn die Opposition nicht mehr nur die Regierung kritisiert und eine Übernahme der Amtsgeschäfte anstrebt, sondern wenn sie beklagt, dass sich die Regierungspraxis von der geforderten Volkssouveränität entfernt hat, und eine umfassendere Revision oder Neuausrichtung der Ordnung einfordert.

Der Bereich der Politik ist also nicht durch einen einseitigen Blick auf den Machtkampf entlang von Überlegenheit/Unterlegen-

28 Ebd., S. 301. Vgl. dazu auch Luhmann, *Die Politik der Gesellschaft*, S. 342; zum »Gebundensein willkürlicher Entscheidungen« als Paradox aller Politik: Niklas Luhmann, *Gesellschaftsstruktur und Semantik. Band 3*, Frankfurt am Main 1989, S. 119. Dieser Umstand wird in der verfassungstheoretischen Forschungsliteratur als konstitutionelles Paradox umfassend diskutiert: Martin Loughlin/Neil Walker (Hg.), *The Paradox of Constitutionalism*, Oxford 2007.

29 Luhmann, *Das Recht der Gesellschaft*, S. 93.

30 Zur Bestimmung dieser konstituierenden Politik vgl. etwa die Position des popular constitutionalism bei Bruce Ackerman, »Constitutional Politics/Constitutional Law«, in: *Yale Law Journal* 3 (1989), S. 453-547; als Unterscheidung zwischen Politik und Polizei bei Jacques Rancière, *Das Unvernehmen: Politik und Philosophie*, Frankfurt am Main 2002.

heit zu entschlüsseln, da er ebenso von einer eigenen Reflexivität gekennzeichnet ist. Unter Reflexivität wäre zu verstehen, dass die einfache Kommunikation nochmals auf der Ebene einer Kommunikation zweiter Ordnung im Sinne einer Kommunikation über Kommunikation beobachtet wird.[31] Wenn also von Politik die Rede ist, dann bedeutet das einerseits das Handeln und Entscheiden in den konstituierten Verfahren und Institutionen und andererseits die konstituierende Dimension im Gründen, Ent-Gründen, Revolutionieren oder Reformieren der konstituierten Politik. Dies kann nicht nur in kämpferischen politischen Bewegungen zum Ausdruck kommen oder in besonders kritischer Oppositionspolitik, denn auch die Verwaltungen und die Gerichte betreiben eine solche Politik, wenn sie bestehende Verfahren, Machtverteilungen oder rechtliche Begründungszusammenhänge grundsätzlich in Frage stellen oder gar revolutionieren.[32] Die Volkssouveränität wird immer wieder für eine Politisierung genutzt, und die Demokratie entwickelt sich dadurch zu einem »unbeherrschbaren Abenteuer« – wie der französische Philosoph Claude Lefort es einst ausgedrückt hat –, indem sie das Gemeinwesen für unterschiedliche Gestaltungsoptionen öffnet, die sich auf die Grundordnung selbst richten.[33]

Die Analyse des politischen Systems, wie wir sie eingangs im Anschluss an Marx rekapituliert haben, weist jedoch auf eine ent-

31 Niklas Luhmann, *Soziale Systeme. Grundriß einer allgemeinen Theorie*, Frankfurt am Main 1984, S. 610; Niklas Luhmann, »Reflexive Mechanismen«, in: Niklas Luhmann, *Soziologische Aufklärung 1*, Opladen 1970, S. 92-112, insbes. 94 (am Beispiel der Verfassung); Niklas Luhmann, *Gesellschaftsstruktur und Semantik. Band 1*, Frankfurt am Main 1980, S. 30; vgl. dazu auch: Gunther Teubner, *Recht als autopoietisches System*, Frankfurt am Main 1989, S. 28.

32 Grundsätzlich im Hinblick auf das juridische Urteilen: Sabine Müller-Mall, *Verfassende Urteile. Eine Theorie des Rechts*, Berlin 2023, 10 ff. Am Beispiel der Verfassungsgeschichte in den USA: Bruce Ackerman, *We the People 2. Transformations*, Cambridge/London 1998; zur konservierenden Funktion des pouvoir constituant: Josef Isensee, *Das Volk als Grund der Verfassung. Mythos und Relevanz der Lehre von der verfassunggebenden Gewalt*, Opladen 1995, S. 31. Die demokratische Re-Codierung der Politik als Volkssouveränität setzt – konservativ – einen »Schlußstein« unter die Gründungsfrage und betrachtet sie als »durch die Verfassung« gelöst. Die »umstürzlerisch-kreative« Funktion schlägt um und der »revolutionäre Kampfbegriff« verwandelt sich in ein »Revolutionsverbot«.

33 Claude Lefort, »L'image du corps et le totalitarisme«, in: Claude Lefort (Hg.), *L'invention démocratique*, Paris 1994, S. 159-176, 174.

scheidende Blockade hin. Obwohl der Bereich der Politik nicht auf eine verwaltende oder nur korrigierende Praxis zurückzustutzen ist, bleibt der Widerspruch zwischen Volkssouveränität und Gesellschaft erhalten. Eine an der Volkssouveränität ausgerichtete konstituierende Politik wirkt öffnend und dynamisierend. Es steht jedoch nicht fest, ob Leforts »Abenteuer« auch gut endet, denn die Dynamisierung kann ebenso der Ausgangspunkt für eine regressive Involution bieten, die den Bereich der Politik ins Autoritäre wendet – oder die Volksrethorik ändert ohnehin nichts daran, dass diejenigen Handlungsoptionen blockiert bleiben, die eigentlich erforderlich wären, um eine gelingende Transformation herbeizuführen. Zwar ist die Politik von einem Wechselspiel aus einfacher Gesetzgebung und Volkssouveränität geprägt, aber – so hatten wir festgehalten – sie kann nur begrenzt auf den grundlegenden Problemhaushalt der Gesellschaft zugreifen.[34] Die Volkssouveränität bleibt zwischen dem Anspruch, auf das Ganze zuzugreifen, und einer Verfremdung der ausschlaggebenden sozialen Konflikte zerrissen.

3 Populismus als Wiedereintritt der Volkssouveränität

Die Politik differenziert sich aus, trifft kollektiv bindende Entscheidungen und maßt sich dabei an, die gesamte Gesellschaft zu steuern. Sie durchläuft eine Konstitutionalisierung, indem sie sich einer höherrangigen Ordnung – der Verfassung – unterwirft und dadurch strukturell an das Rechtssystem gekoppelt wird. Politik versteht sich in der Folge nicht allein als Ausdruck politischer *voluntas,* sondern ebenso als von einer höheren Instanz, einer *ratio*, eingesetzt, die Rechtscharakter trägt. Man stellt somit eine Trennung und Wechselseitigkeit von Prozessen erster und zweiter Ordnung fest, von zwei Ebenen also, auf die sich politische Handlungs-

34 Vgl. zum Verhältnis von Volkssouveränität und Gesetzgebung: Karl Marx, »Kritik des Hegelschen Staatsrechts, S. 232; die Systemtheorie weist auf eine Tendenz zur Selbstüberhöhung der Politik hin: Armin Nassehi, »Politik des Staates oder Politik der Gesellschaft? Kollektivität als Problemformel des Politischen«, in: Kai-Uwe Hellmann/Rainer Schmalz-Bruns (Hg.), *Theorie der Politik. Niklas Luhmanns politische Soziologie*, Frankfurt am Main 2002, S. 38-59, 48; polemisch Luhmann: Die Politik »blase Kühe auf«, um »mehr Milch« zu gewinnen (Luhmann, *Die Politik der Gesellschaft*, S. 215).

formen richten. Während eine konstituierende Politik (zweiter Ordnung) die grundlegende Machtverteilung und Verfassung des Gemeinwesens adressiert, richtet sich die Politik erster Ordnung auf die Gesetzgebung und Ämterverteilung. Beide Ebenen bleiben voneinander abhängig und überschneiden sich häufig. Die Gesetzgebung verändert häufig das Verfassungsverständnis, umgekehrt greifen Verfassungspolitiken in die Gesetzgebung ein und verschieben die Spielräume für das, was als gesetzlich ausgestaltbar gilt und was nicht.[35] Schließlich sind die politischen Entscheidungsspielräume nicht vollkommen offen oder unbestimmt, sondern stehen in einem Verhältnis zum sozialen Substrat der kapitalistischen Gesellschaft. Zwar geht die Volkssouveränität mit einem republikanischen Verallgemeinerungsanspruch einher, der die Gesellschaft als Ganzes der Gesetzgebung unterwerfen will, sie trifft aber auf eine liberale Beschränkung, die die Politisierung dort stoppt, wo sie die Eigentumsverhältnisse antastet.

Die jeweiligen Ebenen sind nicht einseitig abgegrenzt von ihren jeweiligen Außenseiten (also die der Politik gegenüber der Gesellschaft, die der Verfassungsebene gegenüber der Gesetzgebung und umgekehrt etc.). So nimmt sich in der Politik eine Reflexion über die Gesellschaft im Ganzen ihren Raum und es wird innerhalb der Sphäre der Gesetzgebung über die konstitutionellen Grundlagen des Gemeinwesens gestritten, ebenso wie praktische Fragen des politischen Machtkampfs in die Auseinandersetzung um die Verfassungsordnung hineinragen.

Die systemtheoretische Formanalyse hat solche Wiedereintritte darauf zurückgeführt, dass nicht nur Recht und Politik, sondern auch die jeweiligen Formen und Systeme auf einer sogenannten Fundierungsparadoxie beruhen.[36] In Recht und Politik kommt demnach ein grundsätzliches Problem von sozialen Formen und Systemen zum Ausdruck: Einerseits findet eine selbstreferentielle Schließung statt, andererseits wird immer auch auf die sozialen Umwelten Bezug genommen. Die Formen und Systeme grenzen

35 Zu diesen Verschleifungen: Bruce Ackerman, »Constitutional Politics/Constitutional Law«.

36 Niklas Luhmann, »Observing Re-entries«, in: *Graduate Faculty Philosophy Journal* 2 (1993), S. 485-498, 493. Der allgemeine Weltzustand, ein *erstes Außen (unmarked state)*, wird nur innerhalb des *zweiten Außen (unmarked space)* »kommunikationsfähig«, das vom Standpunkt der Innenseite rekonstruiert wird.

sich zwar von einem Außen ab, können dieses Außen aber auch aus ihrer inneren Funktionslogik heraus rekonstruieren und berücksichtigen, wodurch sie sich selbst öffnen, verändern, reformieren oder auch selbst zerstören können. Dann überquert das Außen die Systemgrenze und tritt auf der Innenseite wieder innerhalb der Form auf. Man kann dies als »crossing« beschreiben, auf welches der »Wiedereintritt« folgt. Dabei ist zentral, dass es sich nicht um eine einfache oder gar authentische Widerspiegelung der jeweiligen sozialen Kontexte handelt. Eher wird die Gesellschaft auf der Innenseite rekonstruiert, weswegen soziale Probleme oder Widersprüche nicht unbedingt angemessen verarbeitet werden können. Jedenfalls können die Wiedereintritte den Systemhorizont öffnen und grundlegende Veränderungen oder neue Fundierungen einführen.

Dies gilt insbesondere für die Politik. Sie ist nicht nur von einer Schließung der Machtkommunikation geprägt, sondern ebenso davon, dass das Ganze der Gesellschaft in ihrer Gesamtheit einen Wiedereintritt erhält und mit vielfältigen Formeln – sei es als Bürger:in, sei es als Volk oder sei es als »Menschen draußen im Lande« (Helmut Kohl) – bebildert wird. Eine solche Formel ist in der Politik etwa auch das Allgemeinwohl. Wenn politische Akteure ihre Positionen verändern, führen sie oft das Allgemeinwohl als Bezugspunkt ein, der dem übergreifenden Ganzen der Gesellschaft gerecht werden soll.[37] Im Recht übernehmen andere Begriffe wie Gerechtigkeit oder Menschenrechte ähnliche Funktionen.[38] Dabei geht es nicht um ein präzises Idealbild des Allgemeinwohls, der Gerechtigkeit oder des Umfangs unveräußerlicher Menschenrechte; vielmehr werden die jeweiligen Formen und Systeme für Veränderungen geöffnet bis hin zum Punkt, wo die Systemfrage im System gestellt werden kann: Sind Recht und Politik überhaupt gerecht eingerichtet? Dienen sie noch dem Allgemeinwohl?

37 Luhmann, *Die Politik der Gesellschaft*, S. 120.

38 Luhmann, *Das Recht der Gesellschaft*, S. 214 ff.; Gunther Teubner, »Selbstsubversive Gerechtigkeit: Kontingenz- oder Transzendenzformel des Rechts?«, in: *Zeitschrift für Rechtssoziologie* (2008), S. 9-36; zu den Menschenrechten: Andreas Fischer-Lescano, *Globalverfassung: Die Geltungsbegründung der Menschenrechte*, Weilerswist 2005; Sven Opitz, *An der Grenze des Rechts. Inklusion/Exklusion im Zeichen der Sicherheit*, Weilerswist 2012, S. 181 ff.; Jonas Heller, *Mensch und Maßnahme: Zur Dialektik von Ausnahmezustand und Menschenrechten*, Weilerswist 2018.

Die differenzierungstheoretischen Ansätze, wie sie hier rekapituliert wurden, übersehen jedoch, dass die Verfassung nicht nur aufs Allgemeinwohl, die Gerechtigkeit oder die Menschenrechte, sondern insbesondere auf die Volkssouveränität als höchsten Zurechnungspunkt festgelegt ist. Hält man sich ihre Grundprämissen vor Augen, ist dies nicht weiter erstaunlich, denn das Vereinheitlichende des Volkes scheint kaum angemessen mit den Differenzierungsprozessen vereinbar zu sein. Es liegt nahe zu fragen, ob dieses Konstrukt mit der sozialen Evolution Schritt hält: »Wer würde es merken, wenn es gar kein Volk gäbe?«[39]

Eine solche Verabschiedung des Volkes aus der Gesellschaftstheorie sieht jedoch allzu schnell über einen Umstand hinweg: Man muss kein Anhänger identitärer oder romantischer Vorstellungen eines immer schon gegebenen Volkes sein, um festzustellen, dass die Volkssouveränität als verfassungsgebende Gewalt durchaus wirksam ist und spezifische Funktionen in Recht und Politik übernimmt. Sie lässt sich nicht verdrängen, selbst wenn man sie als Abwehrmechanismus oder als Krisensymptom betrachtet.[40] Die Volkssouveränität bleibt die Fundierungsformel der modernen rechtlich-politischen Ordnung und trägt zu deren Öffnung und Schließung bei. Wie sich zeigen wird, ist sie ein Garant für die Selbstermächtigung politischer Institutionen, für die mäßigende Regulierung von Politik und Recht genauso wie für die populistische Öffnung einer verfassten Ordnung.

Ent-Paradoxierung: Die erste Funktion der Volkssouveränität besteht in der Ent-Paradoxierung, d. h. darin, dass sich bestehende Institutionen »im Namen des Volkes« selbst ermächtigen. Mit der Berufung auf die Volkssouveränität können sie sich als »vom Volk normativ gewollt darstellen«[41] und als unmittelbaren Ausdruck des Volkswillens inszenieren. Auf diese Weise dichten sie sich gegen Fundamentalkritik ab. Handeln sie nämlich immer schon »im Na-

39 Luhmann, *Die Politik der Gesellschaft*, S. 366.

40 Vgl. etwa Martti Koskenniemi, »What Use for Sovereignty Today?«, in: *Asian Journal of International Law* 1 (2011), S. 61-70.

41 Chris Thornhill, »Contemporary Constitutionalism and the Dialectic of Constituent Power«, in: *Global Constitutionalism* 03 (2012), S. 369-404, 384; zur Rolle der Volkssouveränität bei der Zentralisierung politischer Macht, insbesondere im Nachgang der Französischen Revolution und im Hinblick auf den Bonapartismus: Chris Thornhill, *A Sociology of Constitutions: Constitutions and State Legitimacy in Historical-Sociological Perspective*, Cambridge 2011, S. 219 ff.

men des Volkes«, verdrängen sie die Aktivierung des Volkes vom Standpunkt der Gesellschaft aus.

Dieses Problem wurde historisch unter dem Rubrum des Bonapartismus beziehungsweise des Cäsarismus behandelt. Damit werden Politikformen beschrieben, die in Anlehnung an die Epoche der Herrschaft des Diktators Cäsar im antiken Rom sowie an die Herrschaftsprojekte Napoleons I. seit 1799 und Napoleons III. in Frankreich (1851-1871) demokratische Rhetorik und selbstbezügliche Autokratie verbinden. Sie sichern ein autokratisches Herrschaftsprojekt dadurch ab, dass sie Organgewalten oder Einzelpersonen unmittelbar an die Stelle des *pouvoir constituant* setzen und ihn usurpieren, indem sie beanspruchen, das Volk zu verkörpern.[42] Diese Selbstermächtigung im Namen der Volkssouveränität bleibt auch in der modernen Gesellschaft eine immer wieder mögliche Vorgehensweise.

Der entscheidende Zug besteht darin, dass sie die Volkssouveränität als *pouvoir contituant* dauerhaft besetzt und der gesellschaftlichen Auseinandersetzung entzieht, um die staatliche Exekutivgewalt und die eigenen Machtansprüche zu stärken. Selbst wenn Recht, Verfassung und Repräsentation die unmittelbare Usurpation der Volkssouveränität blockieren, bleibt die Politik von bonapartistischen und cäsaristischen Zügen nicht frei. Dies ist eine zentrale Einsicht der politischen Soziologie bei Klassikern wie Max Weber, Robert Michels, Antonio Gramsci oder Moissei Ostrogorski, die die Konstitutionalisierung der Politik im Übergang vom 19. ins 20. Jahrhundert analysiert haben. Schließlich kämpfen bis heute Personen, Amtsträger:innen, Parteien oder Verwaltungsabteilungen um Macht und Einfluss, indem sie sich als unmittelbarer Ausdruck des Volkswillens inszenieren. Ein Blick in die Tageszeitungen genügt, um festzustellen, dass es bisher nicht gelungen ist, die Politik vollständig von cäsaristischen Zügen zu befreien.

Regulierung: Die Volkssouveränität ist allerdings nicht zwangsläufig das Einfallstor für einen Bonapartismus von oben, sie übernimmt eine zweite Funktion, und zwar die der Regulierung, wenn sie einen verweisenden Umgang mit der Fundierungsparadoxie gewährleistet. Schließlich bleibt die Volkssouveränität im Konsti-

42 Vgl. zur Kritik einer solchen dezisionistischen Umschrift Ingeborg Maus, *Bürgerliche Rechtstheorie und Faschismus. Zur sozialen Funktion und aktuellen Wirkung der Theorie Carl Schmitts*, München 1980, S. 58 ff.

tutionalismus an das Recht gebunden. Sie ist nicht nur politische *voluntas*, sondern auch juridische *ratio*, und damit findet eine strukturelle Kopplung von Recht und Politik statt.[43] Diese wechselseitige Herrschaftskonstitution und -begrenzung – man könnte auch von Herrschaftsformung sprechen – erfüllt eine wichtige Funktion, denn man kann sich von den eigenen Fundierungsproblemen entlasten, indem man sie an das jeweils andere System hinüberspielt.[44] Mit Bezug auf die Volkssouveränität verweist die Politik immerzu darauf, dass die Verfassung zuerst eine Rechtsordnung ist, die nicht politisch, sondern von Verfassungsgerichten zu bewirtschaften ist. Umgekehrt wird in rechtlichen Verfahren immer wieder darauf hingewiesen, dass die Politik dafür verantwortlich ist, die konstitutionellen Grundentscheidungen zu treffen, an denen sich die Rechtsprechung orientiert. Dies führt in eine wechselseitige Externalisierung der Gründungsprobleme:

> Das Recht sucht auf diese Weise seine Letztlegitimation in der demokratischen Politik, entlastet sich damit von der eigenen Paradoxieproblematik und braucht sich nicht weiter darum zu kümmern, wie die Politik mit der Externalisierung umgeht. […] Die Verfassung bindet die politisch ungebundene Souveränität an die Verfahren des Rechts. Die Staatsverfassung als strukturelle Kopplung von Recht und Politik ist also dadurch gekennzeichnet, dass eine reziproke Externalisierung der Gründungsparadoxien von Politik und Recht stattfindet.[45]

Der Rechtstheoretiker Gunther Teubner beschreibt in dieser Passage, wie Recht und Politik die eigenen Fundierungsprobleme an das jeweils andere Sozialsystem verweisen und so die eigenen routinisierten Verfahren stabilisieren: Grundsatzfragen kann man an eine andere gesellschaftliche Sphäre delegieren und sich so von ihnen entlasten. Wenn, wie an späterer Stelle in dieser Studie noch ausführlich zu zeigen sein wird, die Lehre von der Volkssouveränität in der politischen Theorie umstritten ist und das Paradox aus *voluntas*

43 Franz L. Neumann, *Die Herrschaft des Gesetzes*, Frankfurt am Main 1980, S. 45 ff.

44 Luhmann, *Das Recht der Gesellschaft*, S. 475; vgl. auch Niklas Luhmann, »Die Verfassung als evolutionäre Errungenschaft«, in: *Rechtshistorisches Journal* 1 (1990), S. 176-220.

45 Gunther Teubner, »Exogene Selbstbindung: Wie gesellschaftliche Teilsysteme ihre Gründungsparadoxien externalisieren«, in: *Zeitschrift für Rechtssoziologie* 01 (2015), S. 69-89, 71 f.

und *ratio* behandelt wird, stehen nicht nur normative Fragen des Vorrangs einer der beiden Seiten oder eine grundsätzliche Souveränitätskritik auf dem Spiel. Das Schwanken zwischen beiden Polen ist nicht allein in den Köpfen von Philosophen und Verfassungsrichtern, sondern es ist als Real-Paradox wirksam, dessen Unbestimmtheit eine wichtige Leistung für das Verhältnis für Recht und Politik erbringt.

Re-Paradoxierung: Schließlich kann noch eine dritte Funktion der Volkssouveränität identifiziert werden, die der Re-Paradoxierung, die darin besteht, eine Öffnung und Neuverhandlung zu bewirken.[46] In der Lehre vom *pouvoir constituant*, in den Erklärungen von »We, the people« und »Wir sind das Volk« bis hin zu popkulturellen Appellen ans Volk, an »La rage du peuple«, wird die Volkssouveränität von unten in Anspruch genommen, um bestehende Ordnungsmuster zu reformieren oder zu revolutionieren. Die Volkssouveränität von unten in Anspruch zu nehmen, ist Teil einer im engeren Sinne populistischen Politikoption, wobei nicht jede Politik, die dies tut, gleich populistisch ist. Eine vollumfänglich revolutionäre Politik im Namen des Volkes oder Versuche, die Verfassung zu demokratisieren, können sich auch an der Volkssouveränität ausrichten, ohne zwangsläufig populistisch zu werden. Die Pointe populistischer Politikformen besteht nämlich darin, dass sie ihren Ausgangspunkt in einer Volkssouveränität haben, die sie von unten als Gegenmachtpolitik mobilisieren, dabei aber unmittelbar auf das Zentrum des politischen Systems und seine Verfahren einzuwirken versuchen. Sie beanspruchen, die Volkssouveränität gegen die Eliten innerhalb der regulären Verfahren des politischen Systems, insbesondere der Gesetzgebung und Ämterverteilung, zu vertreten. Die gründende Unterscheidung zwischen *pouvoir constituant* und *pouvoirs constitués*, zwischen Volk und Organgewalten, erfährt einen Wiedereintritt in die reguläre Politik und wird dort als Kampfbegriff mobilisiert, um die Eliten zu entmachten. Die Volkssouveränität wird dabei in zweifacher Weise ins Spiel gebracht: Zum einen in der Annahme, dass die jeweiligen Eliten ihre Eigeninteressen verfolgen und die Ordnung auf eine Weise verändern, die sich vom Willen des Volkes löst. Die Unterscheidung zwischen Volk

46 Vgl. etwa Urs Stäheli, »The Popular in the Political System«, in: *Cultural Studies* 2 (2003), S. 275-299; Maren Lehmann, »Wo ist ›unten‹?«, in: Maren Lehmann/ Marcel Tyrell (Hg.), *Komplexe Freiheit*, Wiesbaden 2016, S. 167-184.

und Elite wird zum anderen genutzt, um unmittelbaren, schnellen Einfluss auf die Gesetzgebung und Ämterverteilung im Sinne eines *shortcut to power* zu gewinnen. Das Volk wird nicht umfangslogisch als Gesamtheit aller Bürger:innen auf einem Territorium bestimmt, sondern als negative Macht, die beklagt, dass sich die bestehende Politik und ihre Funktionseliten verselbstständigt haben.

Die Unterscheidung zwischen Volk und Elite ist also nicht bloß politischer Stil oder freistehende Ideologie; vielmehr steht sie in direktem Zusammenhang mit der Art, wie Politik konstitutionalisiert ist. In populistischen Politikformen wird die Volkssouveränität als Gegenmachtstrategie im Bereich der Gesetzgebung und Ämterverteilung eingeführt und die jeweiligen Amtsträger und Organgewalten müssen dann ihre unmittelbare Entmachtung fürchten (Abb. 1). Populistische Politikformen verfolgen unterschiedliche Strategien, die von der Drohung mit Entmachtung über Einflussgewinn im Bereich der offiziellen Repräsentation bis hin zu einem Umbau und einer Transformation der Verfassungsordnung reichen können. Übernehmen populistische Bewegungen Regierung und Ämter (*Populismus an der Macht*), zeigen sich im Umgang mit der Verfassungsordnung unterschiedliche Trajektorien, die sich von einer Auflösung des Populismus in eine reguläre Regierungspraxis über die autokratische Transformation der Verfassung bis hin zu demokratisch-inklusiven Verfassungsreformen erstrecken.

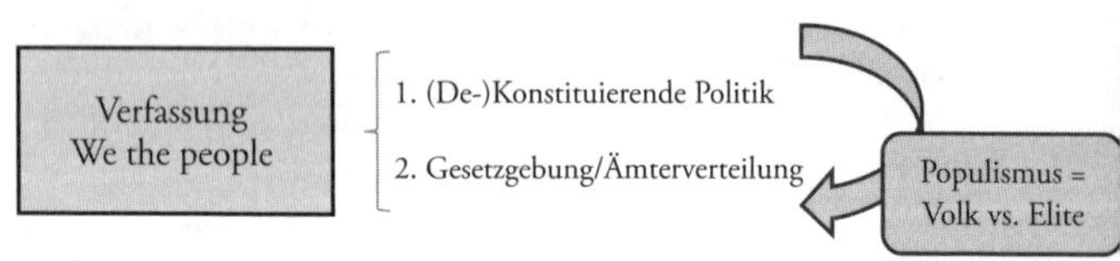

Abb. 1: Was ist Populismus?

Diese hier vorgeschlagene Definition des Populismus hat den deutlichen Vorteil, dass sie eine überinklusive Verallgemeinerung umgeht. Denn natürlich lässt sich nicht überall, wo vom Volk oder der Volkssouveränität die Rede ist und Gefühle oder Stimmungen angesprochen werden, wo Komplexität reduziert und der gesunde Menschenverstand herbeizitiert wird, Populismus identifizieren – all das prägt sowieso den gesamten Bereich der Politik. Es geht schließlich auch in nicht-populistischer Politik darum, dass einzelne Personen Ämter erringen, komplexe Sachverhalte auf einfache Entscheidungen heruntergebrochen werden und ein Resonanzverhältnis zu den Stimmungen im Wahlvolk besteht.

Vor allem ist der Populismus nicht mit zivilgesellschaftlichen Protestbewegungen zu verwechseln. Protestbewegungen sammeln sich um spezifische Themen und Anlässe oder konfrontieren die etablierte Politik mit grundsätzlicher Kritik bis hin zu weitreichenden Utopien. Auch sie tragen Konflikte ins politische System, doch operieren sie von seiner Peripherie her. Die Antiatom-, Friedens- oder neueren sozialen Bewegungen sprechen zwar stets das Verhältnis von Gesellschaft und politischen Entscheidungsträger:innen an. Allerdings sind solche Proteste erst dann als populistisch einzustufen, wenn sie die Unterscheidung zwischen Volk und Elite bemühen, an die Volkssouveränität anschließen und unmittelbar im Bereich der Gesetzgebung und Ämterverteilung aktiv werden.[47]

Eine weitere Abgrenzung sollte zu populärer Politik vorgenommen werden. Auch Volksparteien versuchen, das gesamte Volk zu vertreten, Politiker:innen äußern sich in der Öffentlichkeit zu populären Themen und inszenieren sich als *vox populi*, als Stimme des Volkes. Jedoch überführt erst die zugespitzte Unterscheidung zwischen Volk und Elite eine populäre in eine populistische Politik. Die Abgrenzung zwischen Protestbewegungen oder populärer Politik und Populismus ist in vielen Fällen allerdings nicht eindeutig. Oft geht die Gründung populistischer Parteien aus Protestbewegungen hervor oder populistische Parteien verändern sich schrittweise in Richtung einer verwaltenden Politik, wenn sie an der Regierungsmacht sind und die Funktionseliten stellen.

Nicht zuletzt im Hinblick auf eine Politik der Verfassungserneuerung oder -revolution sind weitere Unterscheidungen erforderlich. Die US-amerikanische Verfassungstheorie hat immer wieder die Möglichkeit einer konstituierenden Politik hervorgehoben, die eine Neuinterpretation oder gar eine Revolutionierung der Ver-

47 So führt Karin Priester beispielsweise an, dass auch die Occupy-Bewegung der Jahre 2011 und 2012 populistische Züge aufweise. Dem wäre entgegenzuhalten, dass sich Occupy weder um die Leitunterscheidung Volk/Elite noch um einen »re-entry« der Volkssouveränität organisierte (Karin Priester, *Rechter und linker Populismus. Annäherungen an ein Chamäleon*, Frankfurt am Main 2012, S. 222).

fassung avisiert – sei es durch Verfahren der Verfassungsänderung, sei es durch die Interpretationsleistungen der Verfassungsgerichte oder sei es durch die Mobilisierung sozialer Bewegungen.[48] Dieser populäre Konstitutionalismus überschneidet sich an vielen Stellen mit dem Populismus im Anspruch, die verfassungsgebende Gewalt nicht den Gerichten alleine zu überlassen, sondern zu einem Thema in Politik und Gesellschaft zu machen. Was den Populismus allerdings von einer reinen Verfassungspolitik unterscheidet, ist der Umstand, dass der Wiedereintritt der Verfassungsdimension in den bestehenden Verfahren der Politik, der Gesetzgebung und Ämterverteilung stattfindet und dort genutzt wird, um eine Entmachtung der Eliten zu bewirken. Fraglos spielen auch konstitutionelle Erneuerungen immer wieder eine Rolle in populistischen Bewegungen, aber die typische Verschleifung von Prozessen erster und zweiter Ordnung bleibt entscheidend. Sie unterscheidet den Populismus von einer reinen Verfassungspolitik, die sich ausschließlich auf konstitutionelle Prozesse zweiter Ordnung richtet und nicht mit der Unterscheidung Volk/Elite operiert.[49] Im Zuge dieses Wiedereintritts verändert sich zudem die Rolle des Volkes. Der Bezug auf das Volk übernimmt zunächst eine eher negative, widerstän-

48 Vgl. etwa Positionen des *popular constitutionalism* bei Bruce Ackerman, »Constitutional Politics/Constitutional Law«; Larry D. Kramer, *The People Themselves. Popular Constitutionalism and Judicial Review*, Oxford/New York 2004. Die US-amerikanische Diskussion hat sich in Teilen sogar als populistisch beschrieben (ausdrücklich: Mark Tushnet, *Taking the Constitution Away from the Courts*, Princeton 2000, S. 177 ff.). Folgen wir den Einsichten zur Zweistufigkeit der Politik, dann ist der populäre Konstitutionalismus allerdings keine Lehrmeinung in der Staats- und Verfassungslehre, sondern eine beobachtbare Real-Dynamisierungsoption in der Evolution von Recht und Politik.

49 Für die unterschiedlichen Varianten der Verfassungspolitik: Andreas Kalyvas, *Democracy and the Politics of the Extraordinary. Max Weber, Carl Schmitt and Hannah Arendt*, New York 2008; aus deliberativ-demokratischer Sicht: Markus Patberg, *Usurpation und Autorisierung. Konstituierende Gewalt im globalen Zeitalter*, Frankfurt am Main 2018; aus agonistischer Perspektive: Mark Wenman, *Agonistic Democracy. Constituent Power in the Era of Globalization*, New York 2013. Es bleibt meines Erachtens fraglich, ob eine reine Verfassungspolitik, die sich ausschließlich auf Prozesse zweiter Ordnung richtet, eigenständig beobachtet werden kann. Schließlich entwickeln sich die meisten verfassungspolitischen Projekte im Kontext von praktischen Problemstellungen und Krisen. Die bisherige Verfasstheit wird dann nicht nur aus normativen Erwägungen zum Gegenstand der Kritik, sondern weil sie eine angemessene Reaktion verstellt.

dige Funktion.[50] Deshalb verwundert es nicht, dass immer wieder disruptive Kommunikationsweisen zu beobachten sind, die nicht vorrangig auf die gelingende Gestaltung eines neuen Ganzen ausgerichtet sind, sondern die Provokation bemühen oder einen diffusen Unwillen zur Geltung bringen.

Eine Geschichte der Demokratie wird sich kaum schreiben lassen, ohne zu berücksichtigen, dass populistische Politikformen in regelmäßigen Abständen wiederkehren. Dies hängt damit zusammen, wie der Konstitutionalismus konfiguriert ist: Wer ein Gegengewicht aufbauen will, kann seine grundsätzliche Kritik über die populistische Politikform zu einem unmittelbaren Machtfaktor im politischen System werden lassen. Hält man sich diese Zusammenhänge vor Augen, wird deutlich, wieso populistische Bewegungen häufig zwischen einer Kritik an verfestigten Machtverhältnissen und autoritären Tendenzen changieren. Einerseits verschafft sich durch sie eine Kritik der Eliten ihren Raum, andererseits dient der Populismus als Einfallstor für autokratische Spielarten der Volkssouveränität, die das Verhältnis von *pouvoir constituant* und *pouvoirs constitués* sowie von Verfassung und Gesetzgebung einebnen und in die Herrschaft einer Person, einer politischen Bewegung oder einer Führungsgruppe münden. Dabei haben die bestehenden Institutionen im Vergleich zum unorganisierten Volk einen strukturellen Vorteil, denn es fällt ihnen leichter, sich selbst an die Spitze von Volksbewegungen zu stellen. So werden populistische Konstellationen oft genutzt, um die Exekutivapparate auszubauen und politische Macht zu zentralisieren. Es wäre jedoch vorschnell, vom Populismus immer einen solchen autoritären Umschlag zu erwarten. In Teilen der Forschungsliteratur wird unterstellt, er sei durchweg antidemokratisch und führe zur »Vereinnahmung des gesamten Staates, Loyalitätsbeschaffung durch Massenklientelis-

50 Dies ist insbesondere von der jüngeren Machiavelli-Diskussion in der politischen Theorie herausgearbeitet worden, vgl. John P. McCormick, *Machiavellian Democracy*, Cambridge 2011 und John P. McCormick, *Machiavelli und der populistische Schmerzensschrei. Studien zur politischen Theorie*, Berlin 2023; Miguel Vatter, »The Quarrel between Populism and Republicanism: Machiavelli and the Antinomies of Plebeian Politics«, in: *Contemporary Political Theory* 3 (2012), S. 242-263; kritisch zum Volk als Kampfbegriff: Friedrich Müller, *Wer ist das Volk?*, Berlin 1997, S. 42 ff.; vgl. auch: Benno Zabel, »Das Volk oder die totemistische Maske der Demokratie«, in: Jochen Bung/Milan Kuhli (Hg.), *Volk als Konzept in Recht und Politik*, Boston 2019, S. 33-62.

mus und Unterdrückung der Zivilgesellschaft«.[51] Dies mag dort der Fall sein, wo identitäre Dynamiken die Oberhand gewinnen und sich das Volk nicht mehr von der Elite, sondern verallgemeinernd gegen »die Anderen« abgrenzt. Die historische Bilanz populistischer Bewegungen, die in den folgenden Kapiteln aufgeschlüsselt werden soll, ist jedoch facettenreicher. In manchen Fällen spielen populistische Politikformen eine Rolle in der Herausbildung einer demokratischen Zivilgesellschaft und Öffentlichkeit,[52] in anderen bleiben sie episodisch und lösen sich in eine verwaltende Politik auf, oder aber sie setzen tatsächlich eine autoritäre Transformation in Gang.[53]

4 Populismus an der Macht

Der Populismus empfiehlt sich nicht nur als Handlungsform, um unmittelbaren Druck im politischen System auszuüben, sondern ebenso, um in mittelfristiger Perspektive Regierungsämter oder gesetzgebende Mehrheiten zu vereinnahmen. Er dient mithin als Strategie der Machteroberung. Dann verändert sich sein Aggregatzustand von einem Populismus in der Opposition zu einem Populismus an der Macht. Wiederum gilt es zu differenzieren: Übernimmt eine populistische Bewegung oder eine Partei die Regierungsmacht oder ist daran beteiligt, können sich die jeweiligen Akteure der

51 Jan-Werner Müller, *Was ist Populismus?*, Berlin 2016, S. 70 ff.

52 Obwohl er ein scharfer Kritik des Populismus ist, hat der US-amerikanische Historiker Richard Hofstadter beispielsweise gezeigt, dass der amerikanische Agrarpopulismus der Populist Party zwar elektoral gescheitert ist, aber diskursiv mit der Kritik der Banken und ökonomischen Monopole durchaus Inhalte popularisierte, auf die wiederum die »Progressives« der 1910er und 1920er Jahre aufbauen konnten (Richard Hofstadter, *The Age of Reform*, New York 1955, S. 133 ff.).

53 Populistische Parteien oder Bewegungen müssen nicht zwangsläufig zu einem dauerhaften Faktor im politischen Leben werden. Es gibt durchaus Beispiele dafür, dass sie kurzzeitig Unwillen oder Protest zum Ausdruck bringen und in der Folge wieder verschwinden. Ein klassisches Beispiel ist sicherlich der sogenannte Poujadismus im Frankreich der 1950er Jahre – eine Bewegung von Kleinhändler:innen und Handwerker:innen, die gegen zu hohe Steuern und staatliche Bevormundung aufbegehrten und zeitweise eine Parlamentsfraktion stellten, dann aber wieder von der Bühne verschwanden bzw. teilweise von der gaullistischen Rechten aufgesogen wurden.

populistischen Politikform entledigen und einer verwaltenden Regierungstätigkeit nachgehen, ohne für sich zu beanspruchen, das Volk der Volkssouveränität in der Regierung zu verkörpern – sei es, dass sie die populistische Form vollends hinter sich lassen, oder sei es, dass die populistische Form nur noch in Ansätzen erhalten bleibt (etwa als Polit-Folklore), aber nicht mehr die übergreifende Form der Politik darstellt. Ein schillerndes Beispiel für einen solchen Entwicklungsweg ist die Bewegung La république en marche! des französischen Staatspräsidenten Emmanuel Macron. Sein Erfolg bei den Präsidentschaftswahlen im Jahr 2017 speiste sich maßgeblich daraus, dass er sich von den bestehenden Eliten der Parti Socialiste und der Zentrumsparteien löste. Es wäre zwar überzogen, Macron als waschechten Populisten zu bezeichnen, aber in seinem Präsidentschaftswahlkampf spielte populistische Rhetorik zweifellos eine wichtige Rolle. Seine Kritik galt vor allem den vermittelnden Institutionen der französischen Verwaltung – den »corps intermédiaires«. Er beklagte, dass die Republik von ihnen beherrscht sei, und spitzte dies deutlich zu: »Wenn es Populismus ist, das Gespräch mit dem Volk zu suchen oder zu sagen, dass die *corps intermédiaires* nicht mehr ihrer Rolle gerecht werden, dann bin ich gerne Populist!«[54] Er folgte deutlich der Unterscheidung zwischen Volk und Elite und beanspruchte als Präsident, die Ordnung als Ganzes zu verkörpern. Die Regierungspraxis Macrons behielt eine erneuernde Rhetorik zwar bei, unterschied sich jedoch qualitativ nicht von der Praxis anderer Regierungen. Insbesondere fand keine umfassende Erneuerung oder Veränderung der französischen Verfassung statt.

Demgegenüber gibt es auch viele Beispiele für einen Populismus an der Macht, bei denen sich die populistische Politikform in der Regierungstätigkeit fortsetzt. Allerdings liegen hier ebenfalls unterschiedliche Trajektorien vor, die genauer zu beleuchten sind.[55] Sie

54 Das Interview ist dokumentiert bei Eric Fottorino, *Macron par Macron*, Paris 2017, S. 42; vgl. auch die Beobachtung, dass die Republik von einem Netz von Apparaten beherrscht sei: Emmanuel Macron, *Révolution. Réconcilier la France*, Paris 2017, S. 43 f.

55 Der in der Forschungsliteratur oft angeführte politische Veränderungswille im Hinblick auf die Verfassung, um die eigene Macht von Kritik und Öffentlichkeit abzusichern, lässt sich in vielen Fällen beobachten, ist jedoch kein definierendes Strukturmerkmal: Die eigeninteressierte Veränderung der Grundordnung sowie Eingriffe in die Unabhängigkeit der Justiz oder in bestehende Rechtsansprüche

haben gemeinsam, dass sie jenseits der *policy*-Ebene in den konstitutionellen Bezugsrahmen eingreifen, vollziehen dies aber auf sehr unterschiedliche Weise. Genauer sind autokratische und demokratisch-inklusive Trajektorien zu unterscheiden.

In der Forschung am meisten diskutiert ist die autokratische Transformation der Verfassung. Das einschlägige historische Beispiel ist der bereits erwähnte Siegeszug Napoleons III. am Ende der Revolution der Jahre 1848 bis 1851 in Frankreich. Dabei schaffte er die junge parlamentarische Demokratie mittels plebiszitärer Legitimation und einer präsidentiellen Verfassung ab, die auf seine Machtausübung zugeschnitten war. Der Populismus an der Macht folgt in vielen Fällen einem solchen Drehbuch: Nach dem Motto »Chavez es el pueblo« (Hugo Chavez) oder »L'état c'est moi« (Ludwig XIV.) usurpieren bestehende Organ- und Regierungsgewalten, Parteien oder Einzelpersonen die Rolle des *pouvoir constituant* und inszenieren sich als Ausdruck des unmittelbaren Volkswillens. In der Folge greifen sie in die Verfassungsordnung ein, um ihre politische Macht auszuweiten und auf Dauer zu stellen, etwa indem sie repräsentative oder vermittelnde Institutionen, Oppositionsreche, Meinungsfreiheit oder die Unabhängigkeit der Justiz schwächen.[56] Sie tun das oft auch, um ihre Lesart der Volkssouveränität zur konstitutionellen Grundlage zu erheben und mögliche Alternativen auszuschließen. Auf diese Weise schränken sie die Spielräume für Grundsatzkritik und institutionelle Erneuerung ein. Dabei findet eine autokratische, das heißt ausschließlich die eigene Herrschaft absichernde Veränderung der Verfassung statt, die die Macht einer Person, einer Partei oder einer Führungsgruppe zementiert. Dies vollzieht sich – das ist für eine Abgrenzung zu (neo-)faschistischer Politik zentral –, ohne die Rechtsbindung politischer Herrschaftsausübung als solche aufzulösen. Dieser Umstand sollte nicht als Entwarnung missverstanden werden, schließlich ist nicht auszuschließen, dass die Usurpation des *pouvoir constituant* durch die Regierung nur das Vorspiel einer disruptiven Veränderungsbewegung darstellt, die sich dann doch aus dem Bereich der Rechtsbindung löst.

lassen sich in einer Vielzahl von politischen Bewegungen und Herrschaftsformen nachvollziehen.

56 Kim Lane Scheppele, »Autocratic Legalism«, in: *University of Chicago Law Review* 2 (2018), S. 545-583; Andrew Arato/Jean L Cohen, *Populism and Civil Society*, Oxford/New York 2021.

Ein zweite populistische Trajektorie, die zu beobachten ist, ist eher demokratisch-inklusiv ausgerichtet: Dabei versteht sich ein Populismus an der Macht zwar durchaus als Ausdruck der Volkssouveränität, setzt sich aber nicht vollumfänglich an die Stelle des *pouvoir constituant*; vielmehr gibt die Regierung die Volkssouveränität nach der Machtübernahme im Zuge einer Verfassungserneuerung wieder an ein inklusiv verstandenes Volk zurück. Sicherlich sollte man sich vor romantischen Bezügen auf den lateinamerikanischen Linkspopulismus seit den 1990er Jahren hüten und konstatieren, dass in einzelnen Ländern wie Venezuela ein autokratischer Umschlag stattfand. Trotzdem zeigen die Entwicklungen in Ländern wie Ecuador, Bolivien oder Chile, dass (links-)populistische Bewegungen die Regierungsmacht erlangten und in der Folge offene Prozesse der Verfassungserneuerung initiierten, an deren Ende keine Autokratisierung, sondern eine stärkere Verrechtlichung öffentlicher Gewalten, eine Ausweitung subjektiver Rechte auf soziale und kulturelle Teilhabe sowie die Einbindung in internationales Recht standen. In der Forschungsliteratur sind diese Entwicklungen seit den 1990er Jahren als »neo-constitutionalismo latinoamericano« ausgedeutet worden.[57]

Wie in unseren Überlegungen deutlich wurde, kann der Begriff des Populismus also genutzt werden, um eine spezifische Politikform zu erfassen. Wie alle Begriffe im Bereich der Politik – etwa Macht, Herrschaft, Institutionen – ist er umstritten, besitzt aber einen heuristischen Wert, der einen spezifischen Ausschnitt des politischen Lebens zu erschließen hilft. Dies gilt insbesondere für die Frage, wie sich Emanzipation und Regression, popularer Einspruch und autokratische Politik überlagern. Wer nur solche Bewegungen als populistisch ausweist, die der autokratischen oder identitären Logik folgen, unterscheidet klar zwischen denjenigen politischen Bewegungen mit einem verzerrten und denjenigen mit einem liberalen Demokratieverständnis. Dabei werden aber das Zusammenspiel von Machtkritik und Umschlag ins Autoritäre, die Prozesse und Übergänge sowie die Variationsbreite populistischer Trajektorien verkannt. Wenn die Gegenüberstellung von guter libe-

57 Armin von Bogdandy u.a. (Hg.), *Transformative Constitutionalism in Latin America: The Emergence of a New Ius Commune*, Oxford 2017; Heiner Fechner, *Emanzipatorischer Rechtsstaat. Von der Rule of Law zum transformatorischen Konstitutionalismus*, Baden-Baden 2017.

raler Demokratie und schlechtem Populismus so einfach wäre, ließe sich kaum begründen, wieso populistische Politikformen ständig genutzt werden, um eine Kritik der Macht zu formulieren, und wieso insbesondere soziale Gruppen, die machtunterworfen sind oder sich benachteiligt fühlen, so häufig auf sie zurückgreifen.

Kapitel 2
Populistische Momente

1 Volkskonstruktionen und soziale Evolution

Es wäre vorschnell, den Populismus als eine unbestimmte Möglichkeit innerhalb des politischen Systems zu verstehen und nur zu beobachten, wie vielfältig sich die Unterscheidung zwischen Volk und Elite darstellen kann. Weite Teile der konstruktivistisch orientierten Diskursforschung verfolgen einen solchen Ansatz, wenn sie die Unbestimmtheit des Populismus hervorheben, der für ganz verschiedene Konstruktionsleistungen politischer Bewegungen und ihre Narrative anschlussfähig ist.[1] So erhellend es sein mag, unterschiedlichen Konstruktionen des Volkes nachzugehen, so bleibt eine Reihe von wichtigen Fragen ungeklärt, etwa die Frage danach, wie es überhaupt zu gesellschaftlichen Konstellationen kommt, die als *populist moments* gekennzeichnet werden – also Momente, in denen populistische Politikformen entstehen und erfolgreich sind. Damit hängt wiederum die Frage zusammen, welche Interaktionsmuster zwischen Populismus, Politik und Gesellschaft im historischen Verlauf greifen und welche Varianten des Populismus sich auf welcher Grundlage durchsetzen. Man benötigt folglich einen Zugriff, der dem Populismus als Teil des politischen Systems sowie entlang seiner gesellschaftlichen Grundlagen nachgeht. Nicht zuletzt ist zu berücksichtigen, wie und wieso er in bestimmten historischen Perioden dann wieder eher in den Hintergrund tritt oder gar ganz verschwindet. Schließlich liegen ganze Zeitabschnitte vor, in denen populistische Politikformen kaum zu beobachten sind. So war beispielsweise das politische Leben im Westeuropa der Nachkriegszeit davon geprägt, dass unterschiedliche Volksparteien aufgrund ihrer gesellschaftlichen Verankerung die Unterscheidung Volk/Elite dethematisierten. Um genau solche Zusammenhänge zu verstehen, muss die Analyse folglich erweitert werden. In diesem

1 Vgl. etwa David R. Howarth u. a., *Discourse Theory and Political Analysis: Identities, Hegemonies and Social Change*, Manchester 2000; Yannis Stavrakakis, »Discourse Theory in Populism Research. Three Challenges and a Dilemma«, in: *Journal of Language and Politics* 4 (2017), S. 523-534.

Kapitel soll dementsprechend der Faden aus dem ersten Kapitel aufgegriffen und versucht werden, nicht nur die politische, sondern auch die soziale Unterbestimmung einzuholen.

Zunächst scheint in dem, was man als konstruktivistische Betrachtung des Populismus verstehen kann, durchaus eine umfassende Analyse vorzuliegen, die unproblematisch ergänzt und zu einer »vollen« Populismustheorie ausgebaut werden könnte. Schließlich argumentieren die jeweiligen Ansätze sozialtheoretisch fundiert. Es gehört zu ihren kennzeichnenden Merkmalen, dass sie die Offenheit und Kontingenz gesellschaftlicher Entwicklungen hervorheben. Grob gesagt vertritt die Betrachtungsweise in den sogenannten »discursive approaches« der Populismusforschung, die meist postmarxistisch, praxis- oder systemtheoretisch inspiriert sind, dass sie die politischen Konflikte und deren Ausgang als unbestimmten Prozess begreifen.[2] Zwar wird das Volk als Bezugspunkt in der Politik angenommen, um den die Auseinandersetzung strukturiert ist, aber die Konflikte, in denen unterschiedliche Konstruktionen des Volkes aufeinanderprallen, werden als kontingent interpretiert. Das Volk des Populismus kann kulturell, ökonomisch, religiös oder inklusiv konstruiert werden und die jeweiligen Konstruktionsweisen bilden einen politisch offenen Prozess, der sich dann erfolgreich bewährt oder scheitert. Wie schon angemerkt, schließt sich daran allerdings die Frage an, welche Rahmenbedingungen eigentlich dazu geführt haben, dass sich bestimmte Konstruktionsweisen behaupten und andere nicht, und natürlich auch die Frage, welche Folgen sie in längerfristiger Perspektive hervorrufen. Um an dieser Stelle ein evolutionstheoretisches Vokabular zu bemühen, steht eine angemessene Analyse des Populismus weiterhin vor der Herausforderung, die jeweiligen *Selektionsvorgänge* zu erklären oder wenigstens fassbar zu machen. Fraglich ist nicht nur, wie das Volk konstruiert wird, sondern wie die jeweiligen Konstruktionsweisen auf bestehende gesellschaftliche Probleme und Widersprüche reagieren und mittel- und längerfristig auf sie einwirken.

Dieser Problemkreis hängt maßgeblich mit einigen Hintergrundannahmen der »discursive approaches« zur Entwicklung von Politik und Gesellschaft zusammen. Es hat sich dort (wie in vielen

2 Siehe Fn. 1, aber auch Urs Stäheli, »The Popular in the Political System«, in: *Cultural Studies* 2 (2003), S. 275-299.

anderen Zweigen der Politik- und Sozialwissenschaften) eingebürgert, sich von teleologischen Modellen sozialen Wandels, insbesondere dem, was oft formelhaft als »Geschichtsphilosophie des 19. Jahrhunderts« bezeichnet wird, zu lösen. Einem Fortschrittsdenken, das sich fraglos an so unterschiedlichen Stellen wie der entstehenden Evolutionstheorie in den Natur- und Sozialwissenschaften des 19. Jahrhunderts, den Bewegungen des Sozialismus und Liberalismus und der Geschichtsphilosophie von Marx und Hegel finden lässt, wird in der Regel attestiert, dass es Prozesse sozialen Wandels auf starre Gesetzmäßigkeiten zurückführe, die auf ein Endziel und einen Zweck ausgerichtet seien. Im Lichte des gegenwärtigen Wissens über die Gesellschaft, so wird argumentiert, wäre diese Auffassung nicht nur zu revidieren oder zu erneuern, sondern durch die grundsätzliche Annahme einer Offenheit und Unbestimmtheit sozialen Wandels zu ersetzen.

Besonders Niklas Luhmann hat diesen Argumentationsschritt ausgearbeitet. Dabei blieb er dem Erbe der eben genannten wissenschaftlichen Diskussionslinien insofern verbunden, als er einzelne Forschungsstände der Biologie und Kybernetik seiner Zeit so einarbeitete, dass der Bezug auf die Evolution, auf die Entwicklung der Gesellschaft und auf die ihr zugrundeliegenden Mechanismen, aufrechterhalten wurde. Allerdings hob er ihre Unvorhersehbarkeit und Spontanität hervor. Demnach beruht die soziale Evolution auf immer neuen Differenzierungsvorgängen, die sich sowohl starren Gesetzmäßigkeiten als auch einer längerfristigen makrosozialen Zielorientierung entziehen. Die Geschichte laufe nicht auf ein Ziel zu, sondern sei das Gegenteil eines »einheitlichen Entwicklungsprozesses«, denn sie beruhe auf einer ungerichteten kommunikativen Selbstreferenz, die kontingente Effekte hervorbringe.[3] Er ging von einer »Evolution der Evolution«[4] aus, bei der ein »Multiplika-

3 Niklas Luhmann, »Geschichte als Prozess und die Theorie sozio-kultureller Evolution«, in: Niklas Luhmann (Hg.), *Soziologische Aufklärung 3. Soziales, System, Gesellschaft, Organisation*, Wiesbaden 2009, S. 205-227, 221; So betonte Niklas Luhmann, dass die Systemtheorie weder »Zustände des evoluierenden Systems erklären« solle noch umfassendere Prognosen abgebe (Niklas Luhmann, »Evolution und Geschichte«, in: Niklas Luhmann (Hg.), *Soziologische Aufklärung 2*, Wiesbaden 2005, S. 187-211, 189).

4 Ebd., S. 223; kritisch: Barbara Kuchler, »Das Problem des Übergangs in Luhmanns Evolutionstheorie«, in: *Soziale Systeme* 1 (2003), S. 27-53, 39.

tionsmechanismus« wirke, der immer wieder neue Differenzierungen mit ungewissem Ausgang anwende.[5]

Luhmann hält dafür ein allgemeines Entwicklungsschema fest, das sich als Zusammenspiel von Variation, Selektion und Restabilisierung aufgliedert. »Als Evolution ist der historische Zusammenhang derjenigen Strukturänderungen zu bezeichnen, die durch das Zusammenspiel dieser Mechanismen ausgelöst werden [...].«[6] Dieses »Auslösen« ist nicht als Verursachung darstellbar, sondern der zufällige Effekt einer permanenten Rekursion, in der die jeweiligen Strukturen das differenzierende »Verfahren iterativ auf die eigenen Resultate« anwenden.[7] Soziale Systeme organisieren diese Selbstanwendung auf spezifische Art und Weise: als Selbstreferenz, die sich gegenüber ihren sozialen Umwelten abgrenzt und dadurch immer wieder hervorbringt. Auf diese Weise erhält die Evolution einen Charakter, den man weder als in sich planvoll noch als teleologisch beschreiben kann: »Jede Änderung setzt also mit hoher Wahrscheinlichkeit eine Mehrzahl von Wirkungsreihen in Gang, die gleichzeitig und dadurch unabhängig voneinander Wirkungen erzeugen, für die dann wieder das gleiche gilt.«[8] Dies schließt ein, dass soziale Systeme entstehen und auch wieder zerfallen oder grundlegend revolutioniert werden.

Deshalb sind Techniken erforderlich, die mit der Komplexität der kommunikativen Variation umgehen. Für Luhmann sorgt insbesondere die Sprache für Variation, indem sie »jedem Teilnehmer am Kommunikationssystem die Möglichkeit gibt, nein zu sagen und damit Konflikte auszulösen«.[9] Für die Selektion wiederum sorgen Codes und Kommunikationsmedien – wie etwa Geld, Macht oder Gewalt –, die den Variationspool strukturieren und Kommunikationen ermöglichen oder begrenzen. Im Zuge der Ausdifferenzierung von sozialen Systemen stabilisieren sie das Verhältnis von Variation und Selektion, indem sie die »Reproduzierbarkeit von Problemlösungen unter sich verändernden Umweltbedingungen«

5 Niklas Luhmann, *Die Gesellschaft der Gesellschaft I*, Frankfurt am Main 1998, S. 500.

6 Luhmann, »Evolution und Geschichte«, S. 188.

7 Luhmann, *Die Gesellschaft der Gesellschaft I*, S. 415.

8 Ebd., S. 433 f.

9 Luhmann, »Evolution und Geschichte«, S. 188.

sicherstellen.[10] Da die Systeme eine Selbstreferenz aufbauen, die sich an spezifischen Codes und Kommunikationsmedien orientiert (Selektion) und Mechanismen der Reflexion bereithält (Variation), stellen sie die Kommunikationsverhältnisse auf Dauer. Sie stehen so in einem eigentümlichen Zwielicht. Sie entwickeln eine interne Reflexivität, durch die sie sich verändern und aus dem Pool des kommunikativen Variationsspielraums schöpfen können, und diskriminieren als geschlossene Systeme auch immer weite Teile des jeweiligen kommunikativen Pools.

Die weitreichende Folge dieser Umstellung auf Unbestimmtheit, Spontanität und Kontingenz ist dort zu suchen, wo sich die jeweiligen sozialen Systeme ihre eigenen Grundlagen schaffen, sich selbst »fundieren«.[11] Die Systeme selbst schaffen sich die Probleme, zu deren Lösung sie sich anschicken. So erzählt sich das politische System selbst, dass kollektiv bindende Entscheidungen erforderlich sind, um das Gemeinwesen zu regieren; das Recht stilisiert sich als Garant für die Stabilisierung normativer Erwartungen; und das Kunstsystem generiert das Bedürfnis nach ästhetischer Erfahrung. Die Ausdifferenzierung bleibt so radikal »unterdeterminiert«.[12] Auf diese Weise »zersetzt« die systemtheoretische Betrachtung die Annahme eines »einheitlichen Entwicklungsprozesses«, indem sie die Evolution in ungerichtete Kommunikationsdynamiken auflöst, deren Effekte sie nur beobachtet, nicht jedoch mit Bezug auf externe Faktoren erklärt.[13]

10 Ebd.

11 Luhmann, »Geschichte als Prozess und die Theorie sozio-kultureller Evolution«, S. 208

12 Luhmann, »Evolution und Geschichte«, S. 196. Luhmann wendet sich hier polemisch gegen die Überdeterminationsthese Louis Althussers. Althusser hatte in den 1960er und 1970er Jahren ein Evolutionsschema entworfen, das ein umgekehrtes Verhältnis von Variation und Selektion vornimmt: Während bei Luhmann die bestehenden sozialen Systeme selektieren und die Evolution variiert, variieren bei Althusser die jeweils dominanten sozialen Instanzen, wobei der historische Prozess allerdings »letztinstanzlich« auf der Grundlage einer Dialektik von Produktivkräften und Produktionsverhältnissen selektiert. Diese Dialektik gibt der Evolution eine Richtung, die im Hintergrund wirksam ist, so dass »die einsame Stunde der letzten Instanz nie schlägt« (Louis Althusser, *Für Marx*, Frankfurt am Main 2011, S. 139). Althusser erläutert diesen Typ der Kausalität, bei der etwas Abwesendes das Anwesende »letztinstanzlich« determiniert, mit dem von Sigmund Freud entlehnten Begriff der Überdetermination.

13 Luhmann, »Geschichte als Prozess und die Theorie sozio-kultureller Evolution«,

Diese radikalen Überlegungen, die sich auf einzelne Ausschnitte von Evolutionstheorien aus den 1950er und 1960er Jahren stützen, werden in einem weiteren Argumentationsschritt relativiert. Sie bewegen sich fortan in einem Spannungsverhältnis zu einer anderen Unterscheidung, die bestimmen soll, wie sich die jeweiligen sozialen Systeme entwickeln. Luhmann hatte insbesondere zwischen Gesellschaftsstruktur und Semantik unterschieden – zwischen den Differenzierungsmechanismen der sozialen Systeme und sich verändernden Selbstbeschreibungen, Reflexionsfiguren und Wissensressourcen, die er mit dem Begriff der Semantik fasste. Mit dem Begriff der Semantik wird eine »teilsystemspezifische Reflexion« bezeichnet, die für die »Korrelation und Kovariation« von Wissensbeständen sorgt.[14] Dabei schleicht sich ein Entwicklungsmodell ein, nach dem die jeweiligen Semantiken von anderen, vorhergehenden sozialstrukturellen Voraussetzungen zehren. Die Semantik bleibt von der Gesellschaft abhängig, so dass am Ende wieder eine äußere Realität – eine soziale Struktur – angenommen wird, die sich der kommunikativen Konstruktion teilweise entzieht:

Die internen Evolutionen können entweder Evolutionen der Semantik (Ideenevolution) oder Evolutionen der Teilsysteme sein. Im ersteren Fall ändert sich das Ideengut [...]; im zweiten Fall ändert sich die soziale Struktur und, soweit von ihr abhängig, auch das Ideengut eines Teilsystems des Gesellschaftssystems.[15]

Hält man sich die Unterscheidung zwischen der Evolution der Semantik und der Evolution der Teilsysteme vor Augen, stellt sich wiederum die Frage nach Eigenständigkeit und Abhängigkeit. Zwar wird hier offenbar eine gewisse Eigenständigkeit der Ebenen angenommen, aber gleichzeitig auch die Möglichkeit einer wechselseitigen Beeinflussung.[16] Insbesondere scheint die Seman-

S. 221; vgl. auch die Diskussion des Funktionalismus bei Fran Osrecki, »Kritischer Funktionalismus: Über die Grenzen und Möglichkeiten einer kritischen Systemtheorie«, in: *Soziale Systeme* 2 (2017), S. 227-256.

14 Luhmann, *Gesellschaftsstruktur und Semantik. Band 1*, S. 15.

15 Ebd., S. 44

16 Die Gegenüberstellung von Gesellschaftsstruktur und Semantik hat Einwände provoziert. So beobachtet Urs Stäheli, dass sie »neo-marxistischen Argumenten näher sei, als sich zunächst vermuten lasse«. Insbesondere scheint die Semantik zwischen konservativen und avantgardistischen Funktionen zu schwanken (Urs

tik zwischen konservativen und avantgardistischen Funktionen zu schwanken: Einerseits ist die Semantik der Ort, an dem bestehende Differenzierungstypen nachträglich mit Selbstbeschreibungen angereichert und stabilisiert werden, andererseits der Ort, an dem »Möglichkeitsüberschüsse« und damit in Verbindung stehende Veränderungsspielräume entstehen.[17] Es kann sogar dazu kommen, dass avantgardistische »preadaptive advances« stattfinden. Das einschlägige Beispiel ist die Ausdifferenzierung des Rechtssystems. Noch bevor dessen vollumfängliche Ausdifferenzierung vollzogen ist, entdecken die Klöster und die katholische Kirche des 12. und 13. Jahrhunderts römische Rechtsquellen.[18] Sie greifen diese auf, aktualisieren sie und verdichten sie zu eigenen Rechtsbegriffen. Diese Rechtsbegriffe spielen in der Folge eine entscheidende Rolle dafür, dass sich schrittweise ein autonomer Rechtsdiskurs herausbildet. In diesem Fall gibt die Semantik die Gesellschaftsstruktur nicht einfach wieder, sondern bildet eigene Reflexionsfiguren, die den Differenzierungsmechanismen vorauseilen und die gesellschaftliche Entwicklung maßgeblich prägen werden.[19]

Insofern deutet sich in den gesellschaftstheoretischen Grundlagen Luhmanns eine Spannung zwischen einer indeterministischen Evolutionstheorie und dem Versuch an, doch Schranken in den Prozessen sozialen Wandels zu identifizieren. Spart man den zweiten Schritt aus, also die Unterscheidung zwischen Gesellschaftsstruktur und Semantik, wirkt sich dies auch folgenreich auf die Analyse des Populismus als Politikform aus – denn die Unterscheidung zwischen Volk und Elite wird mithin vollständig zu einer »Konstruktion des politischen Systems«, zu einem »diskursiven Mechanismus, der die Inklusion ins politische System organisiert«.[20] Diesen Über-

Stäheli, »Zum Verhältnis von Sozialstruktur und Semantik«, in: *Soziale Systeme* 2 (1998), S. 315-340, 319).

17 Luhmann, *Gesellschaftsstruktur und Semantik. Band 1*, S. 18.

18 Ebd., S. 49.

19 Es ist nicht erstaunlich, dass das Verhältnis von Gesellschaftsstruktur und Semantik in der Systemtheorie auch problematisiert wurde. Um den Bezug zu den oben angeführten Grundannahmen aufrechtzuerhalten, wurde sie selbst als Beobachtungsverhältnis, als »kontingentes Ergebnis der Evolution von Beobachtungsverhältnissen« ausgedeutet (Stäheli, »Zum Verhältnis von Sozialstruktur und Semantik«, S. 336 f.).

20 Urs Stäheli, »The Popular in the Political System«, in: *Cultural Studies* 2 (2003), S. 275-299, 284.

legungen zufolge führt das politische System im Zuge der sozialen Evolution seine Gründung aufs Volk zurück. Auf diese Weise tritt ein rückwirkender Realitätseffekt ein: Die Politik wird als Ausdruck von demokratischen Volksrevolutionen imaginiert, die in dieser Form gar nicht stattgefunden haben. Beispielsweise haben sich sogenannte amerikanische Gründerväter Briefe geschrieben, die im Nachgang zu Quellen der Volksverfassung erhoben wurden,[21] oder die Pariser Revolutionäre haben sich im Jahr 1789 zum Anwalt des gesamten französischen Volkes erklärt. Und man sieht über den Umstand geflissentlich hinweg, dass viele demokratische Verfassungen letztlich auf den weltpolitischen Einfluss anderer Staaten zurückzuführen sind.[22] Das scheint zweitrangig und in gewisser Weise uninteressant, solange es funktioniert, also solange sich die Politik entlang der eigenen Volksmythologie zu ent- und re-paradoxieren vermag.

Die daraus erwachsende Kritikoption besteht darin, den Populismus als kontingentes Geschehen zu begreifen.[23] Der scheinbaren Notwendigkeit bestimmter Volksfiguren, gar ihrer natürlichen, vorpolitischen Existenz, wird eine dekonstruktive Kritik gegenübergestellt. Diese zeigt, wie der Populismus eine unbestimmte Irritationsdynamik hervorbringt. Wer das Volk ist und wo der Machtblock verortet wird, bemisst sich vor allem an dem jeweiligen kommunikativen Kalkül, das zwischen Anschlussfähigkeit innerhalb des politischen Systems und oppositionellem Irritationsanspruch navigiert. Damit läuft diese Herangehensweise allerdings auf die schon eingeführten zwei Probleme zu. Einerseits kann sie nur schwer klä-

21 »Das Wir, das in der Erklärung spricht, spricht ›im Namen des Volkes‹. Aber dieses Volk existiert nicht, nicht vor dieser Erklärung, nicht als solches […]. Die Unterschrift erfindet den Unterzeichner.« (Jacques Derrida, »Unabhängigkeitserklärungen«, in: Friedrich A. Kittler (Hg.), *Nietzsche – Politik des Eigennamens: Wie man abschafft, wovon man spricht*, Berlin 2000, S. 9-19, 13 ff.).

22 Zur Verbindung der Volkssouveränität mit dem Aufstieg des internationalen Rechts: Chris Thornhill, *A Sociology of Transnational Constitutions. Social Foundations of the Post-National Legal Structure*, Cambridge 2016.

23 Vgl. dazu die Überschneidungen systemtheoretischer und poststrukturalistischer Kritik, die auf die Potentialisierung von Möglichkeiten gerichtet ist, so dass sich »die offenen Fragen multiplizieren« (Sven Opitz, »Was ist Kritik? Was ist Aufklärung? Zum Spiel des Möglichen bei Niklas Luhmann und Michel Foucault«, in: Marc Amstutz/Andreas Fischer-Lescano (Hg.), *Kritische Systemtheorie. Zur Evolution einer normativen Theorie*, Bielefeld 2013, S. 39-62, 62).

ren, unter welchen gesellschaftlichen Umständen sich Populismen beobachten lassen und welche Populismen auf welcher Grundlage reüssieren (soziale Unterbestimmung). Andererseits stellt sich die Frage, wie eine Kritik des Populismus möglich werden soll, wenn er nur auf seine Unbestimmtheit zurückgeführt wird (Kritik des Populismus). Vollzieht sich die Evolution der Evolution ausschließlich ungerichtet, sind keine Fortschritte zu identifizieren, die Aussagen vom Typ besser/schlechter ermöglichen.

Die bisher ausgearbeitete Herangehensweise sperrt sich insgesamt gegen eine normative Kritik, die bestimmte Ideale oder Prinzipien anwendet und überprüft, inwieweit sie mit dem Populismus vereinbar sind. Die Politik (und nicht die Philosoph:innen an amerikanischen und europäischen Universitäten) wählt aus, welche Kommunikationen sie verarbeitet. Da der Bezug aufs Volk eine konstante Kritikoption im politischen Leben darstellt, lässt sich schwerlich fordern, sie dürfe aus externen Gründen nicht ergriffen werden. Das wäre so, als wenn man einem Fußballspieler empfehlen würde, nach der achtzigsten Minute nicht auf Zeit zu spielen oder sich taktischer Fouls zu enthalten. Es ist die naheliegende Option, um eine Führung der eigenen Mannschaft bis ans Ende zu verteidigen, genauso wie sich der Populismus als schnell umsetzbare Option erwiesen hat, um eine Kritik der Funktionseliten wirkungsvoll zu platzieren. Dabei zeigt die dekonstruktive Kritik auf, wie der Populismus einer möglichen Umbewertung zugänglich bleibt. Sie kann etwa die jeweilige Stilisierung des Volkes als authentisch, vorgängig oder natürlich entlarven – und den Blick für alternative, demokratische Spielarten öffnen, die sich einer Selbstmythologisierung enthalten.[24]

Wie sich diese Möglichkeiten allerdings konkret darstellen und in welchen gesellschaftlichen Konjunkturen sie auftreten – darüber sind mit dem dekonstruktiven Ansatz nur schwache Aussagen zu treffen. Ob die politisch Handelnden den Bezug aufs Volk wählen können oder sollen und welche Fallstricke sich dabei auftun, lässt sich nicht bestimmen. Zwar unterläuft die dekonstruktive Kritik die Selbstmythologisierung des Volkes, gibt jedoch die Frage, worin

24 Vgl. etwa Urs Stäheli, »Bestimmungen des Populären«, in: Christian Huck/ Carsten Zorn (Hg.), *Das Populäre der Gesellschaft. Systemtheorie und Populärkultur*, Wiesbaden 2007, S. 306-321.

nicht nur potentielle, sondern reale Handlungsoptionen bestehen, zurück an die unmittelbare Praxis. So hilfreich die Einsicht in die Kontingenz des Sozialen in vielen Fällen sein mag, sie sagt wenig aus über die konkreten Handlungsspielräume, die zur Verfügung stehen. In einer Agrargesellschaft macht es unter Umständen keinen Sinn, die eigene Politik am Volk der Industriearbeit auszurichten. In der Europäischen Union konkurrieren unterschiedlichste Populismen um Verallgemeinerung, aber was wäre auf diesem Spielfeld ein guter Populismus? Und wieso greift beispielsweise in den 1970er Jahren in England ein Populismus um sich, der behauptet, »so etwas wie Gesellschaft« (Margret Thatcher) würde es gar nicht geben, und sein Volk als Gesamtheit von Einzelunternehmer:innen versteht?[25]

2 Evolution der Ko-Evolution

Wie an den bisherigen Ausführungen deutlich wurde, besteht die Herausforderung weiterhin darin, das Verhältnis von populistischen Politikformen und sozialer Differenzierung auf eine Weise zu bestimmen, die beides verknüpft: Einerseits den Umstand, dass sich populistische Politikformen nicht starr ableiten lassen oder gesellschaftliche Probleme einfach wiedergeben, sondern sich als Teil eines eigenständigen Bereichs – der Politik – reproduzieren, so wie es im ersten Kapitel näher analysiert wurde. Andererseits, so hatten wir gesehen, muss die Analyse berücksichtigen, dass populistische Politikformen auf gesellschaftliche Entwicklungstendenzen reagieren, in spezifischen Konstellationen zu beobachten sind und in der Folge je eigene Trajektorien in Gang setzen. Bevor deren genauere Betrachtung stattfindet, sind zunächst einige vorbereitende Überlegungen im Hinblick auf Probleme des sozialen Wandels sowie der ausschlaggebenden Krisenprozesse anzustellen.

Man kann jüngere Studien aus dem Umfeld einer Kritischen Systemtheorie so verstehen, dass sie die Untersuchung des Verhältnisses von politischem System und sozialer Differenzierung, die einst im Zentrum vieler verfassungs- und staatstheoretischer

25 Zur Analyse dieser Wende im England der 1980er Jahre als Populismus: Stuart Hall/Martin Jacques, *The Politics of Thatcherism*, London 1983.

Entwürfe stand, wieder aufnehmen und in den Mittelpunkt ihrer Betrachtungen stellen.[26] Dabei übernehmen sie einige differenzierungstheoretische Annahmen, revidieren jedoch die These einer Evolution der Evolution, indem sie die Evolution als ko-evolutionäres Geschehen begreifen. Demnach lassen sich Prozesse sozialen Wandels vor allem über die wechselseitigen Beziehungen der Sozialsysteme miteinander erschließen.[27] Damit folgen sie neueren Einsichten der Evolutionsforschung (epigenetische Wende), die zeigen, dass Evolutionsprozesse nicht ungerichtet stattfinden, sondern durch Schranken gekennzeichnet sind. Die sozialen Systeme sind immer in ein Geschehen der Ko-Evolution verstrickt, das jeweils einen historischen Index hat und die Systeme auf unterschiedliche Art und Weise anordnet und miteinander vernetzt. Dadurch wird beobachtet, wie sich wechselseitige Kopplungen und Dominanzverhältnisse in spezifischen Gesellschaftsformationen herausbilden. Unter einer strukturellen Kopplung ist die dauerhafte, wechselseitige Vernetzung unterschiedlicher Sozialsysteme miteinander zu verstehen. Als strukturelle Kopplung werden die Beziehungen bezeichnet, die entstehen, wenn »ein System bestimmte Eigenarten seiner Umwelt dauerhaft« voraussetzt und sich auf sie »verlässt«.[28]

Solche Kopplungen treten in einer Vielzahl von Kontexten auf und in der Forschung werden unterschiedlichste Spielarten untersucht. So wird etwa die basale Einheit Person als Kopplung von Bewusstseinssystem und Körper begriffen,[29] die Sprache wiederum

26 Vgl. Andreas Fischer-Lescano, »Kritische Systemtheorie Frankfurter Schule«, in: Gralf-Peter Calliess u. a. (Hg.), *Soziologische Jurisprudenz*, Berlin 2009, S. 19-68; João Paulo Bachur, *Kapitalismus und funktionale Differenzierung*, Baden-Baden 2013; Uwe Schimank, »Die Moderne: eine funktional differenzierte kapitalistische Gesellschaft«, in: *Berliner Journal für Soziologie* 3 (2009), S. 327-351; Darrow Schecter, *Critical Theory and Sociological Theory. On Late Modernity and Social Statehood*, Manchester 2019, insbes. S. 201 ff.; Kolja Möller, »Das Ganze der konstituierenden Macht. Zur politischen Soziologie verfassungsgebender Gewalt«, in: Jasmin Siri/Kolja Möller (Hg.), *Systemtheorie und Gesellschaftkritik. Perspektiven der Kritischen Systemtheorie*, Bielefeld 2016, S. 39-56.

27 Bachur, *Kapitalismus und funktionale Differenzierung*, S. 105 ff.; Teubner geht von »wechselseitiger Beobachtung, Interpenetration und Ko-Evolution« der Systeme aus, vgl. Gunther Teubner, *Recht als autopoietisches System*, Frankfurt am Main 1989, S. 60.

28 Niklas Luhmann, *Das Recht der Gesellschaft*, Frankfurt am Main 1993, S. 441.

29 Niklas Luhmann, *Soziale Systeme. Grundriß einer allgemeinen Theorie*, Frankfurt am Main 1984, S. 429 f.

als Kopplung von Bewusstsein und Kommunikation und die Kirche als strukturelle Kopplung von transzendentem Glauben und weltlicher Immanenz.[30] In jedem dieser Fälle bezeichnet die Kopplung eine Verbindung zwischen zwei getrennten systemischen Kontexten, die sich wechselseitig stützen, ohne vollständig ineinander aufzugehen.

Das klassische, bereits erläuterte Beispiel ist die Verfassung.[31] Dort findet eine strukturelle Kopplung von Recht und Politik statt, indem die Politik auf Rechtskommunikationen zugreift, während das Recht die Entscheidungsroutinen des politischen Systems nutzt. Durch Verfassungsbildung werden kollektiv bindende Entscheidungen (Politik) rechtlich formalisiert und dadurch zugleich ermöglicht und beschränkt. Umgekehrt wird die Stabilisierung normativer Erwartungen (Recht) an politische Prozesse, insbesondere die Gesetzgebung, gebunden. Eine weitere strukturelle Kopplung der Politik liegt im Verhältnis zum Wirtschaftssystem vor. Schließlich ist die moderne Politik ohne »die Finanzierung der öffentlichen Haushalte« undenkbar[32] und greift auf das Geldmedium zurück. Die Wirtschaft nutzt wiederum das Recht, um zentrale Institutionen wie Verträge oder das Eigentum abzusichern, und ist auf eine politische Rahmenordnung angewiesen. Der Code des Kapitals »verdankt seine Macht dem Recht, das von einem Staat garantiert und durchgesetzt wird«.[33]

Es scheint hier ein Entwicklungsmechanismus vorzuliegen, über den funktionale Leistungen erbracht und in ein anderes System oder eine andere Sphäre importiert werden – wodurch sich die jeweiligen Kontexte wechselseitig entlasten, ihre Routinen stabilisieren oder sich für neue Differenzierungen offenhalten. Allerdings können diese Kopplungen auch krisenhafte und zerstörerische Wendungen nehmen. Dafür spielen Prozesse des *spill-over*, also

30 Niklas Luhmann, *A Systems Theory of Religion*, Stanford 2013, S. 167 ff.

31 Luhmann, *Das Recht der Gesellschaft*, S. 468 ff.; Niklas Luhmann, »Die Verfassung als evolutionäre Errungenschaft«, in: *Rechtshistorisches Journal* 1 (1990), S. 176-220.

32 Luhmann, *Die Politik der Gesellschaft*, Frankfurt am Main 2002, S. 384.

33 Katharina Pistor, *Der Code des Kapitals. Wie das Recht Reichtum und Ungleichheit schafft*, Berlin 2020, S. 37. Pistor hebt auch den Kopplungseffekt hervor – »Eigentumsrechte und ähnliche rechtliche Ansprüche entwickeln sich in den Fugen zwischen Staaten, Macht und Recht« (ebd., S. 83).

eines Übergreifens, eine Schlüsselrolle. Zwischen zwei Tendenzen lässt sich hierbei unterscheiden: Erstens kann ein System mit seiner internen Logik so auf ein anderes System übergreifen, dass dieses seine Funktionen nicht mehr erfüllt. Klassische Beispiele, die in der Forschungsliteratur in diesem Zusammenhang diskutiert werden, sind Prozesse sich ausweitender Ökonomisierung, Verrechtlichung, Ästhetisierung oder Politisierung. Sie können sich kolonisierend auf andere soziale Kontexte ausweiten bis hin zu dem Punkt, wo eine Art Umschlag der Produktiv- in Destruktivkräfte stattfindet und das kolonisierte System in seinem Funktionieren unterlaufen oder zerstört wird. Im Hinblick auf den Neoliberalismus wurde beispielsweise beobachtet, dass die Schnelligkeit, mit denen der Wirtschaftsverkehr auf den Finanzmärkten operiert, die strukturelle Kopplung zwischen Wirtschaftsverkehr und Recht in eine Krise stürzte, sobald das Recht seine Funktion einer dauerhaften Erwartungsstabilisierung für die Marktteilnehmer:innen nicht mehr erfüllen konnte.[34]

Ein zweiter Fall ist ein *blackout*, bei dem ein System ausfällt und seine Leistungen nicht mehr erbringt, wenn also beispielsweise das Rechtssystem zusammenbricht und die Wirtschaft sich die Frage stellen muss, wie und auf welche Weise Konflikte nun entschieden oder Verträge gemacht und durchgesetzt werden. Ein solcher Ausfall kann durchaus kompensiert werden. So kann die Politik bestimmte Funktionen, die das Recht erbracht hat, in ihrem Inneren simulieren oder neue Mechanismen entwickeln, um normative Erwartungen zu stabilisieren. Jedoch kann der *blackout* auch zu massiven und anhaltenden Funktionsproblemen des anderen Systems führen.

Die so umrissene Analyseperspektive legt nahe, dass die in der Gesellschaftstheorie oft herbeizitierte Differenzierung der modernen Gesellschaft angemessen respezifiziert werden muss – es gilt zu untersuchen, wie die jeweiligen strukturellen Kopplungen beschaffen sind und wo sich im Zuge des *spill-over* Asymmetrien und Dominanzverhältnisse einstellen. Der brasilianische Soziologe João Bachur hat dies wie folgt auf den Punkt gebracht:

34 Moritz Renner, »Death by Complexity – The Crisis of Law in World Society«, in: Poul F. Kjaer u. a. (Hg.), *The Financial Crisis in Constitutional Perspective: The Dark Side of Functional Differentiation*, Oxford 2011, S. 93-112 .

> Durch die Ko-Evolution strukturell gekoppelter Systeme geschieht es, dass intersystemische Asymmetrien historisch konsolidiert werden [...]: Das Verhältnis der Politik zum Recht, zur Wirtschaft, zur Wissenschaft usw. ist jeweils anders als das des Rechts zur Politik, zur Wirtschaft, zur Wissenschaft usw. und wiederum anders als das der Wirtschaft zum Recht, zur Politik, zur Wissenschaft usw.[35]

In diesem Sinne gilt es, nicht nur die Differenzierung nachzuvollziehen, sondern ebenso, wie sich spezifische ko-evolutionäre Kopplungen historisch herausgebildet haben. So ist etwa der kapitalistische Charakter der modernen Gesellschaft vor dem Hintergrund zu analysieren, dass die funktionale Differenzierung auf spezifische Weise konfiguriert ist. Zwar wird eine immense Menge an Entwicklungsoptionen und Freiheiten erschlossen – »alles Stehende verdampft« (Marx) –, aber diese Dynamisierung findet im Umfeld einer strukturellen Kopplung von Recht, Politik und Wirtschaft statt, in der die kapitalistische Wirtschaftsweise dominant ist. Sie dynamisiert die gesellschaftliche Entwicklung, blockiert und erschwert Optionen in den jeweiligen Sozialsystemen, die sich vom »Code des Kapitals«[36] lösen, in Widerspruch zu den historisch konsolidierten Kopplungen treten und damit deren Transformation oder Revolutionierung erforderlich machen: Man kann zwar alles Mögliche politisch entscheiden, aber nicht ohne weiteres Teile des Wohnungsmarktes vergesellschaften und den Code des Kapitals unterlaufen.

Deshalb muss die Betrachtung zu den jeweiligen Kopplungen fortschreiten, die – evolutionstheoretisch gesprochen – den Variationspool einschränken und so die Selektionsvorgänge regulieren:[37] Kommunikationen schließen nicht nur an eine systemspezifische Selbstreferenz an, sondern sie müssen einen Umgang mit den jeweiligen Kopplungen finden. Dies verkompliziert die Frage nach Spielräumen für Veränderungen und politische Strategien. Insbesondere rücken Probleme der Passung oder Nicht-Passung ins Blickfeld. Denn erst solche Strategien sind aussichtsreich, die mit den Kopplungsverhältnissen korrespondieren. Insofern ist eine

35 João Paulo Bachur, *Kapitalismus und funktionale Differenzierung*, Baden-Baden 2013, S. 112.

36 Pistor, *Der Code des Kapitals*.

37 Gunther Teubner, *Recht als autopoietisches System*, Frankfurt am Main 1989, S. 47.

Betrachtungsweise *doppelter Adäquanz* am Werk:[38] Kommunikationen werden nicht nur dahingehend selektiert, dass sie an die bestehende Selbstreferenz *eines* Kontexts anschließen, sie beziehen sich auch auf den historisch gewachsenen Stand der Ko-Evolution mit anderen Sozialsystemen und müssen sich in diesem Umfeld bewähren. Sie sind nur dann aussichtsreich, wenn sie mit dem bestehenden Stand der historisch gewachsenen Kopplungsverhältnisse korrespondieren, und können revolutionär werden, wenn sich die bestehenden Kopplungsverhältnisse als dysfunktional und überwindungsbedürftig erweisen.

Diese Einsicht in die Beschränkung der Entwicklungsoptionen reformuliert einen wichtigen Aspekt, den schon Marx in seiner Kritik der Politik und in seinen revolutionstheoretischen Überlegungen aufgezeigt hatte. Denn die Entwicklung von Staat, kapitalistischer Wirtschaft und Rechtssystem verläuft eben nicht unbestimmt, sondern als Ko-Evolution eines Kopplungsmodells. Da alle drei Seiten notwendige Leistungen füreinander erbringen, stellen sich zwar Variationsspielräume ein, die aber in einer entscheidenden Hinsicht beschränkt bleiben: Kommunikationen, die die typischen Kopplungen der kapitalistischen Gesellschaft nicht nur korrigieren, sondern grundsätzlich verändern wollen, indem sie in den Bereich der Eigentums- und Verfügungsverhältnisse vordringen, werden blockiert. Die Stunde eines Zurückdrängens, Loslösens oder Überwindens dieses Kopplungsmodells schlägt erst in Situationen der Krise, nämlich erst dann, wenn sich zeigt, dass die Kopplung von Recht, Politik und Wirtschaft nicht mehr als problemlösende Regulationsweise,[39] sondern als dysfunktional ein-

38 Wenn hier von Adäquanz die Rede ist, dann meint dies Passung. Dies muss nicht darauf beschränkt sein, bestehende soziale Differenzierungsmechanismen einfach nur fortzuschreiben, im Gegenteil: In Krisensituationen erweisen sich oft transformatorische Perspektiven als eigentlich »passend«.

39 Vgl. die Arbeiten der Regulationstheorie: Robert Boyer/Yves Saillard (Hg.), *Regulation Theory. The State of the Art*, London/New York 2001; siehe auch eine hegemonietheoretische Erweiterung der Systemtheorie: Bob Jessop, »Zur Relevanz von Luhmanns Systemtheorie und von Laclau und Mouffes Diskursanalyse für die Weiterentwicklung der materialistischen Staatstheorie«, in: Joachim Hirsch u. a. (Hg.), *Der Staat der bürgerlichen Gesellschaft. Zum Staatsverständnis von Karl Marx*, Baden-Baden 2008, S. 157-179; vgl. auch Hauke Brunkhorst: »Die evolutionstheoretische Pointe der These, alle Geschichte sei eine Geschichte von Klassenkämpfen, besteht darin, die Unterscheidung von Revolution und

zustufen ist. Wenn diese Verhältnisse in Krisensituationen prekär werden, drängt sich eine Revolutionierung – ein Wiedereintritt der Revolution in die Evolution – auf.

Man kann dies zum Ausgangspunkt nehmen, um das in der Gesellschaftstheorie viel diskutierte Phänomen der Krise allgemeiner zu fassen.[40] Mit Krisen werden gemeinhin Zustände bezeichnet, in denen bestimmte soziale Kontexte prekär oder dysfunktional werden. Der Krisenbegriff folgt einer Vorstellung der antiken Medizin: Im Zustand der *krisis* durchleben Kranke nicht nur die bedrohlichen Seiten einer Krankheit, sondern auch einen Wendepunkt, der wieder in die Gesundung führt. Der Nachweis von Persönlichkeits-, Beziehungs-, sozialen, politischen oder wirtschaftlichen Krisen geht indes häufig mit unklaren bis inflationären Krisenverständnissen einher. Dies ist zu kritisieren, da die Dramatisierung eines Problems als Krise darüber hinwegtäuscht, dass als unzureichend wahrgenommene Zustände sich oft auf Dauer stellen und recht gut aushalten lassen. Zudem muss man den Krisenbegriff von Katastrophen oder vollumfänglichen Ausfällen unterscheiden, die gar kein Krisenbewusstsein oder eine Reflexion entstehen lassen, weil sie so tief greifen. Wenn das Haus brennt, befindet sich die dort wohnende Familie nicht in einer Krise, sondern erleidet eine Katastrophe, nämlich den Zusammenbruch ihres Lebensmittelpunkts. So schlimm und folgenreich eine solche Katastrophe auch sein mag – zu einer Krise wird sie erst dann, wenn dieser Zusammenbruch so auf die anderen Kontexte übergreift, dass das familiäre Zusammenleben als ganzes dauerhaft prekär wird. Dies wäre der Fall, wenn außerdem ein Arbeitsplatzverlust droht, so dass die ökonomische Reproduktion nicht mehr sichergestellt ist, die Kinder nicht mehr ins Erziehungssystem integriert werden oder die Traumatisierung der Familienmitglieder durch das Ereignis so groß ist, dass sie keine Nahbeziehungen mehr führen können. Erst wenn sich *spill-over*-Prozesse einstellen, die nicht nur punktuelle Probleme hervorrufen, sondern auch die anderen Kontexte unterlaufen und so im nächsten Schritt den Gesamtzusammenhang der

Evolution noch einmal in die Evolution hinein zu kopieren (re-entry).« (Hauke Brunkhorst, »Von der Krise zum Risiko und zurück. Marxistische Revisionen«, in: Rahel Jaeggi/Daniel Loick (Hg.), *Nach Marx*, Berlin 2013, S. 412-441, 420 f.).

40 Vgl. Reinhart Koselleck, *Kritik und Krise. Eine Studie zur Pathogenese der bürgerlichen Welt*, Frankfurt am Main 1973.

strukturellen Kopplung brüchig werden lassen, ist von einer Krise auszugehen.

Da sich ein krisentheoretischer Ansatz auch in anderen Kontexten – von Organisationen bis hin zum Individuum – bewähren muss, lässt er sich an einem Vertragsverhältnis verdeutlichen, das unsere Lebensformen bis heute durchwirkt: der Ehevetrag. Im Ehevertrag findet eine strukturelle Kopplung von Liebe und Recht statt. Man könnte dies auch noch um den Aspekt der Wirtschaft erweitern, schließlich regeln die Ehepartner in ihrem Vertrag nicht nur ihr Zusammenleben, sondern auch ihre Besitzverhältnisse und Fürsorgeleistungen. In jedem Fall findet eine Ko-Evolution unterschiedlicher Sozialsysteme statt: Die Ehepartner:innen nutzen die Form des Vertrags und die Funktion des Rechts, um die intime Liebe und ihre damit in Zusammenhang stehenden Lebensvollzüge auf Dauer zu stellen. Die Beteiligten entlasten sich durch die Ehe, indem sie sich nicht jeden Tag aufs Neue fragen, ob die ihnen angetraute Person tatsächlich diejenige ist, mit der sie ihr Leben dauerhaft teilen möchten. In einer Ehekrise wird der Regulationszusammenhang problematisch und es finden weitreichende *spill-over*-Prozesse statt, bei denen die jeweiligen Seiten nicht mehr zueinander finden und die jeweils andere Seite unterlaufen. Dies ist der Fall, wenn die Beteiligten keine Liebe mehr füreinander empfinden und man dann auch die rechtliche oder ökonomische Funktion der Ehe auflösen will oder wenn sich die Lebensform der Eheleute auf eine Weise entwickelt hat, die der Form des Ehevertrags widerspricht – etwa indem man ein eher freundschaftliches Verhältnis aufbaut oder sich neue Partner sucht. Der *blackout* einer Seite der strukturellen Kopplung muss sich freilich nicht zu einer Krise zuspitzen, denn in vielen Fällen finden sich die Partner damit ab, dass die Ehe nicht mehr der Ort romantischer Liebe oder ökonomischer Fürsorge ist. Doch tritt ein *spill-over* ein, teilt sich das Arrangement den Beteiligten als zunehmend dysfunktional mit. Dann setzt eine Beziehungskrise mit einer holistischen Reflexion aufs Ganze ein und es kann zu einer Revision und zu einem Neuanlauf kommen.

An diesen Einlassungen wird deutlich, dass zu einer Krise nicht nur ein Prekärwerden der Kopplung gehört, sondern ebenso ein Krisenbewusstsein oder eine Krisendeutung, das heißt eine Reflexion des Gesamtzusammenhangs.[41] Allerdings ist nicht alles eine

41 Zur Rolle des Krisenbewusstseins: Brian Milstein, »Thinking Politically about

Frage der Rahmung oder der Narrative, die die Beteiligten willfährig konstruieren, denn auch sie müssen sich an einer doppelten Adäquanz orientieren. Der kommunikative Anschluss an die Liebe (erste Adäquanzbedingung) sichert noch nicht den Neuanlauf. Erst der Blick auf das historisch gewachsene Material – etwa die Geschichte der Beziehung, die Interessen, Fähigkeiten und Bedürfnisse der Partner sowie die Geschlechterverhältnisse der Gesellschaft – lässt aussichtsreiche Optionen hervortreten (zweite Adäquanzbedingung).

Insofern bezieht sich der Begriff der Krise auf einen Problemhaushalt, der sich als Scheitern des jeweiligen Arrangements der strukturellen Kopplung fassen lässt. Dann entsteht ein Krisenbewusstsein, das nicht normativ neutral ist, denn es ist in der Regel davon getragen, den Gesamtzusammenhang auf eine gelingende oder bessere Art und Weise zu re-etablieren: Wer von sozialen Krisen redet, kommuniziert damit auch ein Interesse am Arrangement, wer von Krisen der Demokratie spricht oder schreibt, will sie häufig retten, wer eine Beziehungskrise beobachtet, will sie überwinden. In Krisen ist immer wieder ein Holismus am Werk, der das gesamte Arrangement – im Sozialen: der Gesellschaft – adressiert. Wer eine Krise beobachtet, stellt fest, das ein Gesamtzusammenhang prekär geworden ist, verweist dann aber im nächsten Schritt wieder auf ihn, und sei es als Orientierungspunkt, um die jeweilige Prekarität zu beschreiben.[42] Insofern impliziert der Begriff der Krise durchaus eine teleologische Dimension:[43] Geraten die strukturellen Kopplungen in Problemlagen, stellt sich die Frage nach anderen, eventuell besseren Regulationsweisen, die sich als notwendig oder realistisch mitteilen – und der Raum für Korrekturen, Reformen, Innovationen oder Revolutionen ist eröffnet.

Diese Überlegungen werfen die Frage nach adäquaten Reaktionsmustern in Bezug auf Krisen und Probleme auf. Die kommunikative Anschlussfähigkeit bewährt sich wie gesagt nicht nur in einem systemischen Kontext, sondern ebenso im Hinblick auf

Crisis: A Pragmatist Perspective«, in: *European Journal of Political Theory* 2 (2015), S. 141-160.

42 Dirk Baecker, »Crisis as Cultural Form«, in: Poul F. Kjaer u. a. (Hg.), *The Financial Crisis in Constitutional Perspective. The Dark Side of Functional Differentiation*, Oxford 2011, S. 173-187, 174.

43 Rahel Jaeggi, *Kritik der Lebensformen*, Berlin 2014, S. 114 ff.

Kopplungsverhältnisse. In den frühen Diskussionen zu einer gesellschaftstheoretisch ausgerichteten Kybernetik ist dies ausführlich thematisiert worden. Dabei wurde auch herausgearbeitet, dass eine Beschäftigung mit der »geschichtlichen Vergangenheit eines gesellschaftlichen Systems« erforderlich sei, um seine Entwicklung zu erschließen.[44] Auf diese Weise verdoppelt sich die Betrachtungsweise, da die Systeme sowohl in einem Umfeld struktureller Kopplungen evolvieren als auch »innere Modelle der Außenwelt« aufbauen,[45] und das Geschehen teilt sich so in eine materielle und eine innere Umwelt. Hier stellt sich die Frage nach Adäquanz, nach adäquaten und nicht-adäquaten Spielarten der Relationierung beider Seiten.[46] Auf dieser Grundlage können Lern- und Entwicklungsprozesse stattfinden, wenn beide Seiten über Rückkopplungsschleifen verknüpft sind:[47] Zwar bilden sich die »inneren Modelle der Außenwelt« in den Systemen selbst und werden dort »durchgespielt«, aber sie stehen auch in einem Verhältnis zur materiellen Umwelt. Ansonsten scheitert die Rückkopplung.

Dies zieht die Frage nach sich, wie nicht nur der Populismus als Politikform, sondern auch soziale Konstellationen eines populistischen Momentums (*populist moments*) näher zu bestimmen sind.[48] Bisher wird in der Forschung angenommen, dass sich im Populismus Strukturspannungen entladen, die von »abrupten technologischen und ökologischen Modernisierungsschüben« verursacht werden und die die »etablierte Balance von wirtschaftlichen Not-

44 Georg Klaus, *Kybernetik und Erkenntnistheorie*, Berlin 1966, S. 87.

45 Ebd., S. 193.

46 Ebd., S. 11.

47 Ebd., S. 34 ff.

48 Helmut Dubiel, »Das Gespenst des Populismus«, in: Helmut Dubiel (Hg.), *Populismus und Aufklärung*, Frankfurt am Main 1986, S. 33-50, S. 43 ff.; Lawrence Goodwyn, *The Populist Moment. A Short History of the Agrarian Revolt in America*, Oxford 1978. Im Hinblick auf den Populismus in den USA der 1890er Jahre liegen unterschiedliche Deutungen vor: Goodwyn führt das populistische Moment auf ein »mismatch« zwischen Machtkonzentration und Demokratieversprechen der Verfassung zurück (zentral ist für ihn eine »mass democratic aspiration«, S. 294), andere Deutungen stellen demgegenüber eher den ökonomischen Strukturwandel – Verschuldung der Bauern und Landarbeiter, Rolle der Banken, Verschmelzung von ökonomischen und politischen Eliten – in den Mittelpunkt (Michael Kazin, *The Populist Persuasion. An American History*, Ithaca/London 1995, S. 42 ff.).

wendigkeiten, sozialstrukturellen Machtverteilungen und kulturellen Bewusstseinsformen in Bewegung« bringen.[49] Es konkurrieren unterschiedliche Erklärungsansätze, um diese Modernisierungsschübe näher zu bestimmen: Polit-ökonomische Ansätze führen die Wahlerfolge populistischer Parteien auf Veränderungen im Bereich der sozialen Sicherung, der Lohnkosten und der Arbeitsmärkte zurück; kulturelle Ansätze zeigen auf, dass der Populismus aus Wertewandel und Traditionsverlusten hervorgeht; und demokratiepolitische Überlegungen stellen in den Mittelpunkt, dass die Verbreitung demokratischer Einstellungen und erhöhter Ansprüche an politische Selbstwirksamkeit in Enttäuschungserfahrungen mit den bestehenden Institutionen münden kann, die sich wiederum populistisch artikulieren.[50] Darüber hinaus führen sozialpsychologische Erklärungsansätze *populist moments* auf Gefühle der Ohnmacht, Ängste und Statusverletzung zurück, die in den Tiefenstrukturen des individuellen wie kollektiven Bewusstseins verankert sind.[51]

Der hier entwickelte Zugriff auf *populist moments* ersetzt die genauere Analyse dieser Ebenen nicht. Er setzt vielmehr allgemeiner an, indem er die Ko-Evolution zum Ausgangspunkt wählt. Demnach gehen *populist moments* aus problematischen bis krisenhaften Kopplungsverhältnissen hervor – sei es als Widerspruch zwischen demokratischem Versprechen und institutioneller Verfestigung, sei es als ein solcher zwischen Wohlstandssicherung und Globalisierungsprozessen oder sei es als ein Widerspruch zwischen antiautoritären Impulsen und Autorität. Freilich spricht in kapitalistischen Gesellschaften viel dafür, dass sich *populist moments* auf Krisenprozesse dieser spezifischen Kopplung zurückführen lassen. Jedoch sollte man in der Betrachtung berücksichtigen, dass sich populistische Politikformen auch auf andere Kontexte und Gesellschaftsformationen erstrecken: sei es, dass ein Volk der Gläubigen

49 Ebd., S. 47.

50 Vgl. etwa die Erklärungsansätze aus dem Umfeld der Postdemokratie-Diskussion (z.B. Colin Crouch, *Post-Democracy*, Cambridge/Malden 2004). Sie behaupten, dass die sich verbreitenden demokratischen Aspirationen auf die verfestigten Machtverhältnisse der Globalisierung treffen. Die Unzufriedenheit erwächst so weniger aus Armut, sondern aus dem *mismatch* zwischen demokratischer Erwartung und politischer Alternativlosigkeit.

51 Siehe dazu: Arlie Russell Hochschild, *Strangers in Their Own Land. Anger and Mourning on the American Right*, New York 2016; Carolin Amlinger/Oliver Nachtwey, *Gekränkte Freiheit. Aspekte des libertären Autoritarismus*, Berlin 2022.

gegen die offizielle Ämterstruktur der Kirche aufbegehrt, sei es, dass sich in nicht-kapitalistischen Gesellschaften der Volkswille gegen die Funktionär:innen positioniert, oder sei es, dass sich im Fußball Ultra-Fangruppierungen als wahres Vereinsvolk gegen die Funktionär:innen wenden. Auf diese Weise wird nachvollziehbar, wieso sich die soziale Basis populistischer Bewegungen oft nicht aus Gruppen speist, deren Lebenssituation sich absolut verschlechtert hat, sondern aus solchen, die in besonders prägnanter Weise Diskrepanzerfahrungen erleben – was sich eben durchaus auf Klassenlagen beziehen kann, denen es ökonomisch an sich gut geht und die vollumfänglich in das Gemeinwesen eingebunden sind.

Schließlich lässt es die hier entwickelte Perspektive zu, einen gewissen Abstand zu den in der Forschung mitschwingenden Modernisierungsannahmen zu gewinnen. Der Populismus wird häufig als Widerstand gegen die gesellschaftliche Modernisierung ausgedeutet, in dem ein Strukturproblem – das Aufeinanderprallen von Tradition und Moderne – zum Ausdruck kommt. Es wäre jedoch vorschnell, den Populismus einseitig mit der Verteidigung von Traditionen kurzzuschließen und ihm im nächsten Schritt eine kategorische Fortschrittsfeindlichkeit zu unterstellen. Diese Betrachtungsweise unterschätzt die modernisierenden Tendenzen, die auch in populistischen Bewegungen wirksam waren. So war der Bonapartismus des Zweiten Kaiserreichs in Frankreich (1852-1870), der als einschlägiges Beispiel für einen Populismus an der Macht gilt, gerade nicht, wie Marx und Engels annahmen, ein kurzeitiges Intermezzo auf dem Weg in die kapitalistische Moderne. Im Gegenteil etablierte Louis Napoleon Bonaparte ein stabiles Klientelsystem und führte erste Ansätze der Sozialpolitik ein. Sein Herrschaftsprojekt erzielte modernisierende Effekte und zentralisierte politische Macht, indem das Verhältnis von Wirtschaft, Politik und Gesellschaft neu angeordnet wurde.[52] Auch in der Gegenwart wäre es vorschnell, den Populismus auf regressive Tendenzen zu reduzieren. Der Linkspopulismus in Lateinamerika bewirkte seit den 1990er Jahren keine fortschreitende Entdifferenzierung der Gesellschaft, sondern verallgemeinerte Verfassungsinstitutionen und keynesianische Wirtschaftssteuerung.[53] In den genannten Fällen können zwar

52 Zu dieser Einseitigkeit in der Marx'schen Bonapartismusanalyse: Wolfgang Wippermann, *Die Bonapartismustheorie von Marx und Engels*, Stuttgart 1983, S. 61 ff.

53 Vgl. Armin von Bogdandy u. a. (Hg.), *Transformative Constitutionalism in Latin*

populistische Momente identifiziert werden, in denen *mismatches* und Widersprüche im Verhältnis von Gesellschaft, Recht und Politik auftreten. Es wäre jedoch voreilig, dort nur eine Rückkehr eines traditionellen Volksverständnisses auszumachen, im Gegenteil: der Populismus kann mit seinen Öffnungsambitionen durchaus zu weiteren Modernisierungsschritten führen.[54]

Nicht zuletzt sind lange Perioden auszumachen, in denen die Kopplungsverhältnisse auf eine Weise arrangiert sind, in der der Populismus unnötig oder nicht aussichtsreich erscheint. In solchen Situationen durchläuft die Frage nach dem Volk eine Befriedung oder wird umgeleitet. In vielen Fällen ersetzt die strukturelle Kopplung mit anderen Sozialsystemen, wie beispielsweise der Wirtschaft, die Frage nach dem Volk. In einem Fall wie der Bundesrepublik der 1950er Jahre etwa, wo der Gründungsmythos des Wirtschaftswunders wirkte und sich Volksparteien mit Massenmitgliedschaft die Macht teilten, existiert die Volkssouveränität zwar weiter, es liegt aber keine ausdrücklich populistische Konstellation vor, in der es den handelnden Akteuren empfohlen scheint, nun unbedingt den Weg des Populismus einzuschlagen. Erst die Diskrepanzen und Krisen in den strukturellen Kopplungen bringen populistische Momente hervor und es wäre falsch, den Populismus so zu verallgemeinern, dass er sich in jeder Situation als Erklärungsmodell aufdrängt.[55]

3 Hierarchieumkehr (*reversed hierarchy*)

Die Überlegungen zur Evolution der Ko-Evolution holen die zweite soziale Unterbestimmung ein. Populistische Politikformen reagieren auf Widersprüche des sozialen Substrats. Mithin wird eine immanente Kritik des Populismus möglich, die nicht danach fragt, ob

America: The Emergence of a New Ius Commune, Oxford 2017; Heiner Fechner, *Emanzipatorischer Rechtsstaat. Von der Rule of Law zum transformatorischen Konstitutionalismus*, Baden-Baden 2017.

54 Zudem ist es möglich, den Populismus mit Phänomenen in anderen Sozialbereichen zu vergleichen: Gangsta-Rapper:innen und Punks, die authentische Musik gegen das Musikbusiness und den seichten Mainstream setzen; religiöse Reformbewegungen von unten in der Kirche etc.

55 So wie Ernesto Laclau, *On Populist Reason*, London/New York 2005, S. 67.

der Populismus externe normative Standards einlöst, sondern ob er aussichtsreich auf die jeweiligen Krisenkonstellationen zu reagieren vermag. Allerdings sind die Krisen und Diskrepanzen der Ko-Evolution nur eine Teilantwort, schließlich sind sie nicht zwangsläufig durch einen Aufstieg populistischer Politikformen gekennzeichnet. Auch andere, reformerische oder revolutionäre Politikformen stellen sich als mögliche Antwort dar, genauso wie Problemlagen auch einfach sistiert werden können und sich fortan keine Veränderungen mehr einstellen. In diesem Sinne sind die Krisen der Ko-Evolution eine notwendige, aber keine hinreichende Bedingung, um *populist moments* zu bestimmen. Vielmehr stellen sich die weitergehenden Fragen, was den Populismus von anderen Krisenreaktionen unterscheidet und wieso es attraktiv erscheint, das Volk den Eliten entgegenzusetzen. Es muss also etwas hinzutreten, eine spezifische Triebfeder, die im Populismus so wie in keiner anderen Politikform mobilisiert wird.

In der bisherigen Argumentation wurde vor allem hervorgehoben, wie der Populismus – im Gegensatz etwa zu zivilgesellschaftlichen Protestbewegungen oder revolutionären Veränderungen – einen Kurzschluss zu den konstitutionalisierten Spielarten der Gesetzgebung und der Ämterverteilung herstellt, indem er verspricht, unmittelbar in den politischen Machtkampf einzugreifen und ohne den Umweg über eine neuartige Gesellschaftsorganisation Einfluss auf Apparate, Finanzen und Amtsmacht zu gewinnen. Mit diesem Aspekt populistischer Politikformen ist aber noch nicht die spezifische oppositionelle Pointe (gegen die da oben) erschlossen: Die Volkssouveränität wird im Populismus in einem plebejischen Sinne beansprucht, indem sie gegen Eliten und Funktionär:innen gewendet wird. Insofern zielen populistische Politikformen darauf, bestehende Machtverhältnisse aufzulösen, und streben eine *reversed hierarchy*, also eine Umkehrung der Hierarchie, an. Der Populismus mobilisiert und stärkt widerständige Sozialdynamiken, die nicht mehr kommunikativ verdrängt oder eingemeindet werden.

Um solche Widerstände im Umfeld der Ko-Evolution genauer zu bestimmen, hat Andreas Fischer-Lescano für die Analyse der Gesellschaft vorgeschlagen, dass sie nicht nur den Differenzierungsprozessen nachgehen, sondern ebenso eine hintergründige Kraftentfaltung berücksichtigen soll. Demnach nisten sich Widerstände in die Differenzierungsvorgänge ein, wenn sie die oft arationale oder nicht sprachfähige »Pluralität lebendiger Kräfte« in ein enges Korsett pressen.[56] Vereinfacht gesagt: Gegen die Gewalt der Systeme, die nach dem Motto »Was nicht passt, wird passend gemacht« verfahren, rebellieren die unterworfenen sozialen Kräfte. Auch wenn die widerständigen Kräfte in der Regel verdrängt oder gezähmt werden, entsteht ein Spielraum für Gegenoptionen und die Systeme müssen damit umgehen, dass diese auftreten. Insofern ist in die Analyse der Politik aufzunehmen, dass sich ihr System nicht nur öffnet und schließt, sondern auch Gegenkräften ausgesetzt ist, die vom Standpunkt der regulären Selbstreferenz aus als irrational oder inadäquat erscheinen. Der Populismus speist sich nicht allein aus Regulationskrisen, sondern auch aus dem persistierenden Konflikt zwischen Selbstreferenz und Widerstand. In populistischen Momenten geraten nicht nur die horizontalen Kopplungsverhältnisse zwischen den Systemen in Konflikt, sondern insbesondere auch die quer dazu liegenden vertikalen Konflikte zwischen Oben und Unten. Dann erheben die Machtunterworfenen grundsätzliche »Einsprüche« gegen die bisherigen »sozialen Relationen«.[57]

Die kritische Anthropologie hat solche Tendenzen bis auf die frühen Stammesgesellschaften zurückverfolgt.[58] In seinen Forschungen zur Ordnungsbildung von Stammesgesellschaften ist der Anthropologe Christopher Boehm immer wieder auf solche Vorgänge gestoßen. Er weist nach, wie sich in der Evolution ein machtkritischer Impuls einnistet, ein *dislike of being dominated* (ein Unbehagen, dominiert zu werden).[59] Dieser Impuls artikuliert sich, wenn sich die Unterworfenen zusammenschließen und die dominanten Gruppen oder Einzelpersonen entmachten, so dass

56 Andreas Fischer-Lescano, *Rechtskraft*, Berlin 2013, S. 106; vgl. Kolja Möller, »Strukturelle Gewalt und funktionale Differenzierung. Anschlüsse an Luhmann, Benjamin und Adorno«, in: *Soziale Systeme* 2 (2015), S. 257-279.

57 Maren Lehmann, »Wo ist ›unten‹?«, in: Maren Lehmann/Marcel Tyrell (Hg.), *Komplexe Freiheit*, Wiesbaden 2016, S. 167-184, 168.

58 Christopher Boehm et al., »Egalitarian Behavior and Reverse Dominance Hierarchy [and Comments and Reply]«, in: *Current Anthropology* 3 (1993), S. 227-254; Pierre Clastres, *Staatsfeinde. Studien zur politischen Anthropologie (1974)*, Konstanz 2020; ähnlich auch: David Graeber, *Frei von Herrschaft: Fragmente einer anarchistischen Anthropologie*, Wuppertal 2008; Florian Mühlfried, *Unherrschaft und Gegenherrschaft*, Berlin 2022.

59 Boehm, »Egalitarian Behavior and Reverse Dominance Hierarchy [and Comments and Reply]«, S. 236.

eine Umkehr der Hierarchie eintritt. Das Repertoire erstreckt sich von negativen Kontrollmechanismen, um die Macht der Führungsgruppen zu beschränken, über die Tötung der jeweiligen Machthaber bis hin zu milderen Spielarten öffentlicher Kritik, etwa des Verspottens oder Lachens. Dabei schränken die Machtunterworfenen die Handlungsspielräume der jeweiligen Führung ein, entmachten sie oder etablieren gar nicht-hierarchische Ordnungen der Selbstorganisation. Auch der französische Anthropologe Pierre Clastres hat ähnliche Beobachtungen gemacht. In seinen Studien zu Stammesgesellschaften in Lateinamerika identifiziert er eine *reversed hierarchy*, die einer Verselbstständigung der jeweiligen Oberhäupter entgegenwirkt. Clastres zeigt, wie die Stammesgesellschaften auf eine Ausdifferenzierung politischer Macht verzichteten. Dort beanspruchte die Gesellschaft, selbst »absolute und vollständige Macht über alles auszuüben, aus dem sie besteht«,[60] und diese Ordnung wurde gegen das Aufkommen separierter Machtinstitutionen verteidigt. Die jeweiligen Machthaber thronten nicht souverän als politische Entscheider über dem Gemeinwesen, sondern übernahmen nur symbolische oder moderierende Funktionen.

Diese Widerstände zeichnet Clastres etwa am Beispiel des lateinamerikanischen indigenen Volks der Tupi-Guarani nach. Sie erlebten ein Bevölkerungswachstum, wobei es zur langsamen Emergenz eines politischen »Häuptlingstums« kam.[61] Als Reaktion bildete sich am Ende des 15. Jahrhunderts eine Gegenbewegung. Sie wurde von Wanderprediger:innen geführt, die von Ort zu Ort zogen und dafür warben, das bestehende »Land des Bösen« zu verlassen und nach dem Paradies zu suchen: »Von dem Gefühl durchdrungen, dass die alte wilde Welt in ihren Grundfesten bebte […], beschlossen die Propheten, dass man die Welt verändern müsse […], die der Menschen aufgeben und die der Götter gewinnnen müsse.«[62] Auf diese Weise entstanden religiöse Migrationsbewegungen, die vom Widerstand gegen das »Häuptlingstum«, gegen eine separierte politische Macht und ihren Staat, getragen waren. Das vertikale Machtverhältnis verkehrte sich und eine Umkehr setzte ein, die den Prophet:innen plötzlich mehr politische Macht verlieh als den

60 Clastres, Staatsfeinde, S. 162.
61 Ebd., S. 164.
62 Ebd., S. 165.

jeweiligen Machthaberinnen.[63] Im Widerstand verbreitete sich ein »prophetisches Wort«, das selbst dazu angetan war, politische Macht zu vereinnahmen und zum Staat gerinnen zu lassen. Was hier zutage tritt, ist nichts anderes als die totalisierende Umkehrung der Unterscheidung Volk/Elite, vom »nichts zu sein« zu einem »alles zu werden«, von der Unterwerfung in die Souveränität zu wachsen – so, wie es auch in populistischen Bewegungen zu beobachten ist.

Nehmen wir diese Einsichten auf, mobilisiert der Populismus genau diese *reversed hierarchy*. Die Unterscheidung Volk/Elite bringt das *dislike of being dominated* zum Ausdruck. Der Populismus greift die *reversed-hierarchy*-Tendenzen auf und bringt sie als Volkswillen im regulären politischen Prozess zur Geltung. Es ist vor diesem Hintergrund nicht erstaunlich, dass der Volkswille oft als Unwille repräsentiert wird. Die negativen, destruktiven oder unbotmäßigen Züge, die sich querstellen, erscheinen vom Standpunkt konsolidierter politischer Orientierungen, wie dem Liberalismus, dem Konservatismus oder dem Sozialismus, als irrational. Doch dies ist eine entscheidende Funktion populistischer Politikformen: Sie bieten einen Weg an, um das gewissermaßen anthropologisch verankerte *dislike of being dominated* in das politische System einzuspeisen.

63 Ebd., S. 167.

Kapitel 3
Kritik des Populismus

1 Demokratischer und identitärer Populismus

Im Durchgang durch die bisherige Argumentation wurde die Beziehung von Volkssouveränität, Populismus und Gesellschaft ausgearbeitet. Folgen wir den Überlegungen, dann nutzt der Populismus die Grundstruktur der Politik (Volkssouveränität) und mobilisiert ein spezifisches soziales Substrat im Umfeld sozialer Krisenprozesse (*reversed hierarchy*). Dabei wurde das Problem doppelter Adäquanz aufgeworfen, denn schließlich verdoppelt sich zugleich die Unterscheidung zwischen Volk und Elite: Einerseits ist die Unterscheidung zwischen Volk und Elite eine Handlungsoption innerhalb des politischen Systems. Andererseits, so haben wir festgestellt, handelt es sich nicht nur um eine bloße politische Technik. Die Unterscheidung verweist ebenso auf ein gesellschaftliches Hintergrundgeschehen, vor dem sich ein sozialer Machtblock und ein soziales Volk herausbilden. Der Konflikt zwischen Volk und Elite bezieht sich somit letztlich nicht nur auf die Volkssouveränität des politischen Systems (Volk1/Machtblock1), sondern ebenso auf eine soziale Krisensituation und dort spezifischer auf einen sozialen Machtblock sowie daraus resultierende Einsprüche (Volk2/Machtblock2). Im Hintergrund der politischen Unterscheidung zwischen Volk und Elite stehen ein soziales Volk2 und ein sozialer Machtblock2, die ihren Grund nicht in der Volkssouveränität der Politik, sondern in der krisenhaften Ko-Evolution der Gesellschaft und den dortigen Machtverhältnissen haben. Dies lässt sich wie folgt abbilden:

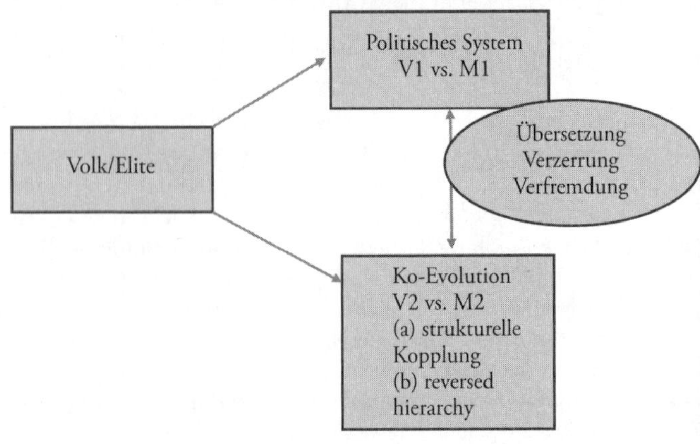

Abb. 2: Verdopplung der Volk/Elite-Unterscheidung

Wie in dem Schaubild deutlich wird, stellt sich in der Analyse des Populismus die Frage nach der Übersetzung zwischen Volk und Elite im politischen System und der zwischen Volk2 und Machtblock2 im sozialen Krisengeschehen. So tritt eine Inkommensurabilität hervor: Der Populismus entsteht gerade durch den Anschluss an das politische System. Er folgt den dortigen Spielregeln, reduziert Komplexität und schreibt die Entscheidungsmacht einzelnen Personengruppen oder Funktionär:innen zu. Dies ist nicht weiter erstaunlich, da das politische System das Gemeinwesen nicht als Ort eines komplexen sozialen Lebens oder Krisengeschehens repräsentiert, sondern als Wechselspiel von Machtüberlegenheit und -unterlegenheit, in dem einzelne Personengruppen um die Vereinnahmung öffentlicher Amtsgewalt ringen. Polemisch gesagt: Die Politik ist kein Soziologie-Grundkurs, sondern beruht maßgeblich darauf, komplexe Sachverhalte auf einfache Entscheidungsalternativen zu reduzieren bis hin zu dem Punkt, wo wie in einer Telenovela Personen mit unterschiedlichen Charaktereigenschaften miteinander ringen.

Insofern übersetzt sich die soziale Unterscheidung Volk2/Machtblock2 nicht unvermittelt in das Register der Politik. Man kann

Krisen beobachten, politisieren, man kann streiken und Arbeiter:innen und Unternehmerinteressen mobilisieren, man kann das Politische der Kunst, der Technik oder der Wissenschaft herausarbeiten oder sich mit anderen in Distanz zu staatlichen Institutionen zusammenschließen – all das ist möglich und sicherlich nicht unwichtig, wenn es darum geht, die Triebkräfte des sozialen Wandels zu bestimmen. Allerdings finden alle diese Handlungsformen nicht im Zentrum, sondern in anderen sozialen Sphären oder an der Peripherie des politischen Systems statt; mithin stellt sich immer wieder die Frage, wie und ob es dazu kommt, dass solche Handlungsformen von der allgemeinen Öffentlichkeit überhaupt als politische Einsätze wahrgenommen werden und nicht nur als rein ästhetische, wissenschaftliche oder kulturrevolutionäre Praktiken. An diesen Problemen setzt der Populismus an, denn er verspricht, unmittelbaren Einfluss im Zentrum der Politik auszuüben, indem er die Macht- und Ämterverteilung direkt und ohne Umwege beeinflusst. Für diese schnelle Anbindung an das politische System ist allerdings ein Preis zu zahlen, denn in der Politik wird der soziale Machtblock (Machtblock2) nur als personalisierter Machtblock (Machtblock1), als Elite, kommunikationsfähig. Der im obigen Schaubild als Übersetzung gekennzeichnete Schritt besteht nicht in einer bloßen Widerspiegelung des Sozialen in der Politik, sondern geht mit einer Verzerrung der ausschlaggebenden sozialen Konflikte einher.[1] Der Populismus kann die Krisen der Ko-Evolution nicht einfach wiedergeben, da der Wiedereintritt ins politische System die Handelnden auf einen bestimmten Typ der Konfliktaustragung festlegt und sie im Sinne eines kurzfristigen Kalküls sozialisiert. Sie legt den Akteuren nahe, die Unterscheidung Volk/Machtblock so zu bestimmen, dass innerhalb des politischen Wettbewerbs die eigene Mobilisierungsbasis erweitert und Konflikte kurzfristig gewonnen werden können. In diesem Sinne ist fraglich, ob der Populismus ad-

1 In diesem Sinne liegt die marxistische Populismusdiskussion der 1970er Jahre durchaus richtig, wenn sie den Populismus auf Klassenkämpfe zurückführt, denn in Klassenkämpfen geht es auch immer um reversed hierarchy. Die Annahme, dass sozio-ökonomische Interessen unmittelbar ins populistische Universalisierungsrelais eingespeist werden können (Ernesto Laclau, *Politik und Ideologie im Marxismus. Kapitalismus – Faschismus – Populismus*, Berlin 1981), scheint mir jedoch an der Differenz von Politik und Gesellschaft vorbeizugehen, vgl. dazu das Kapitel »Das Volk der Leute« in diesem Buch, S. 292-324.

äquat auf diejenigen Frustrationen reagiert, die die populistischen Momente hervorgebracht haben. Jedenfalls zeigt sich an dieser Stelle ein weiteres Mal die Ambivalenz populistischer Politikformen: Einerseits bieten sie sich an, um Problemlagen zu politisieren und sie zu einem Gegenstand der Politik zu machen. Andererseits können sie diese Problemlagen nicht nur verzerren, sondern auf eine Weise verfremden, dass die Passung zum gesellschaftlichen Machtblock verloren geht, wie es etwa im Rahmen von Verschwörungstheorien oder falscher Personalisierung der Fall ist. Hier wird an das Unbehagen und Ohnmachtsgefühle sowie an das Bedürfnis nach einem einfachen Zusammenhang aller Geschehnisse angedockt, um schließlich die gesellschaftlichen Probleme auf Elitenkomplotte zurückzuführen. Insofern stellt sich mit der Verdopplung der Unterscheidung zwischen Volk und Machtblock (vgl. Abb. 2) die Frage nach der Übersetzung zwischen dem Anschluss an die konstitutionalisierte Politik und dem sozialen Substrat populistischer Momente.

Dieses Schema kann nun genutzt werden, um eine Systematisierung und Kritik populistischer Politikformen anzuleiten. Es gilt, genauer zu betrachten, wie sie praktisch mit der Verdopplung der Volk/Elite-Unterscheidung umgehen. Die Forschung identifiziert eine Vielzahl an Populismen, die sich vom Agrar- bis hin zum neueren Rechtspopulismus erstreckt. Dabei wird aufgezeigt, dass unterschiedliche Ideologien – von links bis rechts – eine Wahlverwandtschaft mit der Ideologie des Populismus (Volk vs. Elite) eingehen können, die in gewisser Weise leer ist und sich daher mit unterschiedlichen Inhalten anreichern kann.[2] Bei dieser Herangehensweise fällt auf, dass hier oft Erklärungsansätze aus der etablierten Parteien- und Einstellungsforschung übernommen werden, die das politische Geschehen auf spezifische Weise modellieren. Demnach werden politische Prozesse so charakterisiert, dass sich Individuen auf einem Markt der Ideologien (von links bis rechts, von autoritär bis libertär) orientieren. Im politischen Wettbewerb werben unterschiedliche Ideenunternehmer:innen beim Wahlvolk um Zustimmung und setzen öffentliche Diskussionen in Gang. Doch von dort aus lässt sich die Persistenz des Populismus nicht systematisch erklären. Er wäre sonst nur ein ideologisches Angebot

2 Cas Mudde, »The Populist Zeitgeist«, in: *Government and Opposition* 4 (2004), S. 542-563, 543.

unter vielen, für das sich Einzelne entscheiden oder eben nicht, die sich aber jederzeit auch andere Angebote suchen könnten, die überzeugender oder ansprechender sind. Das würde ungeklärt lassen, wieso populistische Politikformen – trotz ihrer offensichtlich problematischen Seiten – immer wieder breite Aufmerksamkeit auf sich ziehen und warum eine bloße Aufklärung über ihre Schattenseiten in den meisten Fällen gerade nicht dazu führt, dass sie zurückgedrängt werden.

Aus den hier vorgenommenen bisherigen Betrachtungen folgt, dass der Populismus nicht nur eine Ideologie ist, die von unterschiedlichen politischen Akteuren bespielt wird, sondern dass er eine spezifische Funktion übernimmt: einen naheliegenden Weg bereitzuhalten, um grundsätzliche Widersprüche der bestehenden Gesellschaftsverfassung im Rahmen des politischen Systems auf eine Weise zum Ausdruck zu bringen, die unmittelbare Wirksamkeit verspricht. Damit verweist der Populismus auf eine kollektive Selbstwirksamkeitserfahrung, die durchaus negativ gerahmt ist, im Sinne von »denen da oben eins auswischen«, »mal auf den Tisch hauen« oder »murren«. Selbst wenn diese Selbstwirksamkeitserfahrung über Führungsfiguren, mediale Repräsentation im Fernsehen und in sozialen Medien, Massenveranstaltungen und Agitation bloß simuliert wird[3] und es am Ende doch nur auf eine stille Stimmabgabe in der Wahlkabine hinausläuft, die für die Einzelnen mit relativ geringen Kosten verbunden ist, verschiebt der Populismus das Konfliktgeschehen: Ressourcen und Ämter müssen eventuell neu oder anders verteilt werden und die Angst vor dem Populismus ist als Hintergrundszenario so präsent, dass die jeweiligen politischen Parteien gezwungen sind, auf die populistische Herausforderung zu reagieren. Statt nur die Ideologie unterschiedlicher populistischer Bewegungen von links bis rechts nachzuvollziehen, betrachtet die hier verfolgte Analyseperspektive, welches Verhältnis die jeweiligen Populismen zu ihrer eigenen Politikform gewinnen, wie sie mit der Verdopplung von Volkssouveränität und Gesellschaft umgehen und auf die eigenen Konstitutionsbedingungen reflektieren.[4]

3 Vgl. dazu das Kapitel über Max Horkheimer in diesem Buch, S. 273-279.

4 Um dies an einem Beispiel zu demonstrieren: Legt man das Raster der Ideologieforschung an, dann war der Populismus von Hugo Chavez in Venezuela besonders weit »links«, weil er am deutlichsten mit einer sozialistischen Ideologie korrespondierte. Doch untersucht man, wie der Chavismus mit der Doppelstruktur des

Dies geht über die Unterscheidung zwischen inklusiven und exklusiven Spielarten des Populismus hinaus, wie sie bisher ausgearbeitet wurde.[5] Um die Vielfalt populistischer Politikformen zu ordnen, hat die Forschung damit begonnen, deren inklusive und exklusive Verständnisse des Volkes voneinander abzugrenzen. Während der exklusive Populismus bestehende Privilegien eines auf Homogenität beruhenden Volkes schützen will und auf diesem Weg andere soziale Gruppe ausschließt, erkennen inklusive Populismen die Vielfalt sozialer Gruppen an und bemühen sich um eine soziale Umverteilungspolitik, die die bisher Benachteiligten in das Volk einschließt. Die Populismusforschung geht davon aus, dass die rechtspopulistischen Bewegungen in Europa den exklusiven Populismus zum Ausdruck bringen, während linkspopulistische Bewegungen, wie sie in Lateinamerika vor allem seit den 1990er Jahren zu beobachten waren, vor allem den inklusiven Standpunkt einnehmen. Die Perspektive der Verdopplung, wie sie hier verfolgt wird, löst solche Unterscheidungen in stärkerem Maße von der Analyse kurzfristiger *policies* und untersucht, wie der Populismus in unterschiedlichen Varianten mit dem Volk/Elite-Problem und der Übersetzung zwischen politischem System und populistischen Momenten umgeht (vgl. Abb. 3).

Populismus als Politikform umgeht, könnte man durchaus Berührungspunkte zu Spielarten identitärer Populismen finden. Demgegenüber operiert etwa die spanische Partei Podemos mit einer eher basisdemokratischen Ideologie, was unter ideologischen Gesichtspunkten nicht so weit links angesiedelt ist, dafür würde sie aus der hier entwickelten Perspektive aber im Gegenzug eventuell »linker« eingeordnet werden müssen, weil sie den Bezug zu Volk2/Machtblock2 anders ausgestaltet.

5 Cas Mudde/Cristóbal Rovira Kaltwasser, »Exclusionary vs. Inclusionary Populism: Comparing the Contemporary Europe and Latin America«, in: *Government & Opposition* 2 (2013), S. 147-174.

	V1/M1 (Politik)	V2/M2 (Krisen der Ko-Evolution)	Ziel
Demokratischer Populismus (i)	Unten vs. Oben	V1/M1	Überwindung der Elitendominanz
Identitärer Populismus (ii)	Wir vs. die Anderen	Volksidentität	Vorrang der Volksidentität
Transformativer Populismus (iii)	Unten vs. Oben	Gesellschaftstheorie	Soziale Transformation

Abb. 3: Spielarten des Populismus

Dabei sind zunächst zwei Pole zu unterscheiden:

(i) Der eine Pol, den man als demokratischen Populismus bezeichnen kann, beruht darauf, den Konflikt zwischen Volk und Machtblock konsequent als Konflikt zwischen Unten und Oben zu artikulieren. Er zielt nicht nur auf eine inklusivere Sozialpolitik, sondern begreift das souveräne Volk als einen demokratischen Konstitutionszusammenhang. Er ist nicht als unveränderbarer Gegenstand immer schon gegeben, sondern wird durch die Beteiligten selbst hervorgebracht. Auf diese Weise nehmen die Handelnden ein reflexives Verhältnis zur Unterscheidung zwischen Volk und Machtblock ein. Mithin ist diese Unterscheidung auch der politischen Veränderung zugänglich. Da der demokratische Populismus anerkennt, dass das Volk plural strukturiert ist, kann es sich nicht dauerhaft gegenüber anderen machtunterworfenen sozialen Gruppen verschließen. Der demokratische Populismus bleibt in dieser Hinsicht offen, er schließt sich nur nach oben und nicht nach unten.

Diese Einsicht in die flexiblen und historisch veränderbaren Konstitutionsbedingungen des Volkssouveräns ruft einen anderen Selbstbezug hervor. Der demokratische Populismus unterstellt zwar eine Unzufriedenheit mit dem Machtblock, aber darüber hinaus keine feststehende Volksidentität. Wer die Machtunterworfenen repräsentieren will, kann sich nicht einzig auf das versammelte Volk stützen. Es gilt auch die Abwesenden zu berücksichtigen, die unter dem Machtblock leiden, aber nicht auf dem Versammlungsplatz erscheinen, weil sie sich um Kinder und Alte kümmern müssen, oder die daran gehindert werden, als Redner:innen aufzutreten, die nicht klatschen oder protestieren können oder wollen oder auf einem anderen Kontinent leben und trotzdem von den hier vollzogenen politischen Entscheidungen betroffen sind. Daraus erwachsen Öffnungs- und Rekonstitutionsmomente, die beide Seiten der Unterscheidung Volk/Elite auf die Probe stellen. Die Folge ist eine komplexe Reflexivität, die über die Akklamation – als Massenversammlung oder Selbstverstärkung in den Echokammern der sozialen Medien – hinausgeht. Das heißt nicht, dass der demokratische Populismus auf Mechanismen der Selbstverstärkung ganz verzichtet oder nicht auch die Interessen bestimmter sozialer Gruppen in den Mittelpunkt stellt. Er muss sein Volk aber stets unter den Vorbehalt stellen, dass andere oder neue unterworfene soziale Gruppen auftreten könnten, deren Interessen und deren *dislike of being dominated* genauso Teil des Volkes sind.

Der demokratische Populismus ist jedoch davon gekennzeichnet, dass er diese Art, die Unterscheidung zwischen Volk und Elite zu prozessieren, in den Bereich des gesellschaftlichen Krisengeschehens hineinzieht (vgl. dazu Abb. 3, Spalte 2, Zeile 2). Demnach wird die Unterscheidung unmittelbar als gesellschaftliche Grundlage angenommen und in ein Verhältnis der Entsprechung gesetzt: Es findet, so wie es in der Abbildung dargestellt ist, keine Differenzierung zwischen der Unten- und Oben-Unterscheidung innerhalb des politischen Systems und den gesellschaftlichen Krisenkonstellationen statt. Vielmehr wird angenommen, dass die gesellschaftlichen Problemlagen schon immer einem offenen politischen Konfliktgeschehen zwischen Unten und Oben entsprechen: Die hintergründige Gesellschaftstheorie löst sich in den politischen Konstruktionskämpfen zwischen Volk und Machtblock auf (und damit verschwindet das oben angemahnte Übersetzungsproblem). Wird angenommen, dass die gesellschaftliche Entwicklung schwerpunktmäßig durch ein sich wiederholendes Kampfgeschehen zwischen Unten und Oben gekennzeichnet ist, wird auch ersichtlich, wieso einzelne Vertreter:innen eines demokratischen Populismus ihn als Königsweg der Politik empfehlen.[6] Denn auf diese Weise wird anerkannt, dass die zentrale Spaltungslinie *immer* zwischen

6 Ernesto Laclau, *On Populist Reason*, London/New York 2005, S. 67; siehe dazu ausführlicher das Kapitel »Das Volk der Leute« in diesem Buch, S. 292-324.

Unten und Oben verläuft und das vorrangige Ziel der Politik *immer* in einer Überwindung der Elitendominanz bestehen muss.

Es sind durchaus Politikansätze zu identifizieren, die man als demokratischen Populismus verstehen kann. Dies gilt nicht nur für einzelne Spielarten des Linkspopulismus im Lateinamerika der 1990er bis 2000er Jahre,[7] sondern insbesondere auch für Strömungen des US-Populismus und des *popular constitutionalism* in den 1920er und 1930er Jahren, wo sich die Gewerkschaften für neue soziale Gruppen wie Frauen und Arbeiter:innen im Dienstleistungssektor öffneten.[8] Auch die Erneuerung sozialdemokratischer und linksliberaler Parteien, wie sie in den letzten Jahren zu beobachten war, hat sich oft im Sinne eines demokratischen Populismus vollzogen.

(ii) Der zweite Pol ist ein identitärer Populismus. Zwar setzt sich die soziale Basis der meisten populistischen Bewegungen durchaus vielfältig zusammen, aber sie scharen sich in vielen Fällen um die Annahme einer vorgängigen Volksidentität – sei es ein Volk der Arbeit oder der unternehmerischen Initiative, sei es eines des religiösen Glaubens oder eine Volksgemeinschaft. Diese Identitäten übernehmen eine wichtige Funktion, indem sie die eigene Politik mit dem Bezug auf ein vorgängiges Volk als substantielle Einheit legitimieren. Sicherlich sind identitäre Mobilisierungsformen im politischen Leben immer wieder zu beobachten und auch demokratische Populismen sind oft davon gekennzeichnet, dass sie an bestimmte Identitätsmuster anschließen.[9] Es ist jedoch ein Unterschied, ob Identitäten berücksichtigt werden oder die Identität zum Dreh- und Angelpunkt der Politikkonzeption avanciert bis hin zu dem Punkt, wo sie unverhandelbar wird und stets als gefährdet betrachtet wird, von Eindringlingen oder Fremden zersetzt zu werden.[10] Es ist das kennzeichnende Merkmal identitärer Populismen,

7 Die Entwicklungen in Venezuela wären vor dem Hintergrund der hier vorgeschlagenen Systematisierung ein interessanter Fall: Sie wären nämlich nicht eine besonders radikale Form des demokratischen Populismus, sondern im Gegenteil ein Beispiel für eine Form des Populismus, die das Volk wiederum der reflexiven Bestimmung entzieht.

8 Michael Kazin, *The Populist Persuasion. An American History*, Ithaca/London 1995, S. 135 ff.

9 Karsten Schubert/Helge Schwiertz, »Konstruktivistische Identitätspolitik«, in: *Zeitschrift für Politikwissenschaft* 4 (2021), S. 565-593.

10 Diese Gefahr ist immer wieder von rechten und faschistischen Bewegungen be-

dass sie – in den Worten Carl Schmitts – ihrem Volk eine innere Homogenität und »Gleichartigkeit der Substanz« unterstellen.[11] Es ist jene Gleichartigkeit, die eine sich selbst erläuternde Autorität besitzt und durch klare Grenzen gegen ein allgemeines Außen oder Anderssein positioniert wird.

Damit verändert sich aber auch der Bezugsrahmen: Ist nämlich auf der sozialen Ebene erst einmal festgestellt, dass die Volksidentität feststeht und nur wieder zur Geltung gebracht werden muss, verändert dies die Unterscheidung zwischen Volk und Elite im Bereich der Politik. In diesem Sinne kann man die identitären Populismen so verstehen, dass sie zwar diese Unterscheidung bemühen, aber dabei eine zusätzliche Bewegung des Zusammenziehens hineinschmuggeln. Sie richten sich nicht nur gegen die Eliten, sondern erklären auch all diejenigen zu Gegnern oder gar zu Feinden, von denen eine Gefährdung für die Volksidentität ausgeht (Wir vs. die Anderen). Wenn die identitären Populismen gegenwärtig die Durchlässigkeit nationaler Grenzen und die »skurrilen Minderheiten« kritisieren sowie die Unterscheidung von Frauen und Männern und die Kleinfamilie als natürliches Sozialmodell in den Mittelpunkt stellen,[12] bringen sie nicht nur ihre *issues* in den politischen Diskurs ein. Mit diesen politischen Themen spielen sie immer wieder ebenjene sich verhärtende Kontraktionsbewegung durch, wonach eine schon immer existierende Einheit vor dem Fremden und Anderen zu schützen ist. Die Leitunterscheidung Volk/Elite tritt in den Hintergrund und wird von der Verteidigung der Volksidentität abgelöst. Nicht mehr die Machtkonzentration ist Gegenstand der Kritik, sondern vor allem die Machtdiffusion, wenn die jeweils Anderen erhöhte Kommunikationschancen und Handlungsressourcen erhalten. Das Ziel besteht dann nicht in erster Linie in einer Überwindung der Elitendominanz (wie im demokratischen Populismus), sondern die Kritik der Elitendominanz ist ein bloßes Durchgangsstadium, um die ersehnte Volksidentität wiederherzustellen.

tont worden, man findet sie aber auch in anderen – etwa religiösen oder linken – Varianten des Populismus.

11 Carl Schmitt, *Verfassungslehre* (1928), Berlin 1993, S. 247.

12 Dazu: Roger Griffin, »Interregnum or Endgame? The Radical Right in the ›Post-Fascist‹ Era«, in: *Journal of Political Ideologies* 2 (2000), S. 163-178; Micha Brumlik, »Das alte Denken der neuen Rechten«, in: *Blätter für deutsche und internationale Politik* 3 (2016), S. 81-92.

Freilich sind identitäre Spielarten des Populismus nicht auf die politische Rechte beschränkt. Es gibt sie auch in religiösen, liberalen oder sozialdemokratischen Varianten. Dennoch hat sich in den letzten Jahren gezeigt, dass insbesondere die neue Rechte auf einen identitären Populismus zurückgreift. Ein intellektueller Stichwortgeber der neuen Rechten, Alain de Benoist, hat in seinen Schriften ausführlich dargelegt, wie die Rechte ihren Anschluss an populistische Politikformen ausgestalten soll. Unter dem Leitmotiv »Droite-gauche, c'est fini!« (»Links-rechts, das ist vorbei!«) plädiert er für eine ausdrücklich populistische Strategie.[13] Dabei gemeindet er sozialprotektionistische und demokratische Motive in den identitären Kampf gegen die »insécurité culturelle« (»kulturelle Unsicherheit«) ein: »Die kulturelle Unsicherheit [...] beginnt, wenn man sich fremd bei sich selbst fühlt, wenn man beginnt, zu Recht oder nicht, seine Nachbarn als Bedrohung aufgrund ihrer ethnokulturellen Herkunft oder ihrer Religion wahrzunehmen. [...] Die ›classes populaires‹ sind diejenigen, die zur Zeit die Folgen der Sparpolitik und der Masseneinwanderung hinnehmen müssen [...].«[14] Nicht nur, dass de Benoist hier Sparpolitik und Masseneinwanderung verknüpft, er baut seine Argumentation auf der Unterscheidung zwischen den *classes populaires* – ein Begriff, mit dem die französische Linke einst ihre soziale Basis beschrieb – und einer »neuen politisch-medialen und Finanzoligarchie« auf.[15] Er zieht ein ganzes Arsenal an republikanisch-demokratischer oder globalisierungskritischer Literatur heran, um seine Befunde zu erhärten und die Unterscheidung zwischen Unten und Oben festzulegen. Auch bei ihm findet die Schließungsbewegung des Volkes in jedem Schritt nicht nur nach oben, sondern immer auch nach unten statt. Die Zugewanderten und diejenigen, die nicht der sogenannten sittlichen Lebensweise folgen, gehören nicht zum französischen Volk, dessen Substanz vor aller rechtlichen und politischen Vermittlung »schon da ist«.[16] Im Lichte von Einwanderungsgesellschaften, in denen weite Teile der Arbeiter:innen- und Mittelklassen einen Migrationshintergrund aufweisen, tritt auch an diesem Beispiel ein *twist* in der Unterscheidung zwischen Volk und Eliten deutlich her-

13 Alain de Benoist, *Le Moment Populiste. Droite-gauche, c'est fini!*, Paris 2017.
14 Ebd., S. 28.
15 Ebd., S. 48.
16 Ebd., S. 212.

vor: De Benoist appelliert zwar symbolisch an die *classes populaires*, schließt die real existierenden *classes populaires* im nächsten Schritt jedoch aus dem französischen Volk aus.

Die Annahme einer vorgängigen Volksidentität ist folgenreich, denn sie läuft auf ein autoritäres Repräsentationsmodell zu. Wenn nämlich schon von vornherein feststeht, wer das Volk ist und wo dessen Grenzen liegen, besteht die eigentliche Politik nur noch im Bestätigen, besonders zugespitzt: im Klatschen und Jubeln. Es muss nur noch das zum Ausdruck gebracht werden, was sowieso schon alle miteinander teilen und voneinander wissen, und es braucht nur einen, der sagt, wie es ist. Das Volk konstituiert sich nicht durch Diskussion, sondern durch Akklamation. Der Staatsrechtler Carl Schmitt, der in den 1920er und 1930er Jahren die Stichworte für eine autoritäre Transformation geliefert hatte, beschrieb dies in seiner *Verfassungslehre* von 1928 wie folgt:

> Erst das wirklich versammelte Volk ist das Volk, und nur das wirklich versammelte Volk kann das tun, was spezifisch zur Tätigkeit dieses Volkes gehört: es kann akklamieren, d. h. durch einfachen Zuruf seine Zustimmung oder Ablehnung ausdrücken.[17]

Für Schmitt besitzen diese Versammelten in ihrer Interaktion mit der Führungsperson die höchste Autorität. Die Führungsperson macht ein Ordnungsangebot, das durch Klatschen bestätigt wird. In seinem Text zu »Volksentscheid und Volksbegehren« hatte er diesen Vorgang noch ausführlicher erläutert.[18] Demnach sei die Akklamation das »ewige Phänomen« der Politik: »Das Volk akklamiert einem Führer, das Heer (hier mit dem Volk identisch) dem Feldherrn oder Imperator, der ›Umstand‹ der Volksgenossen oder die Landsgemeinde einem Vorschlag […], es ruft Hoch oder Nieder, jubelt oder murrt, schlägt mit den Waffen an den Schild.«[19] Es geht in dieser ent-politisierten Politik nur noch um die Bestätigung einer Identität, die schon feststeht und sich nicht mehr durch Zweifel oder Diskussion irritieren lässt. Zwar will dieses Repräsentationsmodell den Volkswillen aufwerten, im selben Moment blockiert es aber jede Auseinandersetzung über die Volkssouveränität. Im identitären Populismus leitet sich die Unterscheidung zwischen Volk

17 Schmitt, *Verfassungslehre*, S. 243.

18 Carl Schmitt, *Volksentscheid und Volksbegehren* (1927), Berlin 2014, S. 51 ff.

19 Ebd., S. 52.

und Elite aus der Volksidentität ab, so dass ein dezisionistischer Repräsentationstyp naheliegt.

Folgen wir den gängigen Analysen über die Art und Weise, wie die moderne Gesellschaft ihre Subjekte formt und welche Verhaltensweisen sie belohnt, treffen wir auf genau jenen Kontraktionsimpuls, der sich als typisch für die identitären Populismen erwiesen hat. Die Einzelnen lernen, sich als Subjekte zu verstehen, die mit anderen in Konkurrenz stehen. Sie sind deshalb immer durch Andere gefährdet und lernen, auf diese Situation so zu reagieren, dass sie sich auf sich selbst zurück- und geradezu zusammenziehen, statt solidarische Verhaltensweisen einzuüben. Kennzeichnend dafür ist, wie Klaus Theweleit in seiner (sozial-)psychologisch inspirierten Untersuchung der Haltung von rechten Schriftsteller:innen, Politiker:innen und Militärs der 1920er und 1930er Jahre zeigt, ein Prozess der Verpanzerung, der den eigenen Körper und seine Identität gegen das diffuse Außen abdichtet.[20] Der identitäre Populismus setzt hier an und macht ein Restabilisierungsversprechen: Gegen die Gefährdung durch die Anderen hilft nur die (schon eingeübte) Kontraktion auf eine vorgängige Identität.

Die Unterscheidung zwischen demokratischen und identitären Populismen, wie sie hier ausgearbeitet wurde, macht begreiflich, wie sich Emanzipation und Regression, Rebellion und Autoritarismus, Politisierung und Reifizierung des Volkes überschneiden. Diese Analyseperspektive übersteigt eine allzu einfache Einordnung entlang rechter oder linker Ideen und inklusiver und exklusiver *policies*. So können beispielsweise linke Populismen durchaus in Richtung identitärer Mobilisierungsformen abgleiten, Agrar- oder religiöse Populismen sind nicht notwendig identitär usw. Darüber hinaus macht diese Herangehensweise begreiflich, wieso immer wieder eine identitäre Verkehrung der widerständigen Dynamiken stattfindet: Die Art und Weise, wie die moderne Gesellschaft funktioniert, macht es autoritären Spielarten des Populismus vergleichsweise leicht, Erfolge zu erzielen.

20 Klaus Theweleit, *Männerphantasien 1. Frauen, Fluten, Körper, Geschichten*, Reinbek bei Hamburg 1980, S. 311 ff. Theweleit stellt insbesondere die Dominanz des verpanzerten Männerkörpers als Leitbild in den Mittelpunkt, der sich immerzu vor dem diffusen, unförmigen, unkontrollierbaren Körper der Anderen – hier: der Frauen – ängstigt.

Anhand der Unterscheidung von demokratischen und identitären Populismen ist hervorgetreten, wie umkämpft populistische Politikformen sind. Und so scheint es, dass am Ende der politische Machtkampf darüber entscheidet, welche der jeweiligen Gradierungen zum Zuge kommen. In der jüngeren Diskussion ist diese Beobachtung auf ein demokratisches Paradox zurückgeführt worden, das dafür sorgt, dass sich das, was wir als Demokratie bezeichnen, sehr unterschiedlich artikulieren kann.[21] Die Annahme ist dabei, dass in der modernen Verfassung Traditionen verknüpft sind, die im Verhältnis zueinander unvereinbar bleiben. Es handle sich um »zwei unterschiedliche Traditionen«, nämlich die der »Rechtsstaatlichkeit« einerseits, die auf der Souveränität des Individuums beruhe und den subjektiven Rechten der Einzelnen Vorrang einräume, sowie andererseits »die demokratische Tradition, deren Hauptideen jene der Gleichheit, der Identität von Regierenden und Regierten und der Volkssouveränität sind«.[22] Demnach ist die Verfassung durch eine paradoxe Kombination aus Liberalismus und Demokratie gekennzeichnet. Da die wechselseitige Verbindung beider Traditionslinien aus politischen Kämpfen hervorgegangen ist, lässt sich die eine Seite nicht bruchlos auf die andere reduzieren – sei es im Sinne einer Gleichursprünglichkeit oder einer zwingenden Verbindung von subjektiven Rechten und Demokratie.[23] Dadurch entsteht eine »konstitutive Spannung zwischen ihren korrespondierenden Grammatiken, eine Spannung, die nie aufgelöst, sondern immer wieder auf unterschiedliche Weise verhandelt werden kann«.[24] Auf dieser Grundlage bilden sich unterschiedliche Artikulationen im Verhältnis von subjektiven Rechten und Demokratie

21 Chantal Mouffe, *Das demokratische Paradox*, Wien/Berlin 2010, S. 22; in der Schlussfolgerung anders als Mouffe, aber ähnliche Diagnose: Yascha Mounk, *Der Zerfall der Demokratie: Wie der Populismus den Rechtsstaat bedroht*, München 2018, S. 33 ff.; zur Betrachtung der Paradoxien: Danny Michelsen, *Kritischer Republikanismus und die Paradoxa konstitutioneller Demokratie*, Wiesbaden 2019.

22 Mouffe, *Das demokratische Paradox*, S. 20;

23 Ebd.; ähnlich: Chantal Mouffe, *Für einen linken Populismus*, Berlin 2018, S. 25; demgegenüber zum notwendigen Zusammenhang von Liberalismus und Demokratie: Jürgen Habermas, »Constitutional Democracy: A Paradoxical Union of Contradictory Principles?«, in: *Political Theory* 6 (2001), S. 766-781.

24 Ebd., S. 21.

aus. So ist beispielsweise nachzuvollziehen, dass insbesondere seit den 1990er Jahren das Pendel in Richtung einer liberalen Artikulation ausgeschlagen ist, während populistische Bewegungen in jüngerer Zeit wieder die kollektive (und nicht liberale) demokratische Dimension der Verfassung betonen. Das Pendel kann sich prinzipiell auch in eine vereinseitigende Richtung verschieben – sei es in Richtung einer illiberalen Demokratie, in der zwar Wahlen und Gesetzgebung weiterhin stattfinden, aber ohne dass das volle Set an liberalen Rechten gewährt wird, sei es in Richtung eines autoritären Liberalismus, in dem subjektive Rechte weiterhin gelten, der Einfluss demokratischer Gesetzgebung aber stark eingeschränkt ist.[25]

In beiden Fällen bleiben die formale Trennung von Staat und Gesellschaft ebenso wie Parlamentarismus, Rechtsbindung und subjektive Rechte rudimentär erhalten. Gerade die illiberalen Verfassungstransformationen der Gegenwart, die sich von Ländern in Mittel- und Osteuropa über die Türkei bis nach Indien erstrecken, werden in der Forschungsliteratur dementsprechend nicht als bloße Tyrannei, sondern als autoritärer Konstitutionalismus oder als *autocratic legalism* kategorisiert.[26] Die einschlägigen Forschungsbeiträge zeigen auf, dass die Rechtsbindung der politischen Herrschaftsausübung nicht aufgelöst, sondern ausdrücklich genutzt wird, um die illiberalen Veränderungen abzusichern.

Solche Spielarten der Verfassungstransformation sind historisch immer wieder zu beobachten und nicht unmittelbar mit dem historischen Faschismus der 1920er und 1930er Jahre zu vergleichen. Trotzdem sollte man nicht hinter die Einsichten der bereits klassischen Faschismusanalysen zurückfallen. Es bleibt nämlich durchaus möglich, dass aus dem identitären Populismus eine Bewegung hervorgeht, die die Rechtsbindung hinter sich lässt. Es ist keine moralische, sondern eine nüchtern analytische Einsicht, dass die Kombination aus liberaler Demokratie und ökonomischer Machtkonzentration immer wieder die Möglichkeit einer Abschaffung der Rechtsbindung hervorbringt.[27] Jedenfalls kann das Pendeln

25 Yascha Mounk, *Der Zerfall der Demokratie*, S. 41 ff. und S. 68 ff.; klassisch: Hermann Heller, »Autoritärer Liberalismus (1933)«, in: Hermann Heller, *Gesammelte Schriften Band 2*, Tübingen 1992, S. 643-653.

26 Kim Lane Scheppele, »Autocratic Legalism«, in: *University of Chicago Law Review* 2 (2018), S. 545-583.

27 Ernst Fraenkel, *Der Doppelstaat* (1940), Leipzig 2012; Franz L. Neumann, »Der

zwischen unterschiedlichen Artikulationen politischer Herrschaft durchaus nochmal unterlaufen und revolutioniert werden bis hin zu dem Punkt, wo die Rechtsbindung öffentlicher Herrschaftsausübung zusammenbricht, wie es im Faschismus stattgefunden hat. Die Erfahrungen der 1920er und 1930er Jahre und die Forschungen zur autoritären Transformation weisen auf die Möglichkeit einer solchen Umwälzung hin. Als sich damals in Europa die Massendemokratien verallgemeinerten und die Gesellschaft demokratisch verfügbar wurde, trat eine solche Dynamik ein und schaffte erfolgreich den Konstitutionalismus ab.[28] Was folgt aus dieser Einsicht? Der identitäre Populismus ist nicht notwendig faschistisch, aber er verschiebt die politische Konfliktachse und kann eine Bewegung in Gang setzen, die in eine Dauerdynamisierung des gesellschaftlichen Lebens mündet und sich bis zum reinen Terror steigert. Ist die Unterscheidung Volk/Elite erst einmal durch die Unterscheidung Volk/die Anderen überschrieben, findet sich der Volkskörper in einer Dauerbedrohung durch mögliche Eindringlinge wieder – mit der Folge, dass gerade nicht Ruhe, Ordnung und Sicherheit, sondern eine stetige Suche nach potentiellen »Gefährdern« beginnt.

Es lohnt an dieser Stelle, sich nochmals die einschlägigen Faschismusanalysen vor Augen zu führen. Bei der autoritären Transformation handelte es sich nicht nur um eine faschistische Ideologie, die sich in den Köpfen der Menschen verallgemeinerte, um dann die politische Macht auf demokratischer Grundlage zu erlangen, vielmehr griffen faschistische Bewegungen die strukturellen Krisenphänomene und Bewusstseinsformen in der Gesellschaft auf und politisierten sie völkisch.[29] Der Begriff des Faschismus verweist darauf, dass aus dem Zusammenspiel von liberaler Demokratie, kapitalistischer Eigentumsordnung und moderner Subjektivierung eine auto-

Funktionswandel des Gesetzes im Recht der bürgerlichen Gesellschaft (1937)«, in: Franz L. Neumann, *Demokratischer und autoritärer Staat. Beiträge zur Soziologie der Politik*, Frankfurt am Main 1967, S. 7-57.

28 Franz L. Neumann, *Behemoth. Struktur und Praxis des Nationalsozialismus 1933-1944*, Frankfurt am Main 1984.

29 Faschismus ist deshalb mehr als ein bloß ideologisches Phänomen. So war beispielsweise der Antisemitismus in den USA der 1930er Jahre viel ausgeprägter als in Deutschland – und trotzdem kam es hier zum Nationalsozialismus; vgl. zur völkischen Wende der Volkssouveränität: Michael Wildt, *Die Ambivalenz des Volkes. Der Nationalsozialismus als Gesellschaftsgeschichte*, Berlin 2018.

ritäre Transformation hervorgehen kann. Sie begräbt die bisherigen Grundlagen der liberalen Gesellschaftsordnung und das demokratische Paradox unter ihrer Dauerbewegung. Die konservative Rechte der 1920er Jahre wollte zunächst die präsidentielle Komponente in der Weimarer Verfassung stärken. Nicht zuletzt Carl Schmitt fertigte die einschlägigen staatsrechtlichen Gutachten und Lehrmeinungen an. Das Ziel bestand in einer entparlamentarisierten Demokratie, die eine bürgerlich-liberale Gesellschaftsverfassung (mitsamt Schutz von subjektiven Rechten auf Erwerb und Eigentum) und eine präsidentielle Verfassung des Politischen miteinander verbindet.[30] Doch dann fand der Umschlag statt. Der autoritäre Liberalismus löste sich vollends von rechtlicher Bindung und ließ die Trennung von Staat und Gesellschaft hinter sich. So war der Weg für einen Maßnahmestaat frei, der den unmittelbaren Willen der Funktionseliten exekutierte, ohne an das Recht gebunden zu sein:

> Der politische Sektor des Dritten Reichs bildet ein rechtliches Vakuum. Dies schließt nicht aus, dass innerhalb seines Apparats eine gewisse Ordnung und Kalkulierbarkeit des Verhaltens seiner Funktionäre in Erscheinung tritt. Es fehlt jedoch in diesem Sektor eine auf publizierten und daher generell verbindlichen Normen basierende Regelung des Verhaltens seiner Behörden und sonstiger Exekutivorgane. Im politischen Sektor des Dritten Reichs gibt es weder ein objektives noch ein subjektives Recht, keine Rechtsgarantien, keine allgemein gültigen Verfahrensvorschriften und Zuständigkeitsbestimmungen – kurzum, kein auch die Betroffenen verpflichtendes und berechtigendes Verwaltungsrecht. In diesem politischen Sektor fehlen die Normen und herrschen die Maßnahmen. Daher der Ausdruck ›Maßnahmestaat‹.[31]

Dieser Umschlag in den faschistischen Maßnahmestaat, wie ihn Ernst Fraenkel in dieser Passage charakterisiert, beruht maßgeblich auf der bereits beschriebenen identitären Kontraktion. Die Lösung der Maßnahme aus dem Recht und die Verewigung des rechtlichen Ausnahmezustands, den die Nationalsozialisten am Ende der Weimarer Republik als Hebel gewählt hatten, um die Macht dauerhaft zu ergreifen, stützten sich auf die Annahme, dass eine »primäre

30 Vgl. zu den Konturen dieses autoritären Liberalismus: Heller, »Autoritärer Liberalismus«; vgl. für eine Aktualisierung im Hinblick auf die EU: Michael Wilkinson, *Authoritarian Liberalism and the Transformation of Modern Europe*, Oxford 2021.

31 Fraenkel, *Der Doppelstaat*, S. 55.

Einheit der Volksgenossen« gegeben ist, die auf »biologischer Formung« beruht.[32]

Wenn die Unterscheidung Volk/Machtblock schrittweise durch die Unterscheidung Wir/die Anderen ersetzt wird, kann eine Dynamik entstehen, in der die rebellischen Impulse schrittweise in die Fiktion einer Dauerbedrohung der eigenen Identität durch das Andere umgearbeitet werden. Freilich knüpfte der Faschismus auch an die Impulse der Machtunterworfenen an. Er wies durchaus eine populistische Dimension auf, indem er eine »plebejische, rebellische, von antikapitalistischen Stimmungen erfüllte Bewegung« gegen die Eliten wendete.[33] Praktischer Ausdruck der Elitenkritik war der Antisemitismus. Der Faschismus konfigurierte die ausschlaggebende Unterscheidung (Volk/Machtblock) zu einer Verschwörungstheorie um, an deren Ende wiederum die Unterscheidung Volk/die Anderen stand. Damit wurde eine Bewegung in Gang gesetzt, die ständig neue Feinde identifizierte, die mit möglichst unmittelbaren Maßnahmen durch den politischen Apparat auszulöschen waren. In Anlehnung an Thomas Hobbes' Unterscheidung zwischen dem Staatszustand, den er in seinem *Leviathan* entwirft, und dem Bürgerkriegszustand, den er – als Gegenbild – in seinem Buch *Behemoth* analysiert, kennzeichnete Franz L. Neumann diesen Umschlag des autoritären Staates in ungebundene Willkür. Während der Leviathan die Gesellschaft »nicht ganz und gar verschlinge« und seine Herrschaft weiterhin rational rechtfertige, sei der Faschismus als ein Behemoth zu charakterisieren, der die Macht des Gesetzes vollends verdränge.[34] Wer die Rolle und Funktion des Populismus betrachtet, muss diese Möglichkeit – den Umschlag in eine faschistische Option, des Leviathans in den Behemoth – zumindest berücksichtigen.

Dies führt zu zwei Schlussfolgerungen: Die erste besteht dar-

32 Ebd., S. 188.

33 Otto Bauer, »Der Faschismus«, in: Wolfgang Abendroth (Hg.), *Faschismus und Kapitalismus. Theorien über die sozialen Ursprünge und die Funktion des Faschismus*, Frankfurt am Main 1972, S. 143-167, 139.

34 Neumann, *Behemoth. Struktur und Praxis des Nationalsozialismus 1933-1944*, S. 531. Neumann kritisiert hier Fraenkels Dualismus aus Maßnahme- und Normenstaat als zu schwach: »Wir teilen diese Ansicht (Fraenkels *Doppelstaat* – der Verf.) deshalb nicht, weil wir meinen, dass es in Deutschland ein Reich von Recht und Gesetz nicht gibt, obwohl Tausende von berechenbaren technischen Regeln vorhanden sind.« (Ebd., S. 541)

in, dass es durchaus Unterschiede zwischen rechtspopulistischen und (neo-)faschistischen Bewegungen gibt. Der Rechtspopulismus bewegt sich im Rahmen des demokratischen Paradoxes, stellt die Rechtsbindung öffentlicher Herrschaftsausübung nicht vollständig in Frage und lässt sich auf die Mechanismen des politischen Systems ein. Auch wenn er eine illiberale Transformation der Verfassung avisiert, beruft er sich nicht auf die befreiende Kraft einer dauerhaften physischen Gewaltanwendung. Die zweite Schlussfolgerung besteht allerdings darin, dass Übergänge eintreten können. Dies ist dann der Fall, wenn die populistische Politikform in den Hintergrund tritt und die Unterscheidung Wir versus die Anderen als Grundlage für gewaltförmige und völkische Mobilisierungsformen dient, die sich vollständig aus dem Bereich rechtlich begrenzter Herrschaftsausübung verabschieden. Der identitäre Populismus ist in vielen Fällen nicht faschistisch, aber eine historisch informierte Betrachtung muss darauf hinweisen, dass mit der Unterscheidung Volk/die Anderen immer die Möglichkeit einer Transformation besteht, die aus dem Horizont rechtlich gebundener Volkssouveränität heraustritt.

Was folgt nun aus der Einsicht, dass der autoritäre Populismus mit der Gefahr einer faschistischen Umwälzung einhergeht? Der bisherige Argumentationsgang legt nahe, dass die Form des Populismus an der Evolution der Politik teilnimmt und immer wieder hervortritt. Solange sich Politik auf die Volkssouveränität gründet, bleibt der Populismus eine Option, auf die man zurückkommen wird. Ein einfacher Antipopulismus macht dann keinen Sinn mehr. Man mag im autoritären Populismus antipluralistische, totalisierende, böse, undifferenzierte oder undemokratische Tendenzen am Werk sehen, aber alle diese Einwände bleiben ohnmächtig, solange sie kein funktionales Äquivalent ausweisen, das die Spaltung zwischen Oben und Unten thematisieren und politisch verallgemeinern könnte. Ein Rückzug, ein Umgehen oder ein Verdrängen erscheint jedenfalls nicht sehr plausibel. Die Herausforderung besteht eher darin, die rebellischen Impulse und die Öffnung der Politik gerade nicht dem identitären Populismus preiszugeben. Es muss darum gehen, die *reversed hierarchy* aufzunehmen, ohne sie identitär oder gar völkisch zu überschreiben, und sie angemessen im Hinblick auf die soziale Evolution zu respezifizieren. Aus den bisherigen Ausführungen folgt jedoch ebenso, dass in der modernen

Gesellschaft die jeweiligen Erfolgsaussichten von identitären und nicht-identitären Populismen unterschiedlich verteilt sind. Die autoritäre Verfremdung der Unterscheidung Volk/Elite hat sozialstrukturell verankerte Startvorteile. Sie kann sich die eingeübten Kontraktionstechniken der Menschen nutzbar machen, die Angst vor dem Anderen ausbeuten und sich auf den Mythos eines faktisch gegebenen Volkes berufen, statt die Verbindungslinien zwischen den Machtunterworfenen mühsam zu organisieren und solidarische Verhaltensweisen einzuüben.

3 Transformativer Populismus

In den bisherigen Überlegungen sollte die Unterbestimmung des Populismus eingeholt werden. Er ist nicht nur eine Option in der Politik (erste Adäquanzbedingung), sondern er reagiert auf die Krisen der Ko-Evolution und eine Kritik der Machtverhältnisse (zweite Adäquanzbedingung). Dabei richtete sich der Blick nicht allein auf die Selbstbeschreibung der Akteure oder auf die Ideologien, sondern darauf, wie die jeweiligen Populismen mit dem Problem doppelter Adäquanz umgehen. Bisher konnten so demokratische und identitäre Spielarten des Populismus unterschieden und problematisiert werden. Im Sinne einer immanenten Kritik, einer Kritik also, die den Populismus nicht an externen Idealen misst, sondern aus seinem Inneren heraus analysiert, hat sich gezeigt, dass die beiden Varianten unterschiedlich konfiguriert sind: Identitäre Populismen zielen auf eine Wiederherstellung der Volksidentität und nutzen die Unterscheidung zwischen Volk und Elite innerhalb des politischen Systems, um letztlich einer anderen Unterscheidung – die Unterscheidung zwischen einem identitären Wir und den Anderen – zum Durchbruch zu verhelfen. Demgegenüber sind demokratische Populismen dadurch zu charakterisieren, dass sie sich an die Unterscheidung zwischen Unten und Oben halten und die Elitendominanz überwinden wollen. Allerdings stellt sich so ein folgenreiches Problem ein: Die Konstruktion eines Volkes gegen die Elite wird zu einer Art immerwährenden schwachen Gesellschaftstheorie fetischisiert, die angibt, dass eine gute politische Strategie *immer* im Populismus und das emanzipative Ziel *immer* in einer Überwindung der Elitendominanz bestehen muss. Freilich verengt dies das strategische Kalkül voreilig, und im Lichte der Überlegungen zu Krisen und sozialem Wandel muss man wohl zugestehen, dass populistische Politikformen häufig Teil sozialer Transformationsprozesse, aber nicht in jeder Situation passend sind.

Es braucht also nicht nur einen Test, der danach fragt, ob es sich um einen demokratischen Populismus handelt, der einer offenen Konstruktionsweise folgt; vielmehr stellt sich die Frage nach einer stärkeren Gesellschafts- und Krisentheorie, die angibt, inwieweit populistische Politikformen zu einem gegebenen Zeitpunkt einen Beitrag zu einer umfassenderen sozialen Transformation leisten oder sie verstellen. Damit ist die Frage nach der *sozialen Passung* aufgeworfen: Inwieweit reagieren die jeweiligen Populismen auf die ausschlaggebenden Problemlagen der sozialen Evolution? Die Bezüge aufs Volk sind auch danach zu analysieren, ob sie dem historisch geronnenen Material – den Krisen der strukturellen Kopplung, den Machtverhältnissen und den *reversed-hierarchy*-Tendenzen, wie sie im Hinblick auf *populist moments* ausgearbeitet wurden – gerecht werden oder es verfehlen. Dies ist nicht allein eine Frage politischer Konstruktion durch die Handelnden. Im Gegenteil unterstellt das soziale Passungsverhältnis ja gerade, dass die Rahmenbedingungen der souveränen Entscheidung der Handelnden teilweise entzogen bleiben.

Insofern kann das Grundproblem des demokratischen Populismus so bestimmt werden, dass er die Unterscheidung zwischen Volk und Elite aus der Geschichte und ihren Krisen löst. Indem er das Volk der Machtunterworfenen in jeder Hinsicht als höchste, souveräne Autorisierungsinstanz inszeniert, die sich über das Allgemeine aufschwingt, neigt er dazu, an den sozialen Bewegungsdynamiken vorbeizusteuern. Sie sind nicht bloß von einem Widerspruch zwischen Unten und Oben, sondern ebenso von einer Ausdifferenzierung sozialer Sphären und Systeme, technologischen Innovationen, sozialer Komplexität und der Evolution des Wissens geprägt. Zwar bietet sich der demokratische Populismus an, um politische Gegenmachtprozesse in Gang zu setzen, aber das Hinüberspielen des Populismus in die Gesellschaftsanalyse gefährdet sein Gelingen. Dann verstricken sich die Handelnden in eine populistische Logik, die sie davon abhält, die realen Rahmenbedingungen wahrzunehmen, da *ab initio* feststeht, dass das Hauptproblem in einem Widerspruch zwischen Volk und Elite besteht und sich

Linderung nur durch eine intensivierte Volksmobilisierung einstellen wird. Der kleine Aufstand des Populismus in den Bahnen des politischen Systems unterläuft sich in diesen Fällen oft selbst – ein »fanatisches Zutrauen«, das schon Friedrich Schiller in seiner Aufarbeitung der Volksaufstände seiner Zeit identifizierte, tritt ein und die Bewegungen sind kaum noch in der Lage, nach »Verrechnungen des Scharfsinnes und der Politik« zu verfahren.[35]

Der demokratische Populismus bleibt einer Tragödie verhaftet, die sich historisch an vielen Volksbewegungen nachvollziehen lässt: Auf die Inszenierung omnipotenter Willensstärke folgt das Scheitern an der Komplexität der sozialen Evolution. Insbesondere im Bereich der Wirtschaftspolitik und der internationalen Beziehungen treffen populistische Bewegungen, wenn sie die Regierungsmacht übernehmen, auf Probleme, die sich nicht mehr mit einer volkssouveränen Rhetorik bearbeiten lassen. Angetreten mit dem Ziel der Volksbefreiung sind die handelnden Akteure dem Souveränitätsdenken so sehr verhaftet, dass sie nicht mehr aus den Misserfolgen ihrer Politik lernen können, sondern sich immer tiefer in die Volkslogik verstricken. Dann werden verfassungsgebende Versammlungen einberufen, um ökonomische Krisen zu lösen, und Hymnen gesungen, um die Verwaltung zu reformieren.

Es drängen sich dann unterschiedliche Strategien auf, um die populare Willensschwäche zu überwinden. Einerseits bietet es sich an, den Willen dadurch zu stärken, dass neue Anliegen oder soziale Gruppen ins Volk aufgenommen werden.[36] Andererseits verschafft sich oft die Sorge um die Reinheit ihren Raum. So kann eine Purifizierung greifen, die das Volk von denjenigen Bestandteilen befreit, die seinen Willen schwächen.[37] Doch die verantwortlichen Akteure verstehen nicht, dass sie nicht an mangelnder Mobilisierung oder Willensstärke scheitern, sondern daran, dass sie die Volkssouveräni-

35 So Friedrich Schiller in seiner Aufarbeitung eines Volksaufstands im Rom des 14. Jahrhunderts: Friedrich Schiller, *Geschichte der merkwürdigsten Rebellionen und Verschwörungen aus den mittlern und neuern Zeiten*, Leipzig 1788, S. 37.

36 Für Laclau reproduziert sich die populare Politik in Demokratien vor allem durch Ausweitungs- und Diffusionstendenzen: Ernesto Laclau, *On Populist Reason*, London/New York 2005, S. 65 ff.

37 Zur zentralen Rolle von Purifizierungsstrategien für die moderne Politik: Barrington Moore, *Moral Purity and Persecution in History*, Princeton/New Jersey 2000; Michael Walzer, *The Revolution of the Saints. A Study in the Origins of Radical Politics*, Harvard/London 1965.

tät für die Gesamtheit der sozialen Evolution gehalten haben. Sie müssen sich entweder den bestehenden Machtverhältnissen beugen, sich zurückziehen oder sie gerinnen mit ihrem Regierungsprojekt selbst zu einem neuen Machtblock, der die gewünschten Veränderungen aber nicht mehr in Gang setzt. Sie haben auf dem populistischen Weg zur Macht die analytischen Mittel verloren, um adäquat auf die jeweiligen Umstände zu reagieren.

(iii) Ein transformativer Populismus würde hier ansetzen und aus dem tragischen Verhängnis des demokratischen Populismus lernen. Statt den Populismus als Politikform zu fetischisieren, setzt er einen Prozess »fortschreitender Adäquanz«[38] in Gang – mit dem Adorno auf einem ganz anderen Feld seine Überlegungen bezüglich einer Überwindung der bestehenden kompositorischen Formen hin zu einer Musik der Zukunft charakterisierte. Die Reflexion und das praktische Erproben der Grenzen der eigenen Form führen von der internen zur immanenten Kritik: Im Prozess fortschreitender Adäquanz wird der Populismus nicht nur daran gemessen, ob er seiner Form treu bleibt, die als feststehend und unveränderbar gilt; vielmehr wird auch er selbst der Veränderung zugänglich gemacht. Um die Überwindung des Machtblocks zu erreichen, muss er seine Fehlstellungen nachvollziehen und daraus die nötigen Schlüsse ziehen. Wie in den folgenden Kapiteln an unterschiedlichen Stellen verdeutlicht werden wird, liegen einige historische Beispiele für Politikformen vor, die tatsächlich eine populare Mobilisierungsstrategie in den Dienst einer gesellschaftlichen Veränderung stellten und versuchten, das tragische Verhängnis zu überwinden. Bei den Austromarxist:innen und Linkssozialist:innen der Zwischenkriegszeit, die eine intelligente Veränderungsstrategie in kapitalistischen Gesellschaften verfolgten, bei Salvador Allendes Unidad Popular, die die Volkssouveränität nicht einfach in den Bereich der Wirtschaftssteuerung verlängerte, sondern einen Neuanlauf mit kybernetischen Modellen wagte, oder bei den Versuchen der Entwicklungs- und Schwellenländer, die internationale Ordnung im Sinne einer New International Economic Order neu auszurichten, wurde in der Tradition des demokratischen Sozialismus beides kombiniert: eine populare Mobilisierungsstrategie im Bereich der Politik, die ihren

38 Theodor W. Adorno, »Vers une musique informelle (1961)«, in: Theodor W. Adorno, *Musikalische Schriften I-III*, Frankfurt am Main 1978, S. 493-540, S. 505.

Ort aber im Rahmen einer umfassenderen Analyse der Gesellschaft erhält. Ich werde solche Versuche als transformativen Populismus bezeichnen. Wie in Gustav Mahlers Symphonien, die immer wieder populare Motive verarbeiten, stürmt hier »die untere Musik jakobinisch in die obere« und demoliert »die selbstgerechte Glätte der mittleren Gestalt mit unmäßigem Klang«, ohne in der eigenen vermeintlichen Identität zu verharren.[39] Sich als Bindeglied zwischen einer Politik der Gegenwart und einer Politik der Zukunft zu erweisen wäre das Programm eines transformativen Populismus.

39 Theodor W. Adorno, »Mahler. Eine musikalische Physiognomik«, in: Theodor W. Adorno, *Gesammelte Schriften Band 13*, Frankfurt am Main 2003, S. 149-320, S. 184.

Zweiter Teil

Kapitel 4
Frühe Volksbezüge

1 Vor der Volkssouveränität

Die bisherige These lautete, dass populistische Politikformen schon immer in der Volkssouveränität angelegt waren. Es ist die Verfassung, die dem Volk die Souveränität zuschreibt und es zur verfassungsgebenden Gewalt erhebt. Populistische Politikformen nutzen diese Grundstruktur. Sie mobilisieren die Volkssouveränität, führen sie aber in die etablierten Kreisläufe des politischen Systems ein. Auch wenn sie oft einen verfassungspolitischen Wandel anstreben, bewegen sie sich zunächst unterhalb einer vollumfänglichen Verfassungsrevolution: Kennzeichnendes Merkmal des Populismus ist es, an einen diffusen Volkswillen zu appellieren oder einen Unwillen zum Ausdruck zu bringen, ohne eine vollumfängliche Neuverfassung der Gesellschaft bewirken zu wollen. Das kann trotzdem bedeuten, dass populistische Bewegungen in vielen Fällen auch auf eine Transformation der Verfassung hinwirken – sei es aus der Oppositionsrolle oder, falls es zu einer Regierungsübernahme kommt, auch als Regierung.

Dabei bleibt die Frage nach dem Volk in populistischen Politikformen umkämpft. So wiederholt sich das Problem, das in der Volkssouveränität angelegt ist. Die demokratische Volkssouveränität bringt einen Volkswillen zur Geltung, der sich einer Vollverstaatlichung entzieht. Die Politik soll durch allgemeine Gesetzgebung die Gesellschaft so einrichten, dass sie dem Willen des Volkes entspricht. Doch dies ist nur die eine Seite der Volkssouveränität. Sie ist auch Rechtssouveränität. Der Volkswille wird nur anerkennungsfähig und kann Souveränität beanspruchen, wenn er sich an Recht und Gesetz bindet. Nur wenn er nicht nur die *voluntas*, sondern auch eine verallgemeinerbare *ratio* verkörpert, kann von Volkssouveränität die Rede sein.[1]

In diesem Sinne ist die Verknüpfung von demokratischer Politik

1 Franz L. Neumann, *Die Herrschaft des Gesetzes*, Frankfurt am Main 1980, S. 45 ff.; vgl. dazu auch ausführlich das Kapitel »Das Volk der Volkssouveränität« in diesem Buch, S. 160-199.

und Recht und ihre Unterwerfung unter die höherrangige Verfassung kein bloßer Zufall, denn auf diese Weise entstehen Spielräume wechselseitiger Irritation von *voluntas* und *ratio,* von Willens- und Rechtssouveränität: Im Namen der Souveränität kann immerzu eingefordert werden, dass sich die Gesetzgebung am empirischen Volkswillen auszurichten hat. Im Namen der Souveränität kann jedoch auch verlangt werden, dass sie sich gerade nicht an den Stimmungen der Bürger:innen, sondern an übergreifenden Prinzipien und Gesetzen orientieren sollte. Im Populismus kehrt dieses Problem wieder. Hier finden sich sowohl Bewegungen, die ihr Volk als empirische Mehrheit stilisieren und das gesunde Volksempfinden loben, als auch solche, die letztlich ein hintergründiges, eher aus Prinzipien und Gesetzen sich herleitendes wahres Volk für sich beanspruchen.

Nachdem der Populismus im ersten Teil systematisch betrachtet wurde, soll der Blick im Folgenden auf Prozesse gelegt werden, die in die Volkssouveränität geführt haben. In einer Problemgeschichte soll aufzeigt werden, wie sich das schon analysierte Verhältnis von Volkssouveränität, Populismus und Gesellschaft herausgebildet hat. Dabei sollen in einem ersten Schritt frühe Volksbezüge in den Blick genommen werden.

Die methodische Annahme ist, dass für die Entwicklung von Recht und Politik sogenannte *preadaptive advances* eine zentrale Rolle spielten.[2] Darunter sind Voranpassungen zu verstehen – das können Ideen, Rekonstruktionen, Analysen oder Praktiken sein, die man als kommunikative Mechanismen beschreiben kann. Solche Voranpassungen kennzeichnet, dass sie zumindest in Teilen über die bloße Reproduktion bestehender Kommunikationskreisläufe hinausgehen und etwas Neues hervorbringen. In Prozessen sozialen Wandels spielen sie eine zentrale Rolle, denn solche *preadaptive advances* werden häufig genutzt, wenn eine grundsätzliche Veränderung der bestehenden gesellschaftlichen Verhältnisse statt-

2 Niklas Luhmann, *Gesellschaftsstruktur und Semantik. Band 1*, Frankfurt am Main 1980, S. 49; vgl. für eine Diskussion dieses Vorauseilens: Urs Stäheli, »Zum Verhältnis von Sozialstruktur und Semantik«, in: *Soziale Systeme 2* (1998), S. 315-340; zur evolutionstheoretischen Bedeutung der pre-adaptive advances auch: Hauke Brunkhorst, *Rechtsrevolutionen*, Berlin, im Erscheinen; Fabio Almeida, »The Emergence of Constitutionalism as an Evolutionary Adaptation«, in: *Cardozo Public Law, Policy, and Ethics Journal* 1 (2014), S. 1-96.

findet. Erst aus einer *ex-post*-Perspektive lässt sich von einer Voranpassung sprechen – also von einem Vorgriff auf etwas, was sich erst später durchsetzen und in das feste Inventar sozialer Evolution integriert wird. Dabei ist zu berücksichtigen, dass sich diese Voranpassungen von den Interessen derjenigen lösen, die sie entwickelt, erdacht oder praktiziert haben. Sie tauchen oft über Jahrzehnte ab, um dann wiederentdeckt und neu ausgerichtet oder in anderen sozialen Kontexten verfremdet adaptiert zu werden: So waren etwa die Schriften von Marx und Engels in der europäischen Arbeiterbewegung zunächst nur eine Quelle unter vielen. Trotzdem dienten sie in der Zeit ab 1870 sozialdemokratischen Parteien, um ihre Organisations-, Handlungs- und Strategieprobleme zu lösen. Die vom amerikanischen Staat geförderte Forschung im Militärbereich war einige Jahrzehnte später Grundlage für die Digitalisierung der Gesellschaft und die Konjunktur formal staatsferner und wissenschaftsunabhängiger Start-Ups. Antiautoritäre Erziehungspraktiken der Alternativbewegungen erwiesen sich rückblickend nicht nur als interessante Experimente, sondern als Laboratorien für weite Teile der aktuellen Pädagogik. In jedem Fall lässt sich etwas identifizieren, was – evolutionstheoretisch gesprochen – schon vor einem Selektionsvorgang zu beobachten ist und schließlich auf eine Weise begünstigt und validiert wird, dass man rückblickend von einer Voranpassung sprechen kann. Die Orte, an denen Voranpassungen ausgearbeitet oder praktiziert werden, sind vielfältig. Sie reichen von der wissenschaftlichen Forschung über die politische Praxis bis zum Bereich der Kunst, Ästhetik oder – wie später in diesem Kapitel ausgeführt wird – der Religion. Wenn im Folgenden nicht nur ereignisgeschichtliche Wegmarken des Populismus betrachtet werden, sondern auch rechts- und politiktheoretische Untersuchungen zur Volkssouveränität sowie die intellektuelle Diskussion im Umfeld politischer Bewegungen, dann ist dafür das Interesse an solchen *preadaptive advances* leitend.

Die einschlägigen Studien zur Geschichte des Konstitutionalismus zeigen auf, dass die *preadaptive advances*, die in das moderne Verständnis der Volkssouveränität eingehen, vor allem in der Zeit vom 11. bis 14. Jahrhundert in zwei verschiedenen Kontexten entstanden.[3]

3 Thornhill, *A Sociology of Constitutions*, S. 20 ff.; Harold J. Berman, *Recht und Revolution. Die Bildung der westlichen Rechtstradition*, Frankfurt am Main 1991, S. 85 ff.; Peter Graf Kielmansegg, *Volkssouveränität. Eine Untersuchung der Bedingungen*

Der erste Kontext sind die Städte. Insbesondere in Mittel- und Oberitalien bildeten sich politische Gemeinwesen heraus, in denen sich die Bürgerschaft eine Art Verfassung gab und einen eigenständigen Bereich der Politik ausbildete. Hier verbreitete sich eine spezifische Konzeption des Volkes als *popolo.* Sie diente dazu, die Ordnungsmuster zu öffnen und dem Willen der bisher Nicht-Berücksichtigten eine offizielle Repräsentation in der Verfassung zu verschaffen. Die Rede vom Volk nistete sich in diese frühen politischen Ordnungskämpfe ein und forderte die Eliten heraus. Der zweite Kontext war die römisch-katholische Kirche, wo die voluntative Seite der Politik – der Volkswille – weit weniger prominent im Mittelpunkt stand. Das Kirchenvolk konstituierte sich erst in der Rückbindung an göttliches Gesetz und brachte sich als *ecclesia* (Kirche) – als Versammlung der Gläubigen – zur Geltung. Entscheidend dafür war eine Kombination aus frühchristlicher Befreiungslehre und Wiederentdeckung des römischen Rechts. Dabei entwickelten sich Muster der rechtlichen Bindung wie der quasi-populistischen Politisierung, die später in der Herausbildung der Volkssouveränität wiederaufgegriffen wurden. In diesen frühen Volksbezügen sind Strukturmerkmale zu identifizieren, die man als populistisch ausweisen kann: Die unteren Erwerbsklassen der Städte verstanden sich als nicht-berücksichtigter *popolo*, dessen Wille das Gemeinwesen regieren soll (erster Kontext). Die religiösen Bewegungen brachten sich als wahres Kirchenvolk in Stellung, das göttliches Gesetz gegen die Niederungen der Welt, der *civitas terrena* (zweiter Kontext), durchsetzt.

2 Popolo: Das Volk der Städte

Die italienischen Städte in Ober- und Mittelitalien durchliefen ab dem 11. Jahrhundert eine eigenständige Entwicklung. Sie beanspruchten Unabhängigkeit sowohl gegenüber dem Heiligen Römischen Reich als auch gegenüber der katholischen Kirche. Dabei brachten sie eigene Formen sozialer und politischer Organisation hervor. Die öffentliche Autorität wurde einer zentralen politischen

demokratischer Legitimität, Stuttgart 1977, S. 28 ff. u. S. 59 ff.; Martin Loughlin, *Foundations of Public Law*, Oxford 2010, S. 28 ff.; Brunkhorst, *Critical Theory of Legal Revolutions*, S. 90 ff.

Institution, dem Konsulat (*consoli*), übertragen.[4] Solche *consoli* entstanden in Pisa um 1085, in Mailand um 1097, in Arezzo um 1098, in Genua um 1099, in Pavia um 1105, in Pistoia um 1117, in Bologna um 1123, in Lucca, Bologna und Siena um 1125, in Brescia um 1127 und in Florenz um 1138.[5] In den meisten Städten formte sich das Konsulat zur *podestà* um.[6] Dieser Begriff lehnte sich an die lateinische *potestas* an, die in der römischen Republik die öffentliche Amtsgewalt bezeichnete. Die *podestà* sollte eine von der Stadtgesellschaft und den jeweiligen Sozialbeziehungen formal getrennte Institution darstellen, der man die höchste Autorität im Gemeinwesen zuschrieb. Sie wurde durch Wahl einem fremden Bürger einer anderen Stadt übertragen, der noch nicht Teil der Stadtgesellschaft war. Das sollte eine möglichst neutrale Führung der Stadt garantieren, die nicht von Loyalitäten und Abhängigkeiten überlagert war. Dem Inhaber der *podestà* wurden sodann politische Berater und Entscheidungsgremien an die Seite gestellt. Er war »militärischer Führer und oberster Verwaltungsbeamter und Richter der Stadt, doch oft nur mit einer Amtszeit von sechs Monaten und ohne die Möglichkeit einer Wiederwahl«.[7] Auf diese Weise fand zumindest ansatzweise eine Abstraktion der Herrschaftsausübung statt: Die *podestà* wurde als Institution begriffen, die wenigstens basal über Regeln und Gesetze formalisiert war. Insbesondere verpflichteten Eide (*brevia*) die Beamten und Funktionsträger, ihre Aufgaben auszuführen, und setzten ihnen quasi-rechtliche Grenzen.[8] Diese Entwicklung in den italienischen Stadtstaaten war vor allem darauf zurückzuführen, dass sie in den Ordnungskämpfen zwischen weltlicher und kirchlicher Macht, zwischen dem Heiligen Römischen Reich und der katholischen Kirche, nicht einer der beiden Seiten zugeordnet waren. Zwar waren sie rechtlich dem Heiligen Römischen Reich unterstellt, faktisch jedoch unabhängig.[9] Denn die Kaiser »waren selten präsent […] und unfähig, den

4 Thornhill, *A Sociology of Constitutions*, S. 46.

5 Quentin Skinner, *The Foundations of Modern Political Thought. The Renaissance*, Cambridge 1978, S. 3; Thornhill, *A Sociology of Constitutions*, S. 49; Berman, *Recht und Revolution*, S. 604 ff.; Daniel Waley/Trevor Dean, *The Italian City-Republics (Fourth Edition)*, London/New York 2010, S. 34.

6 Ebd., S. 31.

7 Berman, *Recht und Revolution*, S. 605.

8 Ebd., S. 607.

9 Skinner, *The Foundations of Modern Political Thought. The Renaissance*, S. 3.

realen Bedürfnissen, Interessen und Streitigkeiten der Städte im Hinblick auf Verteidigung, Märkte, Essensversorgung etc. die nötige Aufmerksamkeit zu schenken«.[10] Die Städte gründeten 1167 die Lombardische Liga, die ihre Unabhängigkeit und Freiheit als Stadtstaaten gegenüber dem Heiligen Römischen Reich und der Kirche verteidigen sollte.

Die Herausbildung der politischen Ordnungen vollzog sich in den Städten auf unterschiedliche Weise. In manchen Fällen wurde eine *commune* neu gegründet, in anderen Fällen nutzten die Bürger »schon existierende Assoziationen« und formten sie zu einem anderen Gemeinwesen um.[11] So entstand die Mailänder *commune* aus einer Widerstandsbewegung gegen den Bischof und seine Verbündeten, während sie in Florenz aus Nachbarschaftsassoziationen hervorging.[12] In diesen Fällen war noch nicht vom Volk die Rede. Der Hauptfokus lag auf einer Regierungsweise, die wenigstens formal vom unmittelbaren Einfluss privater Willkür und Patronage getrennt war.

Das Volk tritt erst in einer zweiten Welle der politischen Entwicklung auf, die in der Forschungsliteratur auf den Zeitraum von der Mitte des 13. bis zur Mitte des 14. Jahrhunderts datiert wird: »Beginnend mit den 1230er Jahren, am deutlichsten jedoch in den 1280er und 1290er Jahren, wurden eine Reihe selbstverwalteter städtischer Gemeinden in Italien von sogenannten regimi di popolo regiert und hatten, wie es hieß, stato popolare.«[13] Dieser Schritt hin zum *stato poplare* reagierte auf eine zunehmende »Tendenz zur Konzentration der Exekutivgewalt« in den Händen der dominanten sozialen Gruppen und Familien.[14] Im Vorfeld des popularen

10 Waley/Dean, *The Italian City-Republics*, S. 10.

11 Lauro Martines, *Power and Imagination. City-States in Renaissance Italy*, New York 1979, S. 19.

12 Tom Scottt, *The City State in Europe 1000-1600*, New York 2012, S. 20.

13 Serena Ferente, »Popolo and Law«, in: Quentin Skinner/Richard Bourke (Hg.), *Popular Sovereignty in Historical Perspective*, Cambridge 2016, S. 96-114, 99 (Übers., wenn nicht anders angegeben, K. M.); ähnlich: Agnes Heller, *Der Mensch in der Renaissance*, Darmstadt 1982, S. 51; Quentin Skinner, *The Foundations of Modern Political Thought. The Renaissance*, S. 23 ff.; P. J. Jones, »Communes and Despots: The City State in Late-Medieval Italy«, in: John E. Law/Bernadette Paton (Hg.), *Communes and Despots in Medieval and Renaissance Italy*, Farnham/Burlington 2010, S. 3-26, 3.

14 Berman, *Recht und Revolution*, S. 617.

Aufbegehrens wurden in vielen Städten die Vollversammlungen der Bürger durch Räte ersetzt, denen weniger Personen angehörten und die teilweise nicht mehr durch Wahl, sondern durch Kooptation zusammengesetzt waren. Darüber hinaus veränderte sich die Sozialstruktur der Stadtstaaten. Neue soziale Klassen, insbesondere Handels- und Erwerbsklassen, die bisher nicht repräsentiert waren, betraten die Bühne der Geschichte und organisierten sich in Zünften. Sie wollten den Einfluss des bisher dominanten Feudaladels zurückdrängen und kämpften um die Berücksichtigung ihrer Interessen. Sie traten als *popolani* beziehungsweise als *popolo* auf und forderten die angemahnte Verfestigung der Exekutivgewalt heraus.[15] Dabei schufen sie sich eigene Organe und Räte, wiesen einen Repräsentanten als *capitano del popolo* aus und verlangten eine Berücksichtigung in der Verfassungsordnung. Solche Modelle der gemischten Verfassung, in denen die unterschiedlichen sozialen Gruppen des Gemeinwesens eigene Institutionen erhielten, entstanden um 1250 in Lucca und Florenz sowie in Siena um 1262 und sie verbreiteten sich schließlich in der gesamten Region.[16] Der *popolo* avancierte zum politischen Kampfbegriff.[17] Er hatte eine eigentümliche soziale Position, denn er umfasste vor allem die produktiven Elemente der Gesellschaft und setzte sich aus Gruppen des Groß- wie des Kleinbürgertums zusammen. Damit grenzte er sich sowohl gegen den »Feudaladel« nach oben als auch gegen die »plebejischen Unterschichten« nach unten ab.[18] Die aufstrebenden Mittel- und Erwerbsklassen brachten ihre Interessen ein. Insbesondere forderten die jeweiligen Bewegungen eine direkte Vertretung und Beteiligung in den jeweiligen Stadträten.

Darüber hinaus bildete der *popolo* in vielen Städten eine eigene zivilgesellschaftliche Selbstorganisation aus, indem er sich Gremien und Körperschaften schuf und eigene bewaffnete Milizen gründete. In gewisser Weise spiegelte er die politische Verfassung der Stadt

15 Scott, *The City State in Europe 1000-1600*, S. 39 ff.; Martines, *Power and Imagination. City-States in Renaissance Italy*, S. 45 ff.; Maude V. Clarke, *The Medieval City State*, London 1926, S. 52 ff.; Waley/Dean, *The Italian City-Republics*, S. 141 ff.

16 Skinner, *The Foundations of Modern Political Thought. The Renaissance*, S. 23.

17 Frank Deppe, *Niccolò Machiavelli. Zur Kritik der reinen Politik*, Frankfurt am Main 1987, S. 97; ähnlich: P. J. Jones, »Communes and Despots, S. 3-26, 7.

18 Deppe, *Niccolò Machiavelli. Zur Kritik der reinen Politik*, S. 97.

in seinem Inneren,[19] da er über eigene Gewaltmittel, einen Rat und exekutive Organe verfügte. Über die Jahre errang der *popolo* in den meisten Städten große Erfolge. Zwar unterschieden sich die Konfliktlagen, doch insgesamt wurde der *popolo* in den jeweiligen Verfassungsarchitekturen berücksichtigt. Entweder teilte er sich die Macht mit der Nobilität und erhielt eine eigene Vertretung oder er übernahm sogar (beispielsweise in Bologna) die Macht in der Stadt. So erhielt der *popolo* um 1222 in Piacenza die Hälfte der Plätze in der Regierung, um 1224 in Lodi, in Bergamo 1230; in Genua 1257 und vielen anderen Städten wurde er im Stadtrat berücksichtigt. In der unübersichtlichen Ausgangslage der damaligen Zeit, die von vielfältigen Loyalitätsbeziehungen geprägt war, war der *popolo* äußerst vielgestaltig. Oft speiste er sich aus lokalen Allianzen unterschiedlicher sozialer Gruppen und Familiennetzwerke. In diesem Sinne war er, so Lauro Martines in seiner Studie zu den italienischen Stadtstaaten, »niemals eine feste Kraft. Er veränderte sich ständig in seinen Zielen, seiner Zusammensetzung, seiner Militanz und seinen Appellen. [...] Er konnte grundlegende Reformen anstreben und die Fesseln der Leibeigenschaft auf dem Land abbauen, oder er konnte begrenztere Steuer- und Wahlreformen fordern; und er konnte erbittert und blutig mit den reichen Geldgebern brechen, um einen Kompromiss mit einer unzufriedenen Fraktion der Adligen zu suchen. [...] In einem dynamischen und unruhigen Umfeld gab es für eine lebenswichtige Institution, den Popolo, keine Möglichkeit, etwas anderes als eine Kraft im Prozess zu sein.«[20]

Ab der Mitte des 14. Jahrhunderts wurden die Fortschritte der popularen Kommunen zunehmend wieder in Frage gestellt. Zwar existierten in den meisten Städten die formale Verfassung und das *ius commune* fort, doch faktisch schlugen die popularen Regime in Diktatur oder die Herrschaft kleiner sozialer Gruppen um.[21] Die Gegenkräfte des Feudaladels und der Landbesitzer erhielten Aufwind und drängten den *popolo* zurück. In den meisten Städten bilden sich oligarchische oder gar tyrannische Ein-Mann-Herrschaftsformen heraus (*signoria*).[22] In der Regel übernahmen mäch-

19 Martines, *Power and Imagination. City-States in Renaissance Italy*, S. 52; Waley/Dean, *The Italian City-Republics*, S. 144ff.

20 Ebd., S. 59.

21 Jones, »Communes and Despots: The City State in Late-Medieval Italy«, S. 15.

22 Ebd., S. 21; Clarke, *The Medieval City State*, S. 115ff.

tige Einzelpersonen die *podestà*, die Funktion des *capitano* oder des *capitano del popolo*, weiteten auf dieser Grundlage ihre Machtansprüche aus und missachteten die rechtlichen Bindungsmechanismen.[23] Darüber hinaus entstand gerade in denjenigen Städten, in denen das Volk erfolgreich war, ein wohlhabender *popolo grasso,* der sich zur regierenden Klasse aufschwang und vom Volk der kleinen Leute, vom *popolo minuto*, abgrenzte.[24]

3 Errungenschaften des *popolo*

Auf die Epoche, in der der *popolo* erfolgreich um Berücksichtigung kämpfte, folgte also eine Phase, in der die politischen Ordnungen autoritärer wurden. Trotz dieses Rückschritts bewirkte der *popolo* in drei entscheidenden Hinsichten Veränderungen, die nicht mehr vollständig zurückzunehmen waren. Dazu zählten (a) der Ausbau öffentlicher Institutionen sowie (b) eine proto-demokratische Reflexivität in der Politik. Darüber hinaus stand mit dem *popolo* nun ein kommunikativer Mechanismus zur Verfügung, auf den im Widerstand gegen die Oberen immer wieder zurückgegriffen wurde (c).

(a) Ausbau öffentlicher Institutionen: Man kann die Geschichte des *popolo* als Aufstieg und Niedergang einer sozialen Bewegung beschreiben, die aus veränderten wirtschaftlichen Verhältnissen resultierte. Das Problem einer solchen Betrachtungsweise besteht darin, dass sie die bleibenden Effekte der Ordnungskämpfe aus dem Blick verliert. Aus dem Protest gegen die Machtkonzentration in den Händen des Feudaladels und der Familiennetzwerke ging ein Ausweitungsschub öffentlicher Amtsgewalt hervor. Die Kämpfe des *popolo* mündeten in komplexere Architekturen des Entscheidens – seien es die Vervielfältigung von Beratungsgremien oder die schon angedeuteten Parallelordnungen, die Teil der offiziellen Verfassung wurden. Die kommunalen Gremien etablierten sich als »die wichtigste Jurisdiktionsmacht in der Stadt« und drängten insbesondere die bischöfliche Rechtsprechung zurück.[25] Darüber hinaus steigerten die Kämpfe des *popolo* die politische Inklusion. Der

23 Waley/Dean, *The Italian City-Republics*, S. 177.

24 Jones, »Communes and Despots: The City State in Late-Medieval Italy«, S. 8.

25 Waley/Dean, *The Italian City-Republics*, S. 32.

popolo grenzte sich zwar gegen die Unterklassen und Landarbeiter ab, aber die Kämpfe erhöhten gleichwohl die Zahl derjenigen, die Zugang zum Bürgerstatus erhielten.[26]

Gleichzeitig wurden öffentliche Institutionen ausgebaut, insbesondere ihre fiskalischen Kompetenzen, und die soziale Infrastruktur. Die Kämpfe des *popolo* führten nicht nur zur Fraktionierung der politischen Gemeinwesen, sondern provozierten ebenso einen Schub der Konstitutionalisierung. Die Konflikte schärften offenbar das Bewusstsein dafür, an einem Gemeinwesen teilzuhaben, das die gemeinsamen Angelegenheiten regelt und dementsprechend mit finanziellen Mitteln und rechtlichen Kompetenzen ausgestattet sein muss. In den Städten wurden in diesem Zuge öffentliche Plätze (*campo*), Gebäude (*palazzo*) und Stadtmauern gebaut. Jene Bauprojekte, oft Ausdruck des Gemeinsinns, stellten auch Experimentierflächen für neue Stile im Bereich der bildenden Kunst bereit.[27]

(b) Reflexivität: In diesem Sinne trugen die Kämpfe des *popolo* zur Herausbildung eines neuen Bereichs der Politik und einer Öffentlichkeit bei. Sie generierten aber nicht nur ein System der Politik, sondern brachten auch eine eigene Reflexivität hervor. Über den kommunikativen Normalbetrieb legte sich eine zweite Ebene, die die eigenen Grundlagen reflektierte, über die Politik eine höhere Ordnung, von der aus Recht und Politik ihre Autorisierung beziehen sollten. Zwar hat sich diese Reflexivität, wie sie für die moderne Verfassung typisch ist, hier noch nicht vollumfänglich ausgebildet; wohl aber besteht eine der größten Errungenschaften der popularen Kämpfe darin, dass sich die Bürger zunehmend als Teil einer größeren Gemeinschaft verstanden und darüber nachdachten, wie diese Gemeinschaft zu organisieren sei.[28]

Man könnte an dieser Stelle eine ganze Reihe an wichtigen intellektuellen Stichwortgebern der damaligen Zeit zu Wort kommen lassen.[29] In nuce lässt sich die Veränderung im Denken am Beispiel

26 So steigerte sich die Mitgliedschaft des Legislativrates in Pavia von 150 auf 1000 und in Mailand von 400 auf 900 Mitglieder, vgl. Martines, *Power and Imagination. City-States in Renaissance Italy*, S. 67.

27 Waley/Dean, *The Italian City-Republics*, S. 105 ff.

28 Martines, *Power and Imagination. City-States in Renaissance Italy*, S. 64.

29 Vgl. Skinner, *The Foundations of Modern Political Thought. The Renaissance.* Skinner widerspricht hier auch Hans Barons These (Hans Baron, *The Crisis of the Early Italian Renaissance. Civic Humanism and Republican Liberty in an Age*

der protodemokratischen Ordnungslehre des Marsilius von Padua aufzeigen. In seiner Schrift *Defensor Pacis* aus dem Jahre 1324 griff er das Konzept des Volkes auf und erhob es in seiner politischen Theorie zum Gesetzgeber. Marsilius war damit kein Einzelfall, denn in den ober- und mittelitalienischen Stadtstaaten wurden die Kämpfe des *popolo* von einem politisch-theoretischen Diskurs begleitet. Dort wurde er als Träger freiheitlicher Verhältnisse, als *populus liber* verstanden. Marsilius' Schrift ist vor allem deshalb von Interesse, weil er im ersten Teil des *Defensor Pacis* die Rolle des Volkes radikalisierte und ihm die zentrale Stellung des Verfassungs- und Gesetzgebers zuwies.[30] Im zweiten Teil relativierte er dies, indem er die Gesetzgebungsgewalt wieder einem Herrscher zuordnete. In der Forschungsliteratur liegen unterschiedliche Einschätzungen im Hinblick auf die Frage vor, inwieweit Marsilius tatsächlich ein protodemokratisches Ordnungsmodell entwarf.[31] Doch ungeachtet dieser Auslegungsfrage betrachtete Marsilius jedenfalls im ersten Teil den Bereich der Politik und der öffentlichen Ordnung als vollkommen säkular. Dabei formulierte er nicht nur abstrakte Ideale, sondern bezog seine Überlegungen aus den Verhältnissen der italienischen Stadtstaaten. Viele Aspekte seiner Staatstheorie, so weist Nicolai Rubinstein in seiner Aufarbeitung nach, entstammten konkret den Problemstellungen seiner Heimatstadt Padua.[32]

Zunächst griff Marsilius auf klassisch-aristotelische Argumentationsfiguren zurück. Demnach sei die politische Ordnung auf den Zweck gerichtet, ein gutes Leben im Diesseits zu ermöglichen.[33] Im Folgenden wies er Bedingungen aus, unter denen die jeweilige Ordnung diesen Zweck erfüllt. Dabei war die Frage der Gesetzge-

of Classicism and Tyranny, Princeton 1966), wonach sich ein republikanisches Freiheitsverständnis erst im 14. Jahrhundert mit dem Bürgerhumanismus herausbildete (vgl. ebd., S. 27).

30 Vgl. zu den Unterschieden zwischen Marsilius' *populus* und *dem popolo*: Alan Gewirth, *Marsilius of Padua. The Defender of Peace*, New York 1951, S. 181.

31 Daniel Höchli, *Der Florentiner Republikanismus. Verfassungswirklichkeit und Verfassungsdenken zur Zeit der Renaissance*, Bern/Stuttgart/Wien 2005, S. 130 ff.; zur Gegenposition: George Garnett, *Marsilius of Padua and ›the Truth of History‹*, Oxford/New York 2006.

32 Nicolai Rubinstein, »Marsilius of Padua and Italian Political Thought of his Time«, in: J. R. Hale u. a. (Hg.), *Europe in the Late Middle Ages*, London 1965, S. 44-75, 46; siehe auch: Höchli, *Der Florentiner Republikanismus*, S. 130.

33 Marsilius von Padua, *Der Verteidiger des Friedens (1324)*, Stuttgart 1971, S. 17.

bung von besonderer Bedeutung. Die Herrschaft der Gesetze und die Bindung der Amtsträger waren für Marsilius die Garanten einer guten Ordnung. So wurde sichergestellt, dass sich die Ordnung an den Interessen der Bürgerschaft orientiert und die Amtsträger sich nicht zu despotischen Alleinherrschern über das Gemeinwesen aufschwingen. Für Marsilius war politische Herrschaft immer Gesetzesherrschaft: »Das Gesetz muss über alles regieren.«[34]

Das Volk bildete den Dreh- und Angelpunkt seiner Argumentation. Als »primäre Instanz« rückte es in die Rolle des Verfassungs- und Gesetzgebers. Ihm oblagen die »Gesetzgebung« und die »Einsetzung der Regierung«.[35] Für dieses Volk bemühte Marsilius unterschiedliche Beschreibungen. Es tritt im *Defensor Pacis* sowohl als *populus* auf, als *universitas populum* (die Gesamtheit der Bürger) als auch als *valentior pars* (als gewichtiger, politisch aktiver Teil der Bürgerschaft) sowie als *multitudo* (als Menge).[36] Seine zentrale Aufgabe war die politische Beratung und Legislation: »Gesetzgeber oder erste und spezifische bewirkende Ursache des Gesetzes ist das Volk oder die Gesamtheit der Bürger oder deren Mehrheit durch ihre Abstimmung oder Willensäußerung, die in der Vollversammlung der Bürger in einer Debatte zum Ausdruck gekommen ist. [...] Durch dieselbe primäre Instanz, nicht eine andere, müssen die Gesetze und alle Abstimmungsergebnisse die notwendige Bestätigung (ihrer formalen Korrektheit) erhalten [...].«[37] Das Volk wird als universelle Instanz begriffen, der sowohl die einfache Gesetzgebung als auch die höhere Verfassungsgebung zukommt.[38]

Als verfassungsgebende Gewalt autorisiert es die Grundordnung der jeweiligen Verfahren und Institutionen, tritt danach aber nicht ab, sondern gestaltet die Ordnung durch politische Teilnahme, Beratung und Abstimmung über Gesetze aus. Jene Einlassungen ha-

34 Ebd., S. 49; ferner zur Rolle der Gesetzesbindung: Gerson Moreno-Riano/Cary J. Nederman, »Marsilius of Padua's Principles of Secular Politics«, in: Gerson Moreno-Riano/Cary J. Nedeman (Hg.), *A Companion to Marsilius of Padua*, Leiden/Boston 2012, S. 117-138, 129 ff.

35 Marsilius von Padua, *Der Verteidiger des Friedens*, S. 52.

36 Höchli, *Der Florentiner Republikanismus*, S. 131 ff.; ausführlich zur *valentior pars*: Vasileios Syros, *Marsilius of Padua at the Intersection of Ancient and Medieval Traditions of Political Thought*, Toronto/Buffallo/London 2012, S. 91 ff.; Gewirth, *Marsilius of Padua*, S. 182 ff.

37 Marsilius von Padua, *Der Verteidiger des Friedens*, S. 53.

38 Gewirth, *Marsilius of Padua*, S. 169.

ben in der politischen Theorie und Ideengeschichte dazu geführt, Marsilius von Padua zum Erfinder der Volkssouveränität zu adeln.[39] Bei ihm klingt eine eigenständige Reflexion politischer Herrschaft an, die sie fast vollständig verweltlicht. Für Marsilius ging die Herrschaft der Gesetze aus der »Entscheidung des menschlichen Geistes«[40] hervor. Das Volk wiederum identifizierte er mit den Rechtsunterworfenen, die in Versammlungen durch Debatte, Mehrheit und Korrektur ihren Willen in Gesetzesform zu bringen versuchen.

Das Volk bei Marsilius beschrieb keine einzelne Partei innerhalb des Gemeinwesens, sondern weitete sich zu einer universelleren Größe aus. Die Bürgerschaft als aktive *valentior pars* war Gesetzgeber und brachte den gemeinsamen Willen in Gesetzesform zum Ausdruck. Das Volk wurde hier von seiner voluntativen Seite verstanden: Ein »einfacher Voluntarismus« ist sichtbar, der das Gesetz auf empirischen Willen und die Beratung der Bürgerschaft gründet.[41] Marsilius führte die »Legitimität von beidem – Gesetzen und Herrschern« auf ihren »freiwilligen Charakter« zurück.[42] Sie beziehen ihre Autorität aus dem Willen der *valentior pars*. Er blieb freilich noch einem Weltbild verhaftet, wo der Wille des *populus* nicht die vorbestimmten Grundlagen und inneren Gesetze der göttlichen Ordnung antasten sollte. Aber Marsilius ging über den Stand seiner Zeit hinaus, indem er das Volk nicht nur als eine Partei in den politischen Fraktionskämpfen kontextualisierte, sondern als verfassungsgebende Gewalt im Bereich der öffentlichen Ordnung begriff. Mit Hilfe dieser politikspezifischen Reflexivität versuchte Marsilius, den eigenständigen Zweck der Politik nochmals entlang politischer und juridischer Kriterien aufzuklären: Die gute Ordnung gründete sich auf die *voluntas* des Volkes, die sich in gesetzgebenden oder -korrigierenden Versammlungen artikulierte. Die Schriften des Marsilius zeigen, dass mit den Kämpfen des *popolo*

39 Skinner, *The Foundations of Modern Political Thought. The Renaissance*, S. 18; Höchli, *Der Florentiner Republikanismus*, S. 131.

40 Marsilius von Padua, *Der Verteidiger des Friedens*, S. 52.

41 Gewirth, *Marsilius of Padua*, S. 170. Gewirth macht darauf aufmerksam, dass dieser Voluntarismus direkt aus dem Gesetzeskonzept folgt: »Since the essence of law is not reason but coercive command, the basic act of legislation similarily consists not in the rational interpretation or application of substantive rules of reason but rather in a command.« (Ebd.)

42 Moreno-Riano/Nederman, »Marsilius of Padua's Principles of Secular Politics«, S. 134.

auch eine Herrschaftskritik und -begründung einherging. Die Politik begann, sich eigene Grundlagen, Selbstthematisierungen und Autorisierungsmodelle zu schaffen.

(3) *popolo* als Gegenmacht: Die Kämpfe des *popolo* waren nach dem Umbau der politischen Ordnungen ab Mitte des 14. Jahrhunderts nicht vergessen. Die *signori* und der wohlhabende *popolo grasso* trafen auf Gegenkräfte. In den Volksaufständen in der zweiten Hälfte des 14. Jahrhunderts vereinigten sich die abhängigen Arbeiter der Textil- und Wollmanufakturen als *popolo minuto* und kämpften um politische Beteiligung. Solche Aufstände fanden 1369 in Lucca, 1371 in Siena, 1370, 1371 und 1375 in Perugia und 1411 in Bologna statt. Das berühmteste Beispiel war der Florentiner Aufstand der *ciompi* im Jahre 1378. Dort begehrten Arbeiter und Händler auf, die nicht Teil des *popolo grasso* waren und keinen Platz im Institutionengefüge hatten. Insbesondere erprobten die *ciompi* neue Formen der Konfliktaustragung, stürzten die Stadt in Tumulte und setzten sie der Unregierbarkeit aus.[43] Das bisher ausgeschlossene »Vorproletariat« schwang sich auf, den »ersten organisierten Streik von Lohnarbeitern« durchzuführen.[44] Dieses kleine Volk der Armen und Arbeiter, der *popolo minuto*, speiste sich aus einer veränderten Sozialstruktur und dem Wirtschafts- und Bevölkerungswachstum. Es reagierte auch auf die verheerenden Folgen der Pest, auf Hungersnöte und ökonomische Krisen. Eine Chronik aus dem 14. Jahrhundert notierte: »Der Name Ciompi kommt von den Leuten her, die am schlechtesten gestellt sind. Wir nennen so diejenigen, die in den Werkstätten der Arte della Lana arbeiten und das Kämmen, Kratzen und Reinigen der Wolle besorgen, damit sie gesponnen werden kann. Da sie während der Arbeit fast nackt in bestimmte Räume eingeschlossen sind, sind sie völlig mit den Farben der Wolle verschmiert und besudelt. Ciompi will also nichts anderes sagen als ganz und gar schmierig, schmutzig und schlecht gekleidet.«[45]

43 Ernst Piper, *Der Aufstand der Ciompi. Über den »Tumult«, den die Wollarbeiter im Florenz der Frührenaissance anzettelten*, Berlin 1978.

44 Ernst Werner, »Probleme städtischer Volksbewegungen im 14. Jahrhundert, dargestellt am Beispiel der Ciompi-Erhebung in Florenz«, in: Ernst Werner/Max Steinmetz (Hg.), *Städtische Volksbewegungen im 14. Jahrhundert*, Berlin 1960, S. 11-55, 14; vgl. auch Martin Breaugh, *The Plebeian Experience: A Discontinuous History of Political Freedom*, New York 2013, S. 11 ff.

45 Zit. nach Piper, *Der Aufstand der Ciompi*, S. 16.

Es ist bemerkenswert, dass die aufbegehrenden Arbeiter auf die Selbstthematisierung als *popolo* zurückkommen. Denn der *popolo minuto* unterschied sich vom *popolo grasso* der Handelsklassen, war wesentlich heterogener zusammengesetzt und öffnete sich gegenüber den Unterklassen, Landarbeitern und zugewanderten Arbeitsmigranten in den Textil- und Wollmanufakturen, die meist aus den umliegenden Regionen stammten.[46] Für einen kurzen Zeitraum ergriffen die *ciompi* sogar die Regierungsmacht und weiteten die Partizipationsrechte des *popolo minuto* aus. Die Zahl der Zunftmitglieder stieg von 5000 auf 13 000. Nach kurzer Zeit zerbrach die Ciompi-Regierung jedoch blutig im Konflikt mit anderen Zünften und dankte ab. Auf den kurzzeitigen Sieg des Zunftrepublikanismus folgte ein weiteres Mal die Restauration.

Begann die Geschichte des *popolo* zunächst mit dem Widerstand der neuen Erwerbs- und Handelsklassen gegen die Dominanz der etablierten Familien, so wurde hier jetzt der Name des Volkes in Anspruch genommen, um gegen die Nobilität zu protestieren. Wiederum waren die Träger des Volkes nicht die Gesamtheit der Einwohner der Stadt Florenz oder eine umfassende Mehrheit, sondern die ausgebildeten Handwerker und Arbeiter in den Textilmanufakturen, die sich – im Unterschied zum *popolo grasso* – nicht mehr gegen die plebejischen Unterklassen abschlossen. Die Machtverteilung innerhalb des politischen Gemeinwesens sollte neu verhandelt werden. Das Volk drängte die Machtkonzentration in den etablierten Institutionen zurück und forderte seine Beteiligung ein.

Später beschrieb Machiavelli in seiner *Geschichte von Florenz* den Aufstand der *ciompi* als wichtigen Einschnitt in der Entwicklung der Stadt.[47] Freilich war er nicht daran interessiert, die Ereignisse möglichst wahrheitsgetreu darzustellen; vielmehr diente ihm der Verlauf der Ciompi-Revolte als Beispiel, um einige Grundannahmen zum Wechselspiel von Herrschaft und Widerstand zu verdeutlichen. Für Machiavelli speisten sich die Fraktionskämpfe zwischen den Adelsfamilien, dem *popolo grasso* und dem *popolo minuto* aus zwei grundlegenden Leidenschaften (*umori*), die in politischen Ge-

46 Vgl. für eine ausführliche Soziologie des *populo minuto*: Samuel K. Cohn, *The Laboring Classes in Renaissance Florence*, New York/London/Toronto/Sydney/San Francisco 1980, S. 65 ff.

47 Niccolò Machiavelli, »Geschichte von Florenz«, in: Niccolò Machiavelli, *Gesammelte Werke*, Frankfurt am Main 2006, S. 381-708, 472.

meinwesen aufeinanderprallen. Er notierte zur Einleitung in sein Kapitel zum Ciompi-Aufstand: »Die heftige Feindschaft zwischen Volk und Adel, deren Grund darin liegt, dass dieser befehlen, jenes nicht gehorchen will, ist Ursache aller Übel, die in den Städten entstehen. Aus diesen widerstrebenden Leidenschaften bekommt alles andere, was die Republik erschüttert, seine Nahrung.«[48] Verallgemeinert man diese Überlegungen, dann ist der *popolo* ein grundlegender Mechanismus, der als Gegenmacht firmiert. In der Ausdifferenzierung eines Politikbereichs diente der Bezug auf den *popolo* dazu, die bestehenden Verfahren der Kritik auszusetzen, sie neu zu justieren oder umzuwälzen. Dabei traten unterschiedliche soziale Gruppen als *popolo* auf. Das Volk wurde voluntativ bestimmt: Es brachte die politischen Interessen und Bedürfnisse der Nicht-Berücksichtigten, die ökonomischen Interessen der Arbeiter ins Spiel oder die grundlegenden, in den basalen Affekten der Menschen verankerten Bedürfnisse danach, nicht so und nicht so sehr beherrscht zu werden.

Damit übersetzt die Rede vom Volk diese Interessen und Bedürfnisse in eine Grammatik, die vom etablierten Bereich der Politik zur Kenntnis genommen wird und sich in seine kommunikative Selbstreferenz einschreibt. Über das Volk können die sozialen Umwelten einen *re-entry* in die Politik erfahren.[49] Dabei greifen die Proteste und Widerstände des Volkes auf vergangene Aufstände zurück: Wie in einer Art Episodenverknüpfung macht der Volksaufstand einen hintergründigen Kommunikationskreislauf wieder präsent.

4 Das Volk der Kirche

Für die Hierarchisierung und Vereinheitlichung des gesellschaftlichen Lebens, die in übergreifende Herrschaftsverbände mündete, zeichnete auch eine zweite Entwicklungslinie verantwortlich. Sie wird von der Forschungsliteratur auf die päpstliche Revolution des 11. und 12. Jahrhunderts und den Aufstieg der katholischen Kirche

48 Ebd., S. 472.

49 Vgl. »Populismus als Wiedereintritt der Volkssouveränität« in diesem Buch, S. 45-56.

zurückgeführt,[50] denn die katholische Kirche brachte in ihrem Projekt eines transnationalen Kirchenstaates neue Verfahren der Repräsentation, Verrechtlichung und Entscheidungsfindung hervor.

Die Entwicklungen in den oberitalienischen Stadtstaaten und in der katholischen Kirche beeinflussten sich gegenseitig. So waren die aufstrebenden Stadtstaaten Teil der Konflikte zwischen Kirche und weltlichen Herrschern. Auch war die Selbstreflexion der Politik, wie sie am Beispiel des Marsilius von Padua diskutiert wurde, durchaus vom Kirchendiskurs geprägt. Abgesehen von diesen Überschneidungen lässt sich in der katholischen Kirche aber zudem ein neuer Typ der wechselseitigen Politisierung und Verrechtlichung erkennen, der anders verfährt und eine andere Konzeption des Volkes profiliert. Das Kirchenvolk stützt sich gerade nicht auf die faktischen Interessen der Machtunterworfenen. Es entsteht erst durch eine Praxis der Rückbindung an ein höheres, göttliches Gesetz. Damit entsteht das Volk nicht als Effekt einer einseitigen Selbstermächtigung, sondern aufgrund des Bundes mit einem Gott. Erst die Praktiken der Rückbindung an das göttliche Gesetz in der Versammlung der Gläubigen – der *ecclesia* (Kirche) – schufen das Kirchenvolk.

Die Kirchendoktrin, die der päpstlichen Revolution vorausgeht, bindet das Volk der Kirche an eine höherrangige *civitas dei*, die auf weltliche Verwirklichung drängt. Der zentrale Mechanismus, den die Kirche nutzt, um dieses Projekt auf Erden in einem transnationalen Kirchenstaat zu verallgemeinern, ist das Recht. Erst die spezifisch juridische Form ermöglicht es der Kirche, sich als Organisation zu konsolidieren, und verleiht ihr Dauer und Schlagkraft. Die Rechtsgelehrten entdeckten im 12. und 13. Jahrhundert die Korporationslehre des römischen Rechts und übertrugen sie auf die Kirche. Das Volk wurde als Versammlung verstanden, die an Gott gebunden bleibt und die Gläubigen in einem eigenständigen Verband mit Vertretungsbefugnissen vereinigt. Mit Hilfe der juridischen Korporationslehre machte die Kirche innere Konflikte handhabbar, grenzte Kompetenzen voneinander ab und weitete ihre Autorität in das verzweigte Netz des gesellschaftlichen Lebens aus.

50 Berman, *Recht und Revolution*, S. 38; Thornhill, *A Sociology of Constitutions*, S. 25 ff.; Brunkhorst, *Critical Theory of Legal Revolutions*, S. 90 ff.; Jürgen Habermas, *Auch eine Geschichte der Philosophie. Band 1*, Berlin 2019, S. 584 ff.

Das Anknüpfen an die Korporationslehre zeitigte allerdings direkte Konsequenzen für Politisierung und Kritik. Zudem eröffneten sich verschiedene Varianten, um das Kirchenvolk zu bestimmen. Dabei entstand auch die Möglichkeit einer populistischen Kritik an verfestigten Machtverhältnissen in Kirche und Gesellschaft. In der Folge stilisierten sich unterschiedliche Bewegungen als Kirchenvolk und beanspruchten, der gründende, ausschlaggebende Teil der Gesamtkorporation zu sein. In diesem Sinne handelte es sich bei der Herausbildung der katholischen Kirche nicht um die Grundformen einer politischen Theologie, deren unerreichbarer Grund im modernen Staat nachwirkt. Der Populismus des Kirchenvolks setzte ein Wechselspiel aus Schließung und Öffnung der Kirchenverfassung in Gang, indem er Machtkonzentration und Verselbstständigung kritisierte.

5 Die päpstliche Revolution und das Kirchenvolk

Im 11. und 12. Jahrhundert vollzog sich in Europa ein langanhaltender Konflikt, der als päpstliche Revolution bezeichnet wird und als »eine transnationale Revolution, eine Revolution in ganz Europa für die Geistlichkeit, unter dem Papst, gegen königliche, kaiserliche und feudale Beherrschung« in die Geschichte einging.[51] Der Investiturstreit zwischen 1075 und 1122 markierte die Hochphase. Im Jahre 1075 verkündete Papst Gregor VII. den sogenannten *Dictatus Papae*. In ihm drückte sich ein revolutionäres Verständnis von Recht und Politik aus. Der *Dictatus* besteht aus 27 kurzen Sätzen, die das historisch gewachsene Machtgefüge zwischen Kirche und weltlichen Machthabern erschütterten. Demnach sei die »Kirche vom Herrn allein gegründet worden« (1), der Papst wiederum stehe der Kirche vor (2). Der Pontifex bilde eine Brücke zwischen Himmel und Erde und habe die Kompetenz-Kompetenz – die Kompetenz, unterschiedliche Machtbereiche voneinander abzugrenzen und die jeweiligen Funktionäre zu berufen – in weltlichen und geistlichen Fragen. Mit seiner »universellen« (2) Kompetenz dürfe er »Bischöfe absetzen und wieder einsetzen« (3), das innerkirchliche »Konzil« entmachten (4), neue »Gesetze erlassen« und »neue Ge-

51 Berman, *Recht und Revolution*, S. 50.

meinden bilden« (7). Auch stehe er über den Fürsten. Der *Dictatus* fordert, dass sie »des Papstes Füße küssen« (9) und der Papst »Kaiser absetzen« könne (12).

Der *Dictatus Papae* entstand inmitten einer Epoche von zahlreichen Umbrüchen und Konflikten zwischen Kirche und den bisherigen Spielarten politischer Herrschaft in den Städten und Fürstentümern. Die revolutionäre Geste bestand darin, dass der Papst die Kompetenz-Kompetenz beanspruchte. Gegen die Überlagerung unterschiedlicher Ordnungen und Loyalitäten, wie sie für den Feudalismus typisch war, wollte die katholische Reformbewegung die politische Autorität unter ihrer Führung zentralisieren. Die katholische Kirche strebte danach, sich als »zentrale Institution der Gesellschaft zu etablieren« und »sich die rechtliche Regulierung« anzueignen.[52] Sie provozierte den Widerstand der weltlichen Herrscher, der erst 1122 mit dem Wormser Konkordat beigelegt wurde. Zwar blieb das Konfliktverhältnis zwischen Kirche und Fürsten auch danach bestehen, aber langfristig war zu beobachten, wie die päpstliche Revolution tatsächlich Schritte der Vereinheitlichung und Hierarchisierung hervorbrachte. Insbesondere etablierte sie eigene Techniken der Verrechtlichung, Konfliktlösung und Reflexion, die in den weltlichen Bereich ausstrahlten. Der Bereich der Politik begann damit, die Organisationsverfassung der Kirche in Teilen zu »replizieren«.[53]

In seiner umfassenden Studie zur Geschichte der westlichen Rechtsrevolutionen schildert Harold J. Berman diesen Vorgang als Konstitutionalisierung.[54] Vor dem 11. Jahrhundert war die Kirche zwar in Europa verbreitet, aber hatte noch keine rechtlich formalisierte und zentralisierte Organisationsform. Sie war »kein sichtbares, körperschaftliches, juristisch definiertes Gebilde, das der politischen Gewalt gegenüberstand. Vielmehr fasste man die Kirche, ecclesia, als das christliche Volk, populus christianus, auf, das von weltlichen und geistlichen Herrschern regiert wurde.«[55] Dabei war ein noch diffuses Verständnis des Kirchenvolks zu beobachten, in dem die Versammlung der Gläubigen mit der Institution Kirche

52 Thornhill, *A Sociology of Constitutions*, S. 25; vgl. auch Walter Ullmann, *A Short History of the Papacy in the Middle Ages*, Oxon/New York 2003, S. 142 ff.

53 Thornhill, *A Sociology of Constitutions*, S. 32.

54 Berman, *Recht und Revolution*, S. 341.

55 Ebd., S. 156.

und der allumfassenden christlichen *civitas* zusammenfiel.[56] Zwar knüpfte die Kirche an den Begriff der *ecclesia* aus der römischen Kaiserzeit an und war durchaus von eigenen Regeln und Ritualen geprägt,[57] doch noch nicht als Organisation verfasst: Sie verfügte über keinen Rechtsdiskurs, den Spezialisten pflegten und der höherrangiges und einfaches Recht aufeinander bezog.

Es wäre vorschnell, die zunehmende Stärke der Kirche allein auf ihre rechtliche Verfasstheit zurückzuführen, denn sie hatte einen deutlichen politischen Bewegungscharakter. Noch bevor die Rechtsgelehrten ab dem 12. und 13. Jahrhundert römische Rechtsquellen entdeckten, die ihren Verfassungsprozess anleiteten, war eine Wende zu beobachten. Schon seit dem 5. Jahrhundert drängten die christlichen Bewegungen in den Bereich der weltlichen Machtausübung und knüpften dabei an die Zwei-Reiche-Lehre des Augustinus an. Augustinus hatte in seinen Schriften zwischen der himmlischen *civitas dei* und der irdischen *civitas terrena* unterschieden.[58] Die Reformbewegungen verstanden die Unterscheidung als unmittelbaren Handlungsauftrag. Sie wollten der *civitas dei* gegen die *civitas terrena* zur Geltung verhelfen. Beide Reiche galten ihnen als differenziertes »Kontinuum«,[59] so dass sich ihnen die Frage

56 Vgl. dazu Philipp Hölzing, *Republikanismus und Kosmopolitismus. Eine ideengeschichtliche Studie*, Frankfurt am Main 2011, S. 68 ff.

57 Erik Peterson, *Ekklesia. Studien zum altchristlichen Kirchenbegriff*, Würzburg 2010, S. 20 ff. Peterson betont immer wieder die Rechtsfähigkeit als konstitutives Merkmal der *ecclesia*. Er schlägt in seinen Studien vor, schon die frühchristliche Liturgie und Spielarten der Akklamation als Rechtsvollzug zu beobachten. Hier überschneidet sich das Recht mit dem »Enthusiasmus« der Gläubigen. Dabei entging Peterson der Umstand, dass die frühchristliche Kirche – im Unterschied zur Epoche ab dem 11. Jahrhundert – noch nicht über ein ausdifferenziertes und formalisiertes Rechtssystem verfügte (vgl. dazu auch: Uwe Hebekus, »›Enthusiasmus und Recht‹. Figurationen der Akklamation bei Ernst H. Karantorowitz, Erik Peterson und Carl Schmitt«, in: Jürgen Brokoff/Jürgen Fohrmann (Hg.), *Politische Theologie. Formen und Funktionen im 20. Jahrhundert*, Paderborn/München/Wien/Zürich 2003, S. 97-113).

58 Vgl. Aurelius Augustinus, *Vom Gottesstaat*, München 2007, Kap. 18.

59 Brunkhorst, *Critical Theory of Legal Revolutions*, S. 99. So heißt es noch heute im *Lumen Gentium*: »Die mit hierarchischen Organen ausgestattete Gesellschaft und der geheimnisvolle Leib Christi, die sichtbare Versammlung und die geistliche Gemeinschaft, die irdische Kirche und die mit himmlischen Gaben beschenkte Kirche sind nicht als zwei verschiedene Größen zu betrachten, sondern bilden eine einzige komplexe Wirklichkeit, die aus menschlichem und göttli-

stellte, wie sie verändernd auf die *civitas terrena* einwirken konnten. Das Bindeglied, um diesem Ziel näher zu kommen, war die *ecclesia* – die Kirche als Versammlung der Gläubigen. Sie war der organisatorische Träger, der das göttliche Gesetz auf Erden verwirklicht. Folglich musste jede weltliche Autorität aus der geistlichen abgeleitet sein. Damit war der Weg in den Investiturstreit und den Konflikt um die Kompetenz-Kompetenz vorprogrammiert. Wenn nur die Kirche den Ursprung und die Gesetze des Ganzen kannte, musste ein transnationaler Staat unter ihrer Führung zwingend zu ihrem Projekt werden.[60] Die Kirche forderte die »Geltung christlicher Ordnungsprinzipien auch für die Welt« und zielte darauf, die »rechte, gewollte Ordnung der christlichen Welt« durchzusetzen.[61] So wurde die Unterscheidung zwischen geistlicher und weltlicher Regierung, zwischen *sacerdotium* und *regnum*, zunehmend porös.[62] In den Augen der Reformbewegung ruhten beide Bereiche auf einer »monistischen Gewaltstruktur«, in der die Kirche die Kompetenz-Kompetenz für sich beanspruchte.[63]

Dieser revolutionäre Umschwung war das zentrale Projekt der Kleriker und Mönche. Schon vor dem 11. Jahrhundert bildeten sich eigene Funktionseliten aus, die die jeweiligen Mönchsorden vereinheitlichen wollten.[64] Oft handelten sie im Bündnis mit den Ar-

chem Element zusammenwächst.« (»Dogmatische Konstitution über die Kirche (*Lumen Gentium*)«, in: Heinrich Suso Brechter u. a. (Hg), *Lexikon für Theologie und Kirche – Das Zweite Vatikanische Konzil – Teil 1*, Freiburg/Basel/Wien 1966, S. 137-347, 171).

60 Vgl. zu diesem Holismus: Walter Ullmann, *Principles of Government and Politics in the Middle Ages*, London 1961, S. 33; Otto von Gierke, *Political Theories of the Middle Age*, Cambridge 1900, S. 109.

61 Gerd Tellenbach, *Libertas. Kirche und Weltordnung im Zeitalter des Investiturstreits (1936)*, Stuttgart/Berlin/Köln, 1996, S. 2 u. 164.

62 Zu den Kontroversen um die Abgrenzung von *sacerdotium* und *regnum*: Brian Tierney, *Church Law and Constitutional Thought in the Middle Ages*, London 1979, S. 596 ff.

63 Tine Stein, »Der Verfassungsbegriff der römisch-katholischen Kirche«, in: Markus Llanque/Daniel Schulz (Hg.), *Verfassungsidee und Verfassungspolitik*, Berlin/München/Boston 2014, S. 379-386, 382.

64 Vgl. Giorgio Agamben, *Höchste Armut. Ordensregeln und Lebensform*, Frankfurt am Main 2012; Gert Melville, »Formale Verfahren als Steuerungsmechanismen mittelalterlicher Orden. Aufriss eines Forschungsfeldes«, in: André Brodocz u. a. (Hg.), *Die Verfassung des Politischen. Festschrift für Hans Vorländer*, Wiesbaden 2014, S. 25-44.

menbewegungen der *pauperes* und setzten sich für die Einhaltung des Friedens und den sozialen Ausgleich ein. Ebenjene Kleriker und Mönche führten schließlich die päpstliche Revolution an. Das Verhältnis von Immanenz und Transzendenz machte die Bindung ans göttliche Gesetz zu einer mobilisierenden Kraft – der Anspruch der »Papstherrschaft« als »Statthalterschaft Gottes« trug den »revolutionären Keim zu einer Umgestaltung des Komplexes von Recht und Herrschaft schon in sich«.[65] Die Reformbewegung kopierte die Transzendenz der *civitas dei* in die Immanenz der Welt und brachte einen universalistisch angelegten Friedens- und Gerechtigkeitsanspruch gegen den Frühfeudalismus in Stellung.

6 Ecclesia: Rückbindung des Volkes

Damit stellte sich aber auch die Frage, wer als Träger dieser Transzendenz auf Erden gelten darf. Wer vertrat die *civitas dei* auf Erden und welche Rolle spielte das Kirchenvolk? Welche Repräsentationsansprüche durfte das Kirchenvolk erheben und wie weit reichten sie? War es ein von der Kirche als Institution getrenntes Volk oder brachte die formale Ämterstruktur das Volk erst hervor? Schon im frühchristlichen Kirchendiskurs wurden diese Probleme diskutiert.[66]

Die überlieferte Urszene des Kirchenvolks bildete den Ausgangspunkt, zunächst die alttestamentarische Urszene des Bundes zwischen Gott und den Israeliten am Berg Sinai. Im Buch Moses werden die Israeliten von Gott zum auserwählten Volk erklärt, weil sie sich seinem Gesetz unterwerfen. Erst durch die Bindung an sein Gesetz entsteht ein Volk in vollem Sinne: »Der *Eine* Gott ist der Gott *eines* Volkes, und dieses *eine* Volk ist das Volk des *Einen* Got-

65 Habermas, *Auch eine Geschichte der Philosophie. Band 1*, S. 489.

66 Vgl. Joseph Ratzinger, *Volk und Haus Gottes in Augustins Lehre von der Kirche (1954)*, Freiburg 2011; Brian Tierney, *Foundations of the Conciliar Theory. The Contribution of the Medieval Canonists from Gratian to the Great Schism*, Leiden/New York/Köln 1998, S. 121 ff.; Klaus Grünwaldt, *Gott und sein Volk*, Darmstadt 2006; für eine aktuelle Wiederaufnahme dieser Fragen vgl. Karl Kardinal Lehmann, »Kirche als Volk Gottes. Fastenpredigt im Dom zu Essen am 20. März 2015«, ⟨https://www.bistum-essen.de/fileadmin/bereiche/za-kom/Fastenpredigt_von_Kardinal_Karl_Lehmann_am_20._Maerz_2015_im_Essener_Dom.pdf⟩.

tes. Was beide verbindet ist die Idee des Bundes, den Gott und Volk miteinander schließen. Erst dieser Bund macht den Gott zum Einzigen und die Menschen zum Volk, und zwar nicht alle Menschen, sondern nur die Kinder Israels [...].«[67]

67 Jan Assmann, *Exodus. Die Revolution der Alten Welt*, München 2015, S. 233. Dabei bleibt umstritten, inwieweit der »Bund« zwischen Volk und Gott der Prototyp eines klassischen Vertragsmodells ist. Michael Walzer hat die Bundesszene als Vertragssituation rekonstruiert: Die Bindung an den Vertrag kommt erst dadurch in die Welt, dass das Volk der Juden am Berg Sinai aktiv in den Bund einwilligt. Um sich zu befreien, bindet es sich freiwillig an Gott: »Und das Volk antwortete zugleich und sprach: Alles, was der Herr geredet hat, wollen wir tun.« (Exodus 19,8) Dadurch verändert das Volk der Israeliten seinen Aggregatszustand: Bisher teilen sie nur die »Stammeserinnerungen« an ihre Zeit in Ägypten und die damit zusammenhängende »Erfahrung der Unterdrückung«. Erst durch den Bund »machen sie sich zu einem Volk im starken Sinne des Wortes, zu einem Volk, das in der Lage ist, eine moralische und politische Geschichte aufrechtzuerhalten, das zu Gehorsam und auch zu halsstarrigem Widerstand, zum Marsch vorwärts und zum Rückfall fähig ist« (Michael Walzer, *Exodus und Revolution*, Frankfurt am Main 1995, S. 85). Von dort aus, so Walzer in seiner Rekonstruktion, entstehe ein Horizont, der es dem Volk immer wieder ermöglicht, den Vertragsschluss aufs Neue zu interpretieren. So können Herrschaftsverhältnisse in der Welt einer Kritik unterworfen werden, ohne auf messianische Politikmodelle zurückzukommen, die etwas vollkommen Neues, einen neuen Bund in die Welt setzen (ebd., S. 127). Demgegenüber weist Hindrichs darauf hin, dass Walzer den Exodus fehlinterpretiert, wenn er dort nur den Auftakt einer »prozessualen Reform« erblickt (Gunnar Hindrichs, *Philosophie der Revolution*, Berlin 2017, S. 310). Der Sinai-Bund sei nur der eine Ausschnitt des Bundesgeschehens: Es beruht ebenso auf dem gewaltschwangeren Bund Gottes mit Noah, wo ein dezionistischer Gott eine Befehlsgewalt durch eine zerstörerische Sintflut behauptet und die Menschen so in den Bund zwingt (zum zornigen und strafenden Gott vgl. Jan Assmann, *Herrschaft und Heil. Politische Theologie in Altägypten, Israel und Europa*, München/Wien 2000, S. 53). Doch das Bundesgeschehen wird die Gewalt nicht los und die messianische Befreiung bleibt eine Option: So kündet der Prophet Jeremia von einem »neuen Bund«, der noch die Bindung an den Sinai-Bund überschreitet und das Volk Israel aus der babylonischen Gefangenschaft befreit. Hier, so Hindrichs' Rekonstruktion, zeige sich, dass sich der Sinai-Bund als »unzulänglich zur Bewältigung der Gefangenschaft« erweise (Hindrichs, *Philosophie der Revolution*, S. 313). Ein zukunftsorientierter »Überstieg« des Vertragsmodells wird zwingend (ebd., S. 321; vgl. auch die »transformatorische« Deutung des Bundes bei Christoph Menke, »Die Lehre des Exodus. Der Auszug aus der Knechtschaft«, in: *Merkur* 1 (2016), S. 47-54, 52 ff.). Wie und ob sich diese Bindung nur durch das Wort Gottes oder durch andere Arten der Verkörperung aktualisieren kann, ist eindrücklich in Arnold Schönbergs Oper *Moses und Aron* aufgearbeitet (vgl. dazu meine Überlegungen in: »Moses and

Das Neue Testament öffnete das Verständnis des Kirchenvolks, indem es sich vom auserwählten Volk der Juden löste. Nun gehörten all diejenigen dazu, die an Gott glaubten und getauft waren.[68] Durch die universalistische Wende wurde das Volk Gottes zu einem offenen Konstitutionszusammenhang, an dem jede:r durch re-ligio, durch eine Praxis der Rückbindung, teilhaben kann. Das Kirchenvolk wurde mit der allumfassenden *civitas* der Gläubigen gleichgesetzt, die sich in einer »universellen Kirche (ecclesia universalis)« unter »einem Gesetz (lex)« und »einer Regierungsweise (unicus principatus)« sammelte.[69]

Mit dem Volk Gottes wurde nicht das Volk der Laien als Menge der Einzelgläubigen bezeichnet; entscheidend waren die Praktiken der Rückbindung an die universalistisch angelegte *civitas dei*. Das Kirchenvolk war nicht ein Volk unter Völkern, es war das *eine* Volk Gottes, das aus der Führung der Kirche hervorgeht.[70] So konnten die christlichen Bewegungen die innerweltlichen Spaltungslinien überschreiten, wie beispielsweise territoriale Grenzen und ethnische oder kulturelle Unterschiede. Das Volk Gottes sollte über allen anderen Völkern stehen, denn als »Gemeinschaft ganz neuer Artung«[71] bildete es ein höherrangiges Volk. Es war mehr als die Summe seiner Teile und existierte nur im Singular, weil es sich durch die Bindung an den einen Gott und sein Gesetz bildete. In jedem Fall war es kein freier, spontaner Kooperationszusammenhang. Schließlich musste das Volk Gottes mehr sein »als das Volk schlechthin« oder ein »zusammengeworfener Volkshaufen«.[72] In der

Aron: Reconsidering Holistic Politics«, in: *Philosophy & Social Criticism* (2023), Online First). Im Libretto der Oper wird der Holismus wie folgt geschildert: »Der Einzige, Ewige, Allmächtige, Allgegenwärtige, Unsichtbare, Unvorstellbare [...]. Er hat Euch vor allen Völkern auserwählt [...]. Er will nicht den Teil, er fordert das Ganze!« (Arnold Schönberg, *Moses und Aron. Oper in drei Akten*, Mainz u. a. 1957, S. 11 f.)

68 Michael Schmaus, »Das gegenseitige Verhältnis von Leib Christi und Volk Gottes im Kirchenverständnis«, in: Remigius Bäumer/Heimo Dolch (Hg.), *Volk Gottes. Zum Kirchenverständnis der katholischen, evangelischen und anglikanischen Kirche*, Freiburg/Basel/Wien 1967, S. 13-27, 15.

69 Otto von Gierke, *Political Theories of the Middle Age*, Cambridge 1900, S. 10.

70 Walter Leisner, *Gott und Volk. Religion und Kirche in der Demokratie. Vox Populi – Vox Dei?*, Berlin 2008, S. 14.

71 Ratzinger, *Volk und Haus Gottes in Augustinus Lehre von der Kirche*, S. 148.

72 Peterson, *Ekklesia*, S. 18; vgl. demgegenüber die jüngere Deutung von Giorgio

Forschungsliteratur werden Praktiken der Liturgie (so etwa Petersons Untersuchung, wonach sich die Kirche »im Amen des Volkes« konstituiere[73]) sowie der Institutionalisierung und Verrechtlichung als entscheidende Merkmale angeführt. Noch heute heißt es im *Lumen Gentium*: »Zum neuen Gottesvolk werden alle Menschen gerufen. Darum muß dieses Volk eines und ein einziges bleiben und sich über die ganze Welt und durch alle Zeiten hin ausbreiten. So soll sich das Ziel des Willens Gottes erfüllen, der das Menschengeschlecht am Anfang als eines gegründet und beschlossen hat, seine Kinder aus der Zerstreuung wieder zur Einheit zu versammeln.«[74]

Der neutestamentarische, offene Konstitutionsakt, der die gesamte Menschheit (und jeden Einzelnen) adressiert, führte in ein stärker institutionell ausgerichtetes Organisationsmodell. Zentral war dafür der Begriff der *ecclesia* als Versammlung der Gläubigen, die den Bund mit Gott schloss und das Volk Gottes hervorbrachte.[75] Auch bei Augustinus wird das alttestamentarische Verständnis des Volkes Gottes vollständig durch den Begriff der *ecclesia* ersetzt.[76] Zumindest vordergründig ermächtigte sich die katholische Kirche zum zentralen Ort des heiligen Volkes. Die katholische Kirche ist das eine »aus allen Völkern geeinte Volk: omnes gentes – una gens!« und seine »Wesensmitte« wiederum »liegt in seinem Rechte als göttliches, sakramentales Recht«.[77]

Die Kirche wurde als mystischer Körper (*corpus mysticum*) beschrieben. So sollte unterstrichen werden, dass sich die Christenheit gerade nicht als partikulare Fraktion der Gläubigen versteht, sondern als Körper mit Haupt und Gliedern im Anschluss an Paulus, der die Gemeinde dem Leib Christi nachbildete.[78] Das Kirchenvolk versammelte sich nicht nur, es verkörperte sich im Sinne eines

Agamben. Er vertritt die Auffassung, dass das Volk im Neuen Testament nie als Volk, sondern nur als Menge zur Darstellung komme (Giorgio Agamben, *Stasis. Der Bürgerkrieg als politisches Paradigma*, Frankfurt am Main 2016, S. 80 ff.).

73 Peterson, *Ekklesia*, S. 69.

74 »Dogmatische Konstitution über die Kirche (*Lumen Gentium*)«, S. 191 ff.

75 Grünwaldt, *Gott und sein Volk*, S. 187.

76 Ratzinger, *Volk und Haus Gottes in Augustinus Lehre von der Kirche*, S. 51.

77 Ebd., S. 414.

78 Meder beschreibt, wie der Begriff des *corpus mysticum* nutzbar war, da der Leib Christi mit dem Brot identifiziert und dann erst mit der Kirche als Organisation in Verbindung gebracht wurde, vgl. Stephan Meder, *Doppelte Körper im Recht*, Tübingen 2015, S. 43 ff.

Leibs: »Die Kirche ist Volk Gottes, weil sie und insofern sie Leib Christi ist. Sie muss Leib Christi sein, d. h. durch Christus geprägte Gemeinschaft der Glaubenden und Liebenden, wenn sie Volk Gottes, Volk des Vaters sein will.«[79]

Insgesamt konstituierte sich die Kirche seit dem 2. Jahrhundert in ihren Ritualen und Praktiken als Leib Christi.[80] Mit diesem Schritt verkomplizierte sich die Bestimmung des Volkes. Hatte sich erst eine vergleichsweise einfache Konstitutionsbedingung ergeben, wonach das Volk sich als universelle Gemeinschaft der Gläubigen durch die Bindung an Gott und sein Gesetz konstituierte, so traten nun zunehmend Repräsentationsprobleme in den Mittelpunkt.[81] Denn jetzt war es der Leib der Kirche, der das Leiden des Volkes verkörperte und an seine Stelle trat. Im *Lumen Gentium* wird beschrieben, wie das Volk Gottes erst durch den Gottesdienst geschaffen wird: »Durch den Leib Christi in der heiligen Eucharistiefeier gestärkt, stellen sie sodann die Einheit des Volkes Gottes, die durch dieses hocherhabene Sakrament sinnvoll bezeichnet und wunderbar bewirkt wird, auf anschauliche Weise dar.«[82] Das wirft die Frage auf, was hier unter Gottesdienst zu verstehen ist, wie der Umstand der Darstellung und Volksrepräsentation auszudeuten ist, ferner wie und wo sich das Volk Gottes zu verkörpern vermag: Darf sich die Kirche als Institution tatsächlich an seine Stelle setzen oder trägt der Repräsentationsvorgang schon selbstermächtigende Züge?

Die augustinische Unterscheidung von *civitas dei* und *civitas terrena* war nicht nur der Ausgangspunkt für eine stärkere Organisierung der Kirche als Körper, der zur weltlichen Verwirklichung der *civitas dei* drängte, sondern sie setzte dem Vertretungsanspruch der Kirche zudem Grenzen. Schließlich war die Kirche Teil der *civitas terrena* und in die Welt verstrickt. Und weil die hintergründige Unterscheidung zwischen *civitas dei* und *civitas terrena* stets präsent

79 Schmaus, »Das gegenseitige Verhältnis von Leib Christi und Volk Gottes im Kirchenverständnis«, S. 27.

80 Habermas, *Auch eine Geschichte der Philosophie. Band 1*, S. 519; Meder, *Doppelte Körper im Recht*, S. 52; Ernst H. Kantorowitz, *The King's Two Bodies – A Study in Mediaeval Theology*, Princeton 1997, S. 195; Eric Voeglin, *Das Volk Gottes. Sektenbewegung und der Geist der Moderne*, München 1994, S. 31.

81 So schon Pitkin in ihrer Studie zum Repräsentationsbegriff: Hanna Fenichel Pitkin, *The Concept of Representation*, Berkeley/Los Angeles/London 1972, S. 242.

82 »Dogmatische Konstitution über die Kirche (*Lumen Gentium*)«, S. 185.

blieb, musste das Verhältnis zwischen dem real existierenden Volk der versammelten Gläubigen und dem idealisierten Kirchenvolk, der *civitas dei* als unsichtbarer Kirche, problematisch werden. Wer vertrat die *civitas dei*, die Gesamtheit der Gläubigen, der Papst, die Kanoniker, die über die Kirchenverfassung wachten, die Räte und Synoden? War die Kirche eine »Gesellschaft der Gläubigen« oder eine formale Ämterstruktur, ein »system of offices«?[83]

Die Unterscheidung von *civitas dei* und *ecclesia* öffnete mithin den Raum für Widerspruch und Kritik. Gegen die Repräsentation der *civitas dei* durch das »system of offices« traten in immer wiederkehrenden Abständen Bewegungen der Volkskirche an, die sich gegen die bestehende Amtskirche wendeten und Schritte der Erneuerung oder der revolutionären Ersetzung einforderten. Die Engführung der *civitas* über die *ecclesia* schuf eine verstärkte organisatorische Schlagkraft und Spielräume für eine Politisierung der Repräsentation durch die Mobilisierung der Volkskirche gegen die Amtskirche. Es ist nicht weiter erstaunlich, dass auf den *Dictatus Papae* und den Siegeszug des Papstes eine Bewegung folgte, die seiner Allmacht Grenzen setzen wollte: Die Konziliaristen des 12. bis 14. Jahrhunderts verlagerten die höchste Kompetenz vom Papsttum in die Konzile. *Die plenitudo potestatis* des Papstes war in ihren Augen immer eine *potestas limitata* – eine eingeschränkte Amtsmacht, über die das Kirchenvolk, das sich weder in den gläubigen Laien noch im Papst, sondern in den Konzilen verkörpert, wacht.[84]

7 Juridische Korporationslehre und positives Recht

Die katholische Kirche vollzog mit der päpstlichen Revolution eine realpolitische Wende. In den »sakramentalen Begriffen« nisteten sich »soziologische und juristische Konnotationen« ein.[85] Die Kirche trat vor allem in einer entscheidenden Hinsicht aus dem Horizont der frühchristlich-augustinischen Doktrin heraus: Das zentrale Instrument, das ihre Organisierung anleitete, gewann sie aus

83 Tierney, *Foundations of the Conciliar Theory*, S. 21.

84 Ebd.; Antony Black, »The Conciliar Movement«, in: James H. Burns (Hg.), *The Cambridge History of Medieval Political Thought c.350-c.1450*, Cambridge 1988, S. 573-587.

85 Meder, *Doppelte Körper im Recht*, S. 45.

römischen Rechtsquellen. Insgesamt entwickelte sich im Umfeld der Kirche eine professionelle Jurisprudenz, die mit ihrer begrifflichen Arbeit und praktischen Auslegungstechnik einen starken Einfluss auf die Gesellschaft ausübte.[86] Seit dem 12. und 13. Jahrhundert etablierte sich das sogenannte kanonische Kirchenrecht. Dabei systematisierten die Rechtsgelehrten die bisher verstreuten Kanones – »Beschlüsse von Kirchenkonzilen und Synoden, Erlasse und Entscheidungen einzelner Bischöfe und Gesetze christlicher Kaiser und Könige, die die Kirche betrafen« – zu einem einheitlichen Rechtskorpus.[87] Zu dieser Vereinheitlichung trat eine Zusatzinnovation, als im Jahre 1050 die Rechtsarbeiter das *Corpus Iuris Civilis* in einer Bibliothek in Pisa entdeckten. Dies war eine Sammlung römischer Rechtsnormen, die Kaiser Justinian einst zusammengestellt hatte. Das *Corpus* enthielt sowohl privatrechtliche Normen, die die Vertragsverhältnisse zwischen den Bürgern betrafen, als auch öffentlich-rechtliche. Mit diesem Fund begann eine Wiederentdeckung römischer Rechtsbegriffe. Fortan nutzte die katholische Kirche das römische Recht, um sich zu verfassen.

Von besonderer Bedeutung war die Korporationslehre. Das römische Recht verwendete unterschiedliche Begriffe wie *corpus*, *universitas*, *municipium* oder *collegium*, um Verbände, Vereine oder Untergliederungen einer Verrechtlichung zu unterziehen.[88] Es unterwarf diese Korporationen der Rechtsform und setzte den Rahmen dafür, dass sie ihre Zwecke bestimmen, Entscheidungskompetenzen abgrenzen und das Verhältnis ihrer Teile zu ihrem Ganzen regeln konnten. Die Verrechtlichung betraf nicht nur die inneren Verkehrsverhältnisse, denn die Korporation erhielt gleichzeitig einen eigenen rechtlichen Status im Außenverhältnis. Losgelöst von den natürlichen Personen ihrer Mitglieder, fingierte das römische Recht die Korporationen als fiktive Persönlichkeiten (*personae fictae*), denen Entscheidungen und Handeln zugerechnet wurde.

86 Gierke, *Political Theories of the Middle Age*, S. 3; vgl. auch Habermas, *Auch eine Geschichte der Philosophie. Band 1*, S. 667.

87 Berman, *Recht und Revolution*, S. 193.

88 Andreas Groten, *Corpus und Universitas. Römisches Körperschafts- und Gesellschaftsrecht: zwischen griechischer Philosophie und römischer Politik*, Tübingen 2015, S. 4; Niklas Luhmann, *Die Religion der Gesellschaft*, Frankfurt am Main 2000, S. 227; Joseph P. Canning, »Law, Sovereignty and Corporation Theory, 1300-1450«, in: James H. Burns (Hg.), *The Cambridge History of Medieval Political Thought c.350–c.1450*, Cambridge 1988, S. 454-476.

Die Korporationslehre lässt sich bis auf die Gründungsmomente der römischen Republik zurückverfolgen. Das Zwölftafelgesetz (450 v. Chr.), das am Anfang der Rechtsentwicklung der römischen Republik stand, ermöglichte die korporative Vereinsgründung für jeden »nicht gesetzeswidrigen Zweck«.[89] Dabei wurden der römische Staat, die Munizipien und Kolonien, aber auch »Zünfte der Handwerker, Kaufleute und Reeder« zu Personenverbänden erhoben.[90]

In seiner umfassenden Studie zu den Ursprüngen der Verbandsverfassungen fasste der Rechtshistoriker Otto von Gierke den Kern der Korporationslehre wie folgt zusammen: »[...] die Quellen [des römischen Rechts – der Verf.] denken und bezeichnen den Verband als einen trotz der räumlichen Trennung seiner Elemente einheitlichen Körper, welchem eine in sich ruhende, von der Summe der Theile verschiedene, im Wechsel der Glieder konstante Lebenseinheit inhäriert.«[91] Diese Einheit, so Gierke weiter, sei als »unpersönlicher Normkomplex« einzustufen, dem eine körperschaftliche Persönlichkeit und eine eigene Rechtsfähigkeit zugestanden werde.[92] Indem sich die Teile zu einem Ganzen zusammenschlossen, erhielt die Korporation einen Vertretungsanspruch sowohl gegenüber den eigenen Mitgliedern als auch gegenüber Dritten. Dies machte es erforderlich festzulegen, wie weit der Vertretungsanspruch reichte und auf welche Sachbereiche er sich bezog. Ferner rief die Korporation die Frage auf, wie und in welchem Sinne ihre Mitglieder über Mitentscheidungsrechte in der Korporation oder Abwehrrechte gegen sie verfugten.

Die Wiederentdeckung des römischen Rechts stellte dem bisherigen Verständnis der Kirche als *corpus mysticum* einen Verrechtlichungskreislauf an die Seite. Wie genau die katholische Kirche auf die Korporationslehre des römischen Rechts zurückgriff, ist in der Forschungsliteratur umstritten. Fraglich bleibt etwa, ob sich ein einheitliches Rechtsverständnis abzeichnete, das von den Kanonikern wiederentdeckt wurde, oder ob nicht umgekehrt die

89 Festgehalten in der Tafel 8; vgl. Meder, *Doppelte Körper im Recht*, S. 33.

90 Ebd.

91 Otto von Gierke, *Das deutsche Genossenschaftsrecht. Band 3: Die Staats- und Korporationslehre des Altertums und des Mittelalters und ihre Aufnahme in Deutschland*, Berlin 1881, S. 138.

92 Ebd.

Kanoniker den Begriff der Korporation nur nutzten, um eigene Lehrmeinungen auszuarbeiten, die auf die Umstände des 12. bis 14. Jahrhunderts reagierten. So betonen sowohl Berman wie auch Gierke, dass die Kanoniker die Korporationslehre in entscheidender Hinsicht umschrieben. Demnach sei die Korporationslehre von »germanischen« Rechtstraditionen geprägt, die den Korporationen von Beginn an eine stärkere Autonomie gegenüber den politischen Autoritäten beigemessen hätten.[93] Die Gegenposition zu dieser Deutungslinie wird als Konzessionstheorie bezeichnet, nach der die Korporationen immer unter einem Erlaubnisvorbehalt des römischen Imperiums gestanden hätten.[94] Die Korporation habe eher die Rolle eines Verstaatlichungsmechanismus übernommen, der die Zusammenschlüsse dem politischen Ganzen unterordnet. Trotz dieses Vorbehalts schien sich in den Körperschaften ein Eigenrecht zu entwickeln, das sich verselbstständigte.[95] In verschiedenen sozialen Feldern – etwa im Verhältnis der jeweiligen Gemeinden, der Munizipien zum Imperium oder im Bereich der fiskalischen Kompetenzen und Haftbarkeit – war das Verhältnis der Korporation zur politischen Ordnung immer wieder umstritten.

Dabei fällt auf, dass das römische Recht die Korporation als *corpus* (Körper) fassbar machte. Es rückte eine artifizielle Rechtseinheit in ein Verhältnis der Ähnlichkeit zum natürlichen Körper. Diese Parallelführung steht mit einem weiteren Gründungsmythos der römischen Republik in Zusammenhang: Es ist nicht nur die Möglichkeit nachweisbar, dem Personenverband eine Rechtspersönlichkeit zuzuweisen (Zwölftafelgesetz), auch die Prominenz der Körpermetapher ist auffällig.[96] Überlieferungen zu einer der Urszenen der römischen Republik schildern den Konflikt zwischen

93 Berman, *Recht und Revolution*, S. 356 ff.; Otto von Gierke, *Das deutsche Genossenschaftsrecht. Band 3*, S. 113.

94 Zu diesem Erlaubnisvorbehalt: Groten, *Corpus und Universitas*, S. 205 ff.; vgl. auch: Henry S. Turner, *The Corporate Commonwealth. Pluralism and Political Fictions in England, 1516-1651*, Chicago/London 2016, S. 16.

95 Theodor Mommsen, »Zur Lehre von den römischen Korporationen«, in: *Zeitschrift der Savigny-Stiftung für Rechtsgeschichte: Romanistische Abteilung 1* (1904), S. 33-51, 44.

96 Arnold Ehrhardt, »Das Corpus Christi und die Korporationen im spät-römischen Recht«, in: *Zeitschrift der Savigny-Stiftung für Rechtsgeschichte: Romanistische Abteilung* 1 (1953), S. 299-347, 305 ff.

Patriziern und Plebejern.[97] Die Plebejer hatten sich 494 v. Chr. auf den Heiligen Berg aus Protest gegen die Macht der Patrizier zurückgezogen. In der einschlägigen Darstellung berichtet der Geschichtsschreiber Titus Livius, wie ein Gesandter den Konflikt auflöste: Menenius Agrippa wird von den Patriziern beauftragt, auf den Heiligen Berg zu ziehen und die Aufständischen davon zu überzeugen, in die Stadt zurückzukehren. Menenius erzählt auf dem Heiligen Berg eine Geschichte und überzeugt die Plebejer von der Rückkehr, indem er die unterschiedlichen sozialen Klassen mit unterschiedlichen Körperteilen vergleicht: die Patrizier mit dem Magen, die Plebejer mit den Gliedern des Körpers. Eine gute körperliche Konstitution, so die Fabel, entstehe dadurch, dass alle Glieder eines Körpers zusammenwirken und ihre je spezifische Funktion erfüllen. Dies gilt als Gründungsgeschichte der römischen Republik. Die Rückkehr der Plebejer in die Stadt Rom brachte die republikanische Verfassung hervor und sie erhielten mit dem Tribunat eine eigene Repräsentation in der Verfassungsarchitektur. Als Glied wurden sie im Gesamtkörper berücksichtigt. Man mag nun fragen, ob die Korporationslehre von einer vitalistischen Grundanschauung geprägt ist, da sie die politisch-rechtliche Ordnung als Körper zu fassen versucht. Nicht zuletzt in der Demokratietheorie hat die Parallele zwischen natürlichen und sozialen Körpern immer wieder für Diskussionen gesorgt:[98] Geht der Vergleich zwischen dem natürlichen Körper der Menschen und dem sozialen Körper der Korporationen mit dem Risiko einher, dass er dem konstruktiven und veränderbaren Charakter politischer Ordnungen nicht angemessen ist, indem zwischen gesund und krank unterschieden und der soziale Körper voreilig naturalisiert wird?

Doch dieser Eindruck täuscht. Die Geschichte der Korporation zeigt, wie die Körpermetapher von den politischen Gründungsmythen über die stoische Philosophie bis in den Rechtsdiskurs weitergetragen wurde. Dabei transformierte sich das Verständnis des Körpers der Korporation entscheidend. Als rechtliche Konzeption bezeichnete die Korporation nämlich nur noch die artifizielle und

97 Titus Livius, *Römische Geschichte. Von der Gründung der Stadt an*, Wiesbaden 2009, Zweites Buch, S. 32 (5-12), 81 f.

98 Vgl. Albrecht Koschorke u. a., *Der fiktive Staat: Konstruktionen des politischen Körpers in der Geschichte Europas*, Frankfurt am Main 2007, S. 55 ff.

rechtlich hergestellte Einheit und nicht einen organisch-natürlichen Körper.[99] Die Korporation wurde schon in frühen Schriften (etwa bei Gaius und Pomponius und später in der sabinischen Rechtsschule) vom natürlichen Körper abgegrenzt. Während *corpora linea* einfache Körper wie Menschen und Gegenstände bezeichneten und *corpora composita* diese Elemente zusammensetzten, handelte es sich bei der Korporation um einen *corpus ex distantibus*; um einen Körper, der räumlich voneinander getrennte Teile zusammenführte. Er wurde verwendet, um Personenverbände zu kennzeichnen, die »nach dem Vorbild eines republikanischen Gemeinwesens ein gemeinschaftliches Vermögen, eine gemeinschaftliche Kasse sowie einen Repräsentanten oder Syndikus haben, durch den, ebenso wie im Gemeinwesen, das getan und bewirkt wird, was gemeinschaftlich getan werden muss«.[100] Der römische Jurist Ulpian identifizierte solche *corpora* beispielsweise »im Heer, im Volk oder im Senat«. In diesen Fällen seien die Teile nur durch »rechtliche Verbindung oder ein Pflichtverhältnis« zu einem Körper verbunden, blieben jedoch »von Natur aus« getrennt.[101] Das Recht trat also ein, um die Teile zu einem Ganzen zu verbinden. Der Körper der Korporation war in diesem Sinne gerade nicht organisch gewachsen, sondern artifiziell hergestellt.

An jenen Transfer des Körpers in die Sphäre des Rechts knüpften die Gelehrten der katholischen Kirche nun an. Mit der Korporationslehre durchlief die *ecclesia* eine Verrechtlichung. Sie war sowohl an das Gesetz Gottes gebunden, als auch an das positive Recht der Korporation, die das Verhältnis der Teile untereinander, der Teile zum Ganzen und des Ganzen zu seinen Teilen regulierte. Die Praxis der Rückbindung erhielt so einen Doppelcharakter: Zur Rückbindung an das göttliche Recht der *civitas dei* trat die Rückbindung an das positive Recht der *ecclesia* hinzu. Diese Rückbindung betraf auch die immanente Verrechtlichung, Entscheidungssequenzen und Auslegungskonflikte. Das Kirchenvolk war so nicht

99 Meder, *Doppelte Körper im Recht*, S. 33; Groten, *Corpus und Universitas*, S. 11; Gierke, *Das deutsche Genossenschaftsrecht. Band 3*, S. 32 ff.

100 Gaius, zit. nach Meder, *Doppelte Körper im Recht*, S. 34. Ich übersetze »ad exemplum rei publicae« hier allerdings nicht mit staatlich, sondern mit republikanisch.

101 So Ulpian in seinem Ediktkommentar, zit. nach: *Groten, Corpus und Universitas*, S. 149.

nur dem göttlichen Gesetz unterworfen, sondern ebenso der real existierenden Verfassung der Kirche mit ihrer Rechts- und Ämterstruktur: »Um Gottes Volk zu weiden und immerfort zu mehren, hat Christus der Herr in seiner Kirche verschiedene Dienstämter eingesetzt, die auf das Wohl des ganzen Leibes ausgerichtet sind. Denn die Amtsträger, die mit heiliger Vollmacht ausgestattet sind, stehen im Dienste ihrer Brüder, damit alle, die zum Volke Gottes gehören und sich daher der wahren Würde eines Christen erfreuen, in freier und geordneter Weise sich auf das nämliche Ziel hin ausstrecken und so zum Heile gelangen.«[102]

8 Schließung und Öffnung der Korporation: Politisierungsspielräume

Die katholische Kirche nutzte die Korporationslehre, um die eigene Verfasstheit auszugestalten. So gewann sie, wie Carl Schmitt in seinem frühen Essay »Römischer Katholizismus und politische Form« hervorhob, eine eigene rechtliche und organisatorische Schlagkraft. Sie erhielt damit eine »erstaunliche Elastizität«,[103] da sowohl Konflikte als auch die Anpassung an veränderte soziale Rahmenbedingungen möglich wurden. Einerseits stellte die Korporationslehre eine Grammatik bereit, um kollidierende Ansprüche, Protest und Reform zu verarbeiten. Andererseits präformierte die Korporationslehre die Kritikmöglichkeiten, indem sie ihnen eine spezifische Form aufnötigte – der Einspruch eines Teils, der sich zum eigentlichen Vertreter der *civitas dei*, zum eigentlichen Kirchenvolk ausflaggt und damit beansprucht, das Ganze der Korporation zu vertreten.

Dabei wurde das Terrain dieser Repräsentationskonflikte neu strukturiert. Denn die Art, wie sich die frühchristlich-augustinische Doktrin mit der juridischen Korporationslehre verschränkt, lässt eine ganze Reihe von Bestimmungen des Kirchenvolks zu: Thront es als ideale unsichtbare Kirche (*civitas dei*) über den Niederungen der Welt oder drückt es sich in der Gesamtheit der vergänglichen

102 »Dogmatische Konstitution über die Kirche (*Lumen Gentium*)«, S. 211.

103 Carl Schmitt, *Römischer Katholizismus und politische Form (1923)*, Stuttgart 2008, S. 6; zu den Hintergründen: Philip Manow, *Nehmen, Teilen, Weiden – Carl Schmitts politische Ökonomien*, Konstanz 2022, S. 58 ff.

Körper der Versammlung (*ecclesia*) aus (a)? Welcher Teil der Korporation setzt sich als Haupt an die Stelle des Ganzen der Korporation? Und ist dieser ausschlaggebende Teil noch ans Kirchenvolk gebunden oder schon ein verselbstständigter Apparat der Kirchenbürokratie (b)? Soll die bestehende institutionelle Form der Kirche die stets abwesende *civitas dei* möglichst originalgetreu auf Erden abbilden oder im Gegenteil davon ausgehen, dass sie sich einer unmittelbaren Verkörperung entzieht und die *ecclesia* immer nur den Unterschied zur *civitas dei* sichtbar machen kann (c)?

(a) Natürliche Körper/soziale Körper: Die erste offensichtliche Leistung der Korporationslehre besteht darin, dass sie die Kirche von den Gläubigen löst.[104] Durch die Verrechtlichung wird sie zu einem sozialen Körper erhoben, der das Leben der Gläubigen überdauert. Schon an dieser Stelle – und nicht erst mit den Königstheorien des Mittelalters[105] – tritt eine Unterscheidung ein. Die Kirche überdauert das Wechseln ihrer Teilnehmer:innen. Das, was die Teilnehmer:innen der Versammlung verbindet und was die Versammlung ausmacht, ist folglich ebenfalls über die wechselnden Umstände der Welt und des natürlichen Lebens erhaben. Allerdings, so kann umgekehrt argumentiert werden, setzt sich die Korporation aus den natürlichen Körpern der Gläubigen zusammen. Und ohne die wechselnden Interessen und Lebensgewohnheiten der Gläubigen zu berücksichtigen, hat auch der soziale Körper keinen dauerhaften Bestand. Die Korporation ist zwar mehr als die Summe ihrer Teile, aber fraglich bleibt dennoch, wie und ob die Teilsummen der Einzelnen anzuerkennen sind: »An irgendeinem Punkt stellt sich die Frage nach den – zumindest faktisch – betroffenen natürlichen Personen, d. h. nach dem persönlichen Substrat und dessen Integration.«[106]

In seinen Studien zur Kirchengeschichte hat Giorgio Agamben ausgearbeitet, wie sich diese beiden Aspekte überschneiden.[107] Zur einheitlichen Organisation, die sich aus dem göttlichen Gesetz ableitet, tritt nach Agamben eine spezifische Ökonomie. Die Kirche als Organisation beruhe, so seine Rekonstruktion, nicht einseitig

104 Ullmann, *A Short History of the Papacy in the Middle Ages*, S. 21 ff.

105 Kantorowitz, *The King's Two Bodies*.

106 Hasso Hofmann, *Repräsentation. Studien zur Wort- und Begriffsgeschichte von der Antike bis ins 19. Jahrhundert*, Berlin 1990, S. 214.

107 Giorgio Agamben, *Herrschaft und Herrlichkeit*, Frankfurt am Main 2010, S. 89 ff.

auf einer normativen Ableitungskette aus höchsten Prinzipien, die sich möglichst einheitlich präsentiert; vielmehr bilde sie von Beginn an Regierungstechniken aus, um die Gläubigen zu führen. Die Kirche war nicht nur das Produkt doktrinärer Ableitung, sondern ebenso der Ort einer feingliedrigen Aktivität der innerweltlichen Pflege und Führung. Und diese Pflege kann sich nicht einseitig auf die Einheit des göttlichen Gesetzes (bei Agamben: Herrschaft) stützen:

> Jede Macht, sei sie menschlich oder göttlich, muss diese beiden Pole zusammenhalten, muss also zugleich Herrschaft und Regierung, transzendente Vorschrift und immanente Ordnung sein.[108]

Wer nicht nur herrschen und die Einheit repräsentieren, sondern auch regieren, also führen will, muss sich auf die innerweltlichen Lebensvollzüge der Gläubigen und auf ihren Eigensinn, ihre Bedürfnisse und Interessen einlassen. Die Kirche, so Agamben weiter, stützte sich sowohl auf ihre monistische Gewaltstruktur als auch auf eine eigene Biopolitik, eine Politik des Lebens und der Körper. Es sei jene Unterscheidung zwischen Herrschen und Regieren, die eine »Regierungsmaschine« in Gang setze und bis in das moderne politische System fortwirke.[109]

Sehen wir an dieser Stelle davon ab, dass Agamben in seinen Abhandlungen einigen revisionsbedürftigen Annahmen zur Rechtsentwicklung aufsitzt,[110] so weist er jedenfalls auf das problematische

108 Ebd., S. 104.

109 »Mit der Unterscheidung zwischen souveräner Macht und legislativer Gewalt einerseits, Regierungs- oder Exekutivgewalt andererseits übernimmt der moderne Staat die Doppelstruktur der theologischen Regierungsmaschine.« (Ebd., S. 172)

110 Agambens Abhandlungen diskutieren zwar immer wieder Fragen des Rechts, können aber das Recht als Form kaum fassen. Dies wird vor allem an der Rolle der römischen Republik deutlich (vgl. die Kritik bei: Isabell Lorey, *Figuren des Immunen: Elemente einer politischen Theorie*, Zürich 2011, S. 17 ff.). Weder wählt Agamben die Ordnungskonflikte zwischen Patriziern und Plebejern zum Ausgangspunkt noch die Verrechtlichung der *universitas*, sondern er schlägt eine spezifische Lesart des *Homo Sacer* vor – eine Rechtsfigur, die in seinen Augen dazu diente, das menschliche Leben aus der Ordnung auszuschließen und der Tötung freizugeben. Seitdem, so Agamben, stehe die rechtliche Ordnung im Bann eines souveränen Ausschlussprojektes. Dies gelte ebenso für die Rationalität des biopolitischen Regierens in der Moderne. Auch sie wiederhole den Ausschluss des natürlichen aus dem symbolischen Körper (Giorgio Agamben,

Verhältnis von natürlichem und sozialem Körper hin. Auch wenn man davon ausgeht, dass das Kirchenvolk erst durch die Versammlung der Gläubigen hervorgebracht wird, bieten sich immer noch zwei Betrachtungsweisen an: Entweder besteht es aus der Gesamtheit der existierenden natürlichen Körper und ist eine Menge, die durch die Versammlung zum Kirchenvolk wird, oder das Kirchenvolk ist ein überzeitlicher sozialer Körper. Als idealisierte Abstraktion existiert es nur, wenn es sich von den natürlichen Körpern der Gläubigen löst.

Das Verhältnis von natürlichen und sozialen Körpern in der Kirche wird immer wieder thematisiert, die (natürlichen) Teile der Kirche werden dem sozialen Körper entgegengesetzt ebenso wie der idealisierte Körper der Kirche ihren Teilen, oder – was die Regel ist – es entstehen Vermittlungsversuche. Vertreter:innen unterschiedlichster Fraktionen bemühten immer wieder das Kirchenvolk, um entweder den Vorrang einer druckunempfindlichen, weltfremden Institution zu irritieren oder umgekehrt die in die Welt verstrickte, korrupte Verselbstständigung mit einem wahren Kirchenvolk und den Idealen der *civitas dei* zu konfrontieren. Die Kirche adressiert immer beide Dimensionen: Sie spricht dem Einzelnen einen unmittelbaren Wert zu und behauptet gleichzeitig, dass nur der soziale Körper der Korporation das Kirchenvolk hervorbringt. Das Kirchenvolk hat mithin einen doppelten Körper, bestehend aus den Körpern der Gläubigen, die sich zu einem Ganzen zusammensetzen, und dem idealisierten Kirchenvolk als unsichtbarer Kirche.[111] Auf diese Weise löst sich die Korporation von der Menge der Gläubigen und beansprucht eine übergreifende Dauer und Autorität gegenüber den innerweltlichen Vorgängen. Da sie aber auf die Menge der Gläubigen angewiesen ist, muss sie sich auch immer von veränderten innerweltlichen Rahmenbedingungen irritieren lassen. Der doppelte Körper sichert deshalb nicht nur die Dauer, sondern bewirkt auch eine grundsätzliche Anpassungsfähigkeit an veränderte gesellschaftliche Rahmenbedingungen.

Homo Sacer. Die souveräne Macht und das nackte Leben, Frankfurt am Main 2002, S. 127 ff.). Diese Betrachtungsweise verliert aus dem Blick, dass die Souveränität, die die Kirche durch die Verrechtlichung gewinnt, eine rechtlich gebundene Souveränität ist.

111 Über diese Verdopplung lassen sich, wie Meder betont, »Interdependenzen und Risiken« abfedern: Meder, *Doppelte Körper im Recht*, S. IX.

(b) Haupt und Glieder: Das Verhältnis des Ganzen zu seinen Teilen wird in einer weiteren Hinsicht problematisch. Nicht nur im Hinblick auf das Verhältnis vom natürlichen zum sozialen Körper des Kirchenvolks, sondern ebenso im Verhältnis zwischen den jeweiligen Bestandteilen der Korporation liegt eine Konfliktachse vor. Ein Bestandteil muss in der Korporationslehre als ausschlaggebendem, gründendem Teil – als *pars principans* – ausgewiesen werden.[112] Da sich die Korporation aus Teilen zu einem Ganzen zusammensetzt oder aus einem Ganzen, das sich seine Teile schafft, findet eine Differenzierung zwischen einem Haupt und einzelnen Gliedern statt. Die Korporation kann nie in ihrer Gesamtheit präsent und handlungsfähig sein und braucht ein Organ, das für sie als Ganzes handelt, rechtsfähig ist und dem folglich Entscheidungen zugerechnet werden können.[113] Idealtypisch setzt sich ein »Kollegium gewählter Repräsentanten an die Stelle der Versammlung«.[114] Hier laufen wiederum zwei Herangehensweisen aufeinander zu: Eine erste verweist darauf, dass Handlungsfähigkeit nur durch diese Setzung erreichbar ist. Sie trifft auf eine zweite Dynamik der Kritik, die problematisiert, dass sich Teile auf diese Weise immer selbst ermächtigen und zum höchsten Ausdruck der Gesamtkorporation erklären. Demnach entwickeln die ausschlaggebenden Organe ein Eigenleben und müssen auf praktische Herausforderungen reagieren. Indem sie die Korporation handlungsfähig machen, verstricken sie sich in die Welt. Dabei entwickeln sie Eigeninteressen am Erhalt ihrer Macht oder müssen Zugeständnisse an die Welt jenseits der Korporation machen.

Durch dieses Aufeinanderprallen von Handlungsfähigkeit der Korporation und Verselbstständigung des Haupts gegenüber den Teilen entsteht ein Muster, das die Konfliktverhältnisse strukturiert.[115] Wenn der Eindruck entsteht, dass das jeweilige Organ – seien es der Papst, die Konzile, die lokalen Gemeinden oder die Gläubigen – das Ganze nicht mehr angemessen repräsentiert, beginnen andere Teile, die jeweilige Vorhand der Organe in Frage zu

112 So zur Entwicklung der Kirche als Korporation: Gierke, *Das deutsche Genossenschaftsrecht. Band 3*, S. 192.

113 Hofmann, *Repräsentation*, S. 219.

114 Gierke, *Das deutsche Genossenschaftsrecht. Band 3*, S. 212.

115 Meder, *Doppelte Körper im Recht*, S. 73; Tierney, *Foundations of the Conciliar Theory*, S. 21 ff.

stellen. Dann wird eine Verselbstständigung skandalisiert, da die *pars principans* die Grundlagen der Korporation nicht mehr adäquat zum Ausdruck zu bringen scheint.[116] Rückbindungen werden eingefordert, die Vertretungskompetenz soll auf andere Organe verlagert oder von der Gemeinschaft der Gläubigen zurückgenommen werden. Dabei stilisiert sich das Kirchenvolk als Verkörperung der unsichtbaren Kirche und versucht, die Besetzung des Ganzen zu erschüttern. Diese populistische Protestoption ist in der Unterscheidung zwischen dem Haupt der Korporation und ihren Gliedern angelegt. Das Haupt besetzt das Ganze und wird von seinen Gliedern dadurch herausgefordert, dass sie diese Besetzung mit möglichen Alternativen konfrontieren.

Man kann dieses eigentümliche Schwanken in der Kirchengeschichte nachvollziehen. In wiederkehrenden Abständen geben sich Amtsträger selbst Mandate mit dem Hinweis darauf, dass sich in ihnen das Ganze verkörpert. Sie treffen auf Gegenbewegungen, die die geronnene Amtsmacht im Namen des Kirchenvolks herausfordern. Diese Gegenbewegungen kommen nicht umhin, wenn sie Dauer und Handlungsfähigkeit erreichen wollen, selbst wieder eine *pars principans* auszuweisen, das die ideale *civitas dei* auf Erden repräsentiert – seien es charismatische Führer und Propheten, Räte und quasi-parlamentarische Gremien (Konziliarismus) oder die eingeschworene Gemeinschaft besonders geschulter Dogmatiker (Sekten). Aus dem Vorgriff auf die *civitas dei* und der juridischen Korporationslehre ergibt sich eine Pars-pro-toto-Struktur, die jede Politisierung der Kirchenverfassung durchlaufen muss, um kommunikativ Anschluss zu finden. Dabei wird immer wieder ein vorgängiger, eigentlicher Körper als Grund der Kirche figuriert, der sich in einer *pars principans* verkörpert, und es werden Projekte der Rücknahme, Demokratisierung oder Verlagerung dieses Teils ausgearbeitet, um eine Anbindung an diesen eigentlichen Körper des Kirchenvolks herzustellen. Gerade das Selbstverständnis der Sekten als Verkörperung der Volkskirche zielt darauf, »zum Universalreich Christi vorzubrechen« und »sich als erste, gewaltig missionierende, über die Welt hin explosive Wiederkehr des Himmlischen Jerusalem zu fassen«.[117]

116 Auch Mommsen entdeckt hier eine Verselbstständigung: Mommsen, »Zur Lehre von den römischen Korporationen«, S. 44.

117 Ernst Bloch, *Thomas Müntzer als Theologe der Revolution*, Frankfurt am Main 1969, S. 173.

(c) Sichtbarkeit/Repräsentation: Weil die Korporation nicht als Ganzes handeln kann, muss das (abwesende) Ganze durch einen herausgehobenen Teil präsent gemacht werden. So entsteht ein Organ, das die Aufgabe der Repräsentation erfüllt, also etwas Abwesendes wieder anwesend und sichtbar macht – es repräsentiert. Repräsentationsanalysen diskutieren bis heute, wie solche Vorgänge der Vertretung zu charakterisieren sind.[118] Im Fall des Kirchenvolks erhält diese Vertretung des Abwesenden im Anwesenden einen spezifischen Charakter. In vielen Fällen, beispielsweise im Fall eines Parlaments, das durch Wahlen bestimmt wird, oder im Fall der anwaltlichen Vertretung vor Gericht, scheint es zumindest auf den ersten Blick so zu sein, dass ein Interesse oder ein Wille durch einen Repräsentanten vertreten wird.[119] Die Repräsentation des Kirchenvolks muss anders verfahren, da hier keine rein voluntative Beauftragung angenommen werden kann. Darüber hinaus bleibt die unsichtbare Kirche dem Zugriff durch die Organe der *ecclesia* immer in Teilen entzogen. Jeder Vorgang der Repräsentation kann nur aus einer rekonstruktiven Praxis entstehen, in der die *ecclesia* versucht, sich der *civitas dei* – sei es als Spiegeln, Offenbaren oder Präsentmachen – anzunähern.

Diese Spielart der Repräsentation muss einerseits die Einheit der Kirche und ihre Ableitung aus dem einen göttlichen Gesetz präsent halten. Da sie – andererseits – das Heilige nie vollständig anwesend machen kann, kommuniziert sie den Unterschied zur abwesenden Transzendenz mit. Dadurch entsteht ein Regress: Jeder Anspruch auf die Repräsentation der *civitas dei* kann mit anderen, ebenso doktrinär abgesicherten Repräsentationsansprüchen konfrontiert werden. Im Konflikt um die Repräsentation des Kirchenvolks treffen immer wieder diejenigen, die vertreten, dass die Kirche die *civitas dei* möglichst unmittelbar verkörpern muss, auf diejenigen, die vertreten, dass die Kirche einen Abstand zur vollumfänglichen

118 Im Grunde kreist die aktuelle Diskussion in den Sozial- und Politikwissenschaften um genau dieses Problem; vgl. Nadia Urbinati/Mark E. Warren, »The Concept of Representation in Contemporary Democratic Theory«, in: *Annual Review of Political Science* (2008), S. 387-412; Michael Saward, *The Representative Claim*, Oxford/New York 2010.

119 Das Problem ist fraglos kompliziert: Vertritt der gesetzlich bestellte Vertreter des Demenzkranken den empirischen Willen mit all seinen Sprüngen oder nimmt der Vertreter einen fiktiven »noch vernünftigen« Demenzkranken an?

Transzendenz wahren muss und sich nur im Unterschied zur Geltung verhelfen darf.[120] Das Kirchenvolk macht sich als Repräsentant der einen *civitas dei* zum Volk und muss gleichzeitig mitreflektieren, dass es nur als Vertretung handelt: Über dem Kirchenvolk als *ecclesia* steht immer noch das idealisierte Volk (*civitas dei*) der unsichtbaren Kirche, aus dem es sich ableitet.[121] Es kann nur in der Rückbindung an ein fiktives Volk existieren, das sich über das real existierende Volk der Kirche als *ecclesia* legt.

Dieses Vertretungsmodell eröffnet wiederum eigene Variationsspielräume. Als Vertretung der Einheit verfolgt die Kirche einen allumfassenden Steuerungsanspruch. So beansprucht der Papst die *plenitudo potestas*, die umfassende Macht und Kompetenz-Kompetenz für die Kirche. Allerdings (und das ist die Antwort der Konziliaristen) kann die Rückbindung auch so verstanden werden, dass jede Machtausübung durch innerweltliche Organe eine *potestas limitata*, eine Begrenzung der Amtsmacht, beinhaltet. Sie ist nur von Gott geliehen und unterliegt deshalb deutlichen Grenzen. In dieser Rückbindung kreuzen sich eine Politik der Allmacht (später wird man sagen: der Souveränität) und eine geradezu demütige, dienende Politik der begrenzten Machtausübung (später wird man sagen: des Konstitutionalismus). Die Leistung der Korporationslehre besteht darin, dass sie diesen Regress durch die Rechtsform ermöglicht. Sie verrechtlicht die kollidierenden Logiken und stellt die inneren Spannungen auf Dauer.

Dies wirkt sich auch auf die Art aus, wie die ideale *civitas dei* vom Standpunkt der *ecclesia* aus rekonstruiert wird. Das Recht bietet einen Verfahrens- und Begriffsapparat an, der den Rekonstruktionsprozess formt. Er wird in innerweltliche Rechtskommunikation überführt, in der Fragen der Kompetenzen, Hierarchien und Rechtsansprüche diskutiert werden. So entsteht eine zusätzliche Bindung von unten. Die römisch-katholische Kirche transformierte mithin ihre Fundierungsprobleme in juridische Auslegungsfragen. Sie griff freilich ebenso mit den Mitteln des Rechts in innerweltliche Fragen ein, die von der Kompetenzverteilung in der

120 Besonders der Protestantismus wird dieses Motiv mobilisieren: Harold J. Berman, *Law and Revolution II. The Impact of the Protestant Reformations on the Western Legal Tradition*, Cambridge/London 2003, S. 71 ff.

121 Ullmann identifiziert eine »descending conception«: Ullmann, *Principles of Government and Politics in the Middle Ages*, S. 20 ff.

politischen Ordnung bis zur kleinteiligen Regulierung im Alltag, etwa im Bereich des Erb- oder Eigentumsrechts, reichten. Durch die Kombination von göttlichem Naturrecht, biblischer Überlieferung und positiver Verrechtlichung bildete die katholische Kirche eigene Spielarten der Stabilisierung und Variation aus.[122] Es wurde möglich, bestehende Repräsentationsmodelle mit alternativen Bindungserfordernissen zu konfrontieren.

Zwar nutzte das Kirchenrecht noch nicht ausdrücklich den Begriff der Repräsentation.[123] Mit der Körperschaftslehre traten trotzdem schon Repräsentationsbeziehungen ein, die sich bis heute im politischen System finden lassen. Man kann im Anschluss an Hanna F. Pitkins Unterscheidung zwischen Mandatsrepräsentation, deskriptiver und symbolischer Repräsentation drei Dimensionen unterscheiden:

(i) Das Volk als Anwalt: Die Verdopplung des Kirchenvolks in ein real existierendes Kirchenvolk (*ecclesia*) und das der unsichtbaren Kirche (*civitas dei*) kann als Beziehung betrachtet werden, in der eine Mandatierung vorliegt. Die *ecclesia* handelt quasi als Anwalt der *civitas dei*. Sie wird beauftragt, die Ziele der *civitas dei* auf Erden zu vertreten und zu verwirklichen. Weil die *civitas* in Teilen abwesend bleibt und somit die *ecclesia* nicht beauftragen kann, muss die Kirche die *civitas dei* – sozusagen ihren *Mandanten* – rekonstruieren und rückwirkend einsetzen. Um diesen Gedanken in der Sprache zeitgenössischer Repräsentationsforschung zu formulieren: Der Agent setzt den Auftraggeber, den *Principal* ein. Erst der Anwalt schafft seinen Mandanten, unterwirft sich ihm gleichzeitig vollständig, weil er nur durch ihn zum Anwalt geworden ist. Das Kirchenvolk erscheint als mandatiertes Volk, das erst durch die Unterwerfung und rückwirkende Rekonstruktion der Bindungsbeziehung aktiviert wird. Es kann nur zum Repräsentanten der *civitas dei* werden, weil es mandatiert ist. Das heißt auch, dass es nie mit der *civitas dei* vollidentisch ist, sondern immer zeigen muss, wie es ihrer Macht mit den eigenen beschränkten Mitteln gerecht werden kann.

(ii) Das Volk als Doppelgänger: Die augustinische Zwei-Reiche-Lehre führte über diese nüchterne Spielart der Mandatsrepräsen-

122 Zu dieser »Selbststabilisierung«: Habermas, *Auch eine Geschichte der Philosophie. Band 1*, S. 487.

123 Pitkin, *The Concept of Representation*, S. 242.

tation hinaus. Schließlich sollte die Kirche auch im Sinne eines »Stehen-Für« antizipatorisch bestimmte Aspekte der *civitas dei* auf Erden widerspiegeln.[124] Dabei musste sie die Charakteristika der zu repräsentierenden Einheit aufnehmen und ihnen zu innerweltlicher Präsenz verhelfen. Die Repräsentation beruhte weniger auf einer Differenz als auf einer avisierten Identität von Kirche und *civitas dei*, von Repräsentanten und zu Repräsentierenden. Der abwesende Körper sollte möglichst authentisch anwesend sein und das Kirchenvolk rückte in die Rolle eines Doppelgängers. Die repräsentativen Organe, Versammlungen usw. handeln nicht nur im Auftrag – als Anwälte –, sondern spiegeln die Strukturmerkmale der zu repräsentierenden Einheit wider. Auf diese Weise irritiert das Repräsentationsverständnis des »Stehen-Für« das differenzaffine »Handeln-Für«. In der Diskussion um das Kirchenvolk verdichtet sich diese Irritation oft im Bereich von Armut und Eigentum: Spiegelt die Kirche die Charakteristika der *civitas dei* besonders authentisch wider, wenn sie den Glanz und die Macht des Kirchenvolks präsent hält, etwa durch aufwendige Bauwerke oder pompöse Inszenierungen, oder soll sie im Gegenteil, wie es einzelne Mönchsorden vertreten, auf Eigentum und Prunk verzichten und den Leib Christi als nackten, leidenden Leib antizipieren? In jedem Fall ist festzuhalten, dass der Ruf nach Authentizität sich aus diesem Verständnis der Repräsentation als »Stehen-Für« speist. Die Unterscheidung zwischen *ecclesia* und *civitas dei* wird zugunsten einer möglichst authentischen Einheit aufgelöst. Da das zu Repräsentierende und der Repräsentant durch gemeinsame Charaktermerkmale verbunden sind, müssen sich *civitas dei* und *ecclesia* überschneiden.

(iii) Das Volk als Symbol: Während das Kirchenvolk im ersten Fall in der Rolle des Anwalts auftritt und im zweiten Fall als Doppelgänger handelt, ist noch eine dritte Dimension auszumachen. Sie besteht in der symbolischen Repräsentation.[125] Diese tritt zutage, wenn ein bloßes Symbol – sei es ein Zeichen, ein Bild, ein Gegenstand oder eine Haltung – auf die Kirche verweist und sie durch diesen Verweis präsent macht. Das klassische Beispiel aus

124 Vgl. zur Repräsentation als »standing for«: ebd., S. 61 ff.

125 Ebd., S. 93 ff.; ausführlich zur symbolischen Repräsentation: Paula Diehl, *Das Symbolische, das Imaginäre und die Demokratie. Eine Theorie politischer Repräsentation*, Baden-Baden 2015.

der einschlägigen Studie von Pitkin sind religiöse Praktiken, bei denen die Gläubigen einen Fisch zum Symbol für Jesus Christus erheben.[126] In diesem Vorgang tritt die Bindung hinter ein letztlich willkürliches Symbol zurück, das keinerlei Beziehung zu einem Auftraggeber mehr hat.[127] Das Symbol löst sich von seinem Auftrag und die Kontrolle des Repräsentationsvorgangs ist im Folgenden nicht mehr möglich. In der symbolischen Repräsentationsbeziehung nistet sich ein affektiver Zug ein. Die Repräsentationsbeziehung wird nicht durch räsonierende Rückbindung, sondern nur dadurch stabilisiert, dass ein noch zu bestimmendes Publikum die Vertretung faktisch bestätigt. So verschiebt sich der Erfolg des Repräsentationsvorgangs auf den permissiven Konsens des jeweiligen Publikums. Die Unterscheidung zwischen *principal* und *agent* verschwindet hinter dem performativen Erfolg. »Emotionale, affektive, irrationale psychologische Reaktionen« unterlaufen den Auftrag.[128] Deswegen hatte der Jurist Gerhard Leibholz das Symbol sogar deutlich von der Repräsentation abgegrenzt:

> Auch das Symbol verweist auf einen außerhalb seiner selbst liegenden, bestimmten geistigen Wertgehalt, der aber nicht wie bei der Repräsentation noch einmal konkret gegenwärtig gemacht werden muss. Vielmehr beschränken sich die Symbole in der Regel ihrer ursprünglichen Intention nach darauf, Zeichen zu sein, die an den Gegenstand ihres Bezuges ›erinnern‹ sollen und sich nur durch die Wertbezogenheit des Bezugsobjektes von den üblichen Zeichenkomplexen unterscheiden.[129]

In der Kirche ist ein solcher Vorgang nachzuvollziehen. Sie bildet ein symbolisches Inventar aus, das keine Anbindung an die Transzendenz und die biblische Überlieferung mehr repräsentiert, sondern nur noch daran erinnert.[130] Übergreifende Symbole sollen das

126 Pitkin, *The Concept of Representation*, S. 94.

127 Ebd., S. 99.

128 Ebd., S. 56.

129 Gerhard Leibholz, *Das Wesen der Repräsentation und der Gestaltwandel der Demokratie im 20. Jahrhundert*, Berlin 1966, S. 36.

130 In den neueren Studien zum »representative turn« wird diskutiert, inwieweit diese Verweise die eigentliche Grundform der Repräsentation darstellen. Statt hier irrationale Risiken anzusiedeln, entdeckt die neuere Diskussion sogar emanzipative Überschüsse in einer richtig verstandenen symbolischen Repräsentation. Die Verselbstständigung der Symbole, ihre Lösung von den zu repräsentierenden Willen, Gesetzen oder Körpern, rückt in ein anderes Licht. Bei ge

abwesende Ganze wieder anwesend machen, indem sie darauf verweisen. So erhält das Kirchenvolk auch eine symbolische Dimension. Diese tendiert dazu, die Bindung an die *civitas dei* zwar nicht aufzulösen, aber zumindest zu lockern, indem es an die Stelle von Auftrag (Anwaltsmodell) und Kopie (Doppelgängermodell) einen Verweis setzt, der sich auf die faktische Akzeptanz durch das Kirchenvolk stützt.

Zusammenfassend lässt sich also festhalten, dass in jedem Schritt unterschiedliche Möglichkeiten vorliegen, um das Kirchenvolk zu bestimmen: Es kann als Versammlung der natürlichen Körper der Gläubigen oder als unsichtbare Kirche höheren Rangs gelten (a), es bleibt umstritten, welches Organ als *pars principans* das Kirchenvolk vertritt (b), genauso wie seine Repräsentation von unterschiedlichen Modellen (Auftrag – Mandant, Darstellung – Doppelgänger, Verweis – Symbol) durchzogen ist (c). Im Kirchendiskurs wurde stets daran gearbeitet, diese Spannungen zu versöhnen, das eine in das andere aufzulösen und wechselseitige Anschlüsse zu erzeugen. Trotzdem enthalten Immanenz und Transzendenz des Kirchenvolks ein Moment, das von der jeweils anderen Seite nicht einzuholen ist: Versammelt sich das Volk der Gläubigen als Kirche und wird zur Korporation, beansprucht sie, in der Welt als verfasste Macht zu erscheinen, und distanziert sich damit von ihren transzendenten Grundlagen. Verzichtet sie hingegen auf die weltliche Repräsentation und orientiert sich am Bilderverbot, erscheint Gott nicht mehr in der Welt.

Das Projekt eines verweltlichten Kirchenstaats, der im 11. bis 14. Jahrhundert eine Konsolidierung erfährt, war auf sehr politische Weise angelegt: Einerseits sollte das Kirchenvolk zu einer innerweltlichen Macht avancieren, andererseits gingen die Kirche und ihr Volk (oder umgekehrt das Volk und seine Kirche) nie vollstän-

nauerer Betrachtung scheint die symbolische Repräsentation nur die Wahrheit auszusprechen, dass das Abwesende, zu Repräsentierende immer nur eine rückwirkende Konstruktionsleistung des jeweils Anwesenden sein kann. Der bloße Verweis bringt genau diesen Umstand unverblümt zum Ausdruck, indem er nur noch lose an einen zugrundeliegenden »Wertgehalt erinnert« (Leibholz), ihn dabei aber nicht zu einem vorausliegenden, authentischen Auftraggeber erhebt, vgl. etwa Saward, *The Representative Claim*; Diehl, *Das Symbolische, das Imaginäre und die Demokratie*, Ernesto Laclau, *The Rethorical Foundations of Society*, London/New York 2014.

dig in einem weltlichen Staat auf. Das Kirchenvolk ist ja gerade kein Staat, denn: »Kirche kann nie Staat werden, weil sie immer auch die Bürgerschaft Gottes ist.«[131] Daraus erwächst eine Situation des *double bind*. Im Namen des Kirchenvolks ist immer beides möglich: die Autorität der Amtskirche massiv verteidigen oder sie massiv kritisieren und als verzerrten und entstellten Ausdruck der eigentlichen *civitas dei* zurückweisen; die Organe der Kirche verehren, die im Namen des Volkes handeln, oder sie in populistischer Manier zurückweisen, als konstituierte Organe, die sich von der Versammlung der Gläubigen lösen.

9 Populismus und Kirche

Der Bezug aufs Kirchenvolk erfüllt eine wichtige Funktion für die Konstitutionalisierung der Kirche. Insbesondere wird eine populistische Infragestellung ermöglicht: Im Namen des Kirchenvolks beginnen Teile damit, die bestehende Besetzung des Ganzen zu bestreiten, Teile erklären sich zum eigentlichen Haupt der Kooperation oder bekunden, dass die bestehende *ecclesia* ihrer anwaltlichen, doppelgängerartigen oder symbolischen Repräsentationsrolle nicht mehr angemessen nachkommt. So wird die Fundierungsfrage wieder aufgeworfen und ein Wiedereintritt vollzieht sich: Im Namen des Kirchenvolks tritt die verdrängte Außenseite der Form wieder in die Form ein und die Unterscheidungen durchlaufen eine Neuverhandlung.[132] Jener kommunikative Mechanismus hält ein Wechselspiel aus Dogmatik und Reform, Papst und Konzil, Amtskirche und Sekten am Laufen.

Diese Rückbindung prägte die Herausbildung der Politik in zwei Hinsichten. Zum einen wurde durch die Verrechtlichung die Allokation politischer Macht erleichtert. Nach der päpstlichen Revolution trat eine stärkere Hierarchisierung politischer Machtausübung ein. Zwar rangen Fürsten und die Kirche um Kompetenzen, aber insgesamt vereinheitlichten sich die Verbände. Die Verrechtlichung ordnete die Machtausübung und gestaltete sie effizienter.

131 Ratzinger, *Volk und Haus Gottes in Augustinus Lehre von der Kirche*, S. 54.

132 Vgl. Niklas Luhmann, »Die Paradoxie der Form«, in: Dirk Baecker (Hg.), *Kalkül der Form*, Frankfurt am Main 1993, S. 197-215; Dirk Baecker, *Form und Formen der Kommunikation*, Frankfurt am Main 2007.

Zum anderen begrenzte das Recht den weltlichen Bereich, wies ihm spezifische Kompetenzen zu und entzog ihm andere. Insofern theologisierte die Kirche nicht die Politik oder blockierte gar die Herausbildung eines eigenständigen politischen Systems. Die Autorisierung durch eine vom Standpunkt der Handelnden unverfügbare höchste Macht, die Durchsetzung des Rechts als Verkehrs- und Regulierungsform sowie die entstehende Spannung aus Amt und Versammlung brachte eine eigene Organisationskraft hervor, auf die das politische System als Unterscheidung von Staat und Gesellschaft wieder zurückkommen sollte.

Die päpstliche Revolution schrieb die Selbstthematisierung von Recht, Politik und Gerechtigkeit um und es entstanden basale Mechanismen einer politischen Reflexivität. Die Kernoperation besteht darin, Souveränität, Holismus und Bindung zu verknüpfen. Es wird eine höchste Macht – Gott und sein Gesetz – fingiert, von der aus die Ordnung ihre Einsetzung erfährt. Über diese höchste Macht können die Handelnden nicht verfügen, denn sie übersteigt jede weltliche Institutionalisierung, und ihre Repräsentation ist stets unvollkommen oder zumindest vorläufig. Sie verpflichtet die Handelnden allerdings darauf, sich an dieser unmöglichen Repräsentation zu versuchen. Dies führt in dauerhafte Konflikte um Vereinnahmung, Interpretation oder Darstellung. Von Gott und seinem Gesetz aus wird die Ordnung zwar autorisiert und eingesetzt, es bleibt aber im Interpretationsrahmen der Handelnden, wie dieses Gesetzes genau zu verstehen ist. Damit baut die Kirche eine Irritabilität in die eigene Organisationsform ein und setzt sich so der Möglichkeit von Revision und Kritik aus: Gegen die *ecclesia* kann stets die *civitas dei* ins Feld geführt werden, die das Repräsentationsgebaren bestreitet. Insofern ist hier ein unvollständiger Holismus am Werk: Es gibt nur ein Volk, das durch Gott und sein Gesetz gebunden ist und sich durch religiöse Praktiken aktualisiert. Dieses eine Volk leitet sich aus einer übergeordneten *ratio* ab und muss sowohl die Repräsentation dieser *ratio* als auch ihre Unverfügbarkeit mitreflektieren. Die Kirche, so notiert Joseph Ratzinger in seiner Studie zum Kirchenvolk, gebe es »nie ohne institutionelle Form«, »sie geht aber auch nie in der fassbaren juridischen Struktur auf«.[133] Die Volkssouveränität – von den frühen demokratischen

133 Ratzinger, *Volk und Haus Gottes in Augustinus Lehre von der Kirche*, S. 54.

Ordnungsideen über die Vertragstheorien der bürgerlichen Revolutionen bis zur modernen Demokratie – basiert maßgeblich darauf, dass sich diese Grundstruktur in den Bereich der Politik übersetzt und dort transformiert wird.

Kapitel 5
Das Volk der Volkssouveränität

1 Zwei Konfliktachsen

Wie bereits nachgezeichnet, entwickelte sich aus der Verknüpfung der Korporationslehre des römischen Rechts mit der christlichen Befreiungslehre eine lebhafte Auseinandersetzung um das Verhältnis der Volks- zur Amtskirche. Dass das Volk im Sinne einer re-ligio an Gott und seine Gesetze rück-gebunden war, unterschied das Kirchenvolk vom weltlichen Volk als *popolo*. In den Ordnungskämpfen um die politische Verfassung der Stadtstaaten in Mittel- und Oberitalien betrat ein anderes Volksverständnis die Bühne der Geschichte. Hier nutzten die bisher nicht berücksichtigten sozialen Klassen den Namen des Volkes, um ihre Interessen durchzusetzen. Da die politischen Ordnungen bisher kaum Instrumente bereithielten, um die Interessen der neuen Mittel- und Unterklassen zu berücksichtigen, sammelten sich die *popolari* und drängten auf Veränderungen. Der Name des Volkes brachte die unmittelbaren Interessen der Machtunterworfenen zur Geltung. Zwar unterschieden sich diese beiden Volksverständnisse, aber sowohl im Fall der Kirche als auch der Stadtstaaten setzte ein Konstitutionalisierungsschub ein. Aus den Appellen ans Volk gingen jeweils Organisationsverfassungen hervor, die Recht und Politik verkoppelten.

Insgesamt bildete sich seit dem 13. und 14. Jahrhundert ein eigener Bereich der Herrschafts- und Machtausübung heraus, dessen Konsolidierung als Staat auf die frühe Neuzeit und das absolutistisch geprägte Königtum ab dem 16. Jahrhundert datiert wird.[1] Es wäre vorschnell, darin eine einseitige Lösung der Politik von der Religion auszumachen, denn weiterhin spielten religiöse Argumentationsfiguren und die Rückbindung an die Kirche eine wichtige Rolle. Es zeichneten sich aber Schritte zu einer stärkeren Vereinheitlichung der sozialen Ordnungen ab, die einen eigenen Bereich der Herrschaftsausübung von anderen sozialen Sphären abgrenzte.

1 Quentin Skinner, »The Sovereign State: a Genealogy«, in: Hent Kalmo/Quentin Skinner (Hg.), *Sovereignty in Fragments: The Past, Present and Future of a Contested Concept*, Cambridge 2010, S. 26-46, 27 ff.

In dem, was als Herrschaft, Regierung/*regna* oder *stato* bezeichnet wurde, entwickelten sich Keimformen der modernen Politik.[2] Durch einen doppelten Druck, der sich aus der Konsolidierung monarchischer Herrschaft und einer »intellektuellen Bewegung« – die Wiederentdeckung römischer Rechtsquellen und der aristotelischen Philosophie – zusammensetzte, nahm die Politik an »relativer Eigenständigkeit« zu.[3] Ihre Grundlage wurde weiterhin auf die Bindung an ein höheres Gesetz zurückgeführt, das sich den Handelnden entzieht. Allerdings differenzierte sich die Politik auch als soziale Sphäre aus, die ihren eigenen Bewegungsgesetzen folgte und der Interessens- und Willensdurchsetzung Raum bot. Am deutlichsten ist diese Überschneidung in einem zentralen politischen Begriff ablesbar, der bis heute genutzt wird, um ihre Grundlagen zu bestimmen: die Souveränität. Die Politik gewann an Eigenständigkeit, indem sie sich als Ort der Souveränität inszenierte – als *superanus* (herausgehobener Teil), der eine Allzuständigkeit und Letztentscheidung für das gesellschaftliche Leben beanspruchte.

Verfolgt man die Geschichte der Souveränität, wird sichtbar, dass der Begriff zwei Konfliktachsen entfesselte, an denen um die Grundlagen der Verfassung gerungen wird. Die erste Konfliktachse betrifft das Verhältnis von *voluntas* und *ratio*, von politischem Willen und Bindung an eine höherrangige Vernunft. Betrachtet man nicht nur einzelne Beiträge zur Geschichte der Souveränität getrennt voneinander, sondern geht die unterschiedlichen Sichtweisen vergleichend durch, tritt deutlich hervor, dass der Begriff der Souveränität das Verhältnis von Wille und Bindung nicht auflöst, sondern als Widerspruch entfaltet. Die Souveränitätsdoktrin schafft das Spielfeld, auf dem beide Politikmodelle – Politik als voluntatives Entscheiden, das sich im Zweifel von Bindungen be-

2 Vgl. etwa die Studien: Otto Brunner, *Land und Herrschaft*, Wien u. a. 1939; Robert Jackson, *Sovereignty. Evolution of an Idea*, Malden/Cambridge 2007, S. 28 ff.; Zur Genese der Idee staatlicher Einheit als notwendige »Selbstmystifizierung« der Politik, um Kontinuität zu gewährleisten: Niklas Luhmann, *Gesellschaftsstruktur und Semantik. Band 4*, Frankfurt am Main 1995, S. 107 ff.; langsam trat die Vorstellung, dass der Herrscher seinen »Staat aufrechterhält« (»maintaining his state«) zugunsten weniger personalistischer Annahmen zurück: Der Staat avancierte zu einer eigenen Einheit, die auf einer »separaten Rechts- und Verfassungsordnung« beruht (Niklas Luhmann, *Gesellschaftsstruktur und Semantik. Band 3*, Frankfurt am Main 1989, S. 65 ff.).

3 Michel Senellart, *Les Arts de Gouverner*, Paris 1995, S. 41.

freit, und Politik als gebundene Anwendung von Prinzipien und Gesetzen – aufeinanderprallen und sich wechselseitig irritieren. So wird immer wieder argumentiert, dass nur derjenige souverän sei, der sich an höhere Gesetze binde, während stärker voluntative Verständnisse der Souveränität das genaue Gegenteil behaupten: Demnach sei nur derjenige souverän, der die faktische Fähigkeit zur Durchsetzung seines Willens besitze – bis hin zu dem Punkt, wo er sich von bestehenden Gesetzen und Prinzipien zu lösen vermag (*princeps legibus solutus est*). Am deutlichsten hat Carl Schmitt ein solches Souveränitätsverständnis vertreten (und vereinseitigt), wenn er schreibt, dass nur derjenige souverän sei, der über den Ausnahmezustand entscheidet.[4]

Die Souveränitätsdoktrin löst also die Fundierungsprobleme nicht, sondern stellt sie auf Dauer: Einerseits wird die Politik so verstanden, dass sie höherrangige Regeln und Prinzipien verwirklicht oder ihnen folgt, andererseits soll sie eine voluntative Durchsetzung von Entscheidungen organisieren. Im Namen der Souveränität wird es möglich, den politischen Willen gegen die höherrangige Bindung ebenso wie die höherrangige Bindung gegen den politischen Willen auszuspielen. Dies mündet in einen praktischen Effekt, den die handelnden Akteure für sich nutzbar machen. Im Namen der Souveränität kann man sich aus der bestehenden Ordnung lösen oder sie verteidigen, den Bereich der Herrschaftsausübung totalisierend ausweiten oder rechtlich begrenzen.[5]

Das Verhältnis von *voluntas* und *ratio* verkompliziert sich allerdings in einem weiteren Schritt, der eine zweite Konfliktachse er-

4 Carl Schmitt, *Politische Theologie. Vier Kapitel zur Lehre von der Souveränität (1922)*, Berlin 2004, S. 13.

5 Den zeitgenössischen Studien zur Kritik der Souveränität (Daniel Loick, *Kritik der Souveränität*, Frankfurt am Main 2012) entgeht genau dieses Schwanken zwischen Recht und Politik. Ihr Deutungshorizont beginnt mit der Souveränitätsdoktrin bei Jean Bodin, die in den bürgerlichen Revolutionen später als Volkssouveränität konfiguriert wird. Die Souveränität bleibt dabei ein Relais, das dazu dient, im Bereich der Politik den Raum für einen hegemonialen politischen Dezisionismus zu schaffen. Dem wird dann die Idee einer post-souveränen Politik gegenübergestellt, die sich auf lebensweltliche Kommunikationsverhältnisse jenseits des politischen Systems stützt. Die Frage bleibt freilich, wie eine Transformation der Politik nicht nur denkbar, sondern auch möglich wird, wenn nur das im guten Sinne politisch ist, was kommunikativ gerade nicht an die bestehenden Austragungsverfahren politischer Konflikte anknüpft.

öffnet. Zur Frage, ob die Instanz der Souveränität nun über oder unter dem Gesetz steht, tritt eine weitere hinzu: Wer, welcher Teil des Gemeinwesens, darf Souveränität für sich beanspruchen? Woraus geht der Volkswille hervor oder von wo aus tritt die Bindung der Politik ein? Kann nur eine Einzelperson die Souveränität für sich beanspruchen? Löst sich die Souveränität von den Akteuren? Oder ist sie in einem allgemeinen Gesetz oder einer Rechtsordnung angesiedelt? Kann am Ende gar das Volk in seiner Gesamtheit die Souveränität für sich beanspruchen? Schon gegen die frühen Lehren von der Königs- und Fürstensouveränität treten sogleich sowohl Lesarten einer höherrangigen Rechtssouveränität wie einer populistischen Demokratie an, die das Volk als Souverän verstehen.[6] Die rechtliche Bindung politischer Herrschaft ebenso wie die populistische Übertragung der Souveränität aufs Volk sind keine plötzlichen Erfindungen der bürgerlichen Revolutionen des 18. Jahrhunderts, sondern von Beginn an wichtiger Bestandteil der Politik, auch wenn sich der Aggregatszustand dessen, was nun als Recht oder Volk gilt, vom modernen Verständnis unterscheidet.

Im Folgenden soll analysiert werden, wie diese Konfliktachsen den Bereich der Politik strukturieren und in welchem Verhältnis sie zu populistischen Politikformen stehen. Die Souveränität präformiert das Wechselspiel aus Herrschaftsausübung und -kritik, indem sie es ermöglicht, konkurrierende Instanzen auszuweisen, auf die sich die Ordnung gründet (2). Dazu gehört eine populistische Politikoption, die das Volk als konstituierende Macht versteht (3). Beginnend mit den demokratischen Revolutionen des 18. Jahrhunderts transformiert sich der Bereich der Politik erheblich: Die Souveränität wird in langen historischen Prozessen und sozialen Kämpfen zur Volkssouveränität umgeformt, die dem Volk die verfassungsgebende Gewalt zuschreibt (4).

Dieser Entwicklungsschritt erweist sich als folgenreich für den Populismus. Denn er ist nicht mehr nur eine politische Handlungsoption neben anderen, sondern wendet die Volkssouveränität auf die schon bestehende Volkssouveränität an (5). Damit mobilisiert er die Volkssouveränität im Rahmen derjenigen Verfahren, die schon im Namen des Volkes eingerichtet sind. Erst in diesem demokratischen Horizont stellt sich die Frage, ob der Populismus

6 Vgl. Quentin Skinner, *Die drei Körper des Staates*, Göttingen 2012.

eine regressive Politikform darstellt, die hinter die Errungenschaften der Volkssouveränität zurückfällt, oder nur ihr konsequentester Ausdruck ist, der auch das Gründungsmoment der Ordnung, das heißt die Inanspruchnahme des Volkwillens, innerhalb des normalen politischen Lebens präsent hält (6 und 7).

2 Souveränitätslehre

Die Souveränitätslehre, so eine weit verbreitete Annahme, ist das entscheidende Indiz, an dem sich die Eigenständigkeit der Politik als soziale Sphäre ablesen lässt.[7] Ihre Verbreitung stand in direktem Zusammenhang mit der schrittweisen Vereinheitlichung territorial begrenzter Herrschaftsverbände und dem Siegeszug von »vertikalen« Mustern der Ordnungsbildung.[8] Der Souveränitätsbegriff, den Jean Bodin in seinen Schriften aus dem 16. Jahrhundert ausarbeitete, hatte eine Vorgeschichte, die sich bis auf das 12. Jahrhundert zurückverfolgen lässt. Angelehnt an das lateinische *superanus* (herausgehoben), war ein erster Beleg für seine Verwendung im Jahr 1120 zu beobachten. Als Adjektiv wurde er um 1150 in dem Versepos *Roman de Thèbes* verwendet und stand seit dem 13. Jahrhundert verstärkt mit einer herausgehobenen Herrschaftsposition in Verbindung:

> Seit der Mitte des 13. Jh. wird das Adjektiv ›souverän‹ und das Substantiv ›Souveränität‹ erstmals auf Herrschaftstatbestände bezogen und der Inhaber einer solchen Herrschaft ›Souverän‹ genannt, seit dem 14. Jahrhundert auch in England. In einem allgemeineren Sinne ist souverän derjenige, der – wie Baron und König – in seinem jeweils anerkannten Herrschaftsbereich unabhängig von anderen entscheiden kann.[9]

7 Martin Loughlin, *Foundations of Public Law*, Oxford 2010, S. 102; Niklas Luhmann, »Metamorphosen des Staates«, in: Niklas Luhmann (Hg.), *Gesellschaftsstruktur und Semantik. Band 4*, Frankfurt am Main 1995, S. 101-137.

8 Chris Thornhill, *A Sociology of Constitutions: Constitutions and State Legitimacy in Historical-Sociological Perspective*, Cambridge 2011, S. 20 ff.

9 Helmut Quaritsch, *Souveränität. Entstehung und Entwicklung des Begriffs in Frankreich und Deutschland vom 13. Jh. bis 1806*, Berlin 1986, S. 32; zur Lokalisierung der »germs of sovereignty« im 12. Jahrhundert: Otto von Gierke, *Political Theories of the Middle Age*, Cambridge 1900, S. 35; ähnlich: Hans Boldt u. a., »Staat und Souveränität«, in: Otto Brunner u. a. (Hg.), *Geschichtliche Grundbegriffe*, Bd. 6, Stuttgart 1990, S. 1-154, 99.

Um die genaue Rolle der Souveränität wird in der Forschungsliteratur gerungen. Die Beiträge unterscheiden zwischen außen- und innenpolitischer Souveränität. Sie benennen die politische Entscheidungseinheit als Fiktion oder vertreten, dass einem souveränen Akteur politische Entscheidungen zuzurechnen sind.[10] Diese Kontroversen betreffen auch die Entwicklungsgeschichte des Souveränitätskonzepts und die Frage, wie sich die Souveränität als Fundierungsnorm durchsetzte.

Dabei sind zwei Herangehensweisen zu unterscheiden. Zunächst ist auf eine Deutungslinie einzugehen, die vor allem im deutschen und französischen Sprachraum vertreten wird. Für sie sind die frühen Verwendungen, wie sie beispielsweise das obige Zitat beschreibt, nur das diffuse Vorspiel einer wirklichen, politischen Souveränität, die erst mit der Verbreitung von zentralisierter Staatlichkeit in der frühen Neuzeit eintrat. Erst seitdem, so diese Deutungslinie, beanspruchte die staatliche Souveränität, als einheitlich, herausgehoben und alles überragend zu gelten.[11] Und erst seitdem fand eine Säkularisierung der Politik statt, in der sich eigenständige Erwägungen realpolitischer Klugheit durchsetzten und sich vom juridischen und theologischen Ballast der mittelalterlichen Scholastik befreiten.[12] Der moderne Souveränitätsbegriff, so diese Deutungslinie, wurde das erste Mal systematisch bei Jean Bodin

10 Zur Begriffsevolution: Denis Baranger, »The Apparition of Sovereignty«, in: Hent Kalmo/Quentin Skinner (Hg.), *Sovereignty in Fragments: The Past, Present and Future of a Contested Concept*, Cambridge 2010, S. 47-63; Jens Bartelson, *A Genealogy of Sovereignty*, Cambridge/New York 1995; Ulrich Haltern, *Was bedeutet Souveränität?*, Tübingen 2007; Dieter Grimm, *Souveränität: Herkunft und Zukunft eines Schlüsselbegriffs*, Berlin 2009; Robert Jackson, *Sovereignty. Evolution of an Idea*, Malden/Cambridge 2007; Boldt u. a., »Staat und Souveränität«; kritisch: Harold J. Laski, *The Foundations of Sovereignty and Other Essays*, London 1921; im Hinblick auf die internationale Ordnung: Stephen D. Krasner, *Sovereignty. Organized Hypocrisy*, Princeton 1999; Jean L. Cohen, *Globalization and Sovereignty: Rethinking Legality, Legitimacy, and Constitutionalism*, New York 2012; Martti Koskenniemi, »What Use for Sovereignty Today?«, in: *Asian Journal of International Law* 1 (2011), S. 61-70.

11 Olivier Beaud, *La Puissance de l'État*, Paris 1994; Loughlin, *Foundations of Public Law*; Brunner, *Land und Herrschaft*.

12 Vgl. dazu den Übergang von der »Pastoralmacht« des Mittelalters zu den Diskussionen um Staatsräson und Fürstensouveränität: Michel Foucault, *Sicherheit, Territorium, Bevölkerung – Geschichte der Gouvernementalität I*, Frankfurt am Main 2004, S. 135.

entfaltet. Seine Überlegungen bündelten einen politischen Prozess, nämlich die Herausbildung von Herrschaftsverbänden seit dem 14. Jahrhundert, die sowohl »innere Suprematie« als auch »äußere Unabhängigkeit« beanspruchten.[13]

In den Schriften Bodins fand sich die theoretische Grundlage für einen solchen stärker vertikalisierten Typ der Staatsbildung. Ab jetzt galt der Monarch als höchster Gesetzgeber. Sein politischer Wille war zwar durch göttliches Gesetz begrenzt, im Bereich der weltlichen Politik durfte er jedoch eigensinnig manövrieren.[14] Statt auf Konsens, wie es für den mittelalterlichen Konstitutionalismus typisch war, stützte er sich auf »unilaterale Verfahren«, die den Bereich der Herrschaftsausübung auf die gesamte Gesellschaft ausweiteten.[15] Die Souveränität ließ sich so auf einen politischen Voluntarismus zurückführen:

> Indem er das Recht (*la loy*) zuerst und vor allem als voluntas und nicht als ratio konzipiert, ist Bodin Teil einer dominanten Strömung des modernen Denkens, die aus dem franziskanischen Nominalismus hervorgeht und den Willensakt zum bestimmenden – schöpferischen – Element des Rechtsakts erhebt.[16]

Daran anschließend behauptet diese Deutungslinie, dass sich die politische Souveränität vom Mittelalter abgrenzte, wo keinem Organ eine politische Letztentscheidungskompetenz zugeschrieben wurde und die überlappenden Kompetenzen noch nicht hinreichend vertikalisiert waren. Wenn es eine Instanz der Souveränität gegeben hätte, dann sei es das Recht gewesen, schrieb Otto Brunner in seiner klassischen Studie zur mittelalterlichen Herrschaftsausübung:

13 Beaud, *La Puissance de l'Etat*, S. 35, vgl. seine ausführliche Aufarbeitung der Bodin'schen Souveränitätslehre (S. 55 ff.); die andere Auffassung, dass Bodin eher ein Vordenker der Souveränität sei, der eine begriffliche Antizipation ausarbeite, markiert Beaud als »Minderheitenmeinung« (S. 35).

14 Vgl. Beaud, *La Puissance de l'Etat*, S. 27 ff.; Loughlin, *Foundations of Public Law*, S. 63 ff.; zur voluntativen Komponente der Herrschaftsausübung bei Bodin: Quentin Skinner, *The Foundations of Modern Political Thought. The Age of Reformation*, Cambridge 1978, S. 289; Richard Tuck liest Bodin allerdings weniger als »Absolutist«, er sei eher an der Unabhängigkeit des französischen Parlaments interessiert gewesen, siehe Richard Tuck, *The Sleeping Sovereign. The Invention of Modern Democracy*, Cambridge 2015, S. 9 f.

15 Beaud, *La Puissance de l'Etat*, S. 53.

16 Ebd., 58.

Das Recht steht über Herrscher und Volk, Landesherrn und Landvolk, keiner von ihnen ist souverän. Auch dann nicht, wenn sie gemeinsam handelnd, Recht setzend, Recht weisend, Recht sprechend, auftreten. Denn sie wissen sich an ein über ihnen stehendes ›Recht‹ gebunden.[17]

Demgegenüber weise die moderne Souveränität einen spezifisch voluntaristischen Charakter auf. Die Instanz der Souveränität, so Brunner weiter, könne »nur ein Mensch oder ein menschlicher Verband sein, der handlungsfähig ist, der im Zweifelsfall entscheiden kann, was rechtens sei, und diese seine Rechtsüberzeugung durchzusetzen vermag«.[18] Brunner adelt hier die faktische Fähigkeit zur »inappellablen Durchsetzung« zum Grund der politischen Ordnung,[19] die sich – und das ist entscheidend – nicht nur auf die Regulierung der Gesellschaft beziehe, sondern insbesondere auf die Kompetenz-Kompetenz, also die Fähigkeit, selbst rechtsetzend tätig zu werden. Souverän sei, wer politisch darüber entscheiden kann, was rechtens ist, und die praktische Fähigkeit habe, dies als Recht durchzusetzen. Damit stehe der Souverän in Teilen auch außerhalb des Rechts und legitimiere sich über einen faktischen Machtvollzug.

Gegen diese Stilisierung des ungebundenen Entscheidens tritt ein anderes, legalistisches Souveränitätsverständnis an, das sich vor allem auf das Beispiel Englands stützt.[20] Es stellt die strenge Trennlinie zwischen einer mittelalterlichen und einer modernen Souveränitätslehre in Frage und behauptet das Gegenteil. Demnach indiziert Souveränität, dass die herausgehobene Kompetenz-Kompetenz in verrechtlichter Form ausgeübt werde. Das kennzeichnende Merkmal einer souveränen Instanz bestehe folglich darin, dass

17 Brunner, *Land und Herrschaft*, S. 264; zu den Konflikten um die Frage, ob es im Mittelalter so etwas wie Souveränität gab: Quaritsch, *Souveränität*, S. 34 ff.

18 Brunner, *Land und Herrschaft*, S. 159.

19 Ebd., S. 441.

20 Charles Howard McIlwain, *Constitutionalism. Ancient and Modern*, New York 1947, S. 49; ähnlich: »Auf dem Hintergrund dieses gedanklichen Zusammenhangs konnte schließlich die gemeineuropäische, in England mit besonderer Evidenz zutage tretende Vorstellung sich entfalten, daß auch der Herrscher – obwohl maßgeblich am Prozess der Rechtschöpfung beteiligt – gleichwohl an gewisse grundlegende Regeln gebunden bleibe, da seine eigene Stellung auf der lex regia, mithin einem Gesetz beruhe: lex facit regem!« (Dieter Wyduckel, *Princeps Legibus Solutus. Eine Untersuchung zur frühmodernen Rechts- und Staatslehre*, Berlin 1979, S. 164).

sie nie ungebunden entscheide, sondern sich stets an höherrangige Regeln und Prinzipien binde. So zeigt beispielsweise Ernst H. Kantorowitz in seiner Studie *The King's Two Bodies*, dass schon seit dem 12. Jahrhundert ein »rechtszentriertes Königtum« im Entstehen begriffen war.[21] Die herausgehobene Stellung des Königs wurde hier gerade nicht darauf zurückgeführt, dass er von Recht und Gesetz entbunden ist (*princeps legibus solutus est*). Seine Amtsmacht speise sich vielmehr daraus, dass er sie aus dem Recht ableite. Der König sei immer *legibus alligatus*, an die Gesetze gebunden, so notierte der frühe intellektuelle Stichwortgeber dieser Traditionslinie John of Salisbury in seinem Werk *Policratus* aus dem Jahre 1159 und räumte dieser Gebundenheit einen Vorrang vor dem Willen ein.[22] Der englische Jurist Bracton brachte diesen Bindungsanspruch in der damaligen Zeit mit der einschlägigen Formel »Lex est rex« beziehungsweise »Lex facit regem« zum Ausdruck.[23] Insgesamt verweist die zweite, legalistische Deutungslinie darauf, dass es so etwas wie einen Absolutismus in England nie gegeben habe, sondern immer nur ein offenes Kontinuum zwischen »rechtszentriertem« und »personenzentriertem Königtum«. Die Frage nach der Souveränität der Regierung (*gubernaculum*) habe sich immer schon in verrechtlichter Grammatik (*jurisdictio*) gestellt:

Denn in der *jurisdictio* sind im Gegensatz zum *gubernaculum* dem Ermessen des Königs Grenzen gesetzt, die durch ein positives und zwingendes Gesetz festgelegt sind, und eine königliche Handlung, die über diese Grenzen hinausgeht, ist *ultra vires*. Deshalb finden wir in der Gerichtsbarkeit und nicht in der »Regierung« den schlagendsten Beweis dafür, dass im mittelalterlichen England die römische Maxime des Absolutismus weder theoretisch noch tatsächlich in Kraft war.[24]

21 Ernst H. Kantorowitz, *The King's Two Bodies – A Study in Mediaeval Theology*, Princeton 1997, S. 87 ff.

22 »[...] and that the prince, although he is an absolutely binding law unto himself, still is the servant of law and equity, the bearer of a public persona, and sheds blood blamelessly« (John of Salisbury, *Policratus. Of the Frivolities of Courtiers and the Footprints of Philosophers*, Cambridge/New York 1990, S. 30).

23 Edward S. Corwin, »The ›Higher Law‹ Background of American Constitutional Law«, in: *Harvard Law Review* 2 (1928), S. 149-185, 172; Harold J. Laski, *The Foundations of Sovereignty and Other Essays*, London 1921, S. 10; vgl. auch Loughlin, *Foundations of Public Law*, S. 40.

24 McIlwain, *Constitutionalism. Ancient and Modern*, S. 77.

Das voluntaristische Verständnis der Souveränität erweist sich von diesem Standpunkt aus als vorschnelle Fiktion, die aus der Lektüre Bodins und den Entwicklungen in Frankreich gewonnen wurde, aber kaum mit der Realgeschichte politischer Ordnungen korrespondiert. Souveränität war, so die zweite Deutungslinie, schon immer ein Rechtsbegriff und das Gegenteil eines ungebundenen Dezisionismus.

Vor diesem Hintergrund bleibt umstritten, ob die Souveränität eine spezifisch moderne Erfindung ist, die den politischen Willen entfesselt, oder ob sie die Verrechtlichung indiziert. Die Geschichte der Politik ist jedenfalls von Konflikten geprägt, in denen regelmäßig beide Optionen aufeinanderprallen. Gerade weil die Souveränitätsdoktrin nicht eindeutig auf die Frage nach dem Grund der Ordnung antwortet, eröffnet sie eine Konfliktachse, auf der beide Souveränitätslehren als Optionen zum Zug kommen und auf das Souveränitätsparadox zulaufen: Die Instanz der Souveränität steht als höchster Gesetzgeber über dem Gesetz (sonst wäre sie nicht souverän), genauso wie sie sich dem Gesetz unterwirft (sonst wäre sie nicht souverän, sondern nur der Wille einer Räuberbande).[25]

Wenn man die Entwicklung der Souveränitätsdoktrin nachverfolgt, wird deutlich, dass dieses Paradox schon in den römischen Rechtsquellen angelegt war, die am Ausgangspunkt der Politik standen. Die Rechtsgelehrten des 12. und 13. Jahrhunderts, die sogenannten Glossatoren, entdeckten das überlieferte *Corpus Iuris Civilis* und nutzten die Sammlung römischer Rechtsnormen, um Fragen politischer Ordnungsbildung zu diskutieren.[26] Das *Corpus Iuris Civilis* war vom römischen Kaiser Justinian (527-534) zusam

25 Zwar werden in der Politik »die der Theologie direkt entnommenen Formeln (zum Beispiel die *imitatio Christi)* allmählich abgeschwächt. Nur ihre paradoxe Struktur bleibt erhalten – etwa in der Form der These, dass der Souverän zugleich über dem Gesetz und unter dem Gesetz stehe.« (Niklas Luhmann, *Gesellschaftsstruktur und Semantik. Band 4*, Frankfurt am Main 1995, S. 108); vgl. auch Giorgio Agamben, *Homo Sacer. Die souveräne Macht und das nackte Leben*, Frankfurt am Main 2002, S. 25.

26 Daniel Lee, *Popular Sovereignty in Early Modern Constitutional Thought*, Oxford 2016, S. 32; grundlegend: Wyduckel, *Princeps Legibus Solutus*, S. 39 ff. (»In dem Maße, in dem die Glossatoren sich den wiederentdeckten Texten zuzuwenden begannen, knüpften sie an den von Justinian überlieferten Problemstand und damit zugleich an die zahlreichen Formeln und Maximen des römischen Kaiserrechts an.« Ebd., S. 52)

mengestellt worden und enthielt ein Kondensat sowohl zivilrechtlicher als auch öffentlich-rechtlicher Normen.[27] Als »Produkt von tausend Jahren Rechtsentwicklung« behandelte er privatrechtliche und öffentlich-rechtliche Aspekte, wobei das Privatrecht überwog.[28] Schon an diesen Fundstellen tauchten widersprüchliche, ja einander ausschließende Fundierungsformeln auf. So gibt es wohl keine Studie zur Geschichte des Souveränitätsbegriffs, die nicht auf die einschlägige Passage der *Digesten* zurückkommt, die den *princeps* von der Gesetzesbindung befreit: »Princeps legibus solutus est.« (*Digesten* 1.3.31) Von dort aus, so die Annahme, konstituiert sich die Souveränität politischer Herrschaft durch ihre Willkürspielräume. Souverän ist nur, wer von der Gesetzesbindung befreit ist. Demgegenüber brachten die Lehren des rechtszentrierten Königtums, der frühe Konstitutionalismus und die juridisch inspirierten Kritiker einer so verstandenen absolutistischen Souveränitätsdoktrin immer wieder die sogenannte *lex digna* auf, die ebenso in den *Digesten* überliefert vorliegt:[29] »Digna vox maiestate regnantis legibus alligatum se principem profiteri: adeo de auctoritate iuris nostra pendet auctoritas. Et re vera maius imperio est submittere legibus principatum.« (*Codex Iustinianus* 1.14.4)[30] In dieser Passage ergibt sich Autorität des *princeps* daraus, dass er einer *digna vox* folgt, die ihn an die Gesetze bindet (»legibus alligatum«). Der gute Herrscher bleibt dem Recht unterworfen (»submittere legibus«).

Insbesondere die Lehren des rechtszentrierten Königtums gingen mit diesem Anspruch sehr weit. Die Bindung des *princeps* ans

27 Loughlin, *Foundations of Public Law*, S. 22 ff.

28 Peter G. Stein, »Roman Law«, in: James H. Burns (Hg.), *The Cambridge History of Medieval Political Thought c.350-c.1450*, Cambridge 1988, S. 37-48, 37.

29 »It is to this practice that Ulpian refers in the famous text which describes the emperor as ›released from the laws‹, legibus solutus (Dig. 1.3.31). In another much cited text (Dig. i.4.ipr., cf. Inst. 1.2.6), Ulpian says that what the emperor has decided (quod principi placuit) has the force of a lex. […] The implication that in some sense the emperor, when legislating, was the delegate of the people, was supported by such texts as Cod. 1.14.4 (digna vox), a constitution of Theodosius II in 429, which states that the emperor should declare himself bound by the laws, for his authority depends on that of the laws.« (Stein, »Roman Law«, S. 46); vgl. zur *lex digna* Wyduckel, *Princeps Legibus Solutus*, S. 59.

30 »Der Majestät eines Herrschers ist der Ausspruch würdig, wodurch sich derselbe an die Gesetze gebunden erklärt, und deshalb hängt auch von dem Ansehen des Rechts Unser eigenes ab. Und wirklich deutet es mehr Größe an, die Gewalt des Herrschers dem Gesetze unterzuordnen, als unbeschränkt zu herrschen.«

Gesetz wurde vom bereits erwähnten John of Salisbury so ausgelegt, dass die ungebundene Autorität in die Tyrannei führe. Ihm galt gar die Tötung des Herrschers als legitimer Widerstand.[31] In seinem *Policratus* forderte er nicht nur die Rechtsbindung ein (*legibus alligatus*), sondern auch, dass es angemessen und gerecht sei, den Tyrannen zu ermorden, wenn er sich von Recht und Gesetz löse.[32] Der Unterschied zwischen einem guten Fürsten und einem Tyrannen bestehe darin, dass der Fürst »dem Gesetz gehorsam ist und sein Volk durch einen Willen regiert, der sich in den Dienst des Volkes stellt, und Belohnungen und Lasten innerhalb der Republik unter der Führung des Gesetzes verwaltet«.[33]

Schon die frühen Diskussionen um das Königtum situierten den Herrscher sowohl oberhalb als auch unterhalb des Rechts.[34] Das *Corpus Iuris Civilis* jedenfalls wies ihn gleichzeitig als ungebunden und gebunden aus und berief sich auf »widersprüchliche Gesetze«.[35] Es transportierte eine Paradoxie in die Politik, die von verschiedenen Wellen sozialer Bewegungen, Lehrmeinungen und ideengeschichtlichen Strömungen, herrschaftssichernden Legitimations- und herrschaftskritischen Protestbewegungen immer wieder aufs Neue entfaltet, verwaltet, gelöst oder verdrängt wurde. Verfasst sich die moderne Politik so, dass sie ihre ausschlaggebende Gründung auf eine höchste Instanz verlegt, eröffnet sie einen Konfliktherd um das Verhältnis von Willkür und Bindung: »So zerteilt sich die dem ersten Anschein nach so konsistente Stellung des Herrschers an der Spitze des politisch juridischen Stufenbaus in das

31 John of Salisbury, *Policratus*, S. 25. Vgl. auch Wyduckel, *Princeps Legibus Solutus*, S. 130 ff.; zu dieser »vision of legality«: Yves Sassier, »John of Salisbury and the Law«, in: Christophe Grellard/Frédérique Lachaud (Hg.), *A Companion to John of Salisbury*, Leiden/Boston 2015, S. 235-257, 240.

32 John of Salisbury, *Policratus*, S. 25 (Übers. der Verf.).

33 Ebd., S. 28; vgl. zu dieser Unterordnung unter das Recht der *lex digna* auch Sassier, »John of Salisbury and the Law«, S. 247; Cary J. Nederman, »John of Salisbury's Political Theory«, in: Christophe Grellard/Frédérique Lachaud (Hg.), *A Companion to John of Salisbury, Boston/Leiden* 2015, S. 258-288, 278 ff.; Max Kerner, *Johannes von Salisbury und die logische Struktur seines Policratus*, Wiesbaden 1977, S. 150; Philipp Hölzing, *Republikanismus und Kosmopolitismus. Eine ideengeschichtliche Studie*, Frankfurt am Main 2011, S. 69; zur Doktrin des *law-centred kingship*: Loughlin, *Foundations of Public Law*, S. 40; Walter Ullmann, *Principles of Government and Politics in the Middle Ages*, London 1961, S. 176 ff.

34 Kantorowitz, *The King's Two Bodies*, S. 143.

35 Ebd., S. 96.

paradoxe Sowohl-als-auch zweier unvereinbarer Positionen: Der Fürst steht über und unter dem Gesetz, das Gesetz steht über und unter dem Fürsten, je nachdem, welchen Begriff von Herrschaft und von Gesetz man zu Grunde legt.«[36]

3 Populismus vor der Volkssouveränität

Im politischen Feld wurde das Verhältnis von *voluntas* und *ratio* immer wieder problematisiert. Die Souveränitätslehre diente als Anknüpfungspunkt, um die Inkommensurabilität beider Seiten zu versöhnen oder das als falsch markierte Souveränitätsverständnis im Namen einer wahren Souveränität zu kritisieren. Damit war noch nichts über die Instanz der Souveränität gesagt. Um die Frage zu beantworten, wo die Einheit angesiedelt ist, die die souveräne Kompetenz-Kompetenz vereinnahmt, ist abermals auf die *Digesten* zurückzukommen, an denen sich die Rechtsgelehrten seit dem 13. und 14. Jahrhundert schulten.[37] Sie enthielten nicht nur konkurrierende Ansprüche an den Herrscher, sondern eröffneten auch die Diskussion darum, wer als souveräne Herrschaftsinstanz gelten könne.

In den *Digesten* findet sich die sogenannte *lex regia* – das römische Königsrecht –, das die Modalitäten der Übertragung politischer Macht des *populus romanus* auf den römischen Kaiser zum Gegenstand hat.[38] Die *lex regia* entstand in der Konsolidierung des Prinzipats um 23 v. Chr. und stattete den Kaiser Augustus mit be-

36 Albrecht Koschorke u. a., *Der fiktive Staat: Konstruktionen des politischen Körpers in der Geschichte Europas*, Frankfurt am Main 2007, S. 116.

37 Serena Ferente, »Popolo and Law«, in: Skinner/Bourke (Hg.), *Popular Sovereignty in Historical Perspective*, Cambridge 2016, S. 96-114, 102.

38 Zur Herausbildung dieses Königrechts : M. I. Henderson, »Potestas Regia«, in: *The Journal of Roman Studies* 1/2 (1957), S. 82-87; Wyduckel, *Princeps Legibus Solutus*, S. 43 ff.; Okko Behrends, »Princeps Legibus Solutus«, in: Rainer Grote u. a. (Hg.), *Die Ordnung der Freiheit*, Tübingen 2007, S. 3-21, 3; Walter Ullmann, *Principles of Government and Politics in the Middle Ages*, London 1961, S. 296; Gierke, *Political Theories of the Middle Age*, S. 39; zur prägenden Rolle des Königsrechts für die Verfassungsevolution: Edward S. Corwin, »The ›Higher Law‹ Background of American Constitutional Law«, in: *Harvard Law Review* 2 (1928), S. 149-185, 151 ff.; Kantorowitz, *The King's Two Bodies*, S. 103 ff.; Koschorke u. a., *Der fiktive Staat*, S. 150; Daniel Lee, *Popular Sovereignty in Early Modern Constitutional Thought*, Oxford 2016, S. 26; Loughlin, *Foundations of Public Law*, S. 37.

sonderen Gesetzgebungskompetenzen aus.[39] Im *Corpus Iuris Civilis* wurde festgestellt, dass der *princeps* seine Amtsmacht zwar nutzen könne, diese aber wiederum aus dem Königsrecht des römischen Volkes, des *populus romanus*, abzuleiten habe. In den *Institutiones* heißt es:

Aber auch das, was der Kaiser bestimmt, hat Gesetzeskraft, weil das Volk durch das ›königliche‹ Gesetz (*lex regia* – der Verf.), das über die Herrschaft des Kaisers ergangen ist, diesem und auf diesen seine gesamte Herrschaftsgewalt übertragen hat.[40]

Die *Digesten* wiederholen diese Formel, allerdings wird der Übertragungsvorgang mit einem anderen Verb charakterisiert. Heißt es in den *Institutiones* »concessit«, wird es in den *Digesten* durch »conferat« ersetzt. Das ist der Auftakt einer sich über die Jahrhunderte erstreckenden Diskussion über die Frage, ob das Volk dem Herrscher die Amtsgewalt nur leihweise überträgt (*conferat*) oder dauerhaft zugesteht beziehungsweise überlässt (*concessit*). Damit sind verschiedene Interpretationsweisen möglich: Macht sich der *princeps* zum Souverän, indem er den voluntativen Spielraum ausschöpft und das Volk ihm seine Amtsmacht überlässt? Ist die Übertragung der Amtsgewalt nur eine nachgeordnete Bestätigung, die den faktischen Machtvollzug legalisiert? Oder ist seine Macht aus der höherrangigen Souveränität des Volkes abgeleitet, so dass der *populus romanus* souverän bleibt, indem er die Amtsmacht nur leihweise überträgt und sie wieder zurücknehmen darf?

Man kann die *lex regia* sowohl im Sinne der Volkssouveräni-

39 Behrends, »Princeps Legibus Solutus«, S. 3: »Der Grundsatz ›princeps legibus solutus‹ – ›der Prinzeps ist von den Gesetzen befreit‹ – formuliert wie sein naher Verwandter ›quod principi placuit, legis habet vigorem‹ – ›was dem Prinzeps gefällt, hat die Kraft eines Gesetzes‹ – das Ergebnis der gesetzlichen Konsolidierung des Prinzipats, die seiner im Jahr 27 v. Chr. erfolgten Gründung wenige Jahre später nachfolgte. Die gesetzliche Konsolidierung der neuen Verfassung geschah hinsichtlich des zweiten Grundsatzes bereits im Jahr 23 v. Chr., und zwar durch ein Volksgesetz, das in der Überlieferung lex regia, lex de imperio oder auch lex Augusti genannt wird.«

40 »Sed et quod principi placuit, legis habet vigorem, utpote cum lege regia, quae de imperio eius lata est, populus ei et in eum omne suum imperium et potestatem concessit« (*Institutiones*, 1,2,6), zit. nach: Okko Behrends u. a. (Hg.), *Corpus Iuris Civilis. Die Institutionen*, Heidelberg u. a. 2013, S. 4. In den *Digesten* (1,4,1) wird die Formel wiederholt.

tät als auch des königlichen Absolutismus interpretieren, je nachdem, ob man sie als »vollständige und dauerhafte Übertragung der Macht auf den Kaiser« oder auch »begrenzte und widerrufliche Konzession an den einzelnen Kaiser in persona« ausdeutet.[41] In der *lex regia* trifft also je nach Interpretation ein absolutistisches Modell des Machttransfers – eine Autorität, die sich als Haupt an die Stelle des Ganzen setzt – auf das Volk als souveräne Instanz, von der aus die Ordnung autorisiert wird.[42] Insofern ist hier durchaus eine populistische Auffassung zu identifizieren, die über die Jahrhunderte zu einem wichtigen Bestandteil politischer Ordnungskämpfe avancierte. Sie behauptete, dass der »Körper des Volkes [...] kein gesondertes Haupt mehr« brauche, sondern selbst, als Volk, »von der höchsten Regierungsgewalt Besitz ergreift«.[43] Jene populistische Auffassung wurde freilich noch nicht im Sinne von umfassender Demokratie verwirklicht, wohl aber war sie immer Teil politischer Konflikte.[44]

Der Widerspruch zwischen eher absolutistisch-monarchischen und eher populistischen Lesarten der *lex regia* verkomplizierte sich in einem weiteren Schritt, als sich zusätzlich eine juridische Interpretation aufdrängte. Im Zuge dieser Option wurde argumentiert, dass gar nicht entscheidend sei, ob der *princeps* nun sein Volk schaffe (Absolutismus) oder umgekehrt das Volk sich selbst regiere (Populismus); vielmehr erweise sich der Rechtscharakter des Übertragungsvorgangs als bedeutsam.[45] Für diese Lesart war es gar nicht so entscheidend, ob das Volk oder der Kaiser herrscht, sondern, dass die souveräne Instanz ihre Herrschaft in rechtlich gebundener Form ausübt. Erst das juridische Verfahren konstituiert die Souveränität und macht sie anerkennungsfähig.

Quentin Skinner beschreibt diesen Vorgang als Fiktionalisie-

41 Kantorowitz, *The King's Two Bodies*, S. 103.

42 Vgl. zu diesem Transfermodell der *lex regia*: Daniel Lee, *Popular Sovereignty in Early Modern Constitutional Thought*, Oxford 2016, S. 26 ff.; Gierke, *Political Theories of the Middle Age*, S. 45.

43 So Skinner, *Die drei Körper des Staates*, S. 30 im Hinblick auf das populistische Modell der Machtübertragung.

44 Vgl. als Alternative zum Absolutismus: Lee, *Popular Sovereignty in Early Modern Constitutional Thought*, S. 4; Harold J. Laski, *The Foundations of Sovereignty and Other Essays*, London 1921, S. 8; Ullmann, *Principles of Government and Politics in the Middle Ages*, S. 231 ff.

45 Quentin Skinner, *Die drei Körper des Staates*, Göttingen 2012, S. 43 ff.

rung, in dem unterschiedliche politische Strömungen im England des 17. Jahrhunderts den rechtlichen Charakter der Machtübertragung zum Dreh- und Angelpunkt erhoben. Demnach abstrahiert das rechtliche Verfahren vom faktischen Machtvollzug, so dass sich das Geschehen verdoppelt. In der rechtlichen Übertragung werden sowohl das Volk als auch der *princeps* ersetzt. Der Verrechtlichungskreislauf bringt fiktive Personen hervor, deren Handlungsspielräume begrenzt sind.[46] Das zentrale Instrument dieser Fiktionalisierung war erneut die Korporationslehre, die am Beispiel der katholischen Kirche schon ausführlich beleuchtet wurde.[47]

Die Idee bestand darin, dass sich die Einzelnen nicht einfach zu einer Einheit zusammenschließen, sondern eine eigene Korporation im Sinne eines juridifizierten Kollektivakteurs hervorbringen und diesen mit Kompetenzen ausstatten. Wird der Staat als eine solche Korporation verstanden, gewinnt man einen gewissen Abstand sowohl von der absolutistischen als auch von der populistischen Souveränitätslehre: Er avanciert zu einer Rechtsgemeinschaft, in der Kompetenzen und Handlungsbefugnisse nie vollständig von einer Instanz monopolisiert werden dürfen. Akzeptabel ist die staatliche Willensdurchsetzung nur, wenn sie vom Standpunkt der Korporation aus zu rechtfertigen ist. Sie »ist nur dann moralisch akzeptabel, wenn – und nur dann, wenn es dazu dient, die Sicherheit und das Wohl der Person des Staates zu fördern«.[48] Erst wenn sich die noch nicht organisierte Menge zum Volk und sich der *princeps* zur allgemeinwohlsichernden Regierung (*commonwealth*) im Medium des Rechts wandelt, werde die staatliche Souveränität anerkennungsfähig. Skinner identifiziert Legitimationsbedingungen, die unmittelbar aus dieser juridischen Fiktionalisierung hervorgehen:

> Der fiktiven Theorie zufolge sind die Handlungen von Regierungen genau dann ›richtig‹ und ›im Einklang mit der Gerechtigkeit‹, wenn zwei miteinander verbundene Bedingungen erfüllt sind. Die erste ist, dass sie von einem Souverän – sei es ein Mann oder eine Versammlung – durchgeführt werden müssen, der von den Mitgliedern der Menge ordnungsgemäß ermächtigt wurde, im Namen der Person des Staates zu sprechen und zu handeln. Zweitens müssen sie grundsätzlich darauf abzielen, das Leben und die

46 Skinner erläutert das an der einschlägigen Passage aus Thomas Hobbes' Leviathan (Skinner, *Die drei Körper des Staates*, S. 46 ff.).

47 Wyduckel, *Princeps Legibus Solutus*, S. 72 ff.

48 Skinner, *Die drei Körper des Staates*, S. 89.

Gesundheit dieser Person und damit das Gemeinwohl oder das öffentliche Interesse ihrer Untertanen zu schützen, und zwar nicht nur zum Zeitpunkt des Handelns, sondern auf Dauer.[49]

Dieses Erklärungsmodell sieht also vor, dass die Einzelnen als Menge im Medium des Rechts eine neue künstliche Person als Souverän autorisieren.[50] Der so gewonnene Gestaltungsspielraum des Souveräns bleibt dadurch begrenzt, dass er sowohl an die Autorisierungsstruktur als auch an die Pflege und den Erhalt der künstlichen Person gebunden ist. Insofern spannte die *lex regia* einen ganzen Spielraum auf, um den Grund des Gemeinwesens zu bestimmen: Ist es ein schon existierender Machtvollzugs des *princeps*, der nur noch formal anerkannt wird (absolutistische Auffassung)? Ist es die Souveränität des Volkes, die den Machtbereich des *princeps* aus sich ableitet (populistische Auffassung)? Oder ist es der Rechtscharakter, der sich als bestimmend für die Souveränität erweist (fiktional-juridische Auffassung)?

Die hier vorgeschlagene Betrachtungsweise versteht die Souveränitätsfrage nicht nur als Spielfeld von sich widersprechenden Theorien; vielmehr zeigen sich die Realparadoxien der Politik in den Lehrmeinungen und Deutungslinien. Die Souveränität wird als evolutionärer Mechanismus darstellbar (siehe Abb. 4), das heißt als Mechanismus, der nicht nur in den Köpfen der Jurist:innen und Philosoph:innen herumspukte, sondern in Korrespondenz dazu steht, wie der Bereich der Politik funktioniert und seine kommunikative Selbstreferenz organisiert:

49 Quentin Skinner, »The Sovereign State: a Genealogy«, in: Hent Kalmo/Quentin Skinner (Hg.), *Sovereignty in Fragments: The Past, Present and Future of a Contested Concept*, Cambridge 2010, S. 26-46, 37.

50 Ähnlich diskutiert bei Philip Pettit, *On the People's Terms: A Republican Theory and Model of Democracy*, New York 2012, S. 292. Pettit kann deshalb auch kein »Paradox der verfassungsgebenden Gewalt« ausweisen, denn es wird eine Menge von Individuen angenommen, deren Interessen zur Verfassung führen, ohne dass eine zirkuläre Selbstkonstitution anzunehmen ist.

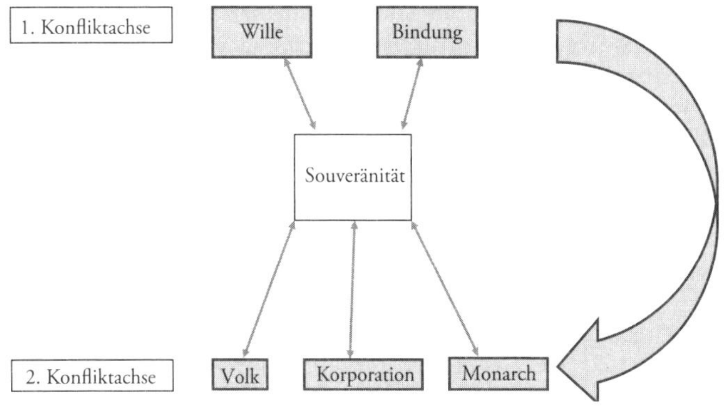

Abb. 4: Konfliktachsen der Souveränität

Interessanterweise schlug sich das Verhältnis von Wille und Bindung wiederum in allen drei Doktrinen der Souveränität nieder: Ist das Volk der populistischen Auffassung der Träger eines bloßen Volkswillens oder der Träger einer höherrangigen popularen Rationalität, gar eines Volksrechts? Ist der Herrscher der absolutistischen Auffassung der Träger faktischer Machtdurchsetzung oder bringt die souveräne Durchsetzung auch aus sich selbst heraus die Bindung an höherrangige Verfahren und Werte hervor? Und beruht die juridische Auffassung der Korporation nicht auch auf dem empirischen Willen der Einzelnen oder der Menge?

Der Verfassungssoziologe Chris Thornhill hat gezeigt, wie das Souveränitätsproblem praktisch dazu beitrug, die Ausübung politischer Macht zu zentralisieren und in einen formal von der Gesellschaft getrennten Bereich zu verlegen. Er zeichnet nach, wie unterschiedliche Akteure im Namen der Souveränität Macht aggregierten, sich zur verfassungsgebenden Gewalt aufschwangen und sich auf diese Weise selbst legitimierten. So inszenierten sie sich als »normativ vom Volk gewollt« und weiteten ihre Machtansprüche aus.[51] Der Souveränitätsbegriff wurde jedoch auch als Rechtssouveränität mobilisiert, die den Geltungsbereich der Politik eingrenz-

51 Chris Thornhill, »Contemporary Constitutionalism and the Dialectic of Constituent Power«, in: *Global Constitutionalism* 03 (2012), S. 369-404, 384.

te. Nach den Beobachtungen Thornhills war für die Entstehung des Staates besonders entscheidend, dass subjektive Rechte eingeführt wurden, die nicht unmittelbar der politischen Veränderung zugänglich waren. Dabei ging es, so Thornhill, nicht so sehr um ihren normativen Eigenwert, sondern darum, dass sie die Einzelnen und die Gesellschaft vom Staat abgrenzten und so bestimmte gesellschaftliche Bereiche de-politisierten. Erst auf dieser Grundlage konsolidierte sich der moderne Staat:

> Durch die Verleihung und Anerkennung subjektiver Rechte konstituiert sich der Staat als öffentliche Ordnung. Der Staat konstruiert also zwangsläufig eine Vorstellung der einzelnen Machtunterworfenen als Träger subjektiver Rechte, die sowohl gegen Dritte als auch gegen den Staat selber behauptet werden können. Diese Vorstellung bildet den Kern der staatlichen Legitimation. In dieser Konstruktion der staatlichen Legitimität sind aber private subjektive Rechte und öffentliche subjektive Rechte nicht trennbar.[52]

Insofern bildete sich die moderne Politik gerade durch das Souveränitätsproblem. Es ist die Verleihung subjektiver Rechte, die daraus resultierende Trennung von Privat- und Staatsbürger:innen sowie von Gesellschaft und Staat, die die Machtausübung zentralisierten. Indem die Souveränität als Rechtssouveränität ausgerichtet wurde, trennte die Politik ihre Selbstreferenz von anderen gesellschaftlichen Sphären und machte die im holistischen Charakter der Souveränität angelegte Überforderung, für alles und jeden zuständig zu sein, handhabbar.

Dabei war das Souveränitätsparadox nicht auf den nationalen Staat begrenzt und setzte sich in der internationalen Ordnung fort. Auch hier entstand das Wechselspiel aus Willens- und Rechtssouveränität. Die einen sahen die Autorität des internationalen Rechts im »Willen der Staaten«, die anderen im Rechts- und Prinzipiencharakter des Völkerrechts.[53] Die normative Perspektive auf ein internationales Recht – sei sie im naturrechtlichen *ius gentium*, in der Kosmopolis, den höchsten Werten oder unveräußerlichen

52 Chris Thornhill, »Subjektive Rechte und Staatlichkeit«, in: Andreas Fischer-Lescano u. a. (Hg.), *Gegenrechte: Rechte jenseits des Subjekts*, Tübingen 2018, S. 53-80, 56.

53 Zur Analyse des Völkerrechts als Schwanken in einem leicht verschobenen, internationalisierten Souveränitätsparadox: Martti Koskenniemi, *From Apology to Utopia: The Structure of International Legal Argument*, Cambridge 2005.

Menschenrechten verankert – brachte von diesem Standpunkt aus überhaupt erst eine anerkennungsfähige Souveränitätsordnung hervor. Doch die machtrealistische Antwort folgte in der Regel sofort, wenn das internationale Recht nur aus der äußeren Souveränität der Einzelstaaten abgeleitet war. Das internationale Recht wurde als zwischenstaatlicher und stets aufkündbarer Absichtskonsens und weniger als übergreifende Rechtsordnung konturiert. Auch die internationale Ordnung konnte sich unter Bezug auf die Souveränität re- und entparadoxieren, also ihre kommunikative Selbstreferenz öffnen oder schließen, sich anpassen oder die bestehende Ordnung gegen Verächter:innen verteidigen, das internationale Recht durchsetzen oder im Namen des Staatenkonsenses brechen.

4 Populismus nach der Volkssouveränität

Wie schon ausgeführt, nahm der Populismus also stets an Souveränitätskonflikten teil. Schon in den Ordnungskämpfen vor der bürgerlichen Revolutionsepoche schien immer wieder eine popular-demokratische Option auf, die das Volk als höchsten Verfassungsgeber stilisierte. Es war jedoch ein langer Weg von diesen frühen populistischen Auffassungen zum Prinzip der Volkssouveränität, welches das heutige Verfassungsverständnis prägt.[54] Die Bedeutung des Populismus verändert sich unter diesen Bedingungen und es stellt sich die Frage, inwiefern er nicht nur eine volkstümelnde Rhetorik bemüht, sondern regressiv hinter das bestehende Differenzierungsniveau demokratischer Verfassungen zurückfällt.

In den Revolutionen des 18. Jahrhunderts zeichnete sich jedenfalls ein qualitativ neues Verständnis der Volkssouveränität ab. Es avancierte von dort schrittweise und trotz massiver Rückschläge zur Fundierungsformel der modernen Politik. Die »politische Herrschaft von Königen« wurde durch »politische Herrschaft im Namen des Volkes« ersetzt.[55] Die Verfassung schrieb dem souveränen Volk

54 Vgl. etwa am Beispiel Englands und der USA: Edmund S. Morgan, *Inventing the People. The Rise of Popular Sovereignty in England and America*, New York/London 1988; am Beispiel Frankreichs: Pierre Rosanvallon, *Le Peuple Introuvable. Histoire de la Représentation Démocratique en France*, Paris 1998.

55 Reinhard Bendix, *Könige oder Volk – Machtausübung und Herrschaftsmandat. Zweiter Teil*, Frankfurt am Main 1980, S. 14.

die verfassungsgebende Gewalt zu. Die verfassten Organe sollten so verstanden werden, dass sie aus dem Volkswillen hervorgehen und ihn verlässlich zur Geltung bringen.

Die entscheidende Umstellung, die die moderne Volkssouveränität von den frühen Populismen unterscheidet, besteht in der konsequenten Verrechtlichung und Prozeduralisierung des Volkswillens.[56] Die Verfassung gründet sich auf einen in Teilen außerhalb von ihr liegenden Souverän – das Volk –, figuriert dieses Volk aber gleichzeitig als Gesamtheit freier und gleicher Bürger:innen, die mit Rechten ausgestattet und ans Recht gebunden sind. Daraus erwächst ein prozedurales Verständnis des Volkswillens, das das Volk nicht als substantielle Einheit voraussetzt, sondern in die Verhandlungen, Diskussionen und gesetzgebenden Verfahren der Bürgerschaft internalisiert. Demnach lässt sich der Volkswille immer nur ex-post rekonstruieren und bleibt stetig im Fluss.

Die demokratische Volkssouveränität beruht auf einem anderen, vergleichsweise weniger paternalistischen Volksverständnis, indem es dieses in rechtlich-politische Verfahren transferiert. Die Verfahren selbst sind die zentralen Relais, die die Menge ins Volk und die *volonté de tous* in den *volonté générale* überführen.[57] Nicht die äußere Begrenzung der Politik durch Wirtschaft, Religion, Natur, Ästhetik oder Volksgeist bringt die Rationalität der politischen Entscheidungen hervor. Erst die Verrechtlichung des kollektiv bindenden Entscheidens erweist sich als Garant einer Vernunftvermutung, die politischen Entscheidungen gemeinhin zugeschrieben wird. Der Schwanken zwischen *voluntas* und *ratio* löst sich in eine Verfahrensrationalität auf:

Positives Recht wird jetzt nicht mehr aufgrund seiner Übereinstimmung mit materialen Vorgaben eines höheren gerechten Rechts als ›richtiges Recht‹ ausgezeichnet, sondern aufgrund seiner Entstehung in einem Ge-

56 Vgl. Ingeborg Maus, *Über Volkssouveränität. Elemente einer Demokratietheorie*, Berlin 2011, S. 120 ff.; dies., *Zur Aufklärung der Demokratietheorie: rechts-und demokratietheoretische Überlegungen im Anschluss an Kant*, 1992, S. 148 ff.; zum »Verfahren deliberativer Politik als Kernstück des demokratischen Prozesses«: *Jürgen Habermas, Faktizität und Geltung*, Frankfurt am Main 1992, S. 359.

57 Zu dieser »Durchsetzung der Vollpositivierung des Rechts«: Maus, *Über Volkssouveränität*, S. 46; klassisch: Hans Kelsen, *Vom Wesen und Wert der Demokratie*, Tübingen 1920, S. 21 ff.

setzgebungsprozedere, das wegen seiner demokratischen Struktur, der Fixierung freier und gleicher Verfahrenspositionen, seinerseits gerecht ist.[58]

Dieser Lesart folgend bleibt die Form der Gesetzgebung entscheidend. Sie öffnet die Politik für die Willensbildung und rationalisiert sie dabei unter dem Gesichtspunkt verbindlicher Gesetze. Dies verstrickt die handelnden Akteure in ein Verfahren, das eine Annäherung an den Allgemeinwillen (*volonté générale*) herbeiführen soll. Mehrheiten und Minderheiten sind jeweils gezwungen, ihre Vorschläge zu Gesetzen zu verdichten, die sowohl sie selbst als auch alle und jeden Rechtsunterworfenen binden.

Diese Verfahrensrationalität legt die Politik nicht auf eine feingliedrige Institutionenordnung oder übergreifende Werte fest. Eher gibt sie einige Strukturmerkmale an, die sich als notwendig für die Ausübung der Volkssouveränität erwiesen haben. So ist etwa eine vertikale Gewaltengliederung als – wie Kant es einmal genannt hat – republikanische Regierungsart erforderlich.[59] Sie trennt die gesetzgebende Gewalt von der praktischen Anwendung der Gesetze in Verwaltung und Rechtsprechung. Auf diese Weise soll sichergestellt werden, dass die rechtsanwendenden Gewalten nicht ihrerseits den Platz der rechtsetzenden Gewalt einnehmen, wenn sie situativ verwaltend oder rechtsprechend tätig werden. Schließlich dürfen sich die schon konstituierten Organgewalten (*pouvoirs constitués*) nicht an die Stelle der verfassungsgebenden Gewalt des Volkes (*pouvoir constituant*) setzen und diesen Platz eigenmächtig usurpieren. Subjektive Rechte sollen garantieren, dass die Bürger:innen an der Gesetzgebung teilnehmen und Distanz zu den Machtpraktiken der Politik halten können. Die Verfahren öffnen die gemeinschaftliche Willensbildung und nehmen ihr den dezisionistischen Charakter.

Damit stellt sich aber die Frage der Bindungswirkungen der Verfassung. Denn wenn das Volk als verfassungsgebende Gewalt das Recht auf eine Verfassungsrevolution behalten soll und so in Teilen außerhalb der konstituierten Organgewalten figuriert wird, muss erörtert werden, wie mit Aktionen des zivilen Ungehorsams,

58 Maus, *Über Volkssouveränität: Elemente einer Demokratietheorie*, S. 125.

59 Grundlegend zur vertikalen Gewaltengliederung: Oliver Eberl, »Der Vater der Gewaltentrennung. Sieyès' Begründung eines ›französischen‹ Modells der vertikalen Gewaltenteilung«, in: Ulrich Thiele (Hg.), *Volkssouveränität und Freiheitsrechte*, Baden-Baden 2009, S. 191-210.

der Disruption und Spontanität umzugehen ist, die im Bereich der Politik immer wieder zu beobachten sind. Nicht zuletzt gilt dies auch für holistische Ansprüche im politischen Leben, die darauf zielen, das Ganze zu verkörpern oder zu repräsentieren, und damit in einem Spannungsverhältnis zur arbeitsteiligen Prozeduralisierung des Volkswillens stehen.[60]

Diese Vorüberlegungen wirken sich unmittelbar auf die Analyse des Populismus aus. Konnte die frühe populistische Auffassung die Volkssouveränität der absolutistischen Herrschaft entgegensetzen (vgl. Abb. 4), so stellt sich nun die Frage, was Populismus unter den Bedingungen einer Verfassungsordnung bedeutet, die so eingerichtet ist, dass sie ohnehin aus dem Volkswillen hervorgeht. Ist dann nicht jeder Akteur, jedes Verfahren oder jede Kommunikation des politischen Systems populistisch, in dem Sinne, dass sie zur Konkretisierung des jeweiligen Volkswillens beitragen? Oder handelt es sich beim Populismus um einen Kategorienfehler, wenn er im Namen des Volkes gegen die konstituierten Organe und Funktionärseliten aufbegehrt und so die Verfahrensrationalität unterläuft?

Je nachdem, wie man die Rolle des Volkes in der Volkssouveränität versteht, ergeben sich konkurrierende Perspektiven auf den Populismus. Die prozedurale Demokratietheorie bietet, wie im Folgenden zu zeigen wird, einen breiten Variationsspielraum: Aus einer ersten verfassungspatriotischen Lesart folgt ein Verkörperungsverbot des Volkes der Volkssouveränität im verfassten politischen Prozess. Von diesem Standpunkt aus muss der Populismus als regressives Phänomen gelten (5). Aus einer zweiten, radikaldemokratischen Lesart folgt jedoch ein deutlich anderer Zugriff (6): Die demokratische Volkssouveränität verbannt die Verkörperung des Volkes nicht aus ihrem Normalbetrieb, sondern stellt sie zur freien kommunikativen Verfügung, so dass eine Bilderflut eintritt, in der sich die Volksbezüge vervielfältigen.

60 Siehe dazu eingehend meine Überlegungen in: Kolja Möller, »Moses and Aron: Reconsidering Holistic Politics«, in: *Philosophy & Social Criticism* (2023), Online First.

Welche Rolle nimmt das Volk also in der Politik ein, wenn es schon durch die Verfassung als souveräne Gründungsmacht des Gemeinwesens gilt? Die Volkssouveränität verändert das, was als Populismus einzustufen ist. Der Populismus steht jetzt nicht mehr nur für die Volksherrschaft, sondern für eine nochmalige Anwendung der Volkssouveränität auf die Volkssouveränität innerhalb der schon konstituierten Verfahren. Dies legt die Demokratieidee nahe, und auch in geschichtlicher Perspektive ist zu beobachten, dass die Verfassung der Volkssouveränität mit einer verstärkten Rede vom Volk, von seinen Interessen und seinem Charakter einhergeht. Die meisten Studien zeigen, dass sich nach den demokratischen Revolutionen das Volk als Bezugspunkt massiv ausbreitete.[61] Prägnant zeichnet der französische Ideengeschichtler Pierre Rosanvallon im Hinblick auf den französischen Staat im 19. und 20. Jahrhundert nach, wie stark der politische Diskurs nach der Französischen Revolution von Überlegungen zum *peuple* geprägt war.[62] Zwar wurde er im Nachgang der Französischen Revolution als Einheit (*peuple-totalité*) verstanden, aber woher diese Einheit rührte, ob sie politisch, kulturell oder rechtlich zu bestimmen war – das war stets umstritten. Rosanvallon verdeutlicht, welche Optionen im Frankreich des 19. Jahrhunderts zum Zuge kamen. Das Volk wurde als strukturierter Organismus konturiert (zum Beispiel bei Jules Michelet in seiner Schrift *Le peuple* von 1846), als soziologisch und statistisch zu erfassende Bevölkerung oder als politischer Bürgerbund. Schließlich wandte die frühe Arbeiterbewegung die Volkskategorie für die niederen Schichten an und setzte das entstehende Proletariat an seine Stelle. Immer wieder changierte die Diskussion zwischen einem auf Einheit abzielenden Verständnis und einem soziologischen Zugriff, der das Volk mit der Gesellschaft gleichsetzte. Die Rede vom Volk handelte sich mithin die Komplexität der existierenden sozialen Beziehungen ein (*peuple-société*).[63] Mit dem allgemeinen

61 Vgl. am Beispiel der USA: Bruce Ackerman, *We the People 2. Transformations*, Cambridge/London 1998; vgl. für andere Beispiele populistischer Bewegungen: Margaret Canovan, *The People*, Cambridge/Malden 2005.

62 Pierre Rosanvallon, *Le Peuple Introuvable. Histoire de la Représentation Démocratique en France*, Paris 1998.

63 Ebd., S. 31.

Wahlrecht und den wissenschaftlichen Methoden moderner Statistik wurden schließlich abstrakte Methoden eingeführt, um aus der Komplexität einen geteilten Volkswillen herauszudestillieren.[64]

Rosanvallons Studien laufen am Ende auf eine systematische Pointe zu: Aufgrund der historischen Umstrittenheit beschreibt er das Volk der Demokratie als »unauffindbar«. Im Sinne der Verfahrensrationalität beruhe die Demokratie auf einer »komplexen Souveränität«.[65] Erst Vermittlungsmechanismen – seien es die Grundrechte, die Wahlen oder die Öffentlichkeit – brächten eine Ordnung hervor, die den Grundsatz demokratischer Autorisierung – den *peuple-principe* – tatsächlich verwirklicht: Einzig die Verfassung repräsentiere das Volk, während alle nachgeordneten Organe nur Teilmomente darstellten, die sich nicht dezisionistisch an die Stelle des Ganzen setzen dürften. Erst die rekonstruktive Arbeit, die das Zusammenspiel dieser Kreisläufe freilege, könne ex-post so etwas wie einen Volkswillen zumindest vorläufig und bestreitbar feststellen.

Die Demokratietheorie bemüht unterschiedliche Formeln, um diesen Prozesscharakter zu konturieren. Das Volk der Demokratie, so die verbreitete Annahme, gebe es nur im Plural als ent-körpertes oder disfiguriertes Volk.[66] Da populistische Politikformen den Namen des Volkes beanspruchen, entstehen usurpatorische Risiken. Zwar scheint es so, dass sich die Rede vom Volkswillen verbreitet und nicht nur den Staatsorganen, sondern der gesamten Öffentlichkeit zur Verfügung steht. Die Anwendung der Volkssouveränität auf die Volkssouveränität allerdings besitzt die Gefahr einer einseitigen Usurpation der verfassungsgebenden Gewalt. Schließlich liegt eine anmaßende Geste vor, wenn das Volk verkörpert werden soll und dadurch andere – insbesondere Personengruppen, die als

64 Pierre Rosanvallon, *Le Sacre du Citoyen. Historie du Suffrage Universel en France*, Paris 1992.

65 Pierre Rosanvallon, *Democracy. Past and Future*, New York 2007, S. 199 ff. Dies gilt trotz Rosanvallons Kritik an einem puren Prozeduralismus, dazu: Daniel Schulz, *Die Krise des Republikanismus*, Baden-Baden 2015, S. 182.

66 Jürgen Habermas, *Faktizität und Geltung*, Frankfurt am Main 1992, S. 607; ähnlich als ent-körpertes Volk: Claude Lefort, *L'invention démocratique: Les limites de la domination totalitaire*, Paris 1994, S. 64; als disfiguriertes Volk: Nadia Urbinati, *Democracy Disfigured: Opinion, Truth, and the People*, Cambridge 2014; als Prozess: Sofia Näsström, »The Legitimacy of the People«, in: *Political Theory* 5 (2007), S. 624-658; klassisch: Kelsen, *Vom Wesen und Wert der Demokratie*, S. 28 ff.

Eliten oder Machtblock kritisiert werden – ausgeschlossen werden. Dies führe, so thematisieren es Populismuskritiker:innen, zu einem Widerspruch zwischen Populismus und Demokratie, mehr noch: Er stelle ein regressives Phänomen dar, da es die geforderte Verfahrensrationalität auf zwei Ebenen unterlaufe.[67]

Das betrifft *erstens* das Verhältnis von Verfassungspolitik und einfacher Gesetzgebung. Legt man die eingangs entwickelte Definition zugrunde, zeigt sich die verfassungspolitische Dimension des Populismus. Er beansprucht, die verfassungsgebende Gewalt des Volkes zu verkörpern. Dabei ist er von anderen Varianten einer konstituierenden oder revolutionären Verfassungspolitik zu unterscheiden. Denn er will weder eine umfassende Verfassungsrevolution durchführen noch eine bloße Reform der Verfassung – etwa im Rahmen schon bestehender Änderungsverfahren – bewirken. Beide Aspekte können in populistischen Bewegungen eine Rolle spielen. Populistisch werden Bewegungen für eine Verfassungsrevolution oder -reform aber erst dann, wenn sie an der einfachen Politik erster Ordnung ansetzen. Sie beteiligen sich am Wechselspiel aus Regierung und Opposition, indem sie dort den Volkswillen gegen die Funktionseliten wenden und ihnen die Amtsmacht streitig machen. Diese Verschleifung von Politik erster und zweiter Ordnung wird nun von den Kritiker:innen des Populismus wie folgt problematisiert: Leiten sich die bestehenden Verfahren der Politik aus der Volkssouveränität der Verfassung ab, darf sich kein Organ und kein:e Einzelakteur:in an die Stelle des Ganzen setzen.[68] Erst das

67 Vgl. zur Populismuskritik: Jan-Werner Muller, *Was ist Populismus?*, Berlin 2016; Urbinati, *Democracy Disfigured*; Andreas Voßkuhle, »Demokratie und Populismus«, in: *Der Staat* 1 (2018), S. 119-134; David Landau, »Populist Constitutions«, in: *University of Chicago Law Review* 2 (2018), S. 521-543.

68 Friedrich Müller, *Wer ist das Volk?*, Berlin 1997, S. 13; zur Kritik der Verkörperung des Volkes: Voßkuhle, »Demokratie und Populismus«, S. 127; Urbinati, *Democracy Disfigured*, S. 129 ff.; Müller, *Was ist Populismus?*, S. 42; grundsätzlich zur Diskussion um einen »populist constitutionalism«: Paul Blokker, »Populism as a Constitutional Project«, in: *Journal of International Constitutional Law* 2 (2019), S. 536-553; Paul Blokker, »Populist Constitutionalism«, in: Carlos de la Torre (Hg.), *Routledge Handbook of Global Populism*, Oxon/New York 2018, S. 113-127; Luigi Corrias, »Populism in a Constitutional Key: Constituent Power, Popular Sovereignty and Constitutional Identity«, in: *European Constitutional Law Review* 1 (2016), S. 6-26; Malte Frøslee Ibsen, »The Populist Conjuncture: Legitimation Crisis in the Age of Globalized Capitalism«, in: *Political Studies* 3 (2019),

Zusammenspiel der verfassten Organe konkretisiert die Volkssouveränität und jeder Versuch, sich von innen her an die Stelle des Ganzen zu setzen, schlägt in das Gegenteil des eigenen Anspruchs um. Insofern scheint hier das vordergründige Einklagen der Volkssouveränität ihre charakteristischen Merkmale zu unterlaufen. Dann usurpieren Bewegungen oder Parteien die verfassungsgebende Gewalt und sprechen allen anderen Konkretisierungsverfahren – seien es die Grund- und Menschenrechte oder die Justiz – ihre demokratiesichernde Legitimation ab. So etwas sei folglich als eine einseitige Usurpation des *pouvoir constituant* einzustufen, die den großen Fortschritt der demokratischen Volkssouveränität – nämlich die Prozeduralisierung – wieder rückgängig macht, argumentieren Kritiker:innen des Populismus. Das Verwechseln einfacher Politik mit Verfassungspolitik sei dafür verantwortlich, dass der Populismus die Verfahrensrationalität und rechtliche Bindungen ablehne.[69] Er verfolge ein vulgär-plebiszitäres Demokratieverständnis, das nur die unmittelbare Entscheidung oder Akklamation als demokratisch ausweise, während es die repräsentativen Verfahren als Verwässerung des Volkswillens skandalisiere.[70] Da er die demo-

S. 795-811; Landau, »Populist Constitutions«; Kim Lane Scheppele, »Autocratic Legalism«, in: *University of Chicago Law Review* 2 (2018), S. 545-583; Christine E. J. Schwöbel, »Populism, International Law and the End of Keep Calm and Carry on Lawyering«, in: Janne Nijmann/Wouter Werner (Hg.), *Netherlands Yearbook of International Law*, 2019, S. 97-121.

69 Landau, »Populist Constitutions«, S. 537. In vielen Fällen wird ein Instrumentalisierungs-Vorwurf erhoben: »Populist constitutionalism adopts the forms and processes of constitutionalism in order to serve the overlapping ends of populism and authoritarianism [...].« (Simone Chambers, »Afterword: Populist Constitutionalism v. Deliberative Constitutionalism«, in: Graeme Orr u. a. (Hg.), *The Cambridge Handbook of Deliberative Constitutionalism*, Cambridge 2018, S. 370-372, 370) Das Problem dieser Instrumentalisierung-Beobachtung: In der Politik finden natürlich andauernd instrumentelle Bezüge auf die Verfassung statt. Man denke etwa an Franklin D. Roosevelts Konflikte um den Supreme Court in den 1930er Jahren, Charles de Gaulles Versuch in den 1950er Jahren, den Einfluss der kommunistischen Partei durch neue Wahlgesetze zurückzudrängen, usw. Aus verfassungstheoretischer Sicht ist in Rechnung zu stellen, dass im politischen System eben Politiker:innen und keine Verfassungsrichter:innen handeln. In den Instrumentalisierungs-Vorwurf schleicht sich eine Vorstellung ein, wonach die Politik wie eine Art Gerichtshof organisiert sein soll (was sie nicht ist).

70 Pierre Rosanvallon, »Penser le populisme«, in: Colliot-Thélène/Guénard (Hg.), *Peuples et Populismes*, Paris 2014, S. 27-42, 34 ff. In ähnlicher Absicht hatte Rosan-

kratische Volkssouveränität in eine bloße Mehrheitstyrannei überführe, stelle er sich außerhalb der akzeptablen Interpretationen der Volkssouveränität.

Dieser tyrannische Zug beeinflusst *zweitens* wiederum die Deliberationen in der Öffentlichkeit. Die politischen Verfahren können schließlich dadurch Rationalität für sich beanspruchen, dass Meinungen ausgetauscht und gegebenenfalls modifiziert werden.[71] Die Deliberation, das heißt der freie Austausch von Argumenten, setzt voraus, dass die Bürger:innen als Freie und Gleiche in der Öffentlichkeit auftreten. Beansprucht ein Akteur im Voraus den Volkswillen zu kennen und ihn sogar zu verkörpern, mündet dies in eine Antagonisierung der Öffentlichkeit, die sich bis zu weitreichenden Ausschlussszenarien steigern kann. Denn andere Meinungen, die vom feststehenden Volkswillen abweichen, müssten dann nicht mehr berücksichtigt werden. Sie teilen sich dem Populismus als volksfeindlich mit. Die anmaßende Geste populistischer Politikformen unterläuft auf diese Weise die inklusive Offenheit demokratischer Deliberation. Schon im Vorfeld, so argumentiert etwa Nadia Urbinati, liege eine »Machtvertikalisierung« vor, die der horizontalen Diffusion von Meinungen entgegenwirke.[72] Vor diesem Hintergrund sieht sie auch ein Bedrohungsszenario für den Fall, dass Populist:innen Regierungsmacht erlangen:

> Eine populistische Bewegung, der es gelingt, die Regierung einer demokratischen Gesellschaft anzuführen, neigt dazu, institutionelle Formen und eine politische Neuordnung des Staates anzustreben, die die verfassungsmäßige Demokratie verändert und sogar zerstört. Zu diesen Formen und Umstrukturierungen gehören die Zentralisierung der Macht, die Schwä-

vallon schon an anderer Stelle auf Vereinseitigungen der Volkssouveränität aufmerksam gemacht: Die Totalisierung des Volks als »Meinungsumfrage« (*peuple-opinion*), als »Nation« (Populismus) sowie als »Gefühlsgemeinschaft« (*communauté d'émotion*), vgl. Rosanvallon, *Le Peuple Introuvable*, S. 340 ff.

71 Dies ist der Ausgangspunkt einer Diskussion um den öffentlichen Vernunftgebrauch in solchen Deliberationen: Joshua Cohen, »Democracy and Liberty«, in: Jon Elster (Hg.), *Deliberative Democracy*, Cambridge/New York 1998, S. 185-231; Cristina Lafont, »Is the Ideal of Deliberative Democracy Coherent?«, in: Samantha Besson/José Luis Martí (Hg.), *Deliberative Democracy and its Discontents*, Aldershot 2006, S. 3-25.

72 Nadia Urbinati, *Democracy Disfigured: Opinion, Truth, and the People*, Cambridge 2014, S. 153.

chung der Gewaltenteilung, die Stärkung der Exekutive, die Missachtung politischer Oppositionen und die Umwandlung der Wahl in eine Volksabstimmung für den Führer.[73]

Die schon weiter oben diskutierte illiberale Demokratie stellt sich als notwendige Folge dar: Der Populismus entpuppt sich in dieser Sichtweise als verfassungsfeindliche Ideologie, die hinter die Errungenschaften der bürgerlichen Revolutionen zurückfällt.

Damit stellt sich die Frage, wie damit umzugehen ist, dass diese Regression die moderne Politik begleitet. Schließlich entfesselt die Volkssouveränität den Populismus, indem sie alle möglichen Entscheidungen und Verfahren immer wieder dem Verdacht aussetzt, nicht die geforderte Demokratie zum Ausdruck zu bringen. Bisher ist es jedenfalls nicht gelungen, das Volk der Volkssouveränität vollumfänglich auf eine verfassungspatriotische Lesart festzulegen. Die Populismuskritik muss daher nicht nur die normative Unvereinbarkeit von Populismus und prozedural verstandener Volkssouveränität nachweisen, sie muss auch zeigen, dass es möglich ist, den Populismus überflüssig zu machen.

Dementsprechend machen die populismuskritischen Beiträge eine ganze Reihe von Zusatzannahmen über den Charakter der bestehenden Politik. Dies gilt insbesondere für die Art, wie die Bürger:innen mit der Gesellschaft und ihrer Politik interagieren. Dabei ist ein Politikverständnis wirksam, das in der modernen Gesellschaft einen Pluralismus identifiziert, der grundsätzlich in den Verfahren der demokratischen Verfassung (und sei es verzerrt und unvollkommen) zum Ausdruck gebracht werden kann. Die Bürger:innen scheinen stets in der Lage zu sein, ihre Interessen un-populistisch ins Spiel zu bringen. So liegt der Populismus gewissermaßen vollständig im Ermessen und der Verfügungsgewalt der Handelnden selbst. Er erhält den Status eines vermeidbaren Denkfehlers, für oder gegen den sich die handelnden Akteure entscheiden.

Darüber hinaus bieten die konstituierten Verfahren nach dieser Lesart ausreichend Spielräume für Einspruch und Kritik. Schließlich ist die Demokratie durch eine Gewaltengliederung geprägt, in der Entscheidungen angefochten werden können, und durch vielfältige »indirekte Gewalten«, die »über den sozialen Körper verteilt

73 Ebd., S. 129.

sind«.[74] So können die Bürger sich in Parteien und Interessenverbänden organisieren, um ihre Interessen zu vertreten. Sie können auch vor Gerichten klagen, wenn die bestehenden Institutionen die Rechtsordnung missachten oder bloß in ihrem Eigeninteresse auslegen. Dadurch entwickeln sie ohnehin schon eine negative Macht, die den jeweiligen Amtsträger:innen und Eliten »im Nacken sitzt«. An die Stelle des Volkes als Gründungs- und Gegenmacht tritt eine bürgerschaftliche Kultur der Wachsamkeit.[75] In dieser Perspektive stellt sich der Populismus als eine Pathologie dar, die einen bereits institutionalisierten Anspruch überhöht.[76] Ist auf diese Weise bewiesen, dass der Populismus normativ nicht überzeugt und sich die Bürgerschaft gegen ihn zu entscheiden vermag, erwächst daraus ein Verkörperungsverbot. Nachdem die Volkssouveränität einmal als Fundierungsnorm in die Verfassung eingetragen ist, darf sich das Volk nicht noch einmal als Ganzes verkörpern.

Man muss jedoch fragen, ob sich in diese liberal-prozedurale Lesart der Volkssouveränität nicht ein konservativer und zugleich naiver Zug einnistet. Zwar sollen sich die Kommunikationskreisläufe verflüssigen, aber jenseits der bestehenden Regeln der Verfassungsrevision liegen kaum Ansatzpunkte vor, um diese zum Thema öffentlicher Deliberation zu machen – oder anders gesagt: die Volkssouveränität stellt in dieser Lesart den *pouvoir constituant* still, denn er kann nicht mehr als politischer Bezugspunkt dienen. Jeder Bezug läuft sofort Gefahr, als demokratiefeindlich diffamiert zu werden. Die »umstürzlerisch-kreative Funktion« des *pouvoir constituant* schlägt in ein konservatives Verkörperungsverbot um: »Der revolutionäre Kampfbegriff verwandelt sich in ein Revolutionsverbot.«[77] Doch ist es überhaupt möglich, die Gewalt des Volkes vollumfänglich an die Verfassung zu binden und die Polemik aus dem politischen Leben zu verbannen? Wie sollen in dieser

74 Pierre Rosanvallon, *La contre-démocratie. La politique à l'âge de la défiance*, Paris 2006, S. 15.

75 Ebd., S. 40; zur Rolle der rechtlichen Klage: Tatjana Sheplyakova, »Das Recht der Klage aus demokratietheoretischer Perspektive«, in: *Deutsche Zeitschrift für Philosophie* 1 (2016), S. 45-67.

76 Rosanvallon, *La contre-démocratie*, S. 272; vgl. Paula Diehl, »Rosanvallons Konzepte von Repräsentation und Volk und ihre Bedeutung für das Verstehen des Populismus«, in: *Zeitschrift für politische Theorie* 1 (2016), S. 89-104.

77 Josef Isensee, *Das Volk als Grund der Verfassung. Mythos und Relevanz der Lehre von der verfassunggebenden Gewalt,* Opladen 1995, S. 31.

strengen Diskurskontrolle noch politische Erneuerungen, gar eine Revision oder Revolutionierung der sozialen Ordnung stattfinden? Ist das Verkörperungsverbot nicht der Freibrief für die staatlichen Exekutivorgane, sich als unhinterfragbaren Ausdruck der Volkssouveränität zu inszenieren, um im Gegenzug der Gesellschaft die verfassungsgebende Macht zu entwenden und die Machtverhältnisse zu versteinern?

Die Kritiken des Populismus versuchen, einen Umgang mit diesem Einwand zu finden. Sie schwächen Verkörperungsverbote so ab, dass doch noch populare Erneuerungsdiskurse möglich sind. Man will eine Verfassungspolitik als »legitimen popularen Konstitutionalismus« denkbar machen, die auf eine Revision der Grundordnung drängt.[78] Sie soll den *pouvoir constituant* nicht still stellen, sondern in gezähmter, unpopulistisch-gebundener Form weiterhin präsent halten. Insbesondere wird die gesellschaftliche Auseinandersetzung um die Grundlagen der Verfassung für zwingend erachtet. So notiert etwa Jan-Werner Müller:

> Es wäre deshalb falsch anzunehmen, dass in einer stabilen liberal-republikanischen Demokratie die Verfassung der politischen Auseinandersetzung entzogen sein muss. Im Gegensatz: Es wäre höchst seltsam, wenn Teile von ihr (nicht die Verfassung als Ganzes zu einem einzelnen Zeitpunkt) nicht immer wieder Gegenstand intensiven, aber eben auch vernünftigen Streits würden.[79]

Dies ist eine verfassungspatriotische Perspektive, die das Volk nicht an Werte, Substanz oder Homogenität, sondern nur an die Verfahren und Rechte der Verfassung binden will. Von dort aus soll es möglich werden, den *pouvoir constituant* in akzeptabler Form zu aktivieren, nämlich als erneute Mobilisierung und Interpretation der Verfassung.

Damit ist die Alternative zum Populismus entworfen. Sie besteht in einer Verfassungspolitik, die sich an einem »Wir-auch« orientiert. Bisher benachteiligte oder ausgeschlossene soziale Gruppen sollen mit der Losung »Wir-sind-auch-das-Volk« ihre Inklusionsansprüche anmelden und die bestehenden Grenzziehungen herausfordern: »Wenn aus einem populistischen ›Wir sind das

78 Jan-Werner Müller, »Populism and Constitutionalism«, in: Kaltwasser u.a. (Hg.), *The Oxford Handbook of Populism*, Oxford 2017, S. 590-606, 591.

79 Jan-Werner Müller, *Verfassungspatriotismus*, Berlin 2010, S. 67.

Volk‹ so etwas würde wie ›Auch wir sind das Volk‹, dann wäre dies ein völlig legitimer zivilgesellschaftlicher Anspruch derer, die sich vergessen fühlen oder de facto ausgeschlossen sind.«[80] Dies scheint eine Handlungsoption für diejenigen darzustellen, deren Interessen bisher nicht repräsentiert sind. Zwar entspricht die Realität nicht dem voraussetzungsreichen Ideal einer Selbstregierung der Freien und Gleichen, aber für die jeweils Machtunterworfenen bleibt es offenbar eine naheliegende Option, sich auf die Verfassung zu berufen. Sie sind nicht auf den Populismus festgelegt, da sie über den unpopulistischen Weg des »Wir-auch« verfügen. Anhand dieser Einlassungen wird schon deutlich, was im »legitimen popularen Konstitutionalismus« auf dem Spiel steht. Er will eine Inklusionsperspektive für bisher ausgeschlossene soziale Gruppen eröffnen, die das etablierte Verständnis der Verfassung herausfordern.[81] Die handelnden Akteure sollen dabei eine »Wir-sind-auch-das-Volk«-Perspektive einnehmen und auf anmaßende und unzivilisierte Gesten verzichten, um die horizontale Inklusion neuer sozialer Gruppen und ihrer Ansprüche zu bewirken.

Nun stellt sich die Frage, ob dieser Politiktyp überhaupt als Handlungsoption gelten kann. War eine solche Verfassungspolitik jemals zu beobachten? Jan-Werner Müller führt die Bürgerproteste gegen die Parteienherrschaft im real existierenden Sozialismus, die amerikanische Bürgerrechtsbewegung und den Feminismus als Beispiele für seine »Wir-auch«- Perspektive an. In seinen Überlegungen spart er jedoch die radikaleren Flügel dieser wirkungsmächtigen Bewegungen wie die Black Panthers und den Differenzfeminismus vollständig aus. Sowohl die amerikanische Bürgerrechts- als auch die Frauenbewegung kämpften und kämpfen nicht einzig um Berücksichtigung. Sie wollen die bestehende Machtverteilung grundsätzlich als Ganzes revidieren (*reversed hierarchy*) und inszenieren sich nicht nur als hinzutretende soziale Gruppe, sondern als destituierende Kraft, die die bestehende Ordnung und ihre Hierarchien umwälzen will:[82] Das Volk der Bürger:innen gegen Adel und

80 Müller, *Was ist Populismus?*, S. 21.

81 Ebd., S. 86.

82 Tim Wihl, *Aufhebungsrechte. Form, Zeitlichkeit und Gleichheit der Grund- und Menschenrechte*, Weilerswist 2019, S. 240 ff.; zur Rolle antikolonialer Konflikte: Frantz Fanon, *Die Verdammten dieser Erde (1961)*, Berlin 2015. Es geht dem Feminismus nicht nur um Antidiskriminierung, sondern um die Umwälzung

Aristokratie (bürgerliche Revolutionsepoche); das Volk der Arbeiter:innen gegen die Kapitalist:innen und Rentiers (Arbeiterbewegung); das Volk der nationalen Befreiungsbewegungen gegen die Kolonialmächte (antikoloniale Revolutionen); das Volk der Frauen gegen das Patriarchat (Frauenbewegung). Der Populismus richtet sich nicht nur darauf, dass neue Gruppen oder Anliegen in schon bestehenden Verfahren berücksichtigt werden; vielmehr soll die bestehende Besetzung des Ganzen einer Neuverhandlung unterzogen werden. In diesem Sinne adressiert er nicht einzig die horizontale Inklusion ausgeschlossener sozialer Gruppen oder nicht berücksichtigter Themen. Er stellt die vertikalen Machtbeziehungen in den Mittelpunkt. Der Ruf »Wir sind das Volk (und nicht ihr)!« zielt auf etwas anderes als der Anspruch »Wir-sind-auch-das-Volk«. Er spricht den bestehenden Eliten und Organgewalten ihre Vorhand auf die Gestaltung des Gemeinwesens ab.

6 Bilderflut: Dynamisierung durch Volksbezüge

Der Kritik an der Anwendung der Volkssouveränität auf die Volkssouveränität (Populismus) als Usurpation des *pouvoir constituant* soll nun eine optimistischere Lesart folgen, die zu einer gegenteiligen Auffassung gelangt. Sie lässt sich durchaus im Rahmen einer prozeduralen Demokratietheorie vertreten. In dieser Perspektive stellt sich der Populismus als Dynamisierungsinstrument dar, um der Verfestigung von Diskursen entgegenzuwirken. Dabei ist die Grundannahme, dass sich die Grammatik der Volkssouveränität nicht einfach einhegen lässt. Indem die Volkssouveränität die Verfassung nicht nur autorisiert, sondern im politischen Leben verfügbar macht, bringt sie eine Doppelbewegung hervor: Einerseits sind die Kreisläufe administrativer Macht versucht, sich als höchster Ausdruck des Volkswillens zu stilisieren und dem Volk die verfassungsgebende Macht zu entwenden. Andererseits ist die Volkssouveränität mit einem polemischen Verständnis des Volkes verknüpft, das aus ihren republikanischen Wurzeln erwächst: In dieser Tradi-

eines historisch gewachsenen, vergeschlechtlichen Machtverhältnisses zwischen Männern und Frauen, vgl. Frigga Haug, »Marxismus-Femininismus«, in: Wolfgang Fritz Haug (Hg.), *Historisch-kritisches Wörterbuch des Marxismus Band 8/II*, Hamburg 2015, S. 1882–1899.

tionslinie bleibt die kollektive Willensbildung der Bürger:innen das Medium, »über das sich die Gesellschaft als ein politisch verfasstes Ganzes konstituiert«.[83] Dies ruft eine grundsätzliche Skepsis gegenüber jeder Ausdifferenzierung und Verselbstständigung der Politik hervor, so dass ein »polemisch gegen den Staatsapparat gerichtetes Politikverständnis« naheliegt.[84] Die administrative Macht steht jedenfalls immer im Verdacht, die gesellschaftliche Selbststeuerung von oben zu enteignen. In der Demokratie sind die administrativen Machtkreisläufe mithin einer Belagerung durch das Volk ausgesetzt, die sich in alltäglicher Permanenz zur Geltung bringt.

Das Volk verkörpert sich dabei jedoch nicht in einer definierten Gruppe von Menschen, sondern zieht sich ent-körpert in subjektlose Kommunikationskreisläufe zurück:

> Die vollends zerstreute Souveränität verkörpert sich nicht einmal in den Köpfen assoziierter Mitglieder, sondern – wenn von Verkörperung überhaupt noch die Rede sein kann – in jenen subjektlosen Kommunikationsformen, die den Fluss der diskursiven Meinungs- und Willensbildung so regulieren, dass ihre falliblen Ergebnisse die Vermutung praktischer Vernunft für sich haben. Eine subjektlos und anonym gewordene, intersubjektivistisch aufgelöste Volkssouveränität zieht sich in die demokratischen Verfahren und in die anspruchsvollen kommunikativen Voraussetzungen ihrer Implementierung zurück.[85]

Die deliberative Demokratietheorie argumentiert, dass im Wechselspiel aus Verfahren und Öffentlichkeit ein Spielfeld entsteht, um neue Fragen und Themen zu explorieren, Lernprozesse zu initiieren und die Kreisläufe administrativer Macht zu befragen und zu öffnen. Die Öffentlichkeit bleibt zwar an die Kreisläufe administrativer Macht gebunden, aber entzieht sich einer vollumfänglichen Konstitutionalisierung. Sie erhält sich ihren wilden und anarchischen Charakter. Dieser unberechenbare Charakter führt auch dazu, dass sie anfällig für Repression und den unmittelbaren Einfluss von Machtakteuren ist. Die Öffentlichkeit bleibt »[...] den Repressions- und Ausschließungseffekten von ungleich verteilter sozialer Macht und systematisch verzerrter Kommunikation

83 So die Rekonstruktion des Republikanismus bei Habermas, *Faktizität und Geltung*, S. 360.

84 Ebd.

85 Ebd., S. 626.

schutzloser ausgesetzt […]«.[86] Das ist der Preis, der zu entrichten ist, damit sie ihrer anarchisch-polemischen Funktion nachkommt und die Kreisläufe administrativer Macht zu binden vermag. Es ist nämlich gerade ihre Unberechenbarkeit und Spontanität, die sie den Kreisläufen administrativer Macht entgegensetzt. Die Kopplung administrativer und kommunikativer Kreisläufe ist als Verfahrensrationalität darstellbar; sie muss aber auch für polemische Politikformen offen sein, um belagernd zu wirken – dies gilt etwa für Aktionen des zivilen Ungehorsams oder Äußerungsformen, die mit den bestehenden Regeln der Politik brechen, beispielsweise ästhetischer Provenienz.[87]

86 Ebd., S. 374.

87 Eine ausführliche Diskussion solcher Fragen findet im Bereich des Versammlungsrechts statt: Ergibt sich der politische Charakter einer Versammlung durch die verfolgten Ziele oder durch die Form der Versammlung, also die Art, wie das Zusammensein der Menschen im öffentlichen Raum organisiert ist (vgl. Andreas Fischer-Lescano/Sebastian Eickenjäger, »Transnationalisierung des Versammlungsrechts«, in: Helmut Ridder u. a. (Hg.), *Kommentar Versammlungsrecht*, Baden-Baden 2020, S. 258-330; Tim Wihl, *Wilde Demokratie. Das Recht auf Protest*, Berlin 2024)? So hat die Rechtsprechung und Dogmatik zum Versammlungsrecht einen konstitutionalisierenden Zugriff gewählt. Demnach kann die Versammlungsfreiheit erst dann in Anspruch genommen werden, wenn eindeutig politische Ziele verfolgt werden. Doch die Definition von politischen Zielen ist ein heikles Kriterium. Umfasst sie auch Ziele, die als politisch interpretierbar sind, sich aber nach herrschendem Verständnis der Sphäre der schon etablierten Politik entziehen? Das einschlägige Beispiel sind Demonstrationen gegen formal private Akteure wie beispielsweise. Unternehmen, die im Sinne einer klassischen Lesart des Privatrechts nicht der öffentlichen Sphäre zuzuordnen sind. Ähnlich verhält es sich mit der Form der Versammlung. Hier wird geltend gemacht, dass die Form der Versammlung bestimmten Kriterien entsprechen muss: Es müssen Forderungen erhoben werden. Doch im öffentlichen Raum finden ebenso politische Versammlungen statt, die nicht so funktionieren, dass die Bürgerschaft versammelt Forderungen erhebt. Man denke etwa an Aktionen des zivilen Ungehorsams, die bewusst den Regelbruch in Kauf nehmen, an Versammlungen, die keine eindeutigen Forderungen erheben, ästhetische Ausdrucksformen oder Varianten destruktiver Kommunikation. Soll das Versammlungsrecht die Willensbildung nicht nur fortschreiben, sondern für Neues offenhalten, müssen auch Aktionen geschützt werden, deren Gehalt und Form nicht der bisherigen Vorstellung der Staatsorgane (und der vermeintlich richtigen Theorie der Volkssouveränität) entsprechen. Demnach liegt das Charakteristikum der Versammlung in einer »Relationierungsform des Singulären zum Allgemeinen« (Fischer-Lescano/Eickenjäger), die zwar nicht beliebig gefüllt werden kann, sich aber einer bloßen Spiegelung bestehender Inhalte oder Formen entziehen darf.

Wenn das gesichert wird, ist die Anwendung der Volkssouveränität auf die Volkssouveränität in den bestehenden Verfahren der Politik weniger problematisch. Zwar mag man gegenüber Politikvorstellungen skeptisch sein, die für sich beanspruchen, unmittelbar das Volk zu verkörpern, aber in gewisser Weise übernehmen diese eine Funktion, indem sie kommunikative Potentiale der Öffentlichkeit bündeln und die etablierten Kreisläufe administrativer Macht belagern. Wenn man annimmt, dass die existierenden Kommunikationsverhältnisse in modernen Gesellschaften für repressive Verzerrung und die Übersetzung sozialer in kommunikative Macht anfällig sind, stellt sich die Frage nach Annäherungsstrategien an das Ideal der Freiheit und Gleichheit. Die Bindung der Akteure ans Verfassungsideal im Sinne eines »legitimen Konstitutionalismus« wirkt sich in vielen Fällen eher kontraproduktiv aus: Wenn etwa NGOs wie Greenpeace oder die Bewegung für Klimagerechtigkeit darauf verzichten, sich zu Anwält:innen für die gesamte Menschheit und ihrer natürlichen Umwelt aufzuschwingen, kommt dann diese Zurückhaltung dem Verfassungsideal der Freiheit und Gleichheit näher? Oder ist es umgekehrt so, dass disruptive oder totalisierende Spielarten der Kommunikation durchaus einen produktiven Platz einnehmen können, auch wenn sie nicht unmittelbar das Ideal widerspiegeln?

Die zeitgenössische Demokratietheorie hat immer wieder auf die Bedeutung von »weiten Zivilitätsstandards« hingewiesen.[88] Die Teilung des politischen Raumes (Antagonisierung), wie sie auch der Populismus vornimmt, kann durchaus als Instrument der Annäherung an das Ideal dienen:

88 David Estlund, »Deliberation Down and Dirty. Must Political Expression Be Civil?«, in: Thomas R. Hensley (Hg.), *The Boundaries of Freedom of Expression & Order in American Democracy*, Kent/London 2001, S. 49-67, 49: »triggered specifically as remedial responses to certain violations of the conditions needed to foster good democratic deliberation – in particular, power's interference with reason.« Demgegenüber behauptet der kategorische Antipopulismus eine »mirroring doctrine«, wo »the ideal sets each person's duties irrespective of how other participants are actually, in the real deliberative situation, behaving« (David Estlund, »Democracy and the Real Speech Situation«, in: Samantha Besson/José Luis Martí (Hg.), *Deliberative Democracy and its Discontents*, Aldershot 2006, S. 75-91, 80).

Wenn in einer Zwei-Parteien-Interaktion eine Partei mehr Macht als die andere hat, kann die weniger mächtige Partei ihre Macht angemessen erhöhen, um der ersten gleichzukommen, um die erste zu neutralisieren und so eine möglichst große Annäherung an das Ideal der Herrschaftsfreiheit in der Deliberation herbeizuführen. Ein deliberativer Demokrat könnte beispielsweise Streiks oder die Androhung von Streiks mit diesen ausgleichenden oder neutralisierenden Gründen rechtfertigen. Auch jeder Einsatz von Macht zur Schaffung von Bedingungen für das Zuhören in Situationen, in denen Ungleichheit verhindert wird, wäre zulässig.[89]

Es kann folglich nicht darum gehen, unter Absehung der konkreten Umstände und Macht(un-)gleichgewichte alle handelnden Akteuren an ein Ideal zu binden, das sie unmittelbar verinnerlichen und anwenden sollen; vielmehr muss in Rechnung gestellt werden, dass gegen die repressive Verzerrung auch solche Strategien aussichtsreich sind, die das deliberative Ideal nicht unmittelbar widerspiegeln.

Insgesamt verkompliziert sich das Bild allein dadurch, dass das Volk schon im bestehenden Verständnis der Volkssouveränität eine polemische Dimension aufweist und sich nicht auf ideale Ausdrucksformen verpflichten lässt. Oder umgekehrt formuliert: Gerade das Ideal der Kommunikation unter Freien und Gleichen legt – soll es nicht nur bei einer normativen Rechtfertigung bleiben – nahe, dass die handelnden Akteure auch Kommunikationstypen bemühen, die eine aussichtsreiche Annäherung an Freiheit und Gleichheit bewirken. Ob und inwieweit populistische Mobilisierungsstrategien angezeigt sind und welche Potentiale und Risiken sie bergen, avanciert vor diesem Hintergrund zu einer kontextabhängigen Frage, die nicht allgemein zu beantworten ist. Der autoritäre Umschlag der Volksverkörperung ist jedenfalls nicht zwangsläufig vorprogrammiert. Dies gilt nicht zuletzt deshalb, da die jeweiligen Bewegungen damit rechnen müssen, dass ihre Verallgemeinerungsgesten auf andere – in der Demokratie gleichsam mögliche – Verallgemeinerungsgesten treffen, so dass die Frage nach dem Volk in der Demokratie stets umstritten bleibt. Geht man davon aus, dass sich die Volkssouveränität immer wieder aufs Neue in einem Kontinuum von Verfahren konkretisiert, revidiert

89 Jane Mansbridge u. a., »The Place of Self-Interest and the Role of Power in Deliberative Democarcy«, in: *The Journal of Political Philosophy* 1 (2010), S. 64-100, 82f.

oder erneuert, kehrt sich die These vom Verkörperungsverbot um. Nicht das Verbot der Volksverkörperung immunisiert gegen autoritäre Tendenzen im Namen des Volkes, sondern gerade die Bilderflut, die alltägliche Verfügung über die Grammatik der Volkssouveränität, wirkt der hegemonialen Verfestigung entgegen.[90]

Man kann diese Überlegung noch stärker formulieren: Ist die Volkssouveränität als Fundierungsnorm in die Verfassung eingetragen, wird die holistische Annahme, dass das Volk eine alte Ordnung überwindet und in einem revolutionären Prozess eine neue gründet, zu einer Grundlage der Ordnung und einem in der Politik mitschwingenden Horizont. Sie setzt ein Verallgemeinerungsrelais mit einem neuen Anspruch auf Ganzheit und Wahrheit in die Welt. Dies ist vielleicht der Grund, wieso der »legitime populare Konstitutionalismus« kaum Akteure benennen kann, die sich mit einer Position des »Wir-auch« beschieden hätten: In der modernen Politik geht es immer wieder ums Ganze. Wer handelt, versteigt sich zwangsläufig in anmaßende Gesten. Damit ist nicht unbedingt das letzte Wort über den Charakter der Politik gesprochen: Vielleicht werden sich neue Typen der Konstitutionalisierung ergeben, die das Denken vom Ganzen her hinter sich lassen. Aber solange sich die Politik für das Ganze zuständig fühlt, bleibt sie den totalisierenden Risiken verhaftet.

Die Verfahrensrationalität der Volkssouveränität ist nicht dadurch geprägt, dass sie diese Probleme verdrängt, sondern sie im Gegenteil produktiv macht: Sie stellt den Namen des Volkes zur freien kommunikativen Verfügung, damit sich nicht mehr nur die konstituierten Organgewalten und Eliten im Namen des Volkes legitimieren können. Die Volkssouveränität – der argumentative Anfangs- und Schlussstein des Gemeinwesens – steht allen zur Ver-

90 Hauke Brunkhorst schlägt beispielsweise eine Dualismus-Kritik im Anschluss an Hans Kelsen vor. Demnach laufen die tradierten Unterscheidungen zwischen Verfassung und einfacher Gesetzgebung, Staat und Gesellschaft, subjektivem und objektivem Recht, privatem und öffentlichem Recht, Gesetzgebung und Anwendung auf einen Dualismus zu, der stets geneigt ist, jeweils eine Seite zu naturalisieren und dem gestaltenden Zugriff zu entziehen (Hauke Brunkhorst, »Critique of Dualism: Hans Kelsen and the Twentieth Century Revolution in International Law«, in: *Constellations* 4 (2011), S. 496-512; Brunkhorst, *Critical Theory of Legal Revolutions*, S. 346 ff.; vgl. das Kapitel »Overcoming the Dualism of Legal Theory«, in: Hans Kelsens *Introduction to the Problem of Legal Theory*, Oxford 2002, S. 37 ff.).

fügung. Auf diese Weise wird sichergestellt, dass sich das Volk nicht an einem Ort verkörpert. Der Populismus, so könnte man behaupten, ist das Gegengift zur Selbstermächtigung der Exekutive: Durch die Konfrontation eines Verallgemeinerungskreislaufs von oben mit einem populistischen Verallgemeinerungskreislauf von unten bleibt die Ordnung verhandelbar. Dadurch verändert sich der Umgang mit den Gefahren einer autoritären Transformation. Ihr wird nicht durch die Stilllegung, sondern durch die Dynamisierung der verfassungsgebenden Gewalt des Volkes vorgebeugt. Die Verfahrensordnung der Verfassung, ihre Organisationsverfassung und ihre Grund- und Menschenrechte stellen diese Dynamisierung auf Dauer und sorgen dafür, dass eine Ent-Körperung der Macht greift. In diesem Sinne kann der Populismus nicht aus dem Repertoire der Politik, wie sie gegenwärtig verfasst ist, getilgt werden.

7 Populismus: Der kleine Volksaufstand

Die populistische Selbstanwendung der Volkssouveränität auf die Volkssouveränität wird auf diese Weise als kleiner Volksaufstand fassbar: eine Spur des aufständischen Moments der verfassungsgebenden Gewalt des Volkes, die sich bis in die etablierten politischen Verfahren fortsetzt und von dort aus die Frage aufwirft, worin die Grundlagen des Gemeinwesens bestehen. Während der Populismus vor der Demokratie das Volk als souveräne Instanz adelte, veränderte sich in der Demokratie seine Rolle und Funktion. Nach den demokratischen Revolutionen stellt er kein separates Ordnungsideal mehr dar; vielmehr wendet er die Volkssouveränität im Rahmen der schon bestehenden Volkssouveränität an. In diesem Sinne nutzt er die Zweistufigkeit, wie sie in der Verfassung angelegt ist: In die Verfahren erster Ordnung bricht mit dem Appell ans Volk die Fundierungsfrage in den Alltag der Politik ein, die als Ausgangspunkt für politischen Widerstand und die Eroberung öffentlicher Amtsmacht nutzbar wird.

Mit der demokratischen Prozeduralisierung der Politik erfährt auch der Volksaufstand eine Verflüssigung. Er wird von den Barrikaden gelöst und in den Raum der Öffentlichkeit und des Parlamentarismus verlegt. Dort sammeln sich populistische Bewegungen um Führungspersonen und Parteien und nutzen so die bestehenden Mechanismen des politischen Systems. Jede populistische Bewegung wird Teil des Wechselspiels aus kommunikativer und administrativer Macht. Sie trifft immer wieder auf Gegenbewegungen, die ihr absprechen, den wahren Volkswillen zu vertreten, indem sie darauf hinweisen, dass der Populismus nicht im Namen einer höherrangigen *ratio* des Volkes spricht, sondern nur die *voluntas* von wenigen zur Durchsetzung bringen will. Aber ist die Mobilisierung des Volkes überhaupt ein aussichtsreicher Ausgangspunkt, um soziale Machtkonstellationen zu überwinden? Dies ist die Frage, die sich mit der Entdeckung der Gesellschaft und ihren Bewegungsformen im 19. Jahrhundert stellte.

Kapitel 6
Das Volk der Arbeit

1 Sozialwissenschaftliche Aufklärung der Volkssouveränität

Die bürgerlichen Revolutionen erhoben die Volkssouveränität zum zentralen Bezugspunkt der ganzen Gesellschaft und führten die Einrichtung der Ordnung auf die verfassungsgebende Gewalt des Volkes zurück. Worin diese Gründungsmacht bestand, ob sie aus dem Willen aller, dem Willen der Mehrheit oder höchsten Prinzipien und Gesetzen hervorging, blieb umstritten. Zunächst durchlief sie indes eine autoritäre Verfremdung. Der überlieferte Umschlagspunkt, der die Volkssouveränität von ihren demokratischen Aspirationen löste, war der 18. Brumaire des Revolutionsjahres 1799. In diesem Herbstmonat krönte sich Napoleon Bonaparte selbst, wobei er sich auch auf eine plebiszitäre Legitimation durch das Volk stützte. Er setzte einen Schlusspunkt hinter die Französische Revolution und etablierte einen neuen Herrschaftstyp. Militär und Polizeiapparate wurden ausgebaut, die Gesellschaft vom Staat her geordnet und der Eroberungsfeldzug nach außen intensiviert. Die Volkssouveränität, die die Revolution in die Welt gesetzt hatte, verkehrte sich in ein autoritäres Projekt. Nicht die Demokratie, sondern Napoleon Bonaparte ging siegreich aus den Revolutionsprozessen hervor. Diese spezifische und in gewisser Weise moderne Kombination von autoritärer Führung und popularer Legitimation war eine Option, die im 19. Jahrhundert immer wieder eintrat und von den Zeitgenoss:innen ausführlich unter dem Rubrum des Bonapartismus beziehungsweise des Cäsarismus diskutiert wurde.[1]

Doch der Umschlag der Französischen Revolution in ein neues Herrschaftsprojekt diskreditierte die Volkssouveränität nicht. Die Jakobinerzirkel, die Frühsozialist:innen und Radikaldemokrat:innen des Vormärz ebenso wie die frühe Arbeiterbewegung

1 Vgl. Dieter Groh, »Cäsarismus«, in: Otto Brunner u. a. (Hg.), *Geschichtliche Grundbegriffe, Bd. 1*, Stuttgart 1972, S. 726-771; Peter Baehr, *Caesar and the Fading of the Roman World. A Study in Republicanism and Caesarism*, New Brunswick/London 1997, S. 102 ff.

mobilisierten nochmals den Volkswillen: Die Aktivist:innen des französischen Insurrektionismus setzten auf einen gelingenden Volksaufstand, der die Oberen hinwegfegt und den Raum für eine gerechte Gesellschaft öffnet. Die radikalen Demokrat:innen kämpften für eine Demokratisierung der Politik, um den restaurativen Staat abzulösen. Und die Frühsozialist:innen und Kommunist:innen führten die Souveränität auf ein produktives Volk der Arbeit zurück, das von den Oberen enteignet und um die Früchte seiner Arbeit gebracht wird.[2] Das Ziel all dieser Bewegungen bestand seit den 1820er Jahren darin, der Volkssouveränität zum Durchbruch zu verhelfen. Die Revolution sollte nochmal – und diesmal richtig – vollzogen werden. Die Industrialisierung, der rasante Fortschritt der Wissenschaften und die gesellschaftliche Differenzierung gingen im frühen 19. Jahrhundert mit proto-populistischen Bewegungen einher. Gegen den Machtblock der Restauration formierten sie sich als Volk. Die Zeitgenoss:innen stellten sich in ganz Europa die Frage, wie das revolutionär-demokratische Projekt durchzusetzen wäre.[3] Scheiterte der erste Versuch, die Revolution bis zu ihrem Ende zu führen, in den 1790er Jahren, so arbeiteten die politischen Strömungen des frühen 19. Jahrhunderts daran, sie nun doch noch gelingen zu lassen.

Die Hoffnungen auf eine zweite Revolution trafen auf veränderte gesellschaftliche Rahmenbedingungen. Karl Marx und Friedrich Engels nahmen an den Selbstverständigungsprozessen ihrer Zeit genauso teil wie an den Volksaufständen, die eine Revolution noch ein zweites Mal durchführen wollten.[4] Die widersprüchliche Bilanz

2 Vgl. die Studien zu den unterschiedlichen Politikansätzen in der Zeit nach der Französischen Revolution: Hal Draper, *Karl Marx's Theory of Revolution: The Dictatorship of the Proletariat*, New York 1986; Frank Deppe, *Verschwörung, Aufstand und Revolution. Blanqui und das Problem der sozialen Revolution*, Frankfurt am Main 1970; Edward P. Thompson, *The Making of the English Working Class*, London 2002. S. 781 ff.; Craig J. Calhoun, *The Question of Class Struggle: Social Foundations of Popular Radicalism During the Industrial Revolution*, Chicago 1982, S. 95 ff.; Michael Vester, *Die Entstehung des Proletariats als Lernprozess. Die Entstehung antikapitalistischer Theorie und Praxis in England 1792-1848*, Frankfurt am Main 1975, S. 234 ff.

3 Draper, *Karl Marx's Theory of Revolution*, S. 28 ff.; Calhoun, *The Question of Class Struggle*, S. 38.

4 Vgl. die Übersicht in Draper, *Karl Marx's Theory of Revolution*; Gareth Stedman Jones, *Karl Marx: Greatness and Illusion*, London 2016, S. 122 ff.; Matthias Bohlen-

der Französischen Revolution spiegelte sich auch in ihren Schriften wider. Dort überschnitten sich enthusiastische Verteidigungen der demokratischen Revolutionsidee mit einer Analyse ihrer Fehlstellungen.[5] Die wissenschaftliche Rezeptionslage hat sich um eine Vereindeutigung bemüht. Die einen unterstreichen, wie Marx und Engels unmittelbar an die radikaldemokratischen Ideen der Französischen Revolution anknüpfen, die anderen betonen die grundsätzliche Kritik an der bürgerlichen Form von Recht und Politik.[6] Jenseits des normativen Programms, für das sich in den Frühschriften von Marx und Engels eigene Belege finden lassen, zog sich durch ihre Einlassungen jedoch ein roter Faden, den sie auch in ihren späteren Schriften immer wieder aufgriffen: Sie verfolgten das Projekt einer sozialwissenschaftlichen Aufklärung. Demnach bewegte sich die Volkssouveränität in einer weitverzweigten sozialen Evolution. Vor diesem Hintergrund war eine Kritik der unterschiedlichen Volksbewegungen geradezu zwingend. Denn sie verfuhren, so der *basso continuo*, zu blauäugig. Stets gerieten sie ins Fahrwasser gesellschaftlicher Rahmenbedingungen, die ihre Möglichkeitsspielräume einschränkten und sie sogar folgenreich in ihr Gegenteil verkehrten. Deshalb war eine sozialwissenschaftliche Analyse notwendig, die ausleuchtete, wie sich Gesellschaften und soziale Konflikte entwickelten, um von dort aus Möglichkeiten politischer Veränderung zu bestimmen.

Marx und Engels wandten sich dementsprechend den Entwick-

der u. a., *»Kritik im Handgemenge«: Die Marx'sche Gesellschaftskritik als politischer Einsatz*, Bielefeld 2018.

5 Während Marx in seiner Kritik des Hegel'schen Staatsrechts zur Verteidigung der Volkssouveränität als »Wahrheit aller Verfassungen« gegen die Hegel'sche Ständeverfassung abhebt (Karl Marx, »Kritik des Hegelschen Staatsrechts (1843)«, in: *Marx-Engels-Werke Band 1*, Berlin 1972, S. 230), fällt die einschlägige Diskussion von Demokratie und Verfassung als »Halbheit der Emanzipation« in seiner Schrift »Zur Judenfrage« deutlich skeptischer aus (Karl Marx, »Zur Judenfrage (1843)«, in: *Marx-Engels-Werke Band 1*, Berlin 1972, S. 347-377, 351).

6 Für die erste Position: Hauke Brunkhorst, »Kommentar«, in: Karl Marx, *Der achtzehnte Brumaire des Louis Bonaparte*, Frankfurt am Main 2007, S. 133-328; Kolja Möller, *Formwandel der Verfassung. Die postdemokratische Verfasstheit des Transnationalen*, Bielefeld 2015; für die zweite Position: Miguel Abensour, *Demokratie gegen den Staat. Marx und das machiavellische Moment*, Berlin 2012; Sonja Buckel, *Subjektivierung und Kohäsion. Zur Rekonstruktion einer materialistischen Theorie des Rechts*, Weilerswist 2007.

lungen der Wissenschaften ihrer Zeit zu.[7] Dabei übernahmen sie Versatzstücke aus der Evolutionstheorie Darwins, der Geschichtsphilosophie Hegels und der englischen politischen Ökonomie, um die soziale Evolution zu entschlüsseln. Die politische Ökonomie wurde jedoch zum Hauptfeld der Auseinandersetzung. In der entstehenden kapitalistischen Wirtschaft waren diejenigen materiellen Konfliktlagen erkennbar, die im Sinne eines wahren Aufstands tatsächlich aus der bürgerlichen Gesellschaft herausführen konnten: Statt eine goldene Vergangenheit zu beschwören, statt symbolschwangere Reden zu schwingen, Freiheitsfeste zu feiern und politisches Führungspersonal zu beklatschen, brachte die innere Logik des im Lohnverhältnis angelegten Konflikts zwischen Kapital und Arbeit das politische Subjekt der Veränderung – das entstehende Industrieproletariat – hervor. Marx verehrte nicht die Jakobiner der Französischen Revolution, die sich nochmals als »römische Republik drapieren«,[8] sondern den Anwalt Abraham Lincoln und die erste industrielle Spinnmaschine namens Spinning Jenny. Engels beschäftigte sich mit den Erkenntnissen der Naturphilosophie und der Geschichtswissenschaft. In der Funktionslogik der sozialen Systeme und den technischen Errungenschaften entdeckten sie revolutionäre Potentiale, die der politizistischen Volksideologie entgingen. Diese Einsichten führten Marx und Engels zu der Annahme, dass eine aufständische Politik nur in bestimmten Situationen möglich ist.[9] Demnach sind Gesellschaften relativ selten und einzig in Krisensituationen der kollektiven Gestaltung durch die Machtunterworfenen zugänglich. Es wird dann zur Kardinaltugend, genau diese Situationen zu bestimmen.

Die Orientierung an einem Volksaufstand, wie sie sich in den Bewegungen des frühen 19. Jahrhunderts verbreitete, schien die Handelnden allerdings davon abzuhalten, genau diese Situationen überhaupt erkennen und sodann nutzen zu können. Sie schienen

7 Vgl. den klassischen Essay: Friedrich Engels, »Die Entwicklung des Sozialismus von der Utopie zur Wissenschaft (1880)«, in: *Marx-Engels-Werke Band 19*, Berlin 1973, S. 177-228; zur Einordnung der Marx'schen Theorie in die intellektuelle Diskussionslandschaft des 19. Jahrhunderts: Herfried Münkler, *Marx, Wagner, Nietzsche. Welt im Umbruch*, Berlin 2021.

8 Karl Marx, »Der 18. Brumaire des Louis Bonaparte (1852)«, in: *Marx-Engels-Werke Band 8*, Berlin 1972, S. 111-207, 115.

9 Alan Gilbert, *Marx's Politics*, New Jersey 1981, S. 15.

in den Fehlstellungen des bürgerlichen Staates zu verharren und am Differenzierungsniveau der modernen Gesellschaft vorbeizusteuern. Ihre Volkspolitik stellte sich zwar als naheliegende Handlungsoption dar, wurde aber von folgenreichen Problemen heimgesucht, die ihr Scheitern vorprogrammierten. So verfing sich die Politik, die vom Standpunkt des Volkswillens aus die prägenden Machtverhältnisse der modernen Gesellschaft zu überwinden suchte, in drei grundlegenden Fehlstellungen: Sie wiederholte einen jakobinischen Fehler, indem sie das Volk in die Rolle eines omnipotenten Schöpfers rückte, der mittels Willensstärke in der Lage sein sollte, den eigenen Willen zu verallgemeinern (2). Sie neigte ebenso dazu, einem zweiten Fehler verhaftet zu bleiben: Indem sie das Volk als vorgängige Größe fetischisierten, die vor den jeweiligen sozialen Formen einfach gegeben ist, und es aus der sozialen Evolution herauslösten, tendierten sie zu einem identitären Fehler (3). Schließlich wurde dieselbe Volkssouveränität nicht nur von unten mobilisiert, sondern auch von oben beansprucht, um restaurative Ziele ins Werk zu setzen (4): Aus der demokratischen Dynamisierung der Gesellschaft gingen Konstellationen hervor, die das Gelegenheitsfenster für eine autoritäre Involution öffneten. Die Aufklärung dieser Fehlstellungen leuchtet nicht nur den widersprüchlichen Charakter der Volkssouveränität aus. Sie deutet insbesondere darauf hin, dass – im Gegensatz zu den Hoffnungen von Marx und Engels – ein unmittelbarer Ausweg in eine andere Form der Politik geringe Realisierungschancen hatte (5).

2 Der jakobinische Fehler: Volksaufstand

Marx und Engels identifizierten ein erstes Problem in der Vorstellung, dass ein möglichst starker politischer Wille des Volkes von sich aus fähig sei, die soziale Evolution vollumfänglich zu revolutionieren. Genau diese Vorstellung legt die Volkssouveränität nahe, da sie davon ausgeht, dass es für eine erfolgreiche Veränderung oder gar Revolutionierung der Gesellschaft auf einen möglichst starken politischen Willen ankommt, der gegen konkurrierende soziale Gruppen vom Standpunkt des politischen Systems aus durchgesetzt wird. Die Volkssouveränität schlägt so aber – das ist der zentrale Ausgangspunkt bei Marx und Engels – regelmäßig in einen

Voluntarismus um, der die gesellschaftlichen Rahmenbedingungen aus dem Blick verliert. Denn die soziale Evolution entzieht sich dem politischen Steuerungsgebaren. Sie ist durch die Ausdifferenzierung sozialer Formen geprägt, die jeweils eigenen Bewegungsgesetzen folgen. Die Menschen machen ihre Geschichte eben nie unter »selbstgewählten Umständen«.[10]

Diese Kritik des politischen Willens entwickelten Marx und Engels vor allem in Auseinandersetzung mit den insurrektionistischen Tendenzen ihrer Zeit. In der Restaurationsepoche war die politische Linke, insbesondere in Frankreich, von kleineren Gruppierungen geprägt, die alle auf einen gelingenden Volksaufstand spekulierten. Die »Verschwörung der Gleichen«[11] des französischen Revolutionärs Babeuf war das Sinnbild dieses Politikmodells. Der französische Insurrektionismus, deren bekannteste Figur seit den 1830er Jahren Auguste Blanqui war, folgte einem aufständischen Kalkül. Die Aktivist:innen hofften in Zeiten der Restauration nicht mehr auf eine Revolution, die von einer breiten Mehrheit ausstrahlte; vielmehr sollte der revolutionäre Aufstand den Volkswillen antizipatorisch durchsetzen. Die Verschwörung wurde damit zum zentralen Paradigma politischen Handelns.[12] Sie sollte den Volksaufstand vorbereiten und ihn anführen.

Wie stark dieser Einfluss in den Bewegungen des Vormärz war, notierte Friedrich Engels in den 1880er Jahren in seiner »Geschichte des Bundes der Kommunisten«: Der »französische Arbeiterkommunismus« knüpfe an die »babouvistischen Erinnerungen« an; »halb Propagandaverein, halb Verschwörung«, dominierte der »französische Zweig« den »Bund der Kommunisten«.[13] Auch Marx kritisierte den Insurrektionismus scharf. Er unterlaufe den »revolutionären Entwicklungsprozess«, indem er auf eine »Revolution aus dem Stegreif« ziele.[14] Die »Alchimisten der Revolution« setzten auf »Brandbomben, Zerstörungsmaschinen von magischer Wirkung,

10 Marx, »Der 18. Brumaire des Louis Bonaparte«, S. 115.

11 Vgl. dazu: Philippo Buonarroti, *Babeuf's Conspiracy for Equality*, London 1836.

12 Deppe, *Verschwörung, Aufstand und Revolution*, S. 47; Draper, *Karl Marx's Theory of Revolution*, S. 39.

13 Friedrich Engels, »Zur Geschichte des Bundes der Kommunisten (1885)«, in: *Marx-Engels-Werke Band 21*, Berlin 1975, S. 206-224, 207.

14 Karl Marx, »Rezensionen aus der ›Neuen Rheinischen Zeitung. Politisch-ökonomische Revue‹, Viertes Heft, April 1850«, in: *Marx-Engels-Werke Band 7*, Berlin 1973, S. 255-291, 273.

Emeuten, die umso wundertätiger und überraschender wirken sollen, je weniger sie einen rationellen Grund haben«.[15] Das primitive politische Kalkül, das dem Volksaufstand das Gelingen ermöglichen solle, laute »Aktion, Aktion, Aktion«.[16]

Diese scharfen Urteile wurden von dem Umstand konterkariert, dass Marx und Engels durchaus auf den Erfolg der jeweiligen Aufstandsbewegungen hofften. So rissen ihre Kontakte zum französischen Insurrektionismus auch nie vollständig ab. Nicht zuletzt unterstützte Marx seinen Freund Auguste Blanqui, als dieser in den 1850er Jahren polizeilich verfolgt wurde.[17] Doch jenseits dieser praktischen Solidarität blieb die Kritik an der Annahme bestehen, dass der Aufstand nur eine möglichst intensive, geschickte oder umfassende Durchsetzung anstreben müsse, um erfolgreich zu sein. Schließlich scheiterten die Aufstandsbewegungen immer wieder, wurden zerschlagen oder verfolgt – häufig unabhängig von der Entschlossenheit oder den Vorbereitungsleistungen der jeweiligen Verschwörungszirkel. Die Kritik am Aufstand richtete sich aber nicht nur gegen den überschießenden Enthusiasmus der Volksaufständler:innen. Demnach war der Volksaufstand insgesamt als Handlungsansatz zu betrachten, der einen in der Form der Politik angelegten, voluntaristischen Fehler steigerte. Die »Revolution aus dem Stegreif« mochte sich zwar als radikal inszenieren, sie wiederholte jedoch die Fehlstellungen der ersten bürgerlichen Revolution. Die radikale Geste täuschte darüber hinweg, dass der Volksaufstand einen politischen Verstand verewigte, der die moderne Gesellschaft nicht revolutionierte, sondern fortwährend stabilisierte.[18]

Diesen Gedankengang entwickelte Karl Marx in einem kurzen Text, einer »Randglosse«, die er im Jahre 1844 für den *Vorwärts* verfasste. Es handelte sich um die Replik auf einen Artikel des Marx damals noch freundschaftlich verbundenen Linkshegelianers Arnold Ruge. In seinem Artikel appellierte Ruge an den preußischen König, soziale Reformen durchzuführen und die Armut zu besei-

15 Ebd.

16 Karl Marx, »Kossuth und Mazzini (1853)«, in: *Marx-Engels-Werke Band 8*, Berlin 1972, S. 548-554, 548.

17 Draper, *Karl Marx's Theory of Revolution*, S. 132.

18 Karl Marx, »Kritische Randglossen zu dem Artikel ›Der König von Preußen und die Sozialreform. Von einem Preußen‹ (›Vorwärts!‹ Nr. 60) (1844)«, in: *Marx-Engels-Werke Band 1*, Berlin 1976, S. 392-409, 402.

tigen.[19] Er hoffte auf eine Politisierung der unpolitischen Zustände in Deutschland. Marx problematisierte diesen Ruf nach einem Beschluss des Königs, der die Zustände politisieren und die Armut überwinden sollte. Dabei zog er eine Parallele zum Nationalkonvent der Jakobinerherrschaft. Wie es Ruge jetzt vom preußischen König forderte, hatte auch der revolutionäre Nationalkonvent der Jahre 1792 bis 1795 schon die »Aufhebung des Pauperismus angeordnet«.[20] Dabei handelte es sich nicht um eine politische Führungsfigur, die noch dem monarchischen Modell verhaftet war, sondern um einen Revolutionskonvent mit dem »Maximum der politischen Energie, der politischen Macht und des politischen Verstandes«.[21] Im nächsten Schritt beobachtete Marx nüchtern, wie die revolutionär-demokratische Anordnung scheiterte. Er schilderte, wie ein Jahr nach der Anordnung zur Beseitigung der Armut die »verhungerten Weiber« wieder den Konvent belagerten.[22] Die Armut und das Proletariat schienen nicht im mangelnden politischen Willen oder der (Nicht-)Durchsetzung staatlicher Anordnungen zu wurzeln; vielmehr waren die Grundstruktur der Gesellschaft und ihre politische Ökonomie für die Missstände verantwortlich. Ein Wille, der die Armut überwinden wolle, müsse zuerst aufklären, wie er mit dieser gesellschaftlichen Grundstruktur zusammenhänge, um von dort aus zu bestimmen, welche Strukturveränderungen erforderlich seien. Der Standpunkt des Willens alleine, der sich auf Vorschriften, Dekrete oder Anordnungen stützte, dringe weder zum Kern der Sache vor noch könne er sein Ziel von sich aus erreichen. Er war machtlos, wenn er nicht die gesellschaftlichen Potentiale identifizierte, die eine Transformation der Gesellschaft bewirken konnten.

Insgesamt übte Marx eine Kritik an der Politik. Demnach bahne sich mit den bürgerlichen Revolutionen ein Bereich der Politik als »organisierender Form« seinen Weg, der sich von der Gesellschaft abtrennt.[23] Dieser Form wird die Selbsteinwirkung der Gesellschaft

19 Zu den Hintergründen des Disputs: Jones, *Karl Marx: Greatness and Illusion*, S. 194 ff.

20 Marx, »Kritische Randglossen zu dem Artikel ›Der König von Preußen und die Sozialreform. Von einem Preußen‹«, S. 400.

21 Ebd.

22 Ebd.

23 Karl Marx, »Kritik des Hegelschen Staatsrechts (1843)«, in: *Marx-Engels-Werke Band 1*, Berlin 1972, S. 232.

auf sich selbst, ihre Selbststeuerung übertragen. Als Teil der Gesellschaft gibt sich die politische Form aber eben nur fälschlicherweise für das Ganze aus. Daraus resultiert ein spezifischer Typ der Selbstreflexion, wie Marx es nennt, ein »politischer Verstand«, der durch genau jene voluntaristische Fehlstellung gekennzeichnet ist. Er sondert sich von der Gesellschaftsstruktur ab und vollzieht dadurch weder nach, welche gesellschaftlichen Widersprüche auftreten, noch wirkt er tatsächlich verändernd auf die Grundstruktur der Gesellschaft ein. Die politische Form richtet die Individuen als Bürger:innen zu, die entweder als Privatbürger:innen – als *bourgeois* – ihre eigennützigen Interessen zur Geltung bringen oder als tugendhafte Staatsbürger – als *citoyens* – zur allgemeinen Gesetzgebung beitragen. So begrenzt das politische System das, was überhaupt der politischen Gestaltung zugänglich gemacht werden kann. Interagieren entweder eigeninteressierte Bürger:innen mit ihren Partikularinteressen oder tugendhafte *citoyens*, die das Allgemeinwohl verwirklichen wollen, fehlt ein Standpunkt, von dem aus die Option ins Spiel kommt, die Ausdifferenzierung von Staat und kapitalistischer Wirtschaftsweise zu thematisieren, so Marx' einflussreiche Kritik aus dem Text »Zur Judenfrage«.[24]

Diese beharrende, konservative Kraft der Politik funktioniert im Fall des *bourgeois* und des *citoyen* je unterschiedlich. Der Standpunkt des eigennutzenorientierten *bourgeois* überträgt nur die Grundstruktur der kapitalistischen Wirtschaftsweise in den politischen Raum. Somit wird vorausgesetzt, dass die Naturbasis der Gesellschaft aus miteinander konkurrierenden Einzelpersonen besteht, die ihrem jeweiligen Erwerbsstreben nachgehen. Eine aussichtsreiche Politik, so Marx, muss aber gerade diese »Naturbasis« als historisch gewachsen und damit als (zumindest teilweise) politisch veränderbar dechiffrieren.[25] Genau diese Option bleibt in der bürgerlichen Politik verstellt, da sie die gesellschaftlichen Grundlagen als vorpolitisch bestimmt:

> Die *politische Revolution* löst das bürgerliche Leben in seine Bestandteile auf, ohne diese Bestandteile selbst zu *revolutionieren* und der Kritik zu unterwerfen. Sie verhält sich zur bürgerlichen Gesellschaft, zur Welt der Bedürfnisse, der Arbeit, der Privatinteressen, des Privatrechts, als zur

24 Marx, »Zur Judenfrage« .

25 Ebd., S. 369.

Grundlage ihres Bestehns, als zu einer nicht weiter begründeten *Voraussetzung*, daher als zu ihrer *Naturbasis*.[26]

Im Fall des tugendhaften Staatsbürgers, des *citoyen*, greift ein anderer Mechanismus. Zunächst wirkt die Idee einer gemeinsamen Willensbildung der Staatsbürger:innen als das Gegenteil von bloßem Eigennutz. Aber ist es tatsächlich möglich, auch sehr grundlegende Strukturprobleme zu adressieren und sie mit dem vereinigten Willen der Bürgerschaft zu überwinden? Marx war skeptisch, da auch die Gemeinschaft der *citoyens* im Horizont des Staates gefangen bleibt. Die republikanische Orientierung an Tugend und Gemeinwohl kann hier eine spezifische Funktion übernehmen. Indem sie eine Sphäre der Allgemeinheit errichtet, hält sie einen Korrekturmechanismus bereit, um den Irrationalitäten, Krisen und Widersprüchen der bürgerlichen Gesellschaft entgegenzuwirken. Es bleibt jedoch schwer, die blockierenden Differenzierungsmuster selbst zu überwinden. Die republikanische Politik verhilft einer übergreifenden Allgemeinheit zur Darstellung und tritt damit ein Erbe an, das in vormodernen Gesellschaften der Religion zugekommen war. Insofern verarbeitet sie durchaus Kritik an der Marktgesellschaft, allerdings ohne die Ausdifferenzierung von Politik und Wirtschaft zu unterlaufen.

Demnach verhindert die Art, wie die Politik konfiguriert ist, die Bearbeitung der ursächlichen Probleme. Marx verdeutlicht dies daran, wie in der Politik mit Widersprüchen umgegangen wird. Der politische Verstand neige dazu, diese Widersprüche nicht mehr in der Gesellschaft selbst zu verorten, sondern in den politischen Parteikampf zu überführen. Marx hatte ein Phänomen im Blick, das man heute wohl am ehesten als Personalisierung bezeichnen würde. Die Politik kann die Gesellschaft gar nicht unmittelbar adressieren. Schließlich beruht die Demokratie ja auf einem Parteienkampf, in dem unterschiedliche Akteure (Parteien, die in der Regel durch Personen repräsentiert sind) miteinander um die öffentliche Amtsmacht konkurrieren. Die jeweils Handelnden bewegen sich auf diesem Spielfeld und sind dort stets gezwungen, von der Gesellschaftsstruktur zu abstrahieren. Das Hauptproblem erblicken sie

26 Ebd., S. 369. Ausführlich zu diesem Vorgang: Christoph Menke, *Kritik der Rechte*, Berlin 2015, S. 96.

immer in der Übermacht der jeweils gegensätzlichen politischen Partei, die als »Widerpart sich am *Staatsruder* befindet«.[27] Dies ist die zentrale Operation. Die Politik überführt soziale Widersprüche in bloße Willenskollisionen, die nach dem Vorbild des Kampfes oder des Wettbewerbs zu entscheiden sind. So spielt jede Partei mit ihrem Willen »auf Sieg« und erhofft sich Veränderung durch eine besonders intensive Willenskraft. Dabei überhebt sich der politische Verstand: Indem er dem Willen eine omnipotente Rolle für die Gesamtgesellschaft zuweist, folgt auf die Inszenierung der Willensstärke die Ohnmachtserfahrung. Die Regierenden treffen auf die Komplexität der sozialen Evolution. Sie scheitern regelmäßig an einer umfassenden Neuprogrammierung, verstricken sich in die kleinschrittige Arbeit der Verwaltungs- und Staatsapparate und sind, spätestens wenn eine andere Partei wieder das Ruder übernimmt, willensschwach und ausgezehrt.

Dies hängt mit einer Fehlstellung des politischen Verstandes zusammen. Wenn alles in Willenskollisionen überführt wird, verarmt das strategische Kalkül massiv. Der politische Verstand verkennt die anderen Kräfte, die den Evolutionsprozess maßgeblich bestimmen – sei es die menschliche Arbeit, wissenschaftliche Innovation oder ästhetische Erfahrung:

> Der *politische* Verstand ist eben *politischer* Verstand, weil er *innerhalb* der Schranken der Politik denkt. Je geschärfter, je lebendiger, desto *unfähiger* ist er zur Auffassung sozialer Gebrechen. [...] Das Prinzip der Politik ist der *Wille*. Je einseitiger, das heißt also, je vollendeter der *politische* Verstand ist, um so mehr glaubt er an die *Allmacht* des Willens, um so blinder ist er gegen die *natürlichen* und geistigen Schranken des Willens, um so unfähiger ist er also, die Quelle sozialer Gebrechen zu entdecken.[28]

Die Selbstreferenz der Politik verlegt sich auf die »Allmacht des Willens«, wodurch sie die soziale Evolution nicht mehr versteht. Sie kann die »Quelle sozialer Gebrechen« nicht mehr aufklären und mithin auch nicht mehr beheben.

Marx richtete diese Kritik nicht nur an die Akteure der etablierten Politik. Er wendete sie ebenso gegen Bewegungen, die einen Volksaufstand gegen den politischen Staat vorbereiteten. Angetreten mit

27 Ebd., S. 401.
28 Ebd., S. 402.

dem Anspruch, die Gesellschaft als Ganzes vom Standpunkt des Volkswillens aus umzuwälzen, verharrten auch sie in einer Willenspolitik. Marx beobachtete, wie das entstehende Proletariat »seine Kräfte an unverständige, nutzlose und in Blut erstickte Emeuten« verschwendete.[29] Es blieb im politischen Verstand befangen:

> Weil es (das Proletariat – der Verf.) in der Form der Politik denkt, erblickt es den Grund aller Übelstände im *Willen* und alle Mittel zur Abhülfe in der *Gewalt* und dem *Umsturz* einer bestimmten Staatsform. Beweis: die ersten Ausbrüche des *französischen* Proletariats. [...] So verdunkelte ihr politischer Verstand ihnen die Wurzel der geselligen Not, so verfälschte er ihre Einsicht in ihren wirklichen Zweck, so *belog* ihr *politischer* Verstand *ihren sozialen Instinkt*.[30]

Die Volksaufstände waren also aussichtslos. Sie waren aussichtslos, weil sie schnell von der Staatsmacht niedergeschlagen wurden, und sie waren aussichtslos, weil sie sich eine Befreiung durch den Umsturz erhofften, das heißt alleine von der Inthronisierung eines anderen, besseren politischen Willens, der allerdings nicht an die grundlegenden Differenzierungsmuster der sozialen Evolution heranreichte. Volksaufstände sind nicht erfolgreich, weil sie auf einem besonders starken oder unversöhnlichen politischen Willen beruhen. Sie sind nicht vor der Gesellschaft da und bringen sie auch nicht in demiurgischer Manier hervor, sondern sie antworten auf ihre Widersprüche. Eine aussichtsreiche Politik kann erst aus einer Untersuchung dieser Widersprüche hervorgehen. Am Anfang steht gerade nicht der Wille, der das Ganze hervorbringt, sondern das zerrissene Ganze, das die Möglichkeit für eine Veränderung der Gesellschaft eröffnet.

Der Volksaufstand will aber mit dem »Kopf durch die Wand«. Dadurch stellt sich eine Lernunfähigkeit ein. Gilt der Volkswille als erster Beweger der Geschichte, so steht fest, wo das »Grundübel« (Marx) anzusiedeln ist: in der eigenen Willensschwäche. Treffen die aufständischen Bewegungen auf Widerstände, zwingt sie der politische Verstand, die entscheidenden Problemlagen immer in der eigenen Willensschwäche zu suchen, die Problemlösung immer in seiner Verstärkung. So werden Korrektur und Reflexion kaum noch möglich. Salopp gesagt: Der Kampf um die Veränderung der

29 Ebd., S. 407.
30 Ebd.

Gesellschaft funktioniert wie der Fußballsport, wo unterschiedliche Mannschaften und ihre Anhänger:innen das eigene Scheitern immerzu auf dieselben Ursachen (mangelnde Leistung und Mobilisierungskraft) zurückführen – am Ende gewinnen aber einfach die Mannschaften mit der besten finanziellen Ausstattung. Marx und Engels zeigten, wie die Aufstandsbewegungen ihrer Zeit den voluntaristischen Fehler in der Politik wiederholen. Aus dem Volkswillen alleine, auch in seiner aufständischen Variante, geht keine aussichtsreiche Politik hervor.

Verabschiedete Marx den Aufstand vollständig aus seinen Überlegungen und blieb ein Gegner des politischen Aufstands?[31] Eine Reihe von Einlassungen in seinem Mittel- und Spätwerk legen dies nahe.[32] Die Politik trat jedenfalls hinter seiner intensiven Beschäftigung mit den revolutionären Potentialen der politischen Ökonomie zurück. Auf der Suche nach einer langfristigen Strategie der Gesellschaftsveränderung schienen ökonomische Innovationen und wissenschaftliche Erkenntnisse einen belastbareren Ausgangspunkt bereitzuhalten als das Aufstandsgeschehen.[33] In seiner Randglosse brachte Marx allerdings nochmal den Aufstand als Handlungsform in Stellung. Es ist eine jener Stellen in seinen Schriften, an denen er eine Handlungsform beobachtete, die das Potential haben könnte, aus den verstellenden Effekten der bürgerlichen Politik herauszutreten.

Marx analysierte den Aufstand der schlesischen Weber von 1844. Dabei markierte er einen Unterschied zwischen den bisherigen Volksaufständen und dem »industriellen Aufstand« der schlesischen Weber.[34] Die Streikbewegung der Weber setzte im Bereich der politischen Ökonomie an. Sie barg für Marx deshalb das Potential, das »menschliche Leben« als Ganzes zu adressieren, »eine Protestation des Menschen gegen das entmenschte Leben« in Gang zu setzen und so aus den Begrenzungen des politischen Verstandes herauszuführen.[35] Das Verhältnis von universeller Befreiung und partikula-

31 Shlomo Avineri, *The Social and Political Thought of Karl Marx*, Cambridge 1969, S. 194.

32 Alfred Schmidt, *Der Begriff der Natur in der Lehre von Marx (1962)*, Hamburg 2016, S. 161; Brunkhorst, »Kommentar«, S. 171 ff.

33 Zu dieser »long-term«-Orientierung: Gilbert, *Marx's Politics*, S. 122.

34 Marx, »Kritische Randglossen zu dem Artikel ›Der König von Preußen und die Sozialreform. Von einem Preußen‹«, S. 408.

35 Ebd., S. 408.

ren Zielen in den jeweiligen Aufstandsbewegungen kehrte sich um. Die bisherigen Volksaufstände hatten sich allgemein geriert, aber die partikularen Grenzen des politischen Verstandes verewigt. Der Arbeiteraufstand der Weber begann vergleichsweise begrenzt. Sie protestierten gegen ihre Arbeitsbedingungen. Allerdings hatte ihre Streikbewegung, so notierte Marx, eine »universelle Seele«.[36] Sie durchkreuzte die begrenzte Politik, indem sie die Produktion und Reproduktion des materiellen Lebens in den Mittelpunkt stellte. Von dort aus war eine Überschreitung des politischen Verstandes denkbar, die den jakobinischen Fehler nicht wiederholte. Weder die politische Revolution noch der Volksaufstand, sondern die soziale Revolution wurde so zum Fluchtpunkt der Überlegungen: eine Umwälzung, die den Weg in eine neue Gesellschaftsformation einleitet, statt sich im machtlosen Wollen zu versteigen. Die soziale Revolution blieb für Marx ein »politischer Akt«, der jedoch anders konfiguriert war als der Volksaufstand. Der Sozialismus »bedarf dieses *politischen* Aktes, soweit er der *Zerstörung* und der *Auflösung* bedarf«.[37] Sodann müsse er aber von der politischen zur sozialen Revolution übergehen: »Wo aber seine *organisierende Tätigkeit* beginnt, wo sein *Selbstzweck*, seine *Seele* hervortritt, da schleudert der Sozialismus die *politische* Hülle weg.«[38]

Im Hinblick auf den Populismus wären diese Überlegungen wie folgt zu verallgemeinern: Indem der Populismus an die Volkssouveränität appelliert und das Volk gegen die Eliten wendet, knüpft er direkt an das politische System an. Damit reproduziert er diejenigen Fehlstellungen, die dort angelegt sind. Insbesondere neigt er dazu, den jakobinischen Fehler zu wiederholen. Dies führt in eine Lernblockade, und all die Versuche, die Gesellschaft in den Grenzen der politischen Vernunft zu verändern, bleiben in eine eigentümliche Tragik verstrickt, weil sie sich durch ihr eigenes Handeln zunichtemachen. Der Populismus muss sein Volk als Gründungs- und Bewegungsmacht inszenieren, verfügt aber dadurch nicht mehr über die analytischen Instrumente, um zu bestimmen, wo und in welcher Hinsicht Veränderungen möglich werden und wo sie durch widrige Verhältnisse verhindert werden. Damit ist sein eigenes Scheitern vorprogrammiert. Er verstrickt sich in eine Rhe-

36 Ebd.

37 Ebd., S. 409.

38 Ebd.

torik, die ihn für die Mechanismen sozialer Veränderung »blind« (Marx) macht. Dann prallt der Volkswille auf die soziale Evolution und kann seinen Anspruch – die Befreiung des Volkes vom Machtblock – nicht einlösen.

Dem Populismus fehlen die Reflexionsmechanismen, um aus dem Scheitern zu lernen. Wird der Volkswille als erster Beweger der Geschichte verstanden, steht immer schon fest, wo das »Grundübel« anzusiedeln ist: Bleibt der Volksaufstand im politischen Verstand befangen, steht *ab initio* fest, dass die entscheidenden Ursachen immer in der Schwäche des Volkswillens bestehen, die Problemlösung immer in seiner Verstärkung. Die organisierte Willensstärke wird so zur Kardinaltugend der Politik erhoben, die durch Mobilisierung und »Aktion, Aktion, Aktion« zu pflegen ist. Der politische Verstand blockiert mögliche Rückkopplungsschleifen. Dieses Defizit zeigt sich nicht zuletzt im Hinblick auf die Austragung sozialer Konflikte, die in vielen Fällen eben nicht durch Willensstärke entschieden werden, sondern durch unvorhersehbare Wendungen und Strategie- und Bewegungswechsel. Analysen von strategischem Handeln in sozialen Konflikten weisen nach, dass sich politische Veränderungen oft nicht planbar durch die Ausweitung eines politischen Volkswillens ergeben. Die meisten Evolutions- und Konflikttheorien zeigen, wie stark andere Faktoren – wissenschaftliche Erkenntnisse, technische Neuerungen, ökonomische Entwicklungen oder schlichte Zufälle – auf Veränderungsspielräume einwirken, wie sich aus Konflikten unabsehbare Folgen ergeben und die Situationen durch plötzliche Wendungen und Interventionen entschieden werden.[39]

Dass populistische Bewegungen ihre Durchsetzungsprobleme häufig mit einem symbolischen Inventar bearbeiten, ist vor diesem Hintergrund nicht erstaunlich. Die Steigerung der Massenversammlungen zu quasi-religiösen Messen ist das Mittel der Wahl.[40] Es drängen sich unterschiedliche Strategien auf, um die Willensschwäche zu überwinden. Einerseits bietet es sich an, dass neue

39 Zur Rolle von Unberechenbarkeit in politischen Konflikten: Kolja Möller, »Drohung und Verfahren«, in: Tatjana Sheplyakova (Hg.), *Prozeduralisierung des Rechts*, Tübingen 2018, S. 245-264.

40 Max Horkheimer, »Egoismus und Freiheitsbewegung (1936)«, in: Max Horkheimer, *Traditionelle und kritische Theorie*, Frankfurt am Main 1992, S. 43-122, 81 ff.

Anliegen oder soziale Gruppen aufgenommen werden.[41] Andererseits tritt die Sorge um die qualitative Reinheit des Volkswillens auf. Dann kann ein Purifizierungsbestreben entstehen, das das Volk von denjenigen Teilen befreien soll, die seinen Willen vermeintlich schwächen.[42]

3 Der identitäre Fehler: Volksidentität

Nach Marx und Engels verstrickt sich der Volksaufstand in einen voluntaristischen Fehler. Die beiden versuchten deshalb, wissenschaftliche Erklärungsansätze fruchtbar zu machen und auf diesem Weg die Bedingungen abzuklären, unter denen politische Interventionen eine Chance haben, in den Geschichtsverlauf einzugreifen. Nicht aus dem bloßen Willen oder normativen Überzeugungen, sondern aus der Anwendung und Kritik der wissenschaftlichen Erkenntnisse ihrer Gegenwart heraus – der Philosophie, der politischen Ökonomie und der Naturwissenschaften – bestimmten sie solche Gesetze der sozialen Evolution. Darüber, wie diese Erklärungsansätze zu verstehen sind, welche Faktoren zum gesellschaftlichen Wandel beitragen, wie Klassenkämpfe im Geschichtsverlauf wirksam sind oder auch nicht, existiert eine umfassende Forschungsliteratur.[43] Im Gegensatz zur frühmaterialistischen Traditionslinie ihrer Zeit betrachteten Marx und Engels Natur, Gesellschaft, den Menschen oder das Volk nicht als gegebene Dinge, die über historische Veränderungen erhaben sind. Die Volksbewegun

41 Für Laclau stellt der Populismus beispielsweise ein Universalisierungsrelais bereit, das sich durch Ausweitung reproduziert und so ein hohes demokratisches Potential birgt: Ernesto Laclau, *On Populist Reason*, London/New York 2005, S. 65 ff.

42 Zur bereits erwähnten zentralen Rolle von Purifizierungsstrategien für die moderne Politik sei nochmals verwiesen auf: Barrington Moore, *Moral Purity and Persecution in History*, Princeton/New Jersey 2000; Michael Walzer, *The Revolution of the Saints. A Study in the Origins of Radical Politics*, Harvard/London 1965.

43 Vgl. etwa die Beiträge in der Tradition des wissenschaftlichen Sozialismus: Max Adler, *Natur und Gesellschaft. Soziologie des Marxismus 2 (1930)*, Wien/Köln/Stuttgart/Zürich 1964; Antonio Labriola, *Über den historischen Materialismus*, Frankfurt am Main 1974; in der Tradition des analytischen Marxismus: G.A. Cohen, *Karl Marx's Theory of History. A Defence*, Oxford 2000; in der Tradition der kommunikativen Rationalität: Jürgen Habermas, *Zur Rekonstruktion des Historischen Materialismus* Frankfurt am Main 1976.

gen neigten jedoch dazu, diesen historisch veränderbaren Charakter zu verkennen, insbesondere wenn sie dem Volk eine feststehende Identität zuschrieben und es zu einer vorgängigen Naturbasis der Gesellschaft verdinglichten: Das Volk – umkämpft, in sich vielfältig und heterogen, Umschlagsort höchst unterschiedlicher Projekte und Hoffnungen – wurde aus der gesellschaftlichen Vermittlung herausgelöst und so behandelt, als wäre es ein sich selbst gleiches Ding. Nicht nur, dass eine solche identitäre Betrachtung der sozialwissenschaftlichen Analyse kaum standhält, es schleicht sich so auch ein konservativer Zug ein. Steht die Volksidentität immer schon fest, läuft alles auf ihre Bewahrung und Pflege hinaus.

Für die Kritik des Populismus soll nochmals an das philosophische Programm erinnert werden, das Marx zuerst in seinen »Thesen über Feuerbach« bündelte und dann über die Jahrzehnte immer wieder aufgriff.[44] Er hatte für dieses Programm noch keinen eigenen, konzisen Begriff. Friedrich Engels schrieb in einem seiner späten Texte über den »historischen Materialismus«, er sei eine »Auffassung des Weltgeschichtsverlaufs«,

> die die schließliche Ursache und die entscheidende Bewegungskraft aller wichtigen geschichtlichen Ereignisse sieht in der ökonomischen Entwicklung der Gesellschaft, in den Veränderungen der Produktions- und Austauschweise, in der daraus entspringenden Spaltung der Gesellschaft in verschiedne Klassen und in den Kämpfen dieser Klassen unter sich.[45]

Dies eröffnete eine ausführliche Diskussion darüber, wie diese Konzeption des Geschichtsverlaufs auszudeuten ist, welche Rolle die Wirtschaftsweise für die Gesellschaft spielt und wie und ob Klassenkämpfe praktisch auswirken. Dafür wurden unterschiedliche Betrachtungen des dialektischen, historischen oder aleatorischen Materialismus bemüht oder es wurde gar ein Ausstieg aus dem polit-ökonomischen Erklärungsprimat vorgeschlagen.[46] Im Hinblick

44 Karl Marx, »Thesen über Feuerbach (1845)«, in: *Marx-Engels-Werke Band 3*, Berlin 1969, S. 5-7.

45 Friedrich Engels, »Einleitung zur englischen Ausgabe (1892) der ›Entwicklung des Sozialismus von der Utopie zur Wissenschaft‹«, in: *Marx-Engels-Werke Band 22*, Berlin 1963, S. 287-311, 298.

46 Vgl. etwa die avancierteren Beiträge: Cohen, *Karl Marx's Theory of History*; Adler, *Natur und Gesellschaft*; Labriola, *Über den historischen Materialismus*.

auf die Volkssouveränität ist weniger entscheidend, welche soziale Instanz als Schrittmacher der sozialen Evolution gelten darf; eher ist von Bedeutung, dass sich Natur und Gesellschaft in einem Prozess stetiger Vermittlung befinden und jede aussichtsreiche Politik ihre Historizität anerkennen muss. Die Entwicklung der Natur und die des Menschen setzen sich zu einer sozialen Evolution zusammen, die Marx den Usancen des 19. Jahrhunderts folgend als Geschichte bezeichnet:

> Wir kennen nur eine einzige Wissenschaft, die Wissenschaft der Geschichte. Die Geschichte kann von zwei Seiten aus betrachtet, in die Geschichte der Natur und die Geschichte der Menschen aufgeteilt werden. Beide Seiten sind indes nicht zu trennen; solange Menschen existieren, bedingen sich Geschichte der Natur und Geschichte der Menschen gegenseitig.[47]

Im Gegensatz zur frühmaterialistischen Traditionslinie seiner Zeit sieht Marx beides – Natur und Gesellschaft – nicht als gegebene Dinge, die über die historischen Veränderungen erhaben sind. Selbst die Natur hat eine Geschichte und verschränkt sich mit der Geschichte der menschlichen Gattung. Marx gebrauchte den Begriff der »Naturgeschichte in dem weiteren, sich auf die gesamte Wirklichkeit erstreckenden Sinne der evolutionistischen Theorien des neunzehnten Jahrhunderts«.[48] Natur- und Gesellschaftsgeschichte entwickeln sich in Vermittlung und irritieren sich wechselseitig.[49] Auf diese Weise tritt eine Verflüssigung ein, die folgenreich für die Analyse des politischen Systems ist. Denn seine zentralen Formen – seien es der Staat, der *bourgeois* oder der *citoyen* – sind keine Universalien mit Ewigkeitsgarantie, da sie erst mit der modernen Gesellschaft in die Welt gekommen sind.

Daran anschließend beobachteten Marx und Engels, dass sich Volksbewegungen häufig in einen zweiten, identitären Fehler verstiegen, indem sie das Volk als einen vorgängigen und über die soziale Evolution erhabenen Grund der Gesellschaft fetischisierten. Diesen Einwand arbeitete Marx in einer zweiten Randglosse aus dem Jahr 1875 aus. Der Text kommentierte das Programm, das sich der Eisenacher Flügel der Sozialdemokratie auf seinem Parteitag

47 Karl Marx, »Die deutsche Ideologie«, in: *Marx-Engels-Werke Band 3*, Berlin 1969, S. 5-530, 18.

48 Schmidt, *Der Begriff der Natur in der Lehre von Marx*, S. 55.

49 Vgl. dazu Adler, *Natur und Gesellschaft*, S. 48.

gegeben hatte.[50] Die Eisenacher, so kritisierte Marx, übernahmen dabei eine programmatische Vorstellung, wonach die gesamte Entwicklung der Gesellschaft einzig auf die produktive Erwerbsarbeit der Lohnabhängigen zurückführen sei. Indem sie die menschliche Arbeit als »Quelle allen Reichtums« stilisierten, verkannten sie den Zusammenhang von Natur, Gesellschaft und Arbeit. Sie ordneten ein arbeitendes Volk der Gesellschaft vor. So verloren sie die soziale Evolution aus dem Blickfeld, die auch durch rechtliche und politische Institutionen und nicht zuletzt durch die natürliche Umwelt geprägt ist. In der Eingangspassage widersprach Marx ausführlich den Thesen des Gothaer Programms:

Die Arbeit ist *nicht die Quelle* alles Reichtums. Die *Natur* ist ebensosehr die Quelle der Gebrauchswerte (und aus solchen besteht doch wohl der sachliche Reichtum!) als die Arbeit, die selbst nur die Äußerung einer Naturkraft ist, der menschlichen Arbeitskraft. Jene Phrase findet sich in allen Kinderfibeln und ist insofern richtig, als *unterstellt* wird, daß die Arbeit mit den dazugehörigen Gegenständen und Mitteln vorgeht. Ein sozialistisches Programm darf aber solchen bürgerlichen Redensarten nicht erlauben, die *Bedingungen* zu verschweigen, die ihnen allein einen Sinn geben. Nur soweit der Mensch sich von vornherein als Eigentümer zur Natur, der ersten Quelle aller Arbeitsmittel und -gegenstände, verhält, sie als ihm gehörig behandelt, wird seine Arbeit Quelle von Gebrauchswerten, also auch von Reichtum. Die Bürger haben sehr gute Gründe, der Arbeit *übernatürliche Schöpfungskraft* anzudichten; denn grade aus der Naturbedingtheit der Arbeit folgt, daß der Mensch, der kein andres Eigentum besitzt als seine Arbeitskraft, in allen Gesellschafts- und Kulturzuständen der Sklave der andern Menschen sein muß, die sich zu Eigentümern der gegenständlichen Arbeitsbedingungen gemacht haben.[51]

Er warf der Sozialdemokratie vor, dass sie die soziale Evolution missversteht. Die industriell-produktive Arbeit sei nicht *ab initio* »Quelle allen Reichtums«; vielmehr seien die Natur und ihre Kräfte ebenso zu dem zu zählen, was er an anderer Stelle als ökonomische Basis der Gesellschaft bezeichnete.[52] Die Natur wie die Arbeit

50 Karl Marx, »Kritik des Gothaer Programms (1875)«, in: *Marx-Engels Werke Band 19*, Berlin 1962, S. 13-32.

51 Ebd., S. 15.

52 Cohen, *Karl Marx's Theory of History*, S. 30 ff. Cohen unterscheidet zwischen zwei Aspekten der ökonomischen Basis: einer veränderbaren Basis 1, die Teil der Produktionsverhältnisse ist, und einer externen Basis 2.

veränderten sich ständig, weshalb weder eine unberührt-idyllische Natur der Gesellschaft noch ein bestimmter Typ der Arbeit einseitig der Gesellschaft vorausgehe.[53] Marx hatte freilich denjenigen Typ der Arbeit vor Augen, den das sozialdemokratische Volk der Arbeit zu seinem Ausgangspunkt wählte: die im Arbeitsvertrag formalisierte Lohnarbeit im industriellen Sektor der kapitalistischen Wirtschaftsweise. Im Hinblick auf die Volkspolitik zeitigte diese Kritik bedeutende Folgen. Denn auf diese Weise schlich sich in die Volkspolitik nicht nur ein voluntaristisches Moment ein, sondern ebenso ein konservativer Zug. Die Sozialdemokrat:innen und ihr Volk erklärten sich zur alleinigen Basis des Gemeinwesens, setzten identitäre Diskurse um ihren Typ der Arbeit in Gang und neigten dazu, die Lohnarbeit zu bewahren (statt sie aufzuheben).

Die Kritik setzte sich aus zwei Komponenten zusammen:

1. Die erste Komponente war die bloße Abbildung der schon bestehenden Organisation der Arbeitsteilung. Der Vorwurf lautete, dass die frühe Sozialdemokratie ihr Volk letztlich auf einem bürgerlichen Arbeitsverständnis errichtete. Das Volk umfasste all jene, die im Rahmen einer vertraglich geregelten Erwerbsarbeit tätig waren. Damit unterschlug die Sozialdemokratie diejenigen Arbeiten der Reproduktion, die nicht vertraglich geregelt waren, sondern in den privaten Bereich verdrängt und dort von Frauen verrichtet wurden.[54] Statt eine Analyse der gesamten lebendigen Arbeit zu leisten, übernahm die Sozialdemokratie das bestehende Verständnis von Arbeit und Nicht-Arbeit. Zwar schien dieses Volk aus dem politischen System auszubrechen, indem es sich auf die Arbeit, das heißt auf eine Kategorie der politischen Ökonomie, gründete. Dort blieb es jedoch dem verzerrenden Gründungsmythos der bürgerlichen Gesellschaft verhaftet, dass nur der wirklich souverän ist und sein darf, der einer produktiven, vertraglich geregelten Lohnarbeit im industriellen Sektor nachgeht. Die Sozialdemokratie verlieh diesem

53 Schmidt, *Der Begriff der Natur in der Lehre von Marx*, S. 77 ff.

54 Karl Marx, »Grundrisse der Kritik der politischen Ökonomie«, in: *Marx-Engels-Werke Band 42*, Berlin 1962, S. 15-770, 590 ff.; vgl. auch die Rekonstruktion der »lebendigen Arbeit« in den Marx'schen Grundrissen: Antonio Negri, *Marx beyond Marx. Lessons on the Grundrisse*, London/New York 1991; für das Verhältnis von Reproduktions- und Erwerbsarbeit: Frigga Haug, »Marxismus-Feminismus«, in: Wolfgang Fritz Haug (Hg.), *Historisch-kritisches Wörterbuch des Marxismus Band 8/II*, Hamburg 2015, S. 1882-1899.

Typ der Arbeit eine »übernatürliche Schöpfungskraft«. So knüpfte sie an die Selbstdefinition einer Gesellschaft an, die ihren Reichtum einseitig auf das Erwerbsstreben ihrer Mitglieder zurückführte. Auf diese Weise weitete Marx seine Kritik an der Volkspolitik aus: Nicht nur dass dieser analytische Kurzschluss die frühe Sozialdemokratie davon abhielt, den Zustand der Gesellschaft auf adäquate Weise zu bestimmen, sie wiederholte auch den prometheischen Gründungsmythos eines Menschen, der sich über die Natur erhebt. Für Marx ist dieser Gründungsmythos einerseits problematisch, weil er wichtige Faktoren der sozialen Evolution – die Verschachtelung von Produktivkräften und -verhältnissen, die ursprüngliche Akkumulation und die Reproduktionsarbeit – verkennt. Er ist andererseits auch deshalb kritisch zu betrachten, da er zu einer Ideologie gerinnt: Ist der Gründungsmythos erst einmal etabliert, kann die Gesellschaft immerzu von denjenigen, die »kein andres Eigentum besitzen«, verlangen, ihre Arbeitskraft zu verkaufen.

2. Auch in einer zweiten Hinsicht war eine identitäre Fehlstellung zu beobachten. Marx zeigte, wie das Gothaer Programm am tradierten Verständnis eines nationalen Staatsvolkes festhält. Er bemängelte, dass die Sozialdemokratie nicht den Erfahrungen der Internationalen, sondern dem Denken Ferdinand Lassalles huldigte, das dem »engsten nationalen Standpunkt« folge.[55] Es sei zwar zutreffend, wenn die Sozialdemokratie vom »Inland« als »unmittelbarem Schauplatz des Klassenkampfes« ausgehe.[56] Das nationale Volk als letztlich entscheidende Größe wies Marx jedoch scharf zurück. Die wirtschaftliche Produktionsweise sei bereits internationalisiert, so dass jeder Handel auch »Außenhandel«, jede Innenpolitik auch »Außenpolitik« sei.[57] Darauf einzig mit der Idee eines »Freiheits- und Friedensbundes« der (nationalen) Völker zu antworten, wie es die Sozialdemokratie vorschlug, greife zu kurz. Erforderlich sei eine »internationale Verbrüderung der Arbeiterklassen im gemeinschaftlichen Kampf gegen die herrschenden Klassen und ihre Regierungen« erforderlich, in der die deutsche Arbeiterklasse eine »internationale Funktion« zu übernehmen habe.[58] Nur so baue die Sozialdemokratie eine Adäquanz zu den internationalisierten Pro-

55 Marx, »Kritik des Gothaer Programms«, S. 23.

56 Ebd.

57 Ebd., S. 24.

58 Ebd.

duktionsverhältnissen auf. Demgegenüber pries Marx polemisch den Liberalismus der Freihandelspartei:

In der Tat steht das internationale Bekenntnis des Programms *noch unendlich tief* unter dem der Freihandelspartei. Auch sie behauptet, das Ergebnis ihres Strebens sei ›die internationale Völkerverbrüderung‹. Sie *tut* aber auch etwas, um den Handel international zu machen, und begnügt sich keineswegs bei dem Bewußtsein – daß alle Völker bei sich zu Haus Handel treiben.[59]

Demnach verstellt der Bezug aufs nationale Volk den Blick für eine aussichtsreiche Strategiebildung, die die Freihandelspartei herausfordern könnte.

Das Volk der Arbeit blieb aber nicht nur dem nationalen Staatsvolk verhaftet; denn, so Marx, die Strategie der Sozialdemokratie sei einseitig an einer etatistischen Politik ausgerichtet, die in der Forderung nach einem »freien Staat« gipfle.[60] Hier finde wiederum ein Rückfall in die bürgerliche Politik statt, wenn die Sozialdemokratie »statt die bestehende Gesellschaft (und das gilt von jeder künftigen) als *Grundlage* des bestehenden *Staats* (oder künftigen, für künftige Gesellschaft) zu behandeln, den Staat vielmehr als ein selbständiges Wesen behandelt, das seine eignen ›*geistigen, sittlichen, freiheitlichen Grundlagen*‹ besitzt«.[61] Sammelt sich das Volk der Arbeit um die Machtverteilung im Staat und will ihn für die Durchsetzung der eigenen Politik nutzen, hält es das bestehende Wechselspiel aus Staat und Gesellschaft in konservativer Manier aufrecht. Demgegenüber müsse, so Marx in seiner Randglosse, das Verhältnis von Politik und Gesellschaft grundsätzlich auf den Prüfstand gestellt werden:

Es fragt sich dann: Welche Umwandlung wird das Staatswesen in einer kommunistischen Gesellschaft untergehn? In andern Worten, welche gesellschaftliche Funktionen bleiben dort übrig, die jetzigen Staatsfunktionen analog sind? Diese Frage ist nur wissenschaftlich zu beantworten, und man kommt dem Problem durch tausendfache Zusammensetzung des Worts Volk mit dem Wort Staat auch nicht um einen Flohsprung näher.[62]

59 Ebd.
60 Ebd., S. 27.
61 Ebd., S. 28.
62 Ebd.

In beiden Hinsichten beobachtete Marx eine identitäre Problemstellung. Das Volk der Arbeit verewigte die Erwerbsarbeit als Grund der Gesellschaft, es verewigte die Nation als primären Ort der Gemeinschaftsbildung und es verewigte den Staat als politische Regulationsform. Die Volkspolitik der Sozialdemokratie mobilisierte den Volkswillen gegen die Oberen, doch sie knüpfte dabei unmittelbar an die Grundstruktur der bürgerlichen Politik an. Sie versprach sich Veränderung, gar Revolution mittels politischer Willenskraft alleine. Damit verlängerte sie den jakobinischen Fehler der bürgerlichen Revolutionsepoche und ihrer Volkssouveränität. Und sie setzte ein Volk voraus, das als erster Beweger der Geschichte vorausgeht. Damit wiederholte sie eine Naturalisierung, wie sie für die Selbstthematisierung der modernen Gesellschaft typisch ist.

4 Der autoritäre Fehler: Volksführer

Karl Marx verfasste im Jahr 1858 einen kurzen Lexikoneintrag zum Leben des lateinamerikanischen Befreiungsgenerals Simon Bolívar.[63] Der Chefredakteur der *New York Tribune* fragte bei Marx für diesen Beitrag an, der in der Enzyklopädie *New American Cyclopaedia* erscheinen sollte.[64] Bolívar lebte von 1783 bis 1830 und kämpfte für die nationale Unabhängigkeit eines territorialen Gebiets, das sich von Venezuela bis nach Kolumbien erstreckte. Heute gilt Bolívar als einer der Säulenheiligen der lateinamerikanischen Linken. Seine Denkmäler zieren den öffentlichen Raum. Die Verfassung Venezuelas ist als bolivarianische Verfassung in seinem Sinne formuliert. In der offiziellen Erinnerungspolitik wird Bolívar zum Vorkämpfer der nationalen Unabhängigkeit gegen die Kolonisatoren erhoben. Karl Marx war seiner Person gegenüber skeptischer. Sein kurzer Eintrag bemühte sich zwar vordergründig um lexikalische Nüchternheit. Doch die Darstellung war von einigen Spitzen geprägt. So attestierte Marx dem Leben Bolívars einen chaotischen Verlauf. Er schilderte, wie erratisch Bolívars militärisches Konfliktverhalten war – oft wenig »geistesgegenwärtig« und mitunter fähig,

63 Karl Marx, »Bolivar y Ponte (1858)«, in: *Marx-Engels-Werke Band 14*, Berlin 1972, S. 217-231.

64 Vgl. Hal Draper, »Karl Marx and Simon Bolívar. A Note on Authoritarian Leadership in a National-Liberation Movement«, in: *New Politics* 1 (1968), S. 64-77.

»alle seine Gefährten ohne irgendwelche Hilfsmittel« zurückzulassen.[65] Die Erfolge des Generals zerrannen sofort, nachdem er sie errungen hatte. Sein wiederkehrender Versuch, seine »neue diktatorische Macht« durch »Volksversammlungen« zu legitimieren, gelang immer nur kurzweilig.[66] Bolívars Leben schien von einem andauernden Bewegungskrieg geprägt zu sein, in dem sich kaum nachhaltige Strukturveränderungen abzeichneten.

In diesem Artikel über Bolivar bezog sich Marx auf eine Deutung, die in der europäischen Diskussion des 19. Jahrhunderts wahlweise als Bonapartismus oder als Cäsarismus bezeichnet wurde. Die Grundzüge dieses Herrschaftstyps gehen auf die Machtergreifung Napoleon Bonapartes I. am 9. November 1799 zurück, der im Revolutionskalender als 18. Brumaire ausgewiesen wird. Unter dem Druck vielfältiger sozialer und militärischer Konfliktlinien wurde die Nationalversammlung aufgelöst. Eine neue Verfassung setzte Napoleon als Konsul mit weitgehenden gesetzgeberischen Kompetenzen ein. Im Jahre 1800 bestätigte eine Volksabstimmung die Verfassung sowie die herausgehobene Stellung Napoleons. Nach dem gescheiterten Versuch der Jakobiner, die Revolution zu radikalisieren, entstand eine eigentümliche »nachkönigliche Einherrschaftsform«.[67] Napoleon ermächtigte sich als Kaiser, kombinierte diesen Rückfall in eine monarchisch-autoritäre Regierungsweise allerdings mit der plebiszitären Legitimation durch einen über den politischen Lagern stehenden Volkswillen.

Louis Bonaparte, der Neffe Napoleon Bonapartes, griff diesen Herrschaftstyp fünfzig Jahre später im Jahr 1852 nochmals auf. Er inszenierte sich in direkter Nachfolge zu Napoleon I. als autoritären Ausweg aus den Kämpfen der demokratischen Revolution von 1848 und legitimierte sich danach in einer Reihe an Volksabstimmungen. Aus dem Scheitern des Volksaufstands für die Einrichtung einer roten Republik am Beginn der Revolution 1848 sowie aus den Konflikten der darauffolgenden parlamentarischen Republik in der Zeit von 1848 bis 1851 ging der Bonapartismus als Sieger hervor. Damit waren sowohl der sozialistische Volksaufstand als auch die liberale Republik, die Marx und Engels für die adäquate Staatsform

65 Marx, »Bolivar y Ponte«, S. 223.

66 Ebd., S. 230.

67 Dieter Groh, »Cäsarismus«, in: Brunner u. a. (Hg.), *Geschichtliche Grundbegriffe, Bd. 1*, Stuttgart 1972, S. 726-771, 732.

ihrer Gegenwart hielten, gescheitert: An ihre Stelle trat eine präsidentielle Alleinherrschaft, die die Staatsgewalt effektiv ausbaute. An die Stelle von »liberté, égalité, fraternité« trat, in den Worten von Marx, »Infanterie, Kavallerie, Artillerie«.[68] Um dieses Politikmodell zu durchdringen, nutzten damalige Kommentatoren nicht nur den Begriff des Napoleonismus oder Bonapartismus. Sie bezogen sich ebenfalls auf das römische Vorbild von Julius Cäsar, denn auch er transformierte die Verfassung der römischen Republik in Richtung einer Diktatur und stützte sich ebenso auf die Unterstützung des Militärs wie des römischen Volkes.[69]

Trotz dieser Rückbezüge galt den zeitgenössischen Beobachtern dieser Herrschaftstyp als »spezifisch neuartige Erscheinungsform« der Politik.[70] Die Neuartigkeit des Bonapartismus »zeigte sich darin, dass er eine Synthese bisher von der Mehrheit des politischen Publikums für unvereinbar angesehener Gegensätze vorgibt, der Demokratie und der Volkssouveränität mit einer kraftvollen monarchischen Autorität«.[71] Der preußische Diplomat Constantin Frantz schilderte diese Verbindung in seiner 1852 erschienenen Borschüre *Louis Napoleon*:

> Aufgabe. Es ist ein Volk gegeben, welches die ganze Substanz seines alten Staatslebens zerstört und seitdem keine gemeinsamen Staatsanschauungen mehr hat, gleichwohl aber einer öffentlichen Gewalt und einer öffentlichen Ordnung bedarf. Was ist also zu tun? Auflösung. Dieses Volk stellt einen Mann an seine Spitze, der den Kollektivwillen des Volkes in sich zusammenfaßt, und dieser Mann gibt eine Verfassung, welche vom Volk ratifiziert wird. Dieser Mann regiert, nicht in Kraft der Legitimität oder sonst einer moralischen Idee, sondern im Namen einer physischen Notwendigkeit, da er auf der Majorität ruht und die Notwendigkeit vorliegt, daß sich die Minorität unterwerfen muß.[72]

68 Karl Marx, »Der 18. Brumaire des Louis Bonaparte (1852)«, in: *Marx-Engels-Werke Band 8,* Berlin 1972, S. 111-207, 148.

69 Vgl. Heinz Gollwitzer, »Der Cäsarismus Napoleons III. im Widerhall der öffentlichen Meinung Deutschlands«, in: *Historische Zeitschrift* 1 (1952), S. 23-75; siehe auch die Cäsarismus-Diskussion bei Max Weber, der sich auf die Beispiele von Napoleon I. und Napoleon III. stützt: Max Weber, *Wirtschaft und Gesellschaft*, Darmstadt 2005, S. 1094 ff.

70 Wippermann, *Die Bonapartismustheorie von Marx und Engels*, S. 23.

71 Gollwitzer, »Der Cäsarismus Napoleons III. im Widerhall der öffentlichen Meinung Deutschlands«, S. 26.

72 Zitiert nach ebd., S. 34.

In dieser Passage treten die Grundzüge des Bonapartismus deutlich hervor: eine reale oder herbeigeredete Ordnungskrise, in der eine Führungsfigur beansprucht, kraft Autorität und Entscheidungsstärke wieder für Stabilität zu sorgen, und sich dabei auf das Volk stützt. Die Führungsfigur aktiviert die Volkssouveränität nicht mehr von unten, wie es die Jakobiner der Französischen Revolution und die radikalen Demokrat:innen des Vormärz anstrebten, sondern vereinnahmt sie von oben. Verbanden noch Reformer wie Lorenz von Stein oder der junge Heinrich Heine mit dem Bonapartismus die Hoffnung, dass die Errungenschaften der Französischen Revolution auf diesem Weg in Europa zur Durchsetzung kommen,[73] so schlugen Karl Marx und Friedrich Engels einen anderen Ton an. Für sie war der Bonapartismus eine Herrschaftsoption, die ins Regressive führte, hinter den Liberalismus zurückfiel und die Politik in eine »Farce«[74] pervertierte. Wie sich dieser Übergang abspielte, der die demokratische Revolution 1848 in Frankreich in einen bonapartistischen Herrschaftstyp münden ließ, analysierte Marx ausführlich in seinem Text »Der 18. Brumaire des Louis Bonaparte«. Dort entwickelte er nicht nur eine Chronologie der Ereignisse; er formulierte auch eine Reihe von Einsichten zum Verhältnis von sozialen Konflikten und politischem Staat.

Bis zu den Ereignissen, die zum Aufstieg Louis Bonapartes führten, waren sich Karl Marx und Friedrich Engels über die politische Strategie der frühen Arbeiterbewegung einig: Zunächst, so die im *Kommunistischen Manifest* vertretene Auffassung, gelte es, sich für eine demokratische Republik einzusetzen. Sie sollte die Grundlage für weitergehende Veränderungen schaffen und insbesondere den Spielraum möglicher Mehrheitsbildungen für die Arbeiterparteien eröffnen. Die »Erkämpfung der Demokratie« avancierte zum notwendigen Präludium der sozialen Revolution.[75] Der Bonapartismus brach aus diesem Schema aus. Er unterlief die bisherige Annahme, wonach der modernen Gesellschaft die Demokratie als Herrschaftsform entsprach. Insgesamt stand er in einem eigentümlichen Zwielicht zwischen Regression und moderner Gesellschaft. Zum einen

73 Ebd., S. 44; Groh, »Cäsarismus«, S. 741; Wippermann, *Die Bonapartismustheorie von Marx und Engels*, S. 24.

74 Marx, »Der 18. Brumaire des Louis Bonaparte«, S. 115.

75 Karl Marx, »Manifest der kommunistischen Partei«, in: *Marx-Engels-Werke Band 4*, Berlin 1972, S. 459-493, 481.

stellte sich der Bonapartismus als Regression dar, da er auf einem autoritären Typ politischer Herrschaft beruhte, der seine Bezugspunkte aus der Vergangenheit erhielt. Dies reichte von der Selbstinszenierung bis hin zu seiner Hinwendung zu einer Massenbasis, die er zu weiten Teilen im ländlichen Raum und bei Bauern fand. Das waren diejenigen Klassen, die gerade nicht als Träger der neuen Zeit galten.[76] Zum anderen übernahm er durchaus eine modernisierende Rolle, indem er die Staatsgewalt zentralisierte. Insbesondere bot er sich als Instanz an, um bestehende Gleichgewichts- und Blockadekonstellationen der sozialen Klassen zugunsten eines gewaltbewehrten Zentralstaats zu überwinden. Statt nur die wirtschaftlichen Produktivkräfte und den zivilgesellschaftlichen Verkehr zu entfesseln, durchlief die Volkssouveränität eine autoritäre Involution, in der sich die regressive Vergangenheitsorientierung mit einer Verselbstständigung der Staatsgewalt überschnitt.

In diesem Sinne handelte es sich nicht einseitig um einen bloßen Rückfall, sondern um einen eigenständigen Prozess, der im Folgenden näher beleuchtet werden soll. Statt dem feingliedrigen Konfliktgeschehen der 1848er Revolution nachzugehen, soll der Bonapartismus als verallgemeinerungsfähiges Schema rekonstruiert werden, das die autoritäre Transformation der Demokratie erklären soll. Dies erfolgt in zwei Schritten. Im ersten Schritt wird die prägende Konstellation erläutert, in der das bonapartistische Projekt entstand. Es erweist sich als Reaktion auf bestehende Verallgemeinerungsblockaden in sozialen Konflikten (1). Im zweiten Schritt soll erklärt werden, wieso bonapartistische Projekte trotz ihrer Vulgarität auf gute Erfolgsaussichten in der modernen Gesellschaft setzen können (2).

1. Verallgemeinerungsblockaden und Gleichgewichte: Die Annahmen von Marx und Engels zum Aufstieg und Fall spezifischer Gesellschaftsformationen beruhten darauf, dass eine Regulierung eintreten kann. Die soziale Evolution wurde von daher auch als Abfolge von je spezifischen Regulationsweisen gefasst, die ein gewisses Maß an sozialer Kohärenz über einen längeren Zeitraum garantierten.[77] In der Marx'schen »Einleitung zur Kritik der politischen

76 Wippermann, *Die Bonapartismustheorie von Marx und Engels*, S. 64; Jost Dülffer, »Bonapartism, Fascism and National Socialism«, in: *Journal of Contemporary History* (1976), S. 109-128, 110.

77 Vgl. dazu die Arbeiten der zeitgenössischen Regulationsschule: Robert Boyer/

Ökonomie« findet sich eine bekannte Stelle, an der sich wissenschaftliche Forschung und soziale Bewegungen seit Jahrzehnten abarbeiten. Dort folgt Marx der schematisierenden Diktion von der ökonomischen Basis und dem gesellschaftlichen Überbau. Sie wird immer wieder unter dem Gesichtspunkt diskutiert, in welchem Verhältnis die Wirtschaftsweise zu anderen Sozialsystemen steht. Über das Verhältnis der materiellen Produktion zu anderen gesellschaftlichen Verkehrsformen hinaus behandelt die Passage jedoch ebenso, wie evolutionäre Stabilisierung und revolutionäre Umwälzung ineinandergreifen:

> In der gesellschaftlichen Produktion ihres Lebens gehen die Menschen bestimmte, notwendige, von ihrem Willen unabhängige Verhältnisse ein, Produktionsverhältnisse, die einer bestimmten Entwicklungsstufe ihrer materiellen Produktivkräfte entsprechen [...]. Auf einer gewissen Stufe ihrer Entwicklung geraten die materiellen Produktivkräfte der Gesellschaft in Widerspruch mit den vorhandenen Produktionsverhältnissen oder, was nur ein juristischer Ausdruck dafür ist, mit den Eigentumsverhältnissen, innerhalb deren sie sich bisher bewegt hatten. Aus Entwicklungsformen der Produktivkräfte schlagen diese Verhältnisse in Fesseln derselben um. Es tritt dann eine Epoche sozialer Revolution ein.[78]

Über ausgedehnte historische Perioden stehen die Produktionsverhältnisse folglich in einem passenden Verhältnis zu den Produktivkräften, mithin auch die materiellen Vorbedingungen zu den gesellschaftlichen Rahmenbedingungen. So ermöglichen Regulationsweisen über lange Zeiträume hinweg, dass sich Gesellschaften im Modus der Anpassung und Reform weiterentwickeln. Marx verdeutlicht dies an den Beispielen des Feudalismus und der bürgerlichen Gesellschaft. In beiden Fällen findet ein Zusammenspiel von ökonomischen, rechtlichen und politischen Formen statt, die sich ergänzen. So entspricht der agrarisch geprägten Produktionsweise im Feudalismus ein bestimmter Typ der feudalen Eigentumsordnung und politischen Regulation, wie der modernen Gesellschaft wiederum das Privateigentum und der Staat. Diese stiften Stabilität

Yves Saillard (Hg.), *Regulation Theory. The State of the Art*, London/New York 2001.

78 Karl Marx, »Zur Kritik der politischen Ökonomie. Vorwort«, in: *Marx-Engels-Werke Band 13*, Berlin 1971, S. 7-11, 8 ff.

über längere Zeiträume hinweg oder sind zumindest in der Lage, die Widersprüche zu prozessieren.[79] Dabei entwickeln sich die jeweiligen Gesellschaftsformationen nicht nur unter dem Gesichtspunkt einer spezifischen Ko-Evolution sozialer Sphären, sondern auch unter der Führung von sogenannten herrschenden Klassen, die ihre Interessen wirksam verallgemeinern. Als Teil der Ordnung stellen sie sich an die Stelle des Ganzen. Auf diese Weise entstehen Trägergruppen, die zu »allgemeinen Repräsentanten« der jeweiligen Gesellschaftsformationen werden.[80]

In den »Epochen der Revolution« zerfällt diese Einheit. In diesen Momenten passen die Ko-Evolution von Produktivkräften und Produktionsverhältnissen und die sozialen Trägergruppen nicht mehr zusammen.[81] Das ist vor allem der Fall, wenn die Produktivkräfte voranschreiten und von den bestehenden Produktionsverhältnissen nur noch gefesselt werden. Diese Situationen des Nicht-Passens münden in umfassendere Regulationskrisen, die wiederum Möglichkeiten für revolutionäre Umwälzungen eröffnen.[82] Entscheidend ist dabei, ob es den zukunftsfähigen sozialen Gruppen, die an die fortgeschrittensten Momente der Produktivkräfte angebunden sind, gelingt, sich als politische Kraft zu organisieren, die Fesseln der alten Ordnung zu sprengen und eine neue Gesellschaftsformation zu erkämpfen. Als nunmehr herrschende Klasse führen sie in der Folge ein neues Passungsverhältnis in einer veränderten Gesellschaftsformation herbei und schwingen sich zum allgemeinen Repräsentanten auf. Die Erfolgschancen dafür stehen – folgen wir den Thesen von Marx und Engels – insgesamt gut, da die Interessen der neuen herrschenden Klasse dem Fortschritt der Produktivkräfte eher entsprechen, so dass sie die Tendenzen der sozialen Evolution für sich nutzbar machen. Marx und Engels übernehmen den für ihre Zeit typischen Ausgangspunkt einer tendenziell fortschrittlichen Gerichtetheit der sozialen Evolution. Aus heutiger Sicht würde man wesentlich andere Annahmen machen,

79 Cohen, *Karl Marx's Theory of History*, S. 79 ff.

80 Karl Marx, »Zur Kritik der Hegelschen Rechtsphilosophie. Einleitung«, in: *Marx-Engels-Werke Band 1*, Berlin 1976, S. 378-391, 388.

81 Insofern ist die Revolution nicht nur ein bestimmter Typ politischen Handelns (vgl. für diese These: Gunnar Hindrichs, *Philosophie der Revolution*, Berlin 2017), sondern die Antwort auf eine Krise der Evolution.

82 Alan Gilbert, *Marx's Politics*, New Jersey 1981, S. 40 ff.

die Umwälzung und Entwicklung sowohl auf viel chaotischere, teils anarchischere Faktoren zurückführen als auch Platz für Fälle von Destruktion und Regression bereithalten.[83]

So einschlägig sich die Verschachtelung von Evolution und Revolution darstellt, so sehr wichen Marx und Engels von ihr ab, wenn sie sich der konkreten Analyse historischer Verläufe zuwandten. Dort mussten sie eine Vielzahl von sozialen Gruppen berücksichtigen, die sich nicht auf die jeweils kämpfenden Hauptklassen begrenzen ließen. Sie mussten einbeziehen, dass historische Rückschläge den Verlauf der sozialen Evolution irritieren. Und sie mussten in Rechnung stellen, dass die Zustände der Passung in einer Gesellschaftsformation vielleicht eher die historische Ausnahme als die Regel waren.[84] Insbesondere traten Kräftegleichgewichte ein, in denen sich die sozialen Klassen gegenseitig austarierten, ohne ihre jeweiligen Interessen zu verallgemeinern. Friedrich Engels hatte solche Konstellationen des Gleichgewichts wie folgt beschrieben:

> So war der antike Staat vor *allem* Staat der Sklavenbesitzer zur Niederhaltung der Sklaven, wie der Feudalstaat Organ des Adels zur Niederhaltung der leibeignen und hörigen Bauern und der moderne Repräsentativstaat Werkzeug der Ausbeutung der Lohnarbeit durch das Kapital. Ausnahmsweise indes kommen Perioden vor, wo die kämpfenden Klassen einander so nahe das Gleichgewicht halten, daß die Staatsgewalt als scheinbare Vermittlerin momentan eine gewisse Selbständigkeit gegenüber beiden erhält. So die absolute Monarchie des 17. und 18. Jahrhunderts, die Adel und Bürgertum gegeneinander balanciert; so der Bonapartismus des ersten und namentlich des zweiten französischen Kaiserreichs, der das Proletariat gegen die Bourgeoisie und die Bourgeoisie gegen das Proletariat ausspielte. Die neueste Leistung in dieser Art, bei der Herrscher und Beherrschte gleich komisch erscheinen, ist das neue deutsche Reich Bismarckscher Nation: Hier werden Kapitalisten und Arbeiter gegeneinander balanciert und gleichmäßig geprellt zum Besten der verkommnen preußischen Krautjunker.[85]

83 Vgl. etwa: Niklas Luhmann, »Evolution und Geschichte«, in: Niklas Luhmann, *Soziologische Aufklärung 2*, Wiesbaden 2005, S. 187-211; Brunkhorst, *Critical Theory of Legal Revolutions.*

84 Vgl. die Kritik bei Wippermann, *Die Bonapartismustheorie von Marx und Engels*, S. 73 ff.

85 Friedrich Engels, »Der Ursprung der Familie, des Privateigentums und des Staats (1884)«, in: *Marx-Engels-Werke Band 21*, Berlin 1975, S. 25-173; Vgl. für eine Diskussion dieser Analysen: Otto Bauer, »Das Gleichgewicht der Klassenkräfte

Zwar berief sich Engels weiterhin auf das Passungsmodell sozialer Evolution, doch die Ausnahmeperioden, in denen sich die »kämpfenden Klassen im Gleichgewicht halten«, galten ihm als eigenständige Konstellationen. Dort könne sich der Staat als »scheinbarer Vermittler« gerieren und an »Selbstständigkeit« gegenüber den unmittelbaren Interessen der kämpfenden Klassen gewinnen. Die Perioden, die Engels anführte, sind nur schwer als kurzweilige Ausnahmeperioden darstellbar, in denen der Geschichtsverlauf vom normalen Entwicklungsmodell abweicht. Alleine bei den im vorliegenden Zitat adressierten Beispielen handelt es sich schließlich um 200 Jahre absolute Monarchie, um 18 Jahre französischen Bonapartismus (1852-1870) und 19 Jahre Bismarck'sche Nation (1871-1890).

In diesen Gleichgewichtssituationen stellt sich die angenommene Passung nicht unmittelbar ein. Die Beharrungskräfte der bestehenden Gesellschaft treffen auf reformatorische oder revolutionäre Bewegungen, die aber ihrerseits nicht in der Lage sind, einen neuen gesellschaftlichen Zustand unter ihrer Führung zu verallgemeinern. So entsteht ein Gleichgewicht, das eine spezifische Offenheit und Unentschiedenheit in der gesellschaftlichen Entwicklung sistiert, ohne dass sich eine hegemoniale soziale Kraft abzeichnen würde, die den Einstieg in eine neue Gesellschaftsformation herbeiführt. Dies wiederum schafft den Spielraum für autoritäre Varianten der Politik, die sich als lösende Instanz empfehlen, um einer Ordnung zum Durchbruch zu verhelfen, die nicht von der Zerrissenheit des Gleichgewichtszustands gekennzeichnet ist.

Die einschlägige Diskussion solcher Verallgemeinerungsblockaden legte Marx in seinem Text zum 18. Brumaire vor. Dort zeigte er ausführlich, wie sich die jeweiligen Parteien des Revolutionsgeschehens im Frankreich der Jahre 1848 bis 1852 in folgenreiche Blockaden manövrierten. Dabei war die Abfolge zunächst einer sozialistischen und dann einer bürgerlich-liberalen Verallgemeinerungsblockade zu beobachten.[86]

Die Revolution, so Marx, begann mit einer ersten aufständischen Phase. Angeführt vom bewaffneten Proletariat, proklamierte

(1924)«, in: Hans-Jörg Sandkühler/Rafael De La Vega (Hg.), *Austromarxismus. Texte zu »Ideologie und Klassenkampf«*, Frankfurt am Main 1970, S. 79-97.

86 Marx differenziert die unterschiedlichen Perioden der Revolution feingliedriger aus: Marx, »Der 18. Brumaire des Louis Bonaparte«, S. 120.

der Volksaufstand die »soziale Republik«.[87] Dem Aufstand gelang es in der Folge nicht, zur Revolution voranzuschreiten, und er wurde niedergeschlagen. Eine bürgerliche Republik trat an seine Stelle, die von einer Nationalversammlung getragen wurde. Die Führungsgruppen des Proletariats – Auguste Blanqui und die Insurrektionisten – wurden »vom öffentlichen Schauplatz entfernt«.[88] Gestützt auf die »Finanzaristokratie, die industrielle Bourgeoisie, den Mittelstand, die Kleinbürger, die Armee, das als Mobilgarde organisierte Lumpenproletariat, die geistigen Kapazitäten, die Pfaffen und die Landbevölkerung«, schlugen die Ordnungskräfte auch den letzten Versuch einer sozialistischen Revolution – die »Juni-Insurrektion« – nieder.[89] Marx schilderte, wie Militär und Polizei die Führungskader der insurrektionistischen Tendenz einsperrten. Die Sozialist:innen wiederum verfolgten kein aussichtsreiches politisches Projekt, sondern stürzten sich auf »doktrinäre Experimente« oder zogen sich mit einer Politik der »Privatweise« aus der öffentlichen Auseinandersetzung zurück.[90]

Auf diese sozialistische Verallgemeinerungsblockade folgte die zweite, nunmehr liberale Verallgemeinerungsblockade. Marx zeigte ausführlich, wie es dem liberalen Bürgertum misslang, sich zum allgemeinen Repräsentanten der Gesellschaft aufzuschwingen. Die Nationalversammlung setzte einen verfassungsgebenden Prozess und eine Parlamentarisierung der politischen Ordnung in Gang. In den Verfahren zeichnete sich aber keine neue herrschende Klasse ab. Die Partei der Ordnung, die sich in den Juni-Tagen versammelt hatte, um den Aufstand niederzuschlagen, zerfiel in ihre Bestandteile. Die »Bourgeois-Republikaner« konzentrierten sich auf das »Ausspintisieren« der Verfassung. Die Sicherheitsapparate – angeführt vom General Cavaignac – hielten den Belagerungszustand aufrecht. Die Bauern und andere aus den ländlichen Regionen Frankreichs fanden sich in der vorliegenden Kräftekonstellation nicht wieder – und wählten am Ende des Jahres 1848 Louis Napoleon zum Präsidenten der Republik.[91] Schrittweise, so stellte Marx es dar, trat

87 Ebd., S. 120.
88 Ebd., S. 121.
89 Ebd.
90 Ebd., S. 122.
91 Ebd., S. 129 ff.

eine »absteigende Linie« ein.[92] Im Gegensatz zur Französischen Revolution des Jahres 1789 radikalisierte sich die Revolution der 1848er Jahre in ihrem Verlauf nicht. Im Gegenteil: Eine autoritäre Involution nahm sich schrittweise ihren Raum. Die bürgerlichen Klassen wurden systematisch von unterschiedlichen Parteiungen herausgefordert, sei es vom Militär und den Sicherheitsapparaten, vom Kleinbürgertum oder den Bauern. Die Überbleibsel der Partei der Ordnung verlegten sich auf »kleinliche Kompetenzzwiste, Schikanen, Rabulistereien [...]« und »Formfragen«.[93] Ihnen gelang es nicht, einen Ordnungsentwurf zu formulieren und zur Durchsetzung zu bringen. So befanden sich Bourgeoisie und Proletariat in einer Verallgemeinerungsblockade. Die Folge war eine Phase der Unentschiedenheit, die sich bis ins Jahr 1852 erstreckte, in der sich unterschiedliche Allianzen bildeten und sogleich wieder auflösten. Der Schriftsteller Émile Zola beschrieb diese in seiner groß angelegten »Natur- und Sozialgeschichte einer Familie im Zweiten Kaiserreich« im Roman *Das Glück der Familie Rougon* wie folgt:

> Aus Paris kamen die widersprechendsten Nachrichten; manchmal siegten die Republikaner, manchmal war die konservative Partei obenauf. Der Widerhall der Streitigkeiten, die die Gesetzgebende Versammlung entzweiten, gelangte bis in die hintersten Winkel der Provinz, heute vergrößert, morgen abgeschwächt, immer aber so verändert, dass auch die Hellsichtigsten in völligem Dunkel tappten. [...] Alle wünschten sich ein Ende dieses Zustandes herbei. Sie waren krank vor Ungewissheit.[94]

Parlamentarisierung und Verallgemeinerungsblockaden brachten in ihrem Wechselspiel ein »Regime der Unruhe« hervor.[95] Diese Unruhe erstreckte sich über mehrere Dimensionen: Es herrschte Unruhe, weil der Parlamentsmechanismus und das Wechselspiel der Parteien die Politik dynamisierte und dies öffentlich sichtbar machte. Es herrschte aber auch Unruhe, weil die handelnden Akteure kaum fähig waren, eine kohärente Strategie zu verfolgen. Keine soziale Klasse oder Partei verfügte über die nötige Handlungsmacht, um die Gesellschaft in eine neue Gesellschaftsformation zu führen, das heißt, statt der unruhigen Variation wieder auf eine Stabilisierung hinzuwirken.

92 Ebd., S. 135.

93 Ebd., S. 167.

94 Émile Zola, *Das Glück der Familie Rougon (1871)*, Gütersloh 1985, S. 146 f.

95 Marx, »Der 18. Brumaire des Louis Bonaparte«, S. 153.

2. Autoritäre Involution: Auf diese Weise entstand eine Gelegenheit für den Erfolg einer sozialen Bewegung, die sich um Louis Napoleon sammelte. Sie strebte eine autoritäre Transformation des politischen Systems an, um die Unruhe zu überwinden. Während sich die sozialen Hauptklassen in Verallgemeinerungsblockaden befanden, initiierte Louis Napoleon eine Sammlungsbewegung, die in den revolutionären Wirren obsiegte. Marx interessierte sich in seinen teils polemischen, teils nüchtern soziologischen Einlassungen vor allem für die Sozialstruktur der bonapartistischen Bewegung. Er beobachtete, wie Bonaparte eine Unterstützergruppe organisierte, die ihn in seinen Wahlkämpfen begleitete. Diese »Gesellschaft des 10. Dezember« setze sich »aus Roués der Aristokratie«, »verkommenen und abentheurenden Ablegern der Bourgeoisie«, »Vagabunden« und »entlassenen Soldaten« zusammen, eine »ganze unbestimmte, aufgelöste, hin- und hergeworfene Masse, die die Franzosen la Bohème nennen«.[96]

Marx kam immer wieder darauf zurück. Die soziale Basis des Bonapartismus bestand aus denjenigen, die als Lumpenproletariat oder als Lumpenbourgeoisie (als aristokratische *roués*) keine unmittelbare Anbindung an die politökonomische Grundstruktur der Gesellschaft mehr aufwiesen. Die Sammlungsbewegung, die nach dem Führerprinzip organisiert war, vereinigte eine Querfront all derjenigen, die keinen Platz mehr in der modernen Gesellschaft fanden oder um diesen Platz fürchteten. Polemisch charakterisierte Marx die Bewegung als Vereinigung des »Auswurfs, Abfalls, Abhubs aller Klassen«.[97] In ihr sammelten sich gleichermaßen Proletarier und Bauern, Groß- wie Kleinbürger – aber es dominierten vor allem jene, die über keinen Platz in der kapitalistischen Gesellschaftsformation verfügten. Die Lumpenbourgeoisie der bürgerlichen Bohème, die nichts Substantielles zur ökonomischen Entwicklung beitrug, traf auf die lumpenproletarischen Entrechteten, die als Überzählige nicht mehr in den gesellschaftlichen Arbeitsprozess eingebunden waren.[98]

Dass sich Louis Bonaparte darüber hinaus auf die Soldaten des Militärs und die Zustimmung der Bauernschaft stützte, war kein

96 Ebd., S. 161.

97 Ebd., S. 161.

98 Für eine ausführliche Analyse der unterschiedlichen »Lumpen«-Fraktionen vgl. Frank Ruda, *Hegels Pöbel*, Konstanz 2011, S. 83 ff.

Zufall. Schließlich beruhte seine Herrschaft auf dem Ausbau der repressiven Staatsapparate wie Polizei und Militär. Die Interessen der Bauernschaft wiederum waren in der Marx'schen Perspektive noch an der alten gesellschaftlichen Ordnung orientiert. »Die Parzellenbauern«, so Marx, »bilden eine ungeheure Masse«, die aber in der agrarischen Produktion »voneinander isoliert« wurden, so dass eine Kultur »der Teilung der Arbeit« fehle.[99] Die Subsistenzwirtschaft führe in autoritäre Bewusstseinsformen und den Ruf nach einer Einzelperson, die als Herr über das gesellschaftliche Leben gebietet und mithin »Regen und Sonnenschein« schickt.[100] So passte der Bonapartismus gut zu den Bewusstseinsformen der Bauern und dem staatlichen Sicherheitspersonal.

Das Irritierende an dieser Querfront bestand in ihrem Erfolg. Eigentlich sprachen alle Prognosen gegen diesen Siegeszug. Anders als die Bourgeoisie oder die Arbeiterklasse bot die Querfront kein ökonomisches Machtpotential auf. Auch schienen die Interessenslagen innerhalb des bonapartistischen Blocks zu heterogen zu sein, um auf dieser Grundlage eine neue Gesellschaftsformation herbeizuführen. Trotzdem ging Louis Napoleon als Sieger aus den Fraktionskämpfen hervor und etablierte ein System der Staatsverwaltung, das sich bis 1870 stabil an der Macht hielt.[101] Wie kam es dazu, dass die Revolution ins Autoritäre umschlug und dass sich nicht die revolutionären Kräfte der neuen Zeit durchsetzten, sondern eine Bewegung der aristokratischen *roués*, Lumpenproletarier, Polizisten und Bauern? Um diesen Erfolg zu erklären, sind zwei Mechanismen von besonderer Bedeutung.

Der erste Mechanismus ist eine Involutionstendenz, die im parlamentarischen Regime angelegt ist. Hoffte Marx noch im *Kommu-*

99 Marx, »Der 18. Brumaire des Louis Bonaparte«, S. 198.

100 Ebd., S. 198 ff.

101 Wippermann macht darauf aufmerksam, dass Marx den konstruktiven Charakter des bonapartistischen Projekts massiv unterschätzte: Bonaparte stützte sich nicht nur auf plebiszitäre Legitimation, sondern auf eine Expansion der Staatsapparate, teilweise auch mit sozialpolitischen Dimensionen, schließlich auf ein System der Ämterpatronage (Wippermann, *Die Bonapartismustheorie von Marx und Engels*, S. 72). Eine einschlägige Darstellung der Politik im Zweiten Französischen Kaiserreich, insbesondere des Wechselspiels zwischen Louis Napoleon, dem *corps législatif* und der entstehenden Öffentlichkeit, findet sich in Émile Zolas Roman *Seine Exzellenz Eugène Rougon (1876)*, Berlin 1958, insbesondere im Schlussteil S. 464 ff.

nistischen Manifest, dass das Parlament mit seinem Mehrheitsprinzip ein Relais anbiete, um erst die Interessen der Bourgeoisie und sodann – durch Mehrheitsbildung – die Interessen des Proletariats zu verallgemeinern,[102] so schien im 18. Brumaire die Gegenoption auf. Das Regime der Unruhe ist nicht nur ein einseitiger Hebel für die Evolution oder gar Revolution der Gesellschaft, sondern führt immerzu das Risiko einer Involution mit. Es schafft den Nährboden für Politikoptionen, die aus einer verzerrten, autoritär verfremdeten Variante der Volkssouveränität heraus operieren und die Republik zum autoritären Staat transformieren. Das Populare der Demokratie, ihre unruhige Öffentlichkeit, bleibt umkämpft.[103] Sie ist nicht zwangsläufig aufs Liberale, Pluralistische oder Sozialdemokratische festgelegt. Sie kann den Raum dafür schaffen, dass politische Unternehmer:innen inkonsistente Weltauffassungen popularisieren und Post-truth-Projekte in Umlauf bringen.

Der zweite Mechanismus ist der Widerspruch von Kapitalismus und Demokratie. Marx zeigte sowohl, wie das parlamentarische Regime in die Involution umschlug, als auch, wie es in den Konflikt mit den ökonomischen Verkehrsverhältnissen geriet. Dies versetzte nicht nur das politische System, sondern die gesamte bürgerliche Gesellschaft in einen Zustand der Unruhe, der ihre Grundbedingungen in Frage stellte: die Sicherheit, um längerfristig zu kalkulieren, den Schutz des Privateigentums und die Durchsetzung des Zivilrechts. Die bürgerliche Gesellschaft beruht, folgen wir Marx, auf der »Sicherheit«, die als »höchster Begriff [...] jedem ihrer Glieder die Erhaltung seiner Person, seiner Rechte und seines Eigentums zu garantieren« hat.[104] Indem Bonaparte die politische Autorität vereinnahmte und die staatliche Exekutivgewalt stärkte, kam er den Interessen der Eigentümer durchaus entgegen. Im letzten Akt der Involution mutierten die Liberalen, die aufgeklärten Bürger und die Finanzaristokratie zu Anhängern Bonapartes.

Zwar ließ sich keine liberale Gesellschaftsverfassung durchsetzen, aber Louis Napoleon stellte sich als die einzige Kraft dar, die

102 Marx, »Manifest der kommunistischen Partei«, S. 481.

103 Vgl. zum Involutionsproblem: Johannes Agnoli, *Die Transformation der Demokratie*, Freiburg 1990; zur Anfälligkeit der Öffentlichkeit für Repression vgl. Jürgen Habermas, *Faktizität und Geltung: Beiträge zur Diskurstheorie des Rechts und des demokratischen Rechtsstaats*, Frankfurt am Main 1992, S. 374.

104 Marx, »Zur Judenfrage«, S. 365 f.

aus dem Unruhezustand herausführen und (wieder) für Sicherheit und Ordnung sorgen könnte: »So rief die französische Bourgeoisie nach dem coup d'état: Nur noch der Chef der Gesellschaft vom 10. Dezember kann die bürgerliche Gesellschaft retten! Nur der Diebstahl das Eigentum, der Meineid die Religion, das Bastardtum die Familie, die Unordnung die Ordnung!«[105] Der Siegeszug des Louis Napoleon wurde erst alternativlos, als sich weite Teile der bürgerlichen Klasse seiner Bewegung anschlossen, um ihre Ordnungsinteressen gewahrt zu sehen. Daraus erwuchs ein Block an der Macht, der die demokratischen Errungenschaften der 1848er Revolution wieder zurücknahm, und sich um das Projekt einer »Staatsmaschinerie« sammelte.[106]

In diesem Sinne ist festzuhalten, dass Marx in seinem Text nicht nur die Ereignisse der 1848er Revolution zur Darstellung brachte; vielmehr entwickelte er ein allgemeines Schema, das für die Analyse populistischer Politikformen nutzbar ist. Demnach sind autoritäre Populismen dadurch zu kennzeichnen, dass sie plebiszitäre Legitimation und autoritäre Führerstruktur kombinieren. Sie treten historisch in Situationen der Krise und des Übergangs auf, in denen sich die Hauptklassen der gesellschaftlichen Entwicklung (das heißt die Klassen, die Interessen für die Zukunft der politökonomischen Reproduktion geltend machen) in Verallgemeinerungsblockaden befinden. Ihnen gelingt es nicht, eine Veränderung in Gang zu setzen, die eine neue Gesellschaftsformation herbeiführt. Die Folge dieser Blockaden sind Zustände des Gleichgewichts oder der Kräftekompromisse. Sie sistieren eine Unentschiedenheit, die sich Teilen der Bevölkerung entweder als Stillstand (weil kein Einstieg in eine neue soziale Entwicklung gefunden wird) oder als Unruhe (weil die Konflikte auf Dauer gestellt sind) mitteilt.

Das ist der Nährboden für den Bonapartismus. Er sammelt die Kräfte des Gestern und drängt auf eine Entscheidung, die für sich beansprucht, wieder Ordnung unter der Führung einer zentralen politischen Instanz herzustellen. Dieses Drängen auf Entscheidung wird erfolgreich, wenn der Zustand der Unentschiedenheit die zentralen polit-ökonomischen Institutionen der modernen Gesellschaft – Markt, Vertrag, Eigentum – destabilisiert, so dass Teile der dominanten sozialen Gruppen sich dem bonapartistischen Projekt

105 Marx, »Der 18. Brumaire des Louis Bonaparte«, S. 204.
106 Ebd., S. 196.

anschließen (müssen). Marx und Engels erweiterten ihre Analyse der Volkssouveränität so um eine weitere Facette. Die Volkspolitik wird hier von einem dritten, autoritären Fehler heimgesucht, der das Volk in Anspruch nimmt, um den Weg in die autoritäre Involution zu gehen.

5 Verdrängung und Rückkehr der Volkssouveränität

Wie in einem Brennglas zeigen sich in den Schriften von Marx und Engels die Probleme, die sich seit dem 19. Jahrhundert im Hinblick auf die Volkssouveränität gestellt haben: Die Volkssouveränität stand nicht mehr frei als politisches Ordnungsideal im Raum, sondern wurde Teil von praktischen Konstitutionalisierungsprozessen in vielen Gesellschaften. Damit zeigten sich Probleme und Handlungsblockaden bis hin zu den Gefahren einer involutorischen Umkehr der demokratischen Revolution. Darüber hinaus fand nicht nur eine Konstitutionalisierung der Politik und des Staates statt, sondern auch der bürgerlichen Gesellschaft. Von jetzt an ging es nicht mehr nur um die Begründung der Volkssouveränität, sondern verstärkt um ein Ins-Verhältnis-Setzen zu anderen sozialen Sphären, insbesondere zum kapitalistischen Wirtschaftssystem.

Vor diesem Hintergrund formulierten Marx und Engels eine Kritik der Volkspolitik, die sich den unterdrückten Klassen als Politikform anbietet, um deren Interessen zur Geltung zu bringen. Diese Volkspolitik erstreckt sich von den insurrektionistischen Tendenzen des Vormärz bis zur Sozialdemokratie. Die Beispiele zeigen, wie die Bewegungen an die moderne Form der Politik und ihrer Volkssouveränität anknüpfen, dabei aber ihre Fehlstellungen wiederholen. Dies gilt insbesondere für die Bonapartismusanalyse. Hier beobachteten Marx und Engels, dass nicht nur die subalternen Klassen die Volkssouveränität beanspruchen, sondern auch Akteure, die ein autoritäres Herrschaftsprojekt verwirklichen wollen. Dabei gehen solche bonapartistischen Projekte aus spezifischen Konfliktsituationen hervor, wenn sich die Protagonisten in einer Verallgemeinerungsblockade befinden, eine neue, dritte Kraft sich als lösende Instanz der Entscheidung anbietet und auf die Unterstützung dominanter sozialer Gruppen bauen kann. Die Volkssouveränität bestellt das Terrain für beides: die Mobilisierung des

Volkes von unten, um den Machtblock herauszufordern, und die Involution durch einen autoritären Populismus von oben.

Vor diesem Hintergrund zeigten Marx und Engels die Grenzen der Politik auf. Ihre Annahme lautete, dass die Volkspolitik von unten ihr transformatorisches Versprechen nicht einlöst, weil sie der Volkssouveränität vollständig verhaftet bleibt. Stattdessen avisierten sie eine Politik, die ihren Ausgangspunkt nicht im politischen System, sondern in der Sphäre der ökonomischen Primärverteilung hat. Die Volkspolitik von oben wiederum beschrieben sie als Übergangsphänomen, das die Potentiale der sozialen Evolution blockiert – viel spricht dafür, dass diese unter Bedingungen der modernen Gesellschaft vielleicht sogar die wahrscheinlichste und erfolgversprechendste Variante darstellt.

Marx und Engels neigten allerdings auch immer wieder dazu, die Politik zu unterschätzen, und in gewisser Weise entstand mit der Wende zur politischen Ökonomie ebenfalls ein voluntaristisches Problem. Zwar analysierten sie die widersprüchlichen Dynamiken der Volkssouveränität, unterschätzten jedoch das politische System und seine prägende, präformierende Kraft auf das, was als Politik erkennbar wird. Für sie stand fest, dass das Wirtschaftssystem den Führungsprimat im Prozess der gesellschaftlichen Differenzierung übernehmen wird und sich dieser Umstand ab einem bestimmten Zeitpunkt allen mitteilt. Damit verkannten Marx und Engels den Umstand, dass um die Einrichtung der Gesellschaft unter dem Gesichtspunkt der Volkssouveränität gerungen wird. Eine Überwindung des politischen Verstandes jedenfalls zeichnete sich selbst bei denjenigen nicht ab, die an der Marx'schen Kritik geschult waren. Die Kritik der Politik schlug in der Arbeiterbewegung des ausgehenden 19. und beginnenden 20. Jahrhunderts wieder in eine Volkspolitik um. Die sozialdemokratischen Parteien stellten den Kampf um das allgemeine und gleiche Wahlrecht in den Mittelpunkt ihrer Politik und die Volkssouveränität avancierte in der Massendemokratie zu einem zentralen Inklusionsmechanismus.

Kapitel 7
Das Volk als Masse

1 Der Sog in die Massendemokratie

Die Entwicklung des politischen Systems durchlief im 19. Jahrhundert eine fortschreitende Konstitutionalisierung – bis hin zu dem Punkt, wo demokratische Elemente der Parlamentarisierung, Beratschlagung oder Mitbestimmung eingeführt wurden. Zwar schien es zunächst so, dass eine sozialwissenschaftliche Aufklärung die Reichweite der Volkssouveränität einschränkte, doch zunehmend setzte sie sich im politischen Leben durch. Die von Marx und Engels avisierte Verlagerung der Politik in die ökonomische Sphäre fand nicht vollumfänglich statt. Zwar versuchten Gewerkschaften und Bewegungen durch Aufstände und Streiks die Arbeitsbedingungen in der Industrie zu verbessern, aber gleichzeitig vollzog sich eine Aufwertung staatlicher Machtausübung und die Kämpfe um ihre Demokratisierung begannen. Der Verfassungssoziologe Chris Thornhill hat in seiner Aufarbeitung der Geschichte des Konstitutionalismus aufgezeigt, dass in dieser Zeit »rudimentäre Elemente von Verfassungsordnungen« in den meisten europäische Gesellschaften entstanden und ebenso »grundlegende Mechanismen der Repräsentation« sowie »klare öffentliche Verfahren für die Einführung, Verkündung und Durchsetzung des Rechts«.[1] Dabei wurden breitere Teile der Bevölkerung in das politische System inkludiert und die politischen Kämpfe um die Repräsentation des Volkes, um die Bestimmung seines Willens und nicht zuletzt um die Einführung des gleichen und geheimen Wahlrechts nahmen an Fahrt auf. Insbesondere seit den 1880er Jahren fand in den politischen Bewegungen, die sich zuvor an einem Politikentwurf klassenpolitischen Zuschnitts orientiert hatten, eine Reflexion der Vorbedingungen von Demokratie und einer gelingenden sozialen Transformation statt. Dabei wurde das Volk nicht mehr nur als verfassungstheoretische Legitimationsfigur oder als Träger eines höherrangigen

1 Chris Thornhill, *A Sociology of Constitutions: Constitutions and State Legitimacy in Historical-Sociological Perspective*, Cambridge 2011, S. 254.

Rechts wahrgenommen, sondern zunehmend als sich real bewegende Masse, die von den vielfältigen internen Spaltungslinien der bürgerlichen Gesellschaft geprägt ist. Wie es zu organisieren, zu repräsentieren oder zu mobilisieren sei, avancierte zu einer umstrittenen Frage und es entwickelten sich unterschiedliche Antworten, ob und inwieweit das Volk eine handlungsfähige Realkategorie im Bereich der Politik darstellt.

Im Folgenden soll gezeigt werden, wie der Transfer des aufständischen Moments von der Politik in die Sphäre der Ökonomie abbricht und sich stattdessen sozialdemokratische Massenparteien etablieren, deren Politik auf eine wahlsozialistische Strategie ausgerichtet ist (2). Sie werden dadurch von Klassen- zu Volksparteien (3), die beanspruchen, den Volkswillen im politischen System zu vertreten. Dabei werden auch Herangehensweisen im Sinne eines Linkspopulismus ausgearbeitet und praktiziert (4), die sich nicht auf spezifische Ziele beschränken, sondern so angelegt sind, dass sie kollektive Lernprozesse begünstigen (5).

2 Wahlsozialismus

Marx und Engels kamen selbst immer wieder auf den Kampf um die politische Demokratie zurück – sei es, als Marx für die Einführung des Achtstundentages plädierte, sei es, als er begeistert an Abraham Lincoln schrieb, der gerade die Sklaverei per Parlamentsbeschluss abgeschafft hatte, oder sei es, als er neue radikaldemokratische Strukturbildungen wie die Pariser Kommune des Jahres 1871 zum Hoffnungsträger für das sozialistische Projekt erklärte.[2] Seit den 1870er Jahren bildeten sich in den meisten europäischen Ländern sozialdemokratische Parteien, die sich nicht nur als allgemeiner Verein, sondern als Parteien des politischen Systems ver-

2 »An die Stelle des prunkvollen Katalogs der ›unveräußerlichen Menschenrechte‹ tritt die bescheidne Magna Charta eines gesetzlich beschränkten Arbeitstags, die endlich klarmacht, wann die Zeit, die der Arbeiter verkauft, endet und wann die ihm selbst gehörige Zeit beginnt. Quantum mutatus ab illo! Welch große Veränderung!«, in: Karl Marx, »Das Kapital (1864)«, in: *Marx-Engels-Werke Band 23*, Berlin 1864/1972, S. 320; vgl. auch Karl Marx, »An Abraham Lincoln, Präsident der Vereinigten Staaten von Amerika (1864)«, in: *Marx-Engels Werke Band 16*, Berlin 1962, S. 18-20; Karl Marx, »Der Bürgerkrieg in Frankreich«, in: *Marx-Engels-Werke Band 17*, Berlin 1962, S. 313-365.

fassten.[3] Sie orientierten sich an einer Strategie, die der Sozialwissenschaftler Adam Przeworski in seiner vergleichenden Studie zur Entwicklung der Sozialdemokratie in Europa als Wahlsozialismus bezeichnet.[4] Zwar stellten sich die Traditionslinien der Parteien in den jeweiligen Ländern unterschiedlich dar, doch sie pflegten nicht nur eine internationale intellektuelle Diskussionskultur, sondern wollten allesamt die Gesellschaft über den Weg allgemeiner, gleicher und freier Wahlen und den Parlamentsmechanismus verändern. Sie zielten darauf, das politische System zu nutzen, um der gesellschaftlichen Mehrheit der unterdrückten Klassen zur Repräsentation zu verhelfen. Auf diese Weise sollte die kapitalistische Ökonomie in eine sozialistische Gemeinwirtschaft überführt oder wenigstens erste Schritte in dieser Richtung gegangen werden. Die Konstitutionalisierung nationaler Staatlichkeit, die sich seit Mitte des 19. Jahrhunderts in Europa verbreitete, provozierte geradezu die hier aufscheinende Option: Um die Interessen der Machtunterworfenen zur Geltung zu bringen, erschien es naheliegend, auf schon bestehende Organisationsleistungen des politischen Systems zurückzugreifen und es in demokratischer Absicht umzugestalten, statt immer wieder auf Streikbewegungen zu hoffen, deren Ausgang ungewiss war.

Auch bei Marx und Engels sind einzelne Passagen zu finden, die den Wahlsozialismus positiv betrachteten. Insbesondere im Spätwerk von Friedrich Engels trat seit den 1880er Jahren die wahlsozialistische Orientierung hervor. Schon in Vorarbeiten zum *Kommunistischen Manifest* im Jahre 1847 setzte Engels auf die Demokratie, auf eine »demokratische Staatsverfassung«, um die politische Herrschaft des Proletariats herbeizuführen.[5] In seinem Spätwerk baute

3 In einer anderen vergleichenden Studie zum Verhältnis von Parteien und politischem System wird das wie folgt zusammengefasst: »Between the 1870s and 1890s, country by country across the map of Europe, socialist parties were formed to give government by the people coherent, centralized, and lasting political form. Until the First World War and to a great extent since, those parties carried out the main burden of democratic advocacy in Europe.« (Geoff Eley, *Forging Democracy. The History of the Left in Europe, 1850-2000*, Oxford 2002, S. 5)

4 Adam Przeworski, *Capitalism and Social Democracy*, New York 1987, S. 7 ff.; Adam Przeworski/John Sprague, *Paper Stones: A History of Electoral Socialism*, Chicago 1986.

5 Friedrich Engels, »Grundsätze des Kommunismus (1847)«, in: *Marx-Engels-Werke Band 4*, Berlin 1974, S. 361-380, 372.

er diese Überlegungen weiter aus. Er spekulierte, »daß unsre Partei und die Arbeiterklasse nur zur Herrschaft kommen kann unter der Form der demokratischen Republik. Diese ist sogar die spezifische Form für die Diktatur des Proletariats, wie schon die große französische Revolution gezeigt hat.«[6] Die republikanische Verfassung, die ihre Legitimation aus dem Volk bezieht, war die zentrale Voraussetzung, um die soziale Revolution einzuleiten. Neben den Kämpfen um Löhne und Arbeitsbedingungen in der Wirtschaft bildete die parlamentarische Mehrheitsbildung ein genuines Handlungsfeld. In seiner 1895 verfassten Einleitung zu Karl Marx' Text »Die Klassenkämpfe in Frankreich 1848-1850« plädierte Engels nochmals für eine solche wahlsozialistische Orientierung. Er identifizierte in der »erfolgreichen Benutzung des allgemeinen Stimmrechts« eine »ganz neue Kampfweise des Proletariats«.[7] Das »Handhaben« der »Staatseinrichtungen« sei vom sozialdemokratischen Standpunkt aus zu nutzen. Man solle der »Bourgeoisie jeden Posten in Einzellandtagen, Gemeinderäten und Gewerbegerichten« streitig machen.[8] Jenes Streitigmachen der Amtsmacht, so Engels weiter, führe dazu, dass sich »Bourgeoisie und Regierung« mehr vor den »gesetzlichen« als den »ungesetzlichen« politischen Aktivitäten fürchteten.

Engels verfolgte mit dem Wahlsozialismus ein strategisches *aggiornamento*. Die Sozialdemokratie müsse ihre Strategie auf die moderne Industriegesellschaft ausrichten: »Die Rebellion alten Stils, der Straßenkampf mit Barrikaden, der bis 1848 überall die letzte Entscheidung gab, war bedeutend veraltet.«[9] In seinem Text stilisierte er sodann »die zwei Millionen Wähler« der deutschen Sozialdemokratie als »entscheidenden Gewalthaufen der internationalen proletarischen Armee«.[10] Denn die Gesetzgebung wandele sich zunehmend von einem Instrument der Herrschaftssicherung zu einem der Herrschaftskritik. Diesen Funktionswandel des Gesetzes unter demokratischen Bedingungen erläuterte Engels wie folgt:

6 Friedrich Engels, »Zur Kritik des sozialdemokratischen Programmentwurfs (1891)«, in: *Marx-Engels-Werke Band 22*, Berlin 1972, S. 225-240, 235.

7 Friedrich Engels, »Einleitung zu Karl Marx' ›Klassenkämpfe in Frankreich 1848 bis 1850‹ (1895)«, in: *Marx-Engels-Werke Band 22*, Berlin 1972, S. 509-527, 519.

8 Ebd.

9 Ebd.

10 Ebd., S. 524.

Die Ironie der Weltgeschichte stellt alles auf den Kopf. Wir, die ›Revolutionäre‹, die ›Umstürzler‹, wir gedeihen weit besser bei den gesetzlichen Mitteln als bei den ungesetzlichen und dem Umsturz. Die Ordnungsparteien, wie sie sich nennen, gehen zugrunde an dem von ihnen selbst geschaffenen gesetzlichen Zustand. Sie rufen verzweifelt mit Odilon Barrot: la légalité nous tue, die Gesetzlichkeit ist unser Tod, während wir bei dieser Gesetzlichkeit pralle Muskeln und rote Backen bekommen und aussehen wie das ewige Leben.[11]

Er knüpfte in seiner Euphorie für den Wahlsozialismus an die Entwicklungstendenzen der europäischen Sozialdemokratie ab den 1880er Jahren an. Trotz aller Rückschläge und staatlicher Repression, trotz Einschränkungen des freien und gleichen Wahlrechts eröffnete sich im Kampf für die Demokratie durch eine zentralisierte Partei ein Aktionsraum, den die Sozialdemokratie erfolgreich nutzte.[12] Sie organisierte sich nicht mehr nur entlang von Arbeitskämpfen und flüchtigen Aufständen; vielmehr schien es möglich, über die parlamentarische Gesetzgebung und das Wechselspiel aus Regierung und Opposition die gewünschten Veränderungen voranzubringen. Das Anliegen bestand weiter in der sozialen Transformation. Dafür stellte sich aber das Parlament als entscheidender Mechanismus dar, indem es die »Rebellion alten Stils« in die Politik internalisierte und dort auf Dauer stellte. An die Stelle der Barrikaden trat der Wahltag, an die Stelle der revolutionären Verschwörung die sozialdemokratische Volkspartei. Und ihre Aufgabe war deutlich umrissen: immer wieder eine Art kleinen Volksaufstand gegen die Oberen im Rahmen des Parlamentarismus präsent zu halten bis zu dem Punkt, wo der Übergang in eine andere Gesellschaft stattfindet.

Die Untersuchungen des Sozialwissenschaftlers Adam Przeworski zur Herausbildung der Sozialdemokratie zeichnen diesen Sog in die politische Demokratie vergleichend nach. Während sich in den 1840er Jahren das Hauptaugenmerk der Aktivist:innen darauf richtete, das Proletariat als eigenständige Kraft »von den Massen des Volkes« zu trennen, wurde bis zum Ende des 19. Jahrhunderts wieder das Volk als Masse zum Bezugspunkt.[13] Die einstigen Klassenparteien avancierten zu Volksparteien. Folgen wir Przeworski,

11 Ebd., S. 525.

12 In der Zeit von 1871 bis 1905 bildeten sich in Europa sozialistische Parteien in 25 Ländern (Eley, *Forging Democracy*, S. 63).

13 Przeworski, *Capitalism and Social Democracy*, S. 54.

war dies nicht nur eine ideologische Frage. Eher war entscheidend, dass sich die Arbeiterbewegung am entstehenden Parlamentarismus beteiligte. Die eingeschlagene Strategie wirkte direkt auf die Parteien zurück: Indem sie am Konflikt um das Allgemeine im Rahmen der Politik teilnahmen, waren sie gezwungen, einen mehrheitlichen Volkswillen zu vertreten. Allein um wahlpolitische Erfolge zu erringen, weiteten sie ihre Massenbasis über die Industriearbeiterschaft hinaus aus und passten ihre Ziele entsprechend an. Die Kritik der Volkspolitik trat zurück und die Sozialdemokratie nahm die Auseinandersetzung um den Volkswillen auf.

Es wäre vorschnell, diese Wende zum Wahlsozialismus als einseitige Abkehr von den Annahmen der sozialistischen Bewegung oder gar vom Klassenkampf auszudeuten. Denn der Wahlsozialismus beruhte weiterhin auf evolutionstheoretischen Annahmen. Getragen von gut ausgebildeten Intellektuellen, verallgemeinerten die sozialdemokratischen Parteien nicht nur eine Wahlstrategie, sondern auch eine umfassendere »Weltdeutungslehre«, die schließlich als »Marxismus« zur politischen Produktivkraft kondensiert wurde.[14] Anknüpfend an die Schriften von Marx und Engels, aber auch an die Erkenntnisse der Darwin'schen Evolutionslehre und der politischen Ökonomie, entstand eine vergleichsweise nüchterne Betrachtungsweise der Politik. Kennzeichnend war nicht einzig das »utopische Programm«, sondern der realistische, »wissenschaftliche Gegenwartsbezug«, der sich auch organisationskulturell auswirkte.[15] Noch vor den ersten Parlamentsfraktionen wurden die Arbeiterbildungsvereine gegründet und die regen Diskussionen der Parteiintellektuellen in den eigenen Publikationsorganen der Bewegung waren von einem enormen Reflexionspotential geprägt.

Die theoretischen Annahmen bestanden vor allem in drei allgemeinen Prognosen zur gesellschaftlichen Entwicklung. Im Einzelnen war dies eine Proletarisierungsannahme, eine Zuspitzungs- beziehungsweise Zusammenbruchsannahme sowie eine instrumentelle Annahme zum Verhältnis von Sozialdemokratie und politischem System:

Die Proletarisierungsannahme, die den Wahlsozialismus trug, bestand in der Prognose, dass die Industriearbeiter:innen in ka-

14 Vgl. die konzise Darstellung: Christina Morina, *Die Erfindung des Marxismus. Wie eine Idee die Welt eroberte*, München 2017, S. 152.

15 Ebd., S. 16.

pitalistischen Gesellschaften zur Mehrheit werden. Dies war die Grundlage, um an die Volkssouveränität anzuknüpfen: Orientierte sich die politische Demokratie am Mehrheitsprinzip, so war davon auszugehen, dass die Arbeiter:innen recht schnell von einer sozialen zur politischen Mehrheit aufsteigen und auf diese Weise ihre Klasseninteressen leicht durchsetzen können.

Die Zuspitzungsannahme bezog sich auf den Bereich der politischen Ökonomie, in dem eine Zuspitzung der Konflikte prognostiziert wurde. Hier reichten die Ursachen von einer verstärkten Polarisierung zwischen monopolisiertem Kapital und Arbeiterschaft, zwischen dem privaten Charakter des Eigentums und der um sich greifenden Kooperation der Vielen im Arbeitsprozess, bis hin zum tendenziellen Fall der Profitrate, der die Verteilungsspielräume zwischen Kapital und Arbeit einschränke. Die soziale Evolution schien in den Augen der Sozialdemokratie auf eine sich zuspitzende Entscheidungssituation zuzulaufen, die nicht mehr kompromissförmig zu lösen war, so dass sich eine grundlegende soziale Transformation notwendig aufdrängte.[16] Folgten die Arbeiter:innen ihren kurzfristigen rationalen Interessen an Lohnsteigerung und Arbeitszeitverkürzung, so die Annahme, führe dies – auch ohne weitreichende ideologische Aufklärung und ohne »Rebellionen alten Stils« – in den Übergang zum Sozialismus.

Schließlich – und das war die dritte Annahme – unterstellte der Wahlsozialismus ein instrumentelles Verhältnis von sozialdemokratischer Klassenpolitik und politischem System. Die sozialdemokratischen Parteien gingen davon aus, dass sie das politische System in den Dienst der eigenen Klasseninteressen stellen könnten. Erst auf Grundlage dieser dritten Annahme wird die wahlsozialistische Position plausibel: Der instrumentelle Zugriff auf den Konflikt zwischen Kapital und Arbeit durch die Politik und die Überführung der ökonomischen Klasse in ein mehrheitliches Volk fanden im Denken der Wahlsozialist:innen ohne Reibungsverluste und Übersetzungsblockaden statt – ein Umstand, der sich schnell als problematisch erweisen sollte.[17]

Es waren jene Annahmen, die den Gründungsprozess der europäischen Sozialdemokratie anleiteten. In den meisten Ländern ent-

16 Vgl. Friedrich Engels, »Die Entwicklung des Sozialismus von der Utopie zur Wissenschaft (1880)«, in: *Marx-Engels-Werke Band 19*, Berlin 1973, S. 177-228.

17 Przeworski, *Capitalism and Social Democracy*, S. 23 ff.

standen nationale Parteien innerhalb des politischen Systems.[18] Sie weiteten ihre Stimmenanteile massiv aus. So vermehrte die deutsche Sozialdemokratie ihren Stimmenanteil von 120 000 Stimmen im Jahr 1871 auf 4 250 000 Stimmen im Jahr 1914. 1912 wurde sie zur stärksten Partei mit 34,8 Prozent. In den anderen europäischen Ländern waren ähnliche Entwicklungen zu beobachten. So steigerte die österreichische Sozialdemokratie sich von 21 Prozent im Jahr 1907 auf 40,8 Prozent in 1919, die belgische Partei von 31,2 Prozent in 1894 auf 39,4 Prozent im Jahr 1925, in Dänemark ging es von 4,9 Prozent in 1884 auf 46,1 Prozent in 1935, in Schweden von 3,5 Prozent in 1902 auf 28,5 Prozent in 1911 und 36,4 Prozent in 1914 und in Norwegen von 0,5 Prozent in 1897 auf 32,1 Prozent in 1915.[19] Man muss hier freilich berücksichtigen, dass die Durchschlagskraft der jeweiligen Ergebnisse durch Einschränkungen des Wahlrechts in den meisten Ländern abgemildert war. Trotzdem tritt der Erfolg des Wahlsozialismus deutlich hervor. Durch die Gründung allgemeiner sozialdemokratischer Parteien auf nationalstaatlicher Ebene und die Kämpfe um eine demokratische Verfassung fand eine längerfristig tragfähige Koordinierung kollektiven Handelns statt. Dieser Schritt von der Arbeiterbewegung in die Volkssouveränität wirkte auf den Modus der sozialdemokratischen Politik zurück. Das politische System und seine Wahlzyklen gaben fortan die Handlungsprioritäten vor und bestimmten die politischen Aktionsformen.

3 Die Volkspartei als Verallgemeinerungsrelais

Der sozialdemokratische Theoretiker Eduard Bernstein hat in seinen Schriften diese Entwicklungstendenz ausgeleuchtet. In der Geschichtsschreibung der sozialdemokratischen Bewegungen wurden seine Schriften, die den sogenannten Revisionismusstreit in der SPD zwischen linkem, rechtem und zentrististischem Flügel prägten, immer wieder als Quelle für ein eher reformerisches, wenn nicht gar rechtssozialdemokratisches Politikmodell ausgedeutet.[20]

18 Eley, *Forging Democracy*, S. 63.

19 Przeworski, *Capitalism and Social Democracy*, S. 18 ff.

20 Zum sogenannten Revisionismusstreit und der Rolle Eduard Bernsteins: Helga Grebing, *Der Revisionismus. Von Bernstein bis zum »Prager Frühling«*, München 1977; Bo Gustafsson, *Marxismus und Revisionismus. Eduard Bernsteins Kritik des*

Diese Lesarten verkennen den Umstand, dass Bernstein erst einmal nur nachzeichnete, dass die allgemeinen Annahmen des Wahlsozialismus nicht mehr zutrafen. Er analysierte ausführlich, wie die Teilnahme am Parlamentarismus die Sozialdemokratie veränderte und zwei spezifische Folgewirkungen hervorrief.

> Je mehr die Sozialdemokratie anwuchs und in den verschiedenen Ländern sich die politischen Einrichtungen demokratisierten, stellte sich die Folgewirkung heraus – sie war gar nicht zu umgehen –, daß die Teilnahme der Sozialisten an der Arbeit der Parlamente eine zunehmend positivere wurde. Ihr Einfluß wuchs […].[21]

Eine erste Folgewirkung bestand in der Konstitutionalisierung der Sozialdemokratie. Dies fasste Bernstein wie folgt zusammen: Als Partei war

> sie gezwungen, Vertretungskörper zu bilden und den Vertretungen bestimmte Macht- und Leitungsbefugnisse zu übertragen. Die Masse hat dann nur noch vermittelst ihrer Vertrauensmänner eine Art ständiger Kontrolle auszuüben. Die Organisation selbst aber gestaltet sich zu einem Organismus, der eine Art demokratischen Staat darstellt. An der freien Arbeiterbewegung zeigt sich, wie das ziffernmäßige Wachstum, die größere Quantität die gleichberechtigten Genossen selbst zur qualitativen Änderung der Verfassung ihrer Organisation zwingt.[22]

Die zweite Folgewirkung war der Schritt von der Klassen- zur Volkspartei, denn wer an der politischen Demokratie teilnahm, konnte keine reine Klassenpolitik mehr verfolgen. Um perspektivisch mehrheitsbildend zu werden, schmiedete die Sozialdemokratie eine »Koalition demokratischer Volkselemente«, um Fortschritte zu erzielen.[23] Schließlich hatte sich die Proletarisierungsannahme als falsch erwiesen. Zwar wuchs das Industrieproletariat weiter an, aber es blieb eine Minderheit und stellte in keiner Industrienation

Marxismus und ihre ideengeschichtlichen Voraussetzungen, Frankfurt am Main 1972; Ralf Hoffrogge, *Sozialismus und Arbeiterbewegung in Deutschland und Österreich*, Stuttgart 2017, S. 143 ff..

21 Eduard Bernstein, *Der Sozialismus einst und jetzt. Streitfragen des Sozialismus in Vergangenheit und Gegenwart*, Berlin 1923, S. 107.

22 Ebd., S. 112.

23 Eduard Bernstein, »Wird die Sozialdemokratie Volkspartei?«, in: *Sozialistische Monatshefte* (1905), S. 663-671, 670.

eine numerische Mehrheit dar.[24] So ergab sich die Notwendigkeit einer breiteren gesellschaftlichen Allianz mit Mittelklassen, Unterschichten oder Bauern – mit sozialen Gruppen, die im Verhältnis von Kapital und Arbeit eine andere Position einnahmen, denen man aber ähnliche, eher sozialdemokratische Interessen unterstellte.

Bernstein empfahl ausdrücklich, den Konflikt zwischen Kapital und Arbeit nicht aufzugeben. Aber statt ihn nur politisch wiederzugeben, setzte er auf seine »Gravitationskraft«. Demzufolge bietet der Konflikt zwischen Kapital und Arbeit weiterhin Anlass für eine Kritik der Sozialstruktur, die dann andere soziale Gruppen in ihren Bann zieht, so dass eine breitere sozialdemokratische Bewegung entstehen kann:

> Ein psychologisch leicht begreiflicher Trieb bringt Klassen und Schichten, die als solche keine bestimmten eigenen sozialen Aspirationen haben, immer stärker in den Bann der ihnen am nächsten stehenden grösseren Klasse, bei der dies der Fall ist. Man könnte hier von einer sozialen Gravitation und Affinität sprechen [...].[25]

Die Politik besteht nicht mehr in der bloßen Wiedergabe von Klasseninteressen, sondern in einer Verallgemeinerungsbewegung, die die soziale Gravitation nutzt, um andere Bevölkerungsgruppen für die Sozialdemokratie zu erschließen. Ein Volk der Besitzlosen wird für Bernstein zum notwendigen Fluchtpunkt sozialdemokratischer Politik:

> Rechnet man alle Besitzlosen, alle, die kein Einkommen aus dem Besitz oder aus privilegierter Stellung haben, dazu, so sind das allerdings die absolute Mehrheit der Bevölkerung der vorgeschrittenen Länder. Nur daß alsdann dieses ›Proletariat‹ ein Gemisch von außerordentlich verschiedenartigen Elementen ist, von Schichten, die sich untereinander noch mehr unterscheiden wie das ›Volk‹ von 1789, die zwar, solange die jetzigen Eigenthumsverhältnisse bestehen, mehr gemeinsame oder wenigstens gleichartige als gegensätzliche Interessen haben [...].[26]

Die Betrachtungsweise hatte sich also insgesamt verschoben. Zwar bildete die Gruppe derjenigen, »die kein Einkommen aus dem Besitz oder aus privilegierter Stellung« beziehen, offenbar eine

24 Przeworski, *Capitalism and Social Democracy*, S. 23.

25 Bernstein, »Wird die Sozialdemokratie Volkspartei?«, S. 669.

26 Bernstein, *Die Voraussetzungen des Sozialismus und die Aufgaben der Sozialdemokratie*, S. 88.

Mehrheit, aber Bernstein ging nicht mehr von einer Ausweitung des Industrieproletariats und einer einseitigen Vereinfachung der Klassenstruktur aus, wie es die Proletarisierungsannahme prognostiziert hatte. Im Gegenteil war eine soziale Differenzierung – ein »Gemisch von außerordentlich verschiedenartigen Elementen« – zu identifizieren. Jene soziale Differenzierung erweiterte die Sozialdemokratie zu einem breiten, popularen Bündnis der »Besitzlosen«, das bis zu den Mittelschichten reichte.[27] Bei Bernstein erschien das Volk im Sinne einer Koalition der Machtunterworfenen. Es nahm »einen anderen Inhalt« an, als der Volksbegriff ihn »früher hatte«.[28] Das Volk sei »im Unterschied von der ethnologischen Bedeutung des Wortes« eher als »die von den herrschenden Klassen unterschiedene Masse einer Nation« fassbar.[29] Dabei erhielt die »Arbeiterklasse« gegenwärtig das »Übergewicht im Volke« und konnte »ganz verschiedene Bevölkerungselemente« um sich sammeln, so dass »Arbeiterpartei« und »Volkspartei identisch werden«.[30]

Dabei klingt schon an, worauf Bernstein hellsichtig hinwies, dass sich neben der Proletarisierungs- auch die Zuspitzungsannahme nicht erhärtete.[31] Statt auf eine Situation zuzulaufen, in der sich die

27 Das Erklärungsmodell unterscheidet sich von einer bloßen Pluralismustheorie, die Grebing bei Bernstein angelegt sieht (Grebing, *Der Revisionismus*, S. 21).

28 Bernstein, »Wird die Sozialdemokratie Volkspartei?«, S. 670.

29 Ebd., S. 670. Ähnlich der frühe Lenin, später ein großer Gegner der Sozialdemokratie, aber Bernstein hier doch verbunden: »[...] daß das Ideal eines Sozialdemokraten nicht der Sekretär einer Trade-Union, sondern der *Volkstribun* sein muß, der es versteht, auf alle Erscheinungen der Willkür und Unterdrückung zu reagieren, wo sie auch auftreten mögen, welche Schicht oder Klasse sie auch betreffen mögen, der es versteht, an allen diesen Erscheinungen das Gesamtbild der Polizeiwillkür und der kapitalistischen Ausbeutung zu zeigen, der es versteht, jede Kleinigkeit zu benutzen, um *vor aller Welt* seine sozialistischen Überzeugungen und seine demokratischen Forderungen darzulegen, um *allen* und jedermann die welthistorische Bedeutung des Befreiungskampfes des Proletariats klarzumachen« (W. I. Lenin, »Was tun? Brennende Fragen unserer Bewegung (1902)«, in: *Lenin-Werke Band 5*, Berlin 1955, S. 355-551, 437).

30 Ebd..

31 Vgl. auch die Rekonstruktionen bei: Lucio Colletti, *Bernstein und der Marxismus der Zweiten Internationalen*, Frankfurt am Main 1971, S. 12 ff.; Manfred B. Steger, *The Quest for Evolutionary Socialism. Eduard Bernstein and Social Democracy*, Cambridge 1997, S. 66 ff.; Tom Strohschneider, »Bernstein: Kritisches Denken in Bewegung«, in: Tom Strohschneider (Hg.), *Eduard Bernstein oder: Die Freiheit des Andersdenkenden*, Berlin 2019, S. 9-63, 14.

Wahl zwischen Sozialismus und Kapitalismus notwendig zuspitzte, zeichneten sich reformerische Kompromissbildungen innerhalb des Kapitalismus ab. Vor allem die Gewerkschaften trotzten der Kapitalseite Zugeständnisse ab. Zwar dauerte es noch bis zu den demokratischen Revolutionen 1917 ff., um den Konflikt zwischen Kapital und Arbeit offiziell im Rahmen einer Arbeitsverfassung zu konstitutionalisieren, aber die Gewerkschaftsbewegung wirkte bereits auf Kompromisse hin. Statt einer Vereinfachung der Gegensätze und ihrer notwendigen Auflösung beobachtete Bernstein eine erhöhte soziale Komplexität:

> [...] weil der Kapitalismus nicht die Folge gehabt hat, die man lange von ihm erwartet hat: die Gesellschaft in ihrem Bau und Organismus zu vereinfachen, durchgängig einfache Verhältnisse zu schaffen. Nein, die Gesellschaft ist komplizierter geworden, die Klassengliederung ist vielseitiger geworden, sie hat sich immer weiter verzweigt.[32]

Das bedeutete, dass die Sozialdemokratie mit dieser Komplexität rechnen musste und sich unterhalb des sozialistischen Fernziels immer wieder neue, kompromissartige Arrangements herausbildeten. Sie erschlossen für die Arbeiter:innen Aufstiegs- und Integrationsperspektiven:

> Die Sozialdemokratie will nicht diese Gesellschaft auflösen und ihre Mitglieder allesammt proletarisieren, sie arbeitet vielmehr unablässig daran, den Arbeiter aus der sozialen Stellung eines Proletariers zu der eines Bürgers zu erheben und so das Bürgerthum oder Bürgersein zu verallgemeinern. Sie will nicht an die Stelle der bürgerlichen eine proletarische Gesellschaft, sondern sie will an die Stelle der kapitalistischen eine sozialistische Gesellschaftsordnung setzen.[33]

So fasste Bernstein die politische Strategie der Sozialdemokratie zusammen. Sie kann auf parlamentarischer Grundlage ein Bündnis der Besitzlosen schmieden und eine Sozialreform in Gang setzen, die den Arbeiter:innen zum Bürgersein verhilft. Bernsteins »Revisionismus«-Ansatz unterlag auf dem Dresdner SPD-Parteitag 1903,

32 Eduard Bernstein, »Der Revisionismus in der Sozialdemokratie (1909)«, in: Tom Strohschneider (Hg.), *Eduard Bernstein oder: Die Freiheit des Andersdenkenden*, Berlin 2019, S. 67-106, 91.

33 Bernstein, *Die Voraussetzungen des Sozialismus und die Aufgaben der Sozialdemokratie*, S. 128.

aber im Grunde nahm er die Entwicklung der Sozialdemokratie im 20. Jahrhundert vorweg.

Hatten sich die Proletarisierungs- genau wie die polit-ökonomische Zuspitzungsannahme als korrekturbedürftig erwiesen, so gilt dies auch für die letzte, dritte Annahme. Sie besagt, dass es grundsätzlich möglich sei, instrumentell auf die Organisationsleistungen des politischen Systems zurückzugreifen, ohne in die Gegenrichtung integriert zu werden. Dieses Argument bemühen parlamentarismuskritische Strömungen immer wieder, wenn sie das Parlament als Bühne bezeichnen, um dort Widerspruch oder die eigenen Grundpositionen vorzutragen, ohne sich am Wechselspiel aus Regierung und Opposition, am Gesetzgebungsprozess oder an den Konflikten um die Verteilung offizieller Amtsmacht zu beteiligen. Demgegenüber zeichnete Bernstein nach, wie diese Instrumentalisierungspolitik schnell aufgegeben wurde:

> Erst überwog die Auffassung, dass die Parlamentstribüne nur dazu da sei, zum Volk hinaus zu reden, und wurden auch die etwa gestellten Anträge demgemäss behandelt, die Vertreter der Partei waren im Parlament nur auf Gastrolle, und die Parteipresse konnte sich nicht geringschätzig genug über die ›Sprechbude‹ äussern. Heute treten die Vertreter der Partei in den Parlamenten, und namentlich im Reichstag, als regelmässig mitwirkende Mitglieder der Gesetzgebung auf, und die sozialistische Bewegung befindet sich nicht schlechter dabei. Erledigt ist die Frage des Parlamentarismus allerdings noch nicht, den Einen thut die Partei in dieser Beziehung des Guten zu viel, Anderen nicht genug, aber die Entwickelungslinie zeigt auf eine immer stärkere Theilnahme an der positiven Arbeit im Parlament. Hier ist von Zusammenbruchstheorie nicht mehr die Rede.[34]

Die »stärkere Theilnahme an der positiven Arbeit im Parlament« unterlief den Instrumentalismus, weil dort die Abgeordneten ihre bloße »Gastrolle« hinter sich ließen. Sie wurden Teil des Parlamentarismus und handelten als »Mitglieder der Gesetzgebung«. Die Sozialdemokratie nutzte das politische System dabei nicht einseitig für ihre Zwecke, sondern wurde in seinen Strudel hineingezogen.

Die Überlegungen Bernsteins sind hier insofern von Interesse, dass sie einen klaren Blick auf die Rolle und Funktion der Sozialdemokratie einnehmen. Ihre populare Gegenmachtfunktion als

34 Ebd., S. 503.

Bündnis der Besitzlosen, die Bernstein durchaus betont, ist in die Ausdifferenzierung des politischen Systems verstrickt. Ist die Politik unter dem Rubrum der Volkssouveränität verfasst, bedeutet dies, dass eine reine Klassenpolitik keinen kommunikativen Anschluss finden kann.

Vor diesem Hintergrund erscheint die eingangs erläuterte Strategie des Wahlsozialismus in einem anderen Licht: Es war der Versuch, die Selbstbeschreibung des wissenschaftlichen Sozialismus beizubehalten und sich gleichzeitig auf die politischen Handlungsbedingungen in der modernen Gesellschaft einzulassen. Der Wahlsozialismus ermöglichte auf diese Weise beides: die Pflege einer marxistischen Weltdeutungslehre und eine aussichtsreiche Praxis im Parlamentarismus. Das Problem dieser Paradoxie trat im Jahr 1914 deutlich hervor. Im Gegensatz zu den Annahmen der Wahlsozialist:innen waren es nicht mehr die Konflikte im Bereich der politischen Ökonomie, die die politische Praxis der Sozialdemokratie letztinstanzlich bestimmten: Die Identität des nationalen Staatsvolks übertrumpfte die Aspirationen auf die internationale Solidarität.[35] Deutlicher Ausdruck war der Umstand, dass sich die wechselseitigen Zusagen der sozialdemokratischen Parteien der II. Internationalen, einen möglichen Krieg zwischen den Nationen zu verhindern, nach dem Ausbruch des Ersten Weltkrieges nicht durchsetzen konnten. Die komplexen Übersetzungsverhältnisse zwischen Gesellschaft und Politik, Klasse und Volk traten deutlich hervor.

4 Populistischer Gegenkreislauf: Der Massenstreik als Volksbewegung

Selbst Eduard Bernstein, der als Kronzeuge einer sozialdemokratischen Politik des Mitgestaltens galt, griff in seinen Überlegungen zur Volkspartei durchaus einige typisch populistische Motive auf. Auch er sprach von einem »Bündnis der Besitzlosen« als Volk, das sich den »privilegierten Schichten« gegenüberstellte. Freilich betonte Bernstein vor allem die Chancen einer schrittweisen Integration:

35 Vgl. die Darstellung bei Dieter Groh, *Negative Integration und revolutionärer Attentismus. Die deutsche Sozialdemokratie am Vorabend des Ersten Weltkriegs*, Frankfurt am Main/Berlin/Wien 1973, S. 718 ff.

Ist erst einmal die Demokratie eingeführt und die sozialdemokratische Partei anerkannter Teil des Parlamentarismus, kann sie Fortschritte aus dem Inneren des Systems heraus bewirken. In gewisser Weise gab ihm die historische Entwicklung Recht. Die Sozialdemokratie und ihre Gewerkschaften weiteten ihren Einfluss aus, erkämpften Zugeständnisse und nahmen am politischen Leben in all seinen Verästelungen teil: in den Kommunalparlamenten und Gebietskörperschaften, aber auch im Bereich der Arbeitsbeziehungen. Es wäre jedoch vorschnell, nur einen Integrationsschritt zu beobachten. Denn auf die Konstitutionalisierung der Sozialdemokratie reagierte ein Gegenkreislauf, der die Sozialdemokratie als Volksbewegung gegen die sich verselbstständigenden Differenzierungsmuster in Stellung bringen wollte. Insbesondere wurden Massen, die sich in den wachsenden Städten sammelten, zum Ausgangspunkt von Protest- und Streikbewegungen, die weit über die Partei und den Parlamentarismus hinaus reichten. Am deutlichsten hatte Rosa Luxemburg diese Tendenz erkannt und sie entwickelte darauf aufbauend einen umfassenden politischen Handlungsansatz. Demnach seien breite Volks- und Massenbewegungen, die außerhalb der konstituierten Verfahren handelten und dabei neue Formen schufen, der Schlüssel zu jeder gelingenden gesellschaftlichen Veränderung:

> Die geschichtliche Stunde heischt jedesmal die entsprechenden Formen der Volksbewegung und schafft sich selbst neue, improvisiert vorher unbekannte Kampfmittel, sichtet und bereichert das Arsenal des Volkes, unbekümmert um alle Vorschriften der Parteien.[36]

Auf den Revisionismusstreit, der sich an Bernsteins Thesen in der deutschen Sozialdemokratie entzündete, folgte eine große Diskussion um die Funktion von Massenstreikbewegungen, die sich auch außerhalb der etablierten Institutionen des Staates, der Partei und der Gewerkschaften bildeten.[37] Diese Volksbewegungen, die sich der zentralen Steuerung durch die »Vorschriften der Parteien« teilweise entzogen, avancierten zu Hoffnungsträgern, die eine Praxis ermöglichen könnten, die nicht nur partielle Korrekturen am System anstrebt, sondern eine grundlegende Systemkritik.

36 Rosa Luxemburg, »Die Krise der Sozialdemokratie (»Junius-Broschüre«) (1916)«, in: Rosa Luxemburg, *Gesammelte Werke Band 4*, Berlin 1974, S. 49-164, 149.

37 Groh, *Negative Integration und revolutionärer Attentismus*, S. 78 ff.

Rosa Luxemburg formulierte immer wieder scharfe Kritik daran, wie die Sozialdemokratie mit den Verfahren in Politik und Wirtschaft verschmolz und auf diese Weise ihren gesellschaftsverändernden Anspruch vernachlässigte. Demgegenüber zeichnete sich in der Massenaktion ein Gegenkreislauf ab, der das Volk der Sozialdemokratie bewegungsförmig und im Zweifel auch gegen die Funktionseliten in Partei und Gewerkschaften zu einem neuen Kollektivakteur zusammenfügte. Der populistische Charakter dieses Projekts war evident, denn auch hier wurde eine soziale Basis den Eliten entgegengesetzt, ihre Verselbständigung in Frage gestellt, und das ausdifferenzierte System der Arbeitsteilung zwischen Politik und Gesellschaft wurde kritisiert.[38] Die Massenbewegungen des ausgehenden 19. und beginnenden 20. Jahrhunderts sind mithin durchaus als populistischer Kreislauf zu verstehen, der die Verfahren und Institutionen dynamisieren und schließlich überwinden sollte.

Den entscheidenden Text verfasste Rosa Luxemburg unter dem Titel »Massenstreik, Partei und Gewerkschaften« im Jahre 1906.[39] In den russischen Streikbewegungen der frühen 1900er Jahre, die sich zum Petersburger Aufstand des Jahres 1905 zugespitzt hatten und in der Folge blutig niedergeschlagen wurden, tauchte in ihren Augen ein neuer Typ der politischen Aktion auf. Insbesondere veränderte der Streik seine Rolle, der ja ursprünglich der Durchsetzung ökonomischer Interessen der Arbeitenden gedient hatte. Doch in Russland, so Luxemburgs Rekonstruktion, war er Ausgangspunkt für eine breite gesellschaftliche Mobilisierung zur Durchsetzung allgemeiner politischer Ziele.

Aus kontinentaleuropäischer Sicht war der Charakter der russischen Streikbewegungen erstaunlich. Sie wurden nicht durch gewerkschaftliche Organisierungsarbeit mühevoll vorbereitet, sondern traten spontan auf und stabilisierten sich schließlich dauerhaft in eigenen Institutionen der Selbstorganisation: den Räten. In den Massenbewegungen sammelten sich nicht nur die russischen Industriearbeiter:innen. Hier herrschte – so analysierte Luxemburg – »ein buntes Durcheinander verschiedener Volksschichten mit sehr

38 Diese Beobachtung macht auch Frigga Haug in ihrer Luxemburg-Analyse: Frigga Haug, *Rosa Luxemburg und die Kunst der Politik*, Berlin/Hamburg 2007, S. 70 ff.

39 Rosa Luxemburg, »Massenstreik, Partei und Gewerkschaften (1906)«, in: Rosa Luxemburg, *Politische Schriften I*, Frankfurt am Main 1967, S. 135-228.

verschiedenen, wirr durcheinanderlaufenden Interessen«.[40] Diesen Typ der Streikbewegung erhob Luxemburg zum Lehrstück für die europäische Sozialdemokratie und drängte darauf, das Repertoire der Politik zu erweitern: Ein allgemeiner Massenstreik zur Durchsetzung politischer Ziele war für sie der entscheidende Schritt in Richtung der avisierten sozialen Transformation.

Obwohl sich Luxemburg und Bernstein als Exponent:innen linker und revisionistischer Positionen gegenseitig eifrig politisch beharkten, fällt auf, dass Luxemburgs Analyse an Bernsteins Befunde anknüpfte. Denn die Volksbewegungen nach Luxemburgs Definition vereinten unterschiedliche soziale Gruppen in der funktional ausdifferenzierten Gesellschaft. So sei ein »industrieller Konstitutionalismus« entstanden, in den die Sozialdemokratie längst integriert sei.[41] Luxemburg problematisierte jedoch die dramatischen Folgen der Differenzierungsprozesse. Vor allem diagnostizierte sie die »völlige Trennung und Verselbstständigung der beiden Organisationen der Arbeiterbewegung, der Sozialdemokratie und der Gewerkschaften«.[42] Sie bewegten sich auf ihren spezifischen Handlungsfeldern – der Wirtschaft und der Politik – und passten sich den dortigen Rationalitäten an. Dabei verloren sie die Einheit der Sozialdemokratie als umwälzende soziale Bewegung aus dem Blickfeld. Luxemburgs scharfes Urteil lautete: Indem sich die Sozialdemokratie auf den Parlamentarismus (das politische System/die Staatsverfassung) fokussierte und die Gewerkschaften wiederum in den Betrieben und Wirtschaftsbranchen an einem Korporatismus teilnahmen (Wirtschaftsverfassung), verzettelten sie sich. Das Ziel der umfassenden sozialen Transformation trat hinter die jeweiligen Muster der Konfliktaustragung zurück.[43] Der Marx'schen Demokratiekritik folgend beobachtete Luxemburg vor allem eine Depolitisierung des Konfliktes zwischen Kapital und Arbeit:

Die Trennung zwischen dem politischen und dem ökonomischen Kampf und die Verselbstständigung beider ist nichts als ein künstliches, wenn auch

40 Ebd., S. 138.

41 Ebd., S. 163.

42 Ebd., S. 208.

43 Luxemburg bemüht das Bild einer »Doppelpyramide«: »Die deutsche Arbeiterbewegung bekommt dadurch die eigentümliche Form einer Doppelpyramide, deren Basis und Körper aus einem Massiv besteht, deren beide Spitzen aber weiter auseinanderstehen.« (Ebd., S. 225)

geschichtlich bedingtes Produkt der parlamentarischen Periode. Einerseits wird hier [...] der ökonomische Kampf zersplittert, in eine Vielheit einzelner Kämpfe in jeder Unternehmung, in jedem Produktionszweige aufgelöst. Andererseits wird der politische Kampf nicht durch die Masse selbst in einer direkten Aktion geführt, sondern, den Formen des bürgerlichen Staates entsprechend, auf repräsentativem Wege, durch den Druck auf die gesetzgebenden Vertretungen.[44]

Auf diese Weise stellte sich eine Depolitisierung ein. So teilte sich der Klassenkampf nicht mehr als allgemeiner Kampf um die gesellschaftliche Entwicklung mit, sondern als sektorieller Konflikt zwischen spezifischen Belegschafts- und Unternehmerinteressen. Der Klassenkonflikt zersplitterte sich in »in eine Vielheit einzelner Kämpfe«, so dass der allgemeine Kern des sozialdemokratischen Befreiungsprojekts nicht mehr deutlich sichtbar war. Und so zerstreute sich das Ganze der Sozialdemokratie – für Luxemburg: die Vertretung der »Befreiungsinteressen« der Arbeiterschaft[45] – in der Differenzierung von Spezialaufgaben und Tageskämpfen. Diese Differenzierung – die Trennung von ökonomischem und politischem Kampf, die vollständig in die bestehende Unterscheidung zwischen Regierung/Opposition (Parlament) und Kapital/Arbeit (Industrie) internalisiert wurde – unterlief das Gesamtprojekt.

Der Massenstreik barg für Luxemburg als Handlungsoption das Potential, das Ganze der Sozialdemokratie wieder zu einer bewegungsförmigen Einheit zusammenzufügen. Dabei ging Luxemburg einen gegenwartsorientierten Weg. Statt nur die »Rebellion alten Stils« (Engels) zu bemühen, entwickelte sie den Massenstreik als Ausgangspunkt für eine breitere Volksbewegung. Gegen Bernstein gerichtet, der auf schrittweise Fortschritte innerhalb der konstituierten Verfahren der Verfassung setzte, machte Luxemburg eine konstituierende Perspektive und die Möglichkeit auf, dass in den Tagesauseinandersetzungen – etwa um Löhne, Arbeitszeit, das Wahlrecht, die Gleichberechtigung – eine Überschreitung vollzogen wird, die die Gründungsfrage der Gesellschaft als Ganze in den Blick nimmt. Demnach könne jede kurzfristige Auseinandersetzung, wenn sie richtig politisiert wird, Anlass für eine weitergehende, radikale Kritik der bestehenden Ordnung bieten. Dann »beginnt daher ein

44 Ebd., S. 209.

45 Ebd., S. 210.

spontanes Rütteln und Zerren an diesen Ketten […]«[46] und damit auch an den eingespielten Regeln der konstituierten Verfahren.

Dies lässt sich mit dem allgemeinen Populismusschema, wie es im ersten Teil dieses Buches entwickelt wurde, wie folgt verstehen: Bildet sich um die einfachen Konflikte erster Ordnung eine hinreichende Masse, entsteht ein eigenes Gravitationsfeld, das sich schrittweise selbst verändert. Die Masse spiegelt nämlich nicht einseitig die jeweiligen Spezialanliegen wider, sondern verwickelt die politischen Ziele, die beteiligten Organisationen und Individuen in einen Prozess der Veränderung. Als Bewegung löst sie sich von den initialen Konflikten, indem sie die Verbindung zu weitergehenden Fragen zweiter Ordnung (der Ordnung als Ganzem) herstellt. Dann befindet sich die Masse mit ihren politischen Zielen in einem offenen Fluss, sie »improvisiert«, erfindet »neue Kampftypen«, bringt etwas Neues hervor.[47] Zugespitzt formuliert: Der Klassenkampf, wie ihn Engels in seinem Text zur Entwicklung des Sozialismus von der Utopie zur Wissenschaft als Konflikt zwischen den rationalen Eigeninteressen des Industrieproletariats und der Kapitalistenklasse stilisierte, ist hier nicht mehr der zentrale Hebel, sondern nur noch der Anlass für einen bewegungsförmigen Transformationsprozess. Beginnend mit den Tagesauseinandersetzungen, geht der Massenstreik in eine breite Volksbewegung über:

> Soll der Massenstreik […], soll der Massenkampf einen Erfolg haben, so muss er zu einer wirklichen Volksbewegung werden, das heißt die breitesten Schichten des Proletariats mit in den Kampf ziehen.[48]

Hier ist es nicht der Sog der funktionalen Differenzierung, sondern der Sog der Bewegung, der andere soziale Gruppen mitreißt. Luxemburg hatte eine bewegungsförmige Volkssouveränität im Blick, die von unten einen Kreislauf gegen die bestehenden Verselbstständigungen in Gang setzt, um sie wieder in den einen »sozialdemokratischen Emanzipationskampf« zu überführen.[49] Ihre Konzeption des Massenstreiks bemühte letztlich keinen engen Klassenbezug, sondern eine geradezu populistische Option: Der Massenstreik

46 Ebd., S. 158.

47 Dies wirft natürlich die Frage danach auf, wie sich diese Erneuerungsdynamiken auf Dauer stabilisieren lassen, dazu siehe unten.

48 Ebd., S. 195.

49 Ebd., S. 227.

führte eine grundsätzliche Systemkritik auf der Ebene des Systems ein, indem er die Fundierungsmacht (das Volk) gegen die verselbstständigten Eliten und Organgewalten stellte.

5 Vom linken zum transformativen Populismus: Lernen auf dem Dornenweg der Befreiung

Der Wahlsozialismus, an dem sich die europäische Sozialdemokratie seit den 1880er und 1890er Jahren orientierte, war von einer Doppelbewegung geprägt: Einerseits wandelten sich die Parteien von Klassen- zu Volksparteien in den Bahnen des zunächst noch eingeschränkten Parlamentarismus und scharten auf dieser Grundlage ein Volk der Besitzlosen (Bernstein) um sich. Andererseits provozierte diese Konstitutionalisierung der Sozialdemokratie Gegenkreisläufe. Sie lokalisierten das Volk der Sozialdemokratie weniger in der Beteiligung an den konstituierten Verfahren in Politik und Wirtschaft, sondern in Massenbewegungen, die eine quer zur funktionalen Differenzierung liegende Einheit bildeten. Ausgehend von den konkreten Konflikten in den jeweiligen gesellschaftlichen Handlungsfeldern, brachten sie abermals eine sozialistische Transformation der Gesellschaft ins Spiel, die als *re-entry* (Luhmann) einer Politik zweiter Ordnung in die Politik erster Ordnung zu verstehen ist. Rosa Luxemburgs Überlegungen verfolgten dabei nicht weiter eine ökonomische Klassenpolitik, sondern reagierten auf den industriellen Konstitutionalismus. Während sich die Arbeitsteilung von Partei und Gewerkschaften schon längst ergeben hatte, verlegte sich die Einheit der Bewegung in den allgemeinen Massenstreik, in die konstituierende Macht einer Volkssouveränität von unten.

Dabei unterschätzte Luxemburg zwar die Leistungen der funktionalen Differenzierung und wie voraussetzungsreich es ist, Handlungsverhältnisse in der Politik zu stabilisieren.[50] Allerdings wäre es

50 Sie bleibt einer Bewegungspolitik verhaftet, ohne dass ein Wiedereintritt der funktionalen Differenzierung in die Bewegungsform stattfindet – an einen nochmaligen Rücktritt aus der Bewegungsform vermag Luxemburg nicht zu denken. Hier war die Revolutionspolitik Lenins seit dem Jahr 1917 realistischer, weil sie diesen Wiedereintritt politisch-staatlicher Ordnungsmacht in die Bewegung ausdrücklich berücksichtigte. Zu einer solchen systemtheoretischen Rekonstruktion

auch vorschnell, in ihren Analysen nur die Wiederkehr eines bewegungsförmigen Volks-Voluntarismus zu beobachten. Luxemburg vollzog einen innovativen Sprung in der Diskussion der avisierten Bewegung, die sie von den bisher gemachten Fehlern der Volkspolitik zu befreien versuchte: Die Volksbewegung, so ihre zentrale These, war nicht nur ein Gegenkreislauf; vielmehr – und das ist der bestechende Zug ihres Arguments – zeichnete sich in ihrem Schatten die Möglichkeit eines emanzipatorischen Lern- und Aufklärungsprozesses ab.

Zunächst untersuchte auch Luxemburg die Fehler der Volkspolitik, die die Arbeiterbewegung bisher geprägt hatten. Sie wies den Voluntarismus spontaner Bewegung genauso wie die revisionistische Volkspolitik der etablierten sozialdemokratischen Parteien und Gewerkschaften zurück.[51] Dabei verstieg sie sich weder in die bloße Zurückweisung widerständiger Spontanität noch in die des Parlaments, sondern schlug ein dynamisches Modell in drei Schritten vor, das die Fehler der Volkspolitik von innen her, aus der Volksbewegung heraus, umgehen sollte.

(i) Transformationsfähigkeit der Masse (identitärer Fehler): Luxemburg ging davon aus, dass die Masse keine feststehende Identität besitzt, sondern sich in einem ständigen Veränderungsprozess befindet. Dass Luxemburg von einer Bewegung schrieb, war nicht nur eine normative Forderung, sondern im Lichte des Sogs der Massenkämpfe eine Tatsache. Sie betonte diese Wandelbarkeit und insbesondere die schwer vorhersehbaren Umschlagsmomente, die auf die Psyche der Massen zurückzuführen sind:

von Lenins Revolutionstheorie: Dirk Baecker, »Lenin's Void: Towards a Kenogrammar of Management«, in: *Soziale Systeme* 2 (2002), S. 294-306.

51 Vgl. Luxemburg, »Massenstreik, Partei und Gewerkschaften (1906)«, S. 137 ff. Die Gesellschaft schafft Anlässe – seien es Tageskämpfe um Löhne und Arbeitszeit, Parlamentsdebatten etc. –, um die sich breitere Bewegungen bilden. Um diese Bewegungen zu bilden und sie zu führen, ist eine organisierte Einheit, eine Partei vonnöten. Denn erst die Organisationsleistungen und das dort abgespeicherte politische Wissen stellen die avisierte Bewegung auf Dauer und führen sie in die gewünschte politische Richtung. Dabei muss diese Führungsleistung allerdings darauf beschränkt sein, dass sich die Partei und ihre Führer:innen in den Dienst der Massen stellen. Sie dürfen die Bewegung nicht von oben her vereinnahmen und ihr den offenen Transformationscharakter rauben. In gewisser Weise antwortet Luxemburgs Konzeption so auf die Fehler, die in der Volksaufstandskritik bei Marx und Engels herausgearbeitet wurden.

> Es gibt nichts Wandelbareres als die menschliche Psyche. Zumal die Psyche der Massen birgt stets in sich, wie Thalatta, das ewige Meer, alle latenten Möglichkeiten: tödliche Windstille und brausenden Sturm, niedrigste Feigheit und wildesten Heroismus. Die Masse ist stets das, was sie nach Zeitumständen sein muss, und sie ist stets auf dem Sprunge, etwas total anderes zu werden, als sie scheint. Ein schöner Kapitän, der seinen Kurs nur nach dem momentanen Aussehen der Wasseroberfläche steuern und nicht verstehen würde, aus Zeichen am Himmel und in der Tiefe aufkommende Stürme zu schließen![52]

Die Masse erschien ihr als ein Produkt der Zeitumstände. In diesem Sinne war sie zwar nicht beliebig oder eine Frage geschickter Konstruktion, konnte sich aber zu »etwas total anderem«, etwas Neuem verändern. Es war jene Wandelbarkeit, für die sich Luxemburg interessierte. Die Masse war nicht schon von sich aus auf bestimmte Handlungsweisen festgelegt. Sie changierte zwischen »Feigheit« und »Heroismus«, »Windstille« folgte auf »Sturm«, und diese Dynamiken eröffneten Spielräume für das Handeln. Dies zeitigte weitreichende Folgen für politische Interventionen, denn diese mussten sich auf die Wandelbarkeit einstellen und mit den »latenten Möglichkeiten« umgehen.[53] Die Politik der Volksbewegung stand mithin im Gegensatz zu einer Identitätspolitik, denn der Charakter von Massenvorgängen würde verkannt, wenn man die jeweiligen Identitäten einfach bestätigte.

52 Rosa Luxemburg, »Brief aus dem Gefängnis in Wronke an Mathilde Wurm (1917)«, in: Rosa Luxemburg, *Gesammelte Briefe Band 5*, Berlin 1987, S. 176.

53 Durch diesen Schwerpunkt sind in der Vergangenheit die Gemeinsamkeiten mit Hannah Arendts Handlungstheorie betont worden (vgl. kritisch zu dieser These: Haug, *Rosa Luxemburg und die Kunst der Politik*, S. 181 ff.; zustimmend: Ernst Vollrath, »Rosa Luxemburg's Theory of Revolution«, in: *Social Research* 1 (1973), S. 83-109). Für Arendt bestand das Wesen politischen Handelns im Hervorbringen von etwas Neuem, das sich aus der spontanen Interaktion der Handelnden in einem »öffentlichen Erscheinungsraum« ergibt. Vollrath sieht dieses Motiv auch bei Luxemburg angelegt: »It is the element of fonder, of the start of action in freedom, that makes out the essence of revolution as conceived by Rosa Luxemburg. It is to this that she gave the name which ever since Kant has marked all action in freedom: the name of spontaneity.« (Ebd., S. 99 ff.) Solche Rekonstruktionen verkennen, dass sich die Politisierungsspielräume weiterhin aus der Sozialstruktur und den dortigen Widersprüchen speisen. Und obwohl Luxemburg betont, dass sich die Massen einer vollumfänglichen Steuerung entziehen, bleiben sie doch auch der Ort strategischen Handelns, u. a. durch die Organisationen und Führungsgremien der Sozialdemokratie.

Insofern schloss sich Luxemburg der Marx'schen Identitätskritik an, verkehrte jedoch das Verhältnis von Klasse und Volk. War bei Marx und Engels die Orientierung an der Klasse der anti-identitäre Garant und das Volk wiederum das Einfallstor für eine verzerrende Identitätspolitik, so sah Luxemburg dies genau umgekehrt: In der Klassenpolitik der Gewerkschaften und Parteien nistete sich ein Identitäts- und Widerspiegelungsdenken ein, und nur der Schritt zu einer Politik der Massen vermochte es, den anti-identitären, revolutionären Impuls wieder ins Spiel zu bringen. Mehr noch: Der Bezug auf die Masse diente als Formel, um die konservative Identitätspolitik der Sozialdemokratie aufzubrechen.

(ii) Gute Führung (autoritärer Fehler): Diese Herangehensweise wirkte sich auf die Frage nach den Führungsverhältnissen aus. Beruhte die Massenbewegung auf Wandelbarkeit, musste das strategische Handeln politischer Akteure mit diesem Umstand umgehen. Eine gute politische Führung, wie Luxemburg sie von der Sozialdemokratie einforderte, stand deshalb vor großen Herausforderungen. Sie war aufgerufen, die Anlässe für Massenbewegungen zu erkennen und ihnen, wo dies möglich war, einen emanzipatorischen Richtungssinn zu verleihen. Schließlich sollte sich die Partei in den Dienst des offenen Transformationsprozesses stellen und die Selbstaktivität der Massen stützen. Die Volksbewegung unterstand in diesem Sinne durchaus einer Leitung, deren Funktion es war, »politische Losungen zu geben« und »Klarheit über die politischen Aufgaben und Interessen des Proletariats« herzustellen.[54] Durch ihre Organisationsleistungen – durch die Ausbildung von Funktionseliten und das Speichern politischen Wissens – war sie die zentrale Instanz, um die Chancen auf Selbstveränderung zu erhöhen. Das Leitbild war eine politische Mäeutik. In fast pädagogischer Manier bestand die politische Führungsaufgabe darin, die kollektive Veränderungsfähigkeit der Massen zu schulen und hervorzubringen. Es ging ausdrücklich nicht um den längerfristig sowieso zum Scheitern verurteilten Versuch, die Massen vollumfänglich der politischen Kontrolle zu unterstellen und sie von oben herab zum Material des politischen Kampfes zu machen. Ganz im Gegenteil folgte aus Luxemburgs Analyse eine Umkehrung im Verhältnis von

54 Rosa Luxemburg, »Die Krise der Sozialdemokratie (›Junius-Broschüre‹) (1916)«, in: Rosa Luxemburg, *Gesammelte Werke Band 4*, Berlin 1974, S. 49-164, 149 f.

Bewegung und organisationspolitischer Führung, das im Verlauf des Massenstreiks auf den Kopf gestellt wird:

> Damit ist aber der Gegensatz zwischen der ›Führerschaft‹ und der ›nachrollenden‹ Majorität aufgehoben, das Verhältnis der Masse zu den Führern auf den Kopf gestellt. Die einzige Rolle der sogenannten ›Führer‹ in der Sozialdemokratie besteht darin, die Masse über ihre historischen Aufgaben aufzuklären. Das Ansehen, der Einfluß der ›Führer‹ in der Sozialdemokratie wächst nur im Verhältnis zu der Menge Aufklärung, die sie in diesem Sinne leisten, das heißt also gerade im Verhältnis, wie sie die bisherige Grundlage jeder Führerschaft, die Blindheit der Masse, zerstören, in dem Verhältnis mit einem Worte, wie sie sich selbst ihrer Führerschaft *entäußern,* die Masse zur Führerin und sich selbst zu *Ausführern*, zu Werkzeugen der bewußten Massenaktion machen.[55]

Auf diese Weise übernahm die politische Leitung der Sozialdemokratie eine dienende Rolle. Sie bestand vor allem in einer Aufklärung der Massen »über ihre historischen Aufgaben«, die einer möglichen »Blindheit« entgegenwirkte. Auf dieser Grundlage entäußerte sich die Partei schrittweise der Führerschaft und wurde zum ausführenden Werkzeug der »bewussten Massenaktion«.

Solche Überlegungen werfen die weitergehende Frage auf, wie eine solche Verkehrung möglich wird. Dies gilt insbesondere im Hinblick auf den Doppelcharakter der Sozialdemokratie, die ja nicht nur eine freie Assoziation von Aktivist:innen darstellte, sondern als Volkspartei Teil des politischen Systems war und sich allein deshalb nicht vollständig in eine Bewegung auflösen konnte. Luxemburg gab in diesem Zusammenhang Hinweise auf den autoritären Fehler populistischer Politikformen und wies auf die Möglichkeit einer nicht-autoritären Führung der Volksbewegung hin. Dabei nannte sie zwei distinkte Funktionen der Organisation in ihrer Führungsarbeit: zum einen eine Aufklärungs- und Bildungsfunktion, die die Entscheidungsprozesse der Bewegung strukturieren soll; zum anderen eine praktische Ausführungsrolle (Werkzeug), um die Bewegungsaktivitäten dauerhaft zu organisieren.

(iii) Lernen statt Wollen (voluntaristischer Fehler): Es stellt sich die Frage, ob Luxemburg nicht den voluntaristischen Fehler der Volkspolitik beging, indem sie alles einer bloßen Willenspolitik der

55 Rosa Luxemburg, »Geknickte Hoffnungen (1903/1904)«, in: Rosa Luxemburg, *Gesammelte Werke Band 1/2*, Berlin 1974, S. 394-402, 396.

Massen preisgab. Vertrat sie eine demiurgische, sich überhebende Politikvorstellung, die notwendig an den einschränkenden gesellschaftlichen Rahmenbedingungen scheitern musste? Es war sicherlich ein Problem ihres Denkens, dass sie zumeist von Konstellationen sprach, in denen die gewünschte Volksbewegung aussichtsreich auf die jeweiligen historischen Herausforderungen reagierte. Insgesamt versprach sie sich Befreiung vor allem durch Aktion und Mobilisierung.

Doch dies sollte den Blick nicht darauf verstellen, dass sie den voluntaristischen Fehler ausdrücklich zu umgehen versuchte, indem sie die politische Praxis stets als Reflexions- und Erkenntnisprozess auffasste.[56] Sie folgte eben keiner bloßen Willenspolitik, sondern einem erkenntnisgeleiteten Verständnis der Politik, wie es für die Hochphase der sozialistischen Bewegung vor dem Ersten Weltkrieg kennzeichnend war.[57] Sie nahm allerdings eine stark praxisphilosophische Wende, indem sie das lernende Erkennen in die Erfahrungswelt des politischen Handelns verlegte. Demnach war in der Selbsttransformation der Masse die Möglichkeit von Lernprozessen angelegt, die soziale Konflikte schrittweise in eine Selbstveränderung und diese schließlich in eine Selbstbefreiung überführten. Wie unter einem Brennglas verdichtete Luxemburg diesen Gedankengang in ihrer Juniusbroschüre zur »Krise der Sozialdemokratie« aus dem Jahr 1916:

> Das moderne Proletariat geht anders als der Demokrat, (der revolutionäre Kleinbürger bei Marx) aus geschichtlichen Proben hervor. Gigantisch wie seine Aufgaben sind auch seine Irrtümer. Kein vorgezeichnetes, ein für allemal gültiges Schema, kein unfehlbarer Führer zeigt ihm die Pfade, die es zu wandeln hat. Die geschichtliche Erfahrung ist seine einzige Lehrmeisterin, sein Dornenweg der Selbstbefreiung ist nicht bloß mit unermeßlichen Leiden, sondern auch mit unzähligen Irrtümern gepflastert. Das Ziel seiner Reise, seine Befreiung, hängt davon ab, ob das Proletariat versteht, aus den eigenen Irrtümern zu lernen. Selbstkritik, rücksichtslose, grausame, bis auf den Grund der Dinge gehende Selbstkritik ist Lebensluft und Lebenslicht der proletarischen Bewegung.[58]

56 Vgl. dazu ausführlich: Kolja Möller, »From Jacobin Flaws to Transformative Populism: Left Populism and the Legacy of European Social Democracy«, in: *Constellations* 3 (2023), S. 309-324.

57 Morina, *Die Erfindung des Marxismus*, S. 16 ff.

58 Luxemburg, »Die Krise der Sozialdemokratie«, S. 53. Zuvor schließt Luxemburg

Dieses Politikverständnis rechtfertigte keinen einseitigen Bewegungsaktivismus spontaneistischer Spielart; vielmehr blieb im Gegensatz »zum revolutionären Kleinbürger bei Marx« die Politik an Erkenntnisse und einen organisierten Prozess der welterschließenden Kritik und Selbstkritik gebunden. Die Politik – in diesem Sinne hielt Luxemburg der Sozialdemokratie ihrer Zeit die Treue – war der Versuch, gesellschaftliche Realtendenzen zu erkennen und ihnen zum historischen Durchbruch zu verhelfen. Sie verschob dieses Verständnis allerdings erheblich, indem sie den Prozess der Wissensgewinnung in die »geschichtliche Erfahrung«, in das »Leiden« und die »Irrtümer der Handelnden« verlegte. Weder ein äußeres, feststehendes Schema noch der Plan eines »unfehlbaren Führers« würden hier weiterhelfen. Die politische Praxis generiert das erforderliche Wissen. So konnte sich die Volksbewegung auf einem mühsamen »Dornenweg der Selbstbefreiung« lernend von überflüssigen Herrschaftsverhältnissen befreien. Dies war ein inkrementelles Verständnis der Wissensgewinnung, das einem *trial-and-error-approach* näher ist als der zentralen Anordnung. Für eine gelingende Volksbewegung waren Verfahren der Fehleranalyse und Selbstkorrektur entscheidend.[59]

Der blinde Fleck dieses transformativen Populismus zeigt sich allerdings in der Frage danach, wie ein solches Lernen möglich sein soll. Darauf kann die kategorische Kritik der sozialen Differenzierung keine ausreichenden Antworten geben. Luxemburg nahm an, dass mit der Massendemokratie keine distinkten populistischen Momente mehr vorliegen, in denen die Volksbewegung greift, sondern eine verallgemeinerte populistische Konstellation, in der die Selbstaktivität der Massen immer schon die privilegierte Handlungsoption darstellt. Diese Herangehensweise legt die Priorität darauf, die Bewegung zu vertiefen und durch Engagement weiter-

an die Marx'sche Politikanalyse aus dem 18. Brumaire an und schildert den voluntaristischen Fehler des »revolutionären Kleinbürgers«. Es ist wahrscheinlich kein Zufall, dass Luxemburgs Überlegungen dem erfahrungs- und erkenntnisgeleitetem Revolutionsmodell entsprechen, das Marx u. a. im »18. Brumaire« entwirft.

59 Diese Verlegung von äußerer Anwendung des Klassenkampfschemas zu innerer Fehlerkorrektur ist ein Argument, das der amerikanische Pragmatist John Dewey später gegen die vulgäre Moraltheorie Leo Trotzkis mobilisieren wird: John Dewey, »Mittel und Zwecke – Ihre Wechselbeziehung und Leo Trotzkis Essay: Ihre Moral und unsere«, in: John Dewey u. a. (Hg.), *Politik und Moral. Die Zweck-Mittel-Debatte in der neueren Philosophie und Politik*, Lüneburg 2001, S. 161-176.

zutreiben. Es könnte jedoch sein, dass sich dieser hohe Anspruch an Dynamik nicht immer durchhalten lässt; mehr noch: ab einem bestimmten Punkt führt der Verzicht auf arbeitsteilige Verfahren in eine weitreichende Lern- und Handlungsblockade.

Um diesen Einwand zu verdeutlichen, ist vielleicht eine Parallele zu einer anderen, nicht-politischen Praxis hilfreich. Wer beispielsweise das Klavierspielen erlernen will, orientiert sich nicht selten an Einspielungen guter Pianist:innen. Die Spieler:innen eifern der technischen Fertigkeit, dem freien Umgang mit dem Material und dem Ausdruck in der Musik nach. Dies kann sich zu einer ganzheitlichen Sinngebung verdichten, die das eigene Klavierspiel motiviert und ein eindeutiges Ziel definiert: einmal so spielen wie das Vorbild. Allerdings erscheint die eigene Praxis im Lichte des Ideals vollkommen unzureichend. Man kann die eigenen Fortschritte nicht mehr identifizieren, die nur als zu vernachlässigende Anpassung und nicht als eigener Lernschritt wahrgenommen werden. Dies kann in eine Lernblockade münden, die nur mittels einer Ausdifferenzierung aufgebrochen werden kann: Man löst sich übend vom voraussetzungsreichen Ganzen, isoliert einzelne Motive, befasst sich mit Fingerübungen, gliedert Bewegungsabläufe aus und experimentiert mit ihnen, teilt das zu erlernende Stück auf, verfremdet seine Melodien, folgt nicht der Spontanität und verhebt sich nicht an tiefem Ausdruck, sondern folgt stur dem starren Rhythmus des Metronoms, imitiert bestehende Interpretationsweisen und verordnet sich Lernpausen, um auch kleine Fortschritte zu registrieren. Nicht immer mehr Selbstaktivität und ganzheitliche Bewegung ist hier das Motto, sondern Stillstellen und Distanznahme – im Bewusstsein, dass große Lernfortschritte eben nicht nur aus Gesamtperspektiven, sondern oft auch aus der inkrementellen Arbeit an Details hervorgehen.

Ähnlich ist es im Bereich der Politik. Wer sich politisch auf die Welt beziehen will, braucht Ziele und Hoffnungen und wahrscheinlich eine ganzheitliche Auffassung seines Engagements im Sinne einer Einheit von Partei und Bewegung. Aber so sinnvoll es sein kann, sich für den »sozialdemokratischen Emanzipationskampf« (Luxemburg) gegen die verselbstständigten Apparate der Etablierten einzusetzen, so sehr kann das erwünschte Lernen in der Massenbewegung in eine folgenreiche Blockade übergehen. Zur geschichtlichen Erfahrung gehören nicht nur die Massenkämpfe, sondern auch die Leistungen und Grenzen sozialer Differenzierung. Ein transformativer Populismus, der die Fehler der Volkspolitik umgehen will, ist deshalb auf einen Wiedereintritt von konstituierten Verfahren, Arbeitsteilungen und Verselbstständigungen angewiesen. Erst so wird eine Reflexivität möglich, die für die vielfältigen Quellen sozialer Transformation – wissenschaftliche Erkenntnis, ökonomische Innovation, ästhetische Erfahrung – offen ist, statt sich in einem kräftezehrenden Daueraktivismus zu zermürben.

Die Grenzen eines überpolitisierten Aktivismus bildete auch den Ausgangspunkt in Peter Weiss' *Ästhetik des Widerstands*, der in seiner Romangeschichte den Faden Luxemburgs aufgreift und weiterführt.[60] Der namenlose Ich-Erzähler schildert in längeren Passagen, wie sich schon sein Vater das Luxemburg'sche Politikmodell aneignet und von seiner »Offenheit« und »Vorbehaltlosigkeit« sowie den »tatsächlichen Sinn für demokratisches Betragen« überzeugt war.[61] Auch wird die Verbindung zu den jeweiligen Lernprozessen hergestellt, wenn der Vater des Ich-Erzählers Luxemburgs »Erziehung zu schöpferischer Aktivität« mit »Gramscis Verneinung der Mechanistik, des autoritären Lernens« verbinden will.[62] Die systematische Pointe der *Ästhetik des Widerstands* besteht jedoch in einem Perspektivwechsel, den Weiss ausführlich entwickelt. Knüpft er einerseits an die emanzipativen Aspirationen an, lotet er andererseits die Grenzen der Bewegungspolitik aus. Immer wieder macht der Text darauf aufmerksam, dass Politik, Kunst und Wissenschaft jeweils »differenzierte Leistungen« erbringen und die Unterordnung unter das politische System nur allzu schnell in eine Erstarrung mündet, die einer emanzipativen Politik ihre Grundlage entziehen kann.[63] Diesen Gedankengang entwickelt Weiss vor allem am Verhältnis von Kunst und Politik. Im gesamten Buch zeigt er auf, dass Kunst-

60 Weiss legt dem Vater des namenlosen Ich-Erzählers folgende Worte in den Mund: »Nur bei Luxemburg hatte er diese Offenheit und Vorbehaltlosigkeit gefunden, diesen tatsächlichen Sinn für demokratisches Betragen. Sie, so meinte er, wußte, daß die Arbeitenden, wenn auch nicht im Besitz der konventionellen Bildungsgüter, einen Reichtum an Erfahrungen besaßen, der, wachgerufen, der Intelligenz zu erweitertem Ausdruck verhelfen würde.« (Peter Weiss, *Ästhetik des Widerstands*, Frankfurt am Main 1976/1978/1981, S. 136)

61 Ebd., S. 136.

62 Ebd., S. 233.

63 Ebd., S. 1046.

werke, wie sie etwa in Strömungen des Expressionismus, dem Surrealismus, der Literatur von Franz Kafka, den Gemälden von Géricault und Delacroix zum Ausdruck kommen, befreiende Potentiale zur Geltung bringen. Sie stehen nicht in einem Über- oder Unterordnungs-, sondern in einem Verwandtschaftsverhältnis mit dem Projekt politischer Befreiung:

Auch wenn es schien, als würde die künstlerische Revolution an einer andern Front als der politischen ausgetragen und setze sich nicht für gesellschaftliche Verändrungen ein, so war sie, indem sie sich gegen die verbrauchten Konventionen wandte und Normen zertrümmern wollte, die ihre Zwangsmuster seit langem enthüllt hatten, unsrer Revolution doch verwandt. Mit ihrem Kampf um die Befreiung der Formen, der Bewegungen, um die Erneurung der Sprache, des Sehens, mußte sie Einfluß ausüben auf unsre Sinne, unser Suchen nach einem verwandelten Dasein.[64]

Doch diese befreienden Potentiale sind, wie das Zitat verdeutlicht, nur in den Bahnen einer spezifischen Rationalität hervorzubringen und zu erfahren. Kunstproduktion und ihre Rezeption bilden demnach eine eigene Sphäre, eine »andre Front«, deren Formen sich von der Politik unterscheiden. Eine vulgäre Politisierung der Kunst im Sinne einer Unterordnung unter das Kalkül des politischen Systems oder eine um sich greifenden Volksbewegung läuft stets Gefahr, diese Kreisläufe – und damit die tiefer liegenden Quellen des Widerstands – zu zerstören. Ganz im Sinne Luxemburgs zeigt Weiss auf, dass die Verstrickungen der Politik nicht zu umgehen sind, er besteht jedoch trotzdem auf den Leistungen der Differenzierungsvorgänge. Dies verändert nicht zuletzt, was unter einer sozialistischen Perspektive zu verstehen ist: Es geht ihr nicht mehr nur um die Mobilisierung politischer Bewegungen als Generalschlüssel, sondern um eine Arbeit an den Kontaktpunkten unterschiedlicher sozialer Sphären und ihren strukturellen Kopplungen im Hinblick darauf, wie gesellschaftliche Entwicklungspotentiale freigesetzt und von Blockaden befreit werden können.

64 Ebd., S. 521.

Kapitel 8
Das Volk zwischen Regression und Fortschritt

1 Blockierte Volksdemokratie

Der Volkswille ist der Bezugspunkt, um eine Politik in Gang zu setzen, die nicht nur die einfache Gesetzgebung und das Wechselspiel zwischen Regierung und Opposition, sondern auch die Verfahren und Machtverteilungen innerhalb des Gemeinwesens adressiert. Dabei, so wurde bereits in Anlehnung an Marx erläutert, ist der Spielraum möglicher Artikulationsweisen des Volkswillens nicht unbegrenzt oder unbestimmt. Die Art, wie das Verhältnis von Demokratie und Kapitalismus konfiguriert ist, legt zwei Varianten nahe. Zum einen drängt sich eine Volkspolitik liberalen Typs auf. Sie stellt die Eigeninteressen der Privatbürger:innen in den Mittelpunkt, die möglichst ungehindert ihren Wünschen und insbesondere ihrem Erwerbsstreben nachgehen. Zum anderen wird eine republikanische Volkspolitik zur Option. Sie betrachtet die Menschen als *citoyens* und stilisiert das Volk als Gesamtheit der Bürger:innen, die das Gemeinwesen mit anderen gemeinsam aktiv ausgestalten. Das Wechselspiel aus reformerischer Demokratiepolitik (Bernstein) und sozialen Bewegungsprozessen (Luxemburg) bewegte sich im Horizont der zweiten Option. Die machtunterworfenen sozialen Klassen rückten in die Rolle von *citoyens*.

Gegen Ende des Ersten Weltkriegs, der die sozialdemokratische Bewegung in Kriegsbefürworter:innen und -gegner:innen spaltete, ergriffen ab 1917 demokratisch-sozialistische Revolutionen die Welt, die von den Arbeiterparteien und Gewerkschaften geprägt waren. Nach dem Krieg führten sie republikanische Verfassungen ein, die das erste Mal in der Geschichte vom demokratischen Anspruch einer Inklusion der gesamten Bevölkerung gekennzeichnet waren.[1] Das Wahlvolk umfasste jetzt auch Frauen und Arbeite-

1 Hauke Brunkhorst, *Critical Theory of Legal Revolutions*, London/New York 2014, S. 322. Chris Thornhill, *A Sociology of Constitutions: Constitutions and State Legitimacy in Historical-Sociological Perspective*, Cambridge 2011, S. 293 ff.; zur Rolle der russischen Revolution in diesem Prozess: Eric Hobsbawm, *Das Zeitalter der Extreme. Weltgeschichte des 20. Jahrhunderts*, München 2003, S. 78 ff.

rinnen, die erstmalig den Status von Staatsbürgerinnen erlangten. Die Rede von der Volkssouveränität verlegte sich das erste Mal annäherungsweise vom Status einer Fiktion in die Niederungen der sozialen Realität. Der parlamentarischen Gesetzgebung stellten sie eine Arbeits- und Sozialverfassung zur Seite, die als Ausgangspunkt für eine Demokratisierung der Wirtschaft dienen sollte.[2] So schufen sie auch den Raum für Spielarten einer »nicht-institutionalisierten Volkssouveränität«.[3] Die leitende Idee bestand in einer Arbeitsteilung: Der Gesetzgebungsprozess sollte mit Varianten der Volksbewegung verknüpft werden, so dass eine friedliche Transformation und mithin eine Auflösung sozialer Machtkonzentration stattfinden kann – ohne die Gesellschaft in einen Bürgerkrieg zu stürzen, der, so war die Einschätzung, notwendig auf eine revolutionäre Umwälzung folgte.[4] Die Verfassung demokratisierte die politische Willensbildung, hielt aber die Frage nach der ökonomischen Produktionsweise und den Eigentumsverhältnissen in der Schwebe. Dieser Konstitutionalismus galt den Zeitgenoss:innen als Ausdruck eines Gleichgewichts der Klassenkräfte – ein Konzept, das vom Vorsitzenden der österreichischen Sozialdemokratie, Otto Bauer, in die Verfassungslehre eingeführt wurde.[5] Im »Zustand, in

2 Hugo Sinzheimer, *Grundzüge des Arbeitsrechts*, Jena 1927.

3 Ingeborg Maus, »Basisdemokratische Aktivitäten und rechtsstaatliche Verfassung. Zum Verhältnis von institutionalisierter und nichtinstitutionalisierter Volkssouveränität«, in: Thomas Kreuder (Hg.), *Der orientierungslose Leviathan. Verfassungsdebatte, Funktion und Leistungsfähigkeit von Recht und Verfassung*, Marburg 1992, S. 99-116. Der österreichische Theoretiker und Parteivorsitzende der SPÖ Otto Bauer bezeichnete die Synthese aus Gesetzgebungsprozess und sozialer Demokratisierung mit dem Begriff der »funktionellen Demokratie«: Otto Bauer, *Die österreichische Revolution*, Wien 1923, S. 188.

4 Vgl. dazu ausführlich meine Rekonstruktion der Verfassung als sozialer Kompromiss: Kolja Möller, »Drohung und Verfahren«, in: Tatjana Sheplyakova (Hg.), *Prozeduralisierung des Rechts*, Tübingen 2018, S. 245-264.

5 Otto Bauer, »Das Gleichgewicht der Klassenkräfte (1924)«, in: Hans-Jörg Sandkühler/Rafael de la Vega (Hg.), *Austromarxismus. Texte zu »Ideologie und Klassenkampf«*, Frankfurt am Main 1970, S. 79-97; ähnlich argumentieren Franz L. Neumann und Otto Kirchheimer im Hinblick auf die Weimarer Verfassung (Franz L. Neumann, »Die soziale Bedeutung der Grundrechte in der Weimarer Verfassung (1930)«, in: Franz L. Neumann, *Wirtschaft, Staat, Demokratie. Aufsätze 1930-1954*, Frankfurt am Main 1978, S. 57-75; Otto Kirchheimer, »Zur Staatslehre von Sozialismus und Bolschewismus«, in: Wolfgang Luthardt (Hg.), *Von der Weimarer Republik zum Faschismus: Die Auflösung der demokratischen Rechtsordnung*, Frank-

dem weder die Bourgeoisie noch das Proletariat den Staat beherrschen kann«, gelang es weder der einen noch der anderen Seite ihr jeweiliges Gesellschaftsmodell zu verallgemeinern.[6] Das Ringen der unterschiedlichen Klassenkräfte wurde in die Gesellschaft verlegt.

Allerdings folgte auf die Euphorie der Katzenjammer. Die Fortschrittshoffnungen scheiterten in den 1920er und 1930er Jahren in vielen Ländern. Die Massendemokratie brachte nicht nur die Möglichkeit einer fortschrittlichen Transformation hervor, sondern ebenso eine Regressionstendenz, die schließlich obsiegte. Die Bewegungen der Rechten stellten ihre »Volksgemeinschaft« der sozialen Demokratie erfolgreich entgegen,[7] sammelten restaurative Kräfte um sich und bekämpften den Parlamentarismus. Auf das Volk der Arbeit folgten die Volksgemeinschaft und der Siegeszug des Faschismus. Auch die Faschisten appellierten an das Volk und wendeten es gegen das Establishment, lösten den Volksbezug dabei aber aus seinen demokratischen Verweisungszusammenhängen und bemühten eine populistische Rhetorik, bei der sie die Unterscheidung zwischen Volk und Elite umformten.

Für diesen Übergang von der Elitenkritik zur Volksgemeinschaft stellte der Antisemitismus ein wichtiges Scharnier dar.[8] Er ermöglichte es, die Unterscheidung Volk/Elite zu einer Verschwörungstheorie umzuarbeiten, an deren Ende die Unterscheidung Volk/die Anderen stand, wobei die Anderen in diesem Fall die jüdisch-bolschewistische Weltverschwörer waren. Die Aspirationen der Volkssouveränität verkehrten sich auf diese Weise in ihr Gegenteil. Es ging nicht mehr um die Auflösung der Machtkonzentration, sondern darum, einer autoritären Ordnung den Weg zu ebnen. Ein Vordenker der Rechten, der Schriftsteller Rudolf Borchardt, hatte die Möglichkeit einer solchen Verkehrung in seiner Rede »Führung« 1931 präzise beschrieben. Die konservative Revolution, der

furt am Main 1976, S. 32-52) und Wolfgang Abendroth später im Hinblick auf das deutsche Grundgesetz (Wolfgang Abendroth, »Zum Begriff des demokratischen und sozialen Rechtsstaates im Grundgesetz der Bundesrepublik Deutschland (1954)«, in: Wolfgang Abendroth, *Gesammelte Schriften Band 2*, Hannover 2008, S. 338-357).

6 Bauer, »Das Gleichgewicht der Klassenkräfte«, S. 79.

7 Zusammenfassend: Michael Wildt, *Die Ambivalenz des Volkes. Der Nationalsozialismus als Gesellschaftsgeschichte*, Berlin 2018, S. 23 ff.

8 Ebd., S. 117 ff.

er sich verbunden fühlte, beruhe auf einer »Wiederumstürzung des Umsturzes«, einer »Revolution gegen die Revolution«:

Die ganze Welt wird reißend konservativ, aus Selbstschutz, aus Erbschutz, aus der Pflicht heraus, die durcheinandergerüttelten Elemente [...] wieder einzufangen, jeder auf einem anderen Wege, wir auf dem schwersten, der Wiederumstürzung des Umsturzes, der negierten und negierenden Negation, der Revolution gegen die Revolution.[9]

Die demokratische Revolution wurde zugunsten einer autoritären Herrschaft umgestürzt, in gewisser Weise im Vollzug umgedreht. Die Revolution wird konservativ, sobald die »durcheinandergerüttelten Elemente« durch eine autoritäre Regierung wieder in Ordnung gebracht sind.[10]

Um diese Tendenzen auszuleuchten, bemühten die Faschismusanalysen der 1920er Jahre ein weiteres Mal die Bonapartismusanalyse.[11] Die zentrale Annahme war dabei, dass die Unentschiedenheit der Massendemokratie darüber einen Zwischenzustand zwischen Kapitalismus und Sozialismus sistierte. Dieser Zwischenzustand war durch eine Offenheit der gesellschaftlichen Entwicklung gekennzeichnet. So wurde sowohl eine friedliche Transformation denkbar als auch – wie es im Frankreich der Jahre 1848 bis 1852 der Fall war – die drohende Machtübernahme autoritärer Bewegungen. Diese Wiederaufnahme der Bonapartismusanalyse hob sich deutlich von allzu plumpen Erklärungsansätzen ab – wie beispielsweise der sogenannten Sozialfaschismusthese, die den Unterschied zwischen Sozialdemokratie und Faschisten einebne-

9 Rudolf Borchardt, *Führung: Rede öffentlich gehalten in Bremen am 2. Januar 1931*, München 1931; vgl. auch Armin Mohler/Karlheinz Weissmann, *Die konservative Revolution in Deutschland 1918-1932*, Graz 2005, S. 193.

10 Vgl. zu den Strukturmerkmalen des autoritären Populismus Teil 1 in diesem Buch.

11 August Thalheimer, »Über den Faschismus (1928)«, in: Wolfgang Abendroth (Hg.), *Faschismus und Kapitalismus. Theorien über die sozialen Ursprünge und die Funktion des Faschismus*, Frankfurt am Main 1972, S. 19-39; Herbert Marcuse, »Der Kampf gegen den Liberalismus in der totalitären Staatsauffassung «, in: Wolfgang Abendroth (Hg.), *Faschismus und Kapitalismus. Theorien über die sozialen Ursprünge und die Funktion des Faschismus*, Frankfurt am Main 1972, S. 39-74; Otto Kirchheimer, »Weimar und was dann? Entstehung und Gegenwart der Weimarer Verfassung (1930)«, in: Otto Kirchheimer, *Politik und Verfassung*, Frankfurt am Main 1964, S. 9-56.

te.[12] Dennoch war auch diese Wiederaufnahme kaum in der Lage, diejenigen sozialen Kräfte auszuleuchten, die den Faschismus zu einer mobilisierungsfähigen Massenbewegung machten. Die Faschisten appellierten ja nicht nur an die Interessen klar umrissener sozialer Klassen, sondern bedienten sich auch den neuesten Techniken der Kulturindustrie und der Kommunikation. Sie popularisierten ihre Politik bis in die Basis sozialdemokratischer, liberaler, christlich-konservativer oder kommunistischer Parteien hinein. Es fiel schwer, ihren Erfolg auf Grundlage der bisherigen Zugriffe zu erklären.

Dieses Defizit der Faschismusanalysen drängte zu einem entscheidenden Schritt, den die Diskussion um die Volkssouveränität in den 1920er und 1930er Jahren vollzog. Sozialpsychologische Betrachtungsweisen, wie sie insbesondere in den Studien der frühen Frankfurter Schule und der Hegemonietheorie Antonio Gramscis auftauchten, sollten erklären, wie der Anspruch auf die Repräsentation des Volkswillens in eine autoritäre Involution umschlug.[13] Freilich spielten Betrachtungen der Massenpolitik schon seit Beginn des 20. Jahrhunderts eine wichtige Rolle – sei es in der optimistischen Massensoziologie Rosa Luxemburgs oder der skeptischen Massenpsychologie Gustave Le Bons –, aber erst jetzt wurden sie systematisch mit Freuds Psychoanalyse (Frankfurter Schule) oder einer von der italienischen Philosophie inspirierten Kultur- und Handlungstheorie (Gramsci) verknüpft. Beide Strömungen erläuterten die Schwankungstendenzen des Populismus mit sozialpsychologischen Lesarten der Volkssouveränität: Die Studien der frühen Frankfurter Schule wiesen auf die Risiken einer repressiven Verinnerlichungsdynamik hin; Gramscis Analysen wiederum versuchten zu zeigen, dass in der popularen Politik ein praktischer Handlungssinn (*buon senso*) vorliegt, der die autoritären Tendenzen zu umgehen vermag.

12 Zum Überblick: Nicos Poulantzas, *Faschismus und Diktatur. Die Kommunistische Internationale und der Faschismus*, München 1973.

13 Vgl. grundsätzlich zu sozialpsychologischen Faschismusanalysen: Wolfgang Wippermann, *Faschismustheorien. Zum Stand der gegenwärtigen Diskussion*, Darmstadt 1972, S. 96 ff.

2 Regression

Seit den 1920er und 1930er Jahren entwickelten sich im Umfeld des Frankfurter Instituts für Sozialforschung Betrachtungen, die die erprobte Bonapartismusanalyse ausbauten. Sie stellten die Übertragungs-, Identifizierungs- und Verdrängungsphänomene in den Mittelpunkt, wie sie im Verhältnis von Volk und Politik angelegt sind. Max Horkheimer arbeitete einige Eckpunkte einer solchen Kritik in seinem Aufsatz »Egoismus und Freiheitsbewegung« aus, den er in den 1930er Jahren verfasste.[14] Horkheimers provokante These lautete, dass viele demokratische Volksbewegungen in eine Regressionsdynamik verstrickt gewesen seien, die für den Umschlag in Gewalt und Autoritarismus verantwortlich ist. Dabei nahm er eine äußerst skeptische Perspektive auf die Volkssouveränität ein. Da das republikanische Herangehen repressive Züge ausbilde und einen »brutalen und grausamen Zug in der Verfassung bürgerlichen Typs« zur Geltung bringe,[15] trat bei ihm eine grundlegende Kritik an die Stelle der Hoffnungen auf ein populares Befreiungsprojekt.

In seiner Analyse spannte Horkheimer einen weiten historischen Bogen. Er betrachtete die Volksaufstände des Mittelalters und der frühen Neuzeit, ging zur Lutherischen Reformation über und endete bei den Massenbewegungen der modernen Gesellschaft. Dabei sah Horkheimer ein prägendes Grundmuster angelegt: Die Bewegungen fügten sich in die schrittweise Durchsetzung der bürgerlichen Gesellschaft ein und dienten sozialen Gruppen, die Machtpositionen einnahmen oder darauf drängten, sie in Zukunft einzunehmen. Die »Ausbreitung der bürgerlichen Lebensformen«, so Horkheimer, gehe zwar immer mit »volkstümlichen Erhebungen« einher.[16] Bei Lichte betrachtet ging es ihnen jedoch weder um eine befreite Menschheit noch um die einfache Rückkehr zu einer goldenen Vergangenheit. Die jeweiligen Erhebungen umgaben sich zwar mit einer aufständischen Folklore, re-organisierten aber stets die bestehenden Spielarten sozialer Herrschaft. So trugen sie dazu bei, den Feudaladel abzusetzen (Stadtrevolten des Mittelalters),

14 Max Horkheimer, »Egoismus und Freiheitsbewegung (1936)«, in: Max Horkheimer, *Traditionelle und kritische Theorie*, Frankfurt am Main 1992, S. 43-122.

15 Ebd., S. 57.

16 Ebd.

den Individualismus zu verallgemeinern (Reformation) oder den Monopolkapitalismus abzusichern (Faschismus):

Aus dem Bestreben des Bürgertums, die eigenen Forderungen nach einer vernünftigen Verwaltung mit Hilfe verzweifelter Volksmassen gegen die Feudalmächte durchzusetzen und gleichzeitig die Herrschaft über diese Massen zu befestigen, ergibt sich die eigentümliche Form, wie in diesen Bewegungen um ›das Volk‹ gerungen wird.[17]

Selbst wenn sich diese Bewegungen als revolutionär stilisierten, beschleunigten sie die Durchsetzung der bürgerlichen Gesellschaft. So unterschiedliche Volksaufstände wie der Aufstand um Cola di Rienzo im Rom des Jahres 1347, die Herrschaft des Savonarola im Florenz des 15. Jahrhunderts, die Lutherische Reformation, die Jakobinerherrschaft und die autoritären Bewegungen der 1920er und 1930er Jahre waren am Ende durch gemeinsame Merkmale verbunden. Überall wurde »der Gegensatz zwischen den bevorrechtigen bürgerlichen Gruppen und den unteren Schichten zugleich aufrechterhalten und verwischt«.[18] Nüchtern betrachtet stellten die Freiheitsbewegungen einen Mechanismus der Interessensdurchsetzung bereit, den die herrschenden oder zukünftig herrschenden sozialen Gruppen bespielten. Dies kann man als funktionalen Erklärungsansatz beschreiben: Die popularen Freiheitsbewegungen, so Horkheimers Annahme, übernehmen eine wichtige Funktion in den bürgerlichen Verkehrsverhältnissen. Insbesondere täuscht die Rede vom Volksaufstand darüber hinweg, dass sie in der Regel von Personen angeführt wurden, die dem Bürgertum zuzurechnen waren. Sie mobilisierten die »verzweifelten Volksmassen« gegen die »Feudalmächte« und setzten auf diesem Wege ihre Interessen durch.[19]

Diese Einsicht baute Horkheimer sozialpsychologisch aus. Der Charakter der Aufstände zeigte sich nicht nur in ihren Folgen für den gesellschaftlichen Entwicklungsprozess, sondern auch in ihrer Sozialpsychologie. Die bürgerliche Grundstruktur schlug sich sowohl in ihren Inhalten als auch in ihren Organisationsformen nieder. Horkheimer zeigte auf, dass die Inhalte der Volksbewegungen so gewählt wurden, dass sie gerade keine Veränderung der Gesellschaft im Sinne der unterworfenen sozialen Klassen bewirkten. Ihre

17 Ebd., S. 59.
18 Ebd., S. 70.
19 Ebd., S. 59.

vagen Inhalte, ihre Neigung zu Spiritualisierungen oder Verschwörungstheorien hätten einen systematischen Grund, denn auf diese Weise lenkten sie von einer nüchternen Beschäftigung mit den sozialen Widersprüchen ab:

> Im Verlauf dieser Bewegungen nehmen daher persönliche Freundschaften und Rivalitäten eine hervorragende Stelle ein; wichtige Gegensätze sozialer Gruppen verbergen sich, selbst vor ihren Repräsentanten, hinter der Empörung über die persönlichen Verwerflichkeiten konkurrierender Führer und ihres Anhangs. Auch die eminente Bedeutung von Symbolen, sowohl von Zeremonien und Trachten als auch vieldeutigen großen Worte, die ähnliche Heiligkeit erlangen wie Fahnen und Wappenschilder, ergibt sich aus der Notwendigkeit einer irrationalen Bindung der Massen an eine Politik, die nicht ihre eigene ist.[20]

Die vagen Inhalte ermöglichten folglich einen Aufstand gegen oben, der allerdings nie an die wirklichen Machtverhältnisse heranreichte, sondern ihn in Gemeinschaftsfolklore, religiösen Überschwang oder rigorose Moralvorstellungen überführte.

Der Charakter der Freiheitsbewegungen wird auch im Hinblick auf ihre Organisationsformen deutlich. Horkheimer beleuchtete vor allem das Wechselspiel aus Führern und Massen. Die Bewegungen sammelten sich um einen »bürgerlichen Führer«, in dem ein Widerspruch angelegt war: Einerseits »entsprechen seine Handlungen unmittelbar den Interessen besonderer Gruppen von Besitzenden«, andererseits »klingt in seinem Auftreten und Pathos überall das Elend der Massen hindurch«.[21] Dieses Organisationsmodell ist davon geprägt, dass sich die aufständischen Massen nicht selbst organisieren, sondern mit einem Führer identifizieren und von ihm gelenkt werden. Sie stellen eine Manövriermasse dar und verharren in einer unterwürfigen Rolle. Horkheimer entdeckte den paradoxen Effekt einer passiven Mobilisierung. Die sozialen Interessen würden in den Freiheitsbewegungen nicht entdeckt oder gar gemeinsam artikuliert; vielmehr greife eine Affektökonomie, in der die Machtunterworfenen ent-mächtigt und passiviert würden. Der zentrale Mechanismus, an dem Horkheimer dies demonstrierte, war die »Volksrede« des »bürgerlichen Führertums«.[22] Dort besteht

20 Ebd., S. 61.
21 Ebd., S. 60.
22 Ebd., S. 77.

das kennzeichnende Merkmal in einer Kombination aus Massenmobilisierung und irrationaler Entmächtigung: »Die Rede selbst zielt gar nicht wesentlich auf die rationalen Kräfte des Bewusstseins ab, sondern bedient sich seiner ausschließlich, um bestimmte Reaktionen herbeizuführen.«[23] Dieser Typ der »psycho-physischen Einwirkung« trage den Charakter einer »heilsamen Kur«,[24] die sich nicht an der »Angemessenheit an den Gegenstand«, sondern am »je zu erreichenden Effekt« orientiere.[25]

Horkheimer behielt die klassenpolitische Perspektive der Bonapartismusanalyse bei, durchdrang die Fehlstellungen der Volkssouveränität aber mit einem sozialpsychologischen Vokabular. Er zeichnete nach, dass ein tieferliegendes Wechselspiel aus Identifikation und Verdrängung dafür verantwortlich ist, dass sich der Ruf nach Volksbefreiung oft in gewaltsame Reinigungsbewegungen gegen vermeintliche Feinde steigert. Dafür, so sein Gedanke, sei eine Verinnerlichungsdynamik verantwortlich. Statt nach Glück zu suchen und die eigenen Interessen zu verfolgen, leite das Wechselspiel aus Führer und Masse den gesellschaftlichen Triebhaushalt in einen Prozess der Verinnerlichung um: »Daher kommt es darauf an, dass die entfesselten Kräfte schon während der Bewegung von außen nach innen gewandt, gleichsam spiritualisiert werden. Der bereits im Mittelalter einsetzende Prozess der ›Verinnerlichung‹ hat hier seine Wurzeln.«[26] Wie in einem Rückstoß verkehrt sich das Interesse an einer Überwindung des Machtblocks nach außen in eine Rhetorik der Entsagung nach innen – sei es im Aufopfern für das Volk, den Führer, das Allgemeinwohl, die Religion oder höhere Werte.[27]

23 Ebd., S. 81.

24 Ebd.

25 Ebd., S. 82.

26 Ebd., S. 74.

27 »Nicht so sehr der Aufstand wie seelische Erneuerung, nicht so sehr der Kampf gegen den Reichtum der Privilegierten wie gegen die allgemeine Schlechtigkeit, nicht so sehr äußere wie innere Befreiung werden den Massen im Verlauf des revolutionären Vorgangs gepredigt.« (Ebd., S. 75) Ähnlich auch Marcuse: »Während echte Geschichtlichkeit das wissen-erkennende Verhalten des Daseins zu den geschichtlichen Mächten und die hierin gegründete theoretische und praktische Kritik dieser Mächte voraussetzt, wird solches Verhalten hier eingeschränkt auf die Übernahme eines ›Auftrags‹, der durch das ›Volk‹ an das Dasein ergeht.« (Marcuse, »Der Kampf gegen den Liberalismus in der totalitären Staatsauffassung«, S. 67)

Es ist deshalb nicht weiter erstaunlich, dass in den Freiheitsbewegungen immerzu skeptisch nach denjenigen gesucht wird, die sich nicht an die rigorose Kollektivmoral halten. Insgesamt tritt die Unterscheidung zwischen Oben/Unten zurück und die Politik verlegt sich ins Symbolische oder Fantastische. Das ganze Politikmodell der »bürgerlichen Freiheitsbewegungen« läuft, folgen wir Horkheimer, letztlich darauf zu, die eigenen Interessen und Bedürfnisse zu verdrängen. Das Problem besteht darin, dass die rigorose Triebunterdrückung scheitern kann. Dann agieren die Bewegungen den Triebhaushalt nach außen aus und wenden sich gegen die Anderen. Dieses Zulaufen auf die Gewalt sah Horkheimer im Europa der 1920er und 1930er Jahre angelegt. Der Faschismus repliziere die genannten Strukturmerkmale und sei in diesem Sinne kein bloßer Rückfall: »Es handelt sich jedenfalls nicht um absolutistische oder klerikale Rückschläge, sondern um die Inszenierung bürgerlicher Pseudorevolution mit radikalen, völkischen Allüren [...]. Ihre Formen wirken wie ein schlechter Abklatsch der Bewegungen, von denen die Rede war.«[28]

Auf diese Weise formulierte Horkheimer Eckpunkte einer sozialpsychologischen Analyse des autoritären Populismus. Sie ergänzt die Soziologie des politischen Systems. Bisher hatte die republikanische Variante der Volkssouveränität als Ansatzpunkt für die Überwindung des Machtblocks fungiert. Demgegenüber wies Horkheimer darauf hin, dass auch diese Option von zwei Problemen geprägt bleibe: Sie verharre – hier knüpft er an die Marx'sche Tradition an – in der Verwaltung der modernen Gesellschaft und überschreite die bisherigen Muster sozialer Differenzierung nicht, indem sie die Massen in einer paradoxen Doppelbewegung zugleich mobilisiere und passiviere. Darüber hinaus – das ist ihr zweites Problem – weise sie eine sozialpsychologisch grundierte Verinnerlichungsdynamik auf, indem sie die ausschlaggebenden Konflikte verdränge und sich in symbolischen Überschwang oder moralischen Rigorismus versteige. Dies wiederum laufe längerfristig nicht nur auf eine Re-organisation bürgerlicher Herrschaft, sondern ebenso auf Repression und Gewalt zu.

Die Alternative zu diesem Typ der Freiheitsbewegung bestand für Horkheimer weiterhin in einer proletarischen Politik der Arbei-

28 Horkheimer, »Egoismus und Freiheitsbewegung«, S. 106.

ter:innenbewegung. In der Marx'schen Tradition hielt Horkheimer eine Politik für möglich, die sich konsequent an den Interessen der Machtunterworfenen orientiert und nicht den verinnerlichenden Weg geht oder die Führung von der Masse trennt. Er verdeutlichte dies am Beispiel der Massenversammlung. Während diese in bürgerlichen Freiheitsbewegungen ebenjene Trennung von Führer und Masse verewige, operiere der Massenversammlungstyp der »modernen proletarischen Führer« anders.[29] Dort würden die Massen ihre Interessen und Bedürfnisse selbst entdecken und gegen den Machtblock wenden. Die Aufgabe politischer Führung bestehe darin – Horkheimer ist dabei wiederum nah an Luxemburg –, sich in den Dienst dieses Entdeckungsverfahrens zu stellen und es zu organisieren:

> Wo es wirklich auf Erkenntnis ankommt, zeigen die Zusammenkünfte eine ganz andere Struktur. Auseinandersetzung und gedanklicher Fortschritt kennzeichnen ihren Gang, die Analyse der Situation und der praktischen Losungen bleibt in fortwährendem Zusammenhang mit den sich entwickelnden bewussten Interessen der Teilnehmer.[30]

Die »modernen proletarischen Führer«, so Horkheimer, bemühten nicht das »Irrationale, Feierliche, Autoritäre« der »bürgerlichen Führerrede«.[31]

Aber wie soll eine bessere Politik – beispielsweise der angestrebte Typ der Massenversammlung – möglich werden, wenn die republikanische Option aufgrund interner Fehlstellungen nicht gangbar ist? Schließlich verspielt eine solche andere Politik regelmäßig den Anschluss an die Verfasstheit des politischen Systems. Historisch wurden in den 1920er Jahren eine Vielzahl an autonomen Politikansätzen und Offensivstrategien – seien sie kommunistischer, anarchistischer oder freidenkerischer Provenienz – erprobt, erwiesen sich gegenüber der autoritären Transformation aber als hilflos. Insofern läuft Horkheimers Analyse bürgerlicher Freiheitsbewegungen auf einen Widerspruch hinaus: Man kann eine Kritik an Identifikations- und Verdrängungstechniken bürgerlicher Politik üben und auf ihre Anfälligkeit für eine autoritäre Involution hinweisen. Im Gegenzug stellt sich allerdings die Frage, wie diese

29 Ebd., S. 83.
30 Ebd., S. 82.
31 Ebd., S. 83.

Grundstrukturen zu umgehen oder zu transzendieren wären, ohne kommunikativ an die Volkssouveränität anzuschließen. Die avisierte Massenversammlung steht vor einer ähnlichen Herausforderung wie der von Marx vorgestellte industrielle Volksaufstand: Wie soll eine nicht-politische Politik möglich werden – also eine Politik, die sich dadurch auszeichnet, dass sie nicht am politischen System teilnimmt?

3 Der moderne Fürst

Es ist vor diesem Hintergrund nicht weiter erstaunlich, dass sich die Freiheitsbewegungen ab Beginn der 1930er Jahre wieder auf das Terrain begaben, das der Faschismus für sich beanspruchte. In Frankreich und Spanien entstanden Volksfrontstrategien, die mit breiten Bündnissen versuchten, den Faschismus an seinem Ausgangspunkt zu attackieren: im Volk.[32] In den Vereinigten Staaten verbreitete sich eine populare Revolution des Verfassungsverständnisses, die ihren Ausdruck in Franklin D. Roosevelts New-Deal-Politik fand.[33] Auf die Populismuskritik folgte eine populare Politik, die dem Faschismus den Anspruch auf die Vertretung des Volkes raubte. Die Handlungsansätze stellten sich je nach nationalem Kontext sehr unterschiedlich dar, aber prägten alle den antifaschistischen Widerstand und schließlich die Wiedereinführung demokratischer Verfassungen im Europa der Nachkriegszeit. Stets bemühten sich diese Antifaschist:innen um allgemeine soziale Kompromisse und führten Volksdemokratien und -republiken ein.

Der italienische Kommunist Antonio Gramsci dachte im Gefängnis von 1927 bis 1937 über eine politische Strategie nach, die das Verhältnis von Volkssouveränität und Gesellschaft nochmal neu bestimmte und die Volksfrontpolitiken theoretisch grundierte. Statt sich in das Für und Wider der Volkspolitik einzureihen, wählte Gramsci einen anderen Weg. Er teilte die sozialpsychologische Stoßrichtung, reformulierte sie aber auf eine Weise, dass eine transformative, gute Volkspolitik möglich blieb. Die beiden

32 Hobsbawm, *Das Zeitalter der Extreme*, S. 78 ff.

33 Howard Zinn, *A People's History of the United States*, New York 2003, S. 407 ff.; Michael Kazin, *The Populist Persuasion. An American History*, Ithaca/London 1995, S. 150 ff.

zentralen Mechanismen, die dieser Neukonzeption zugrunde lagen, waren einerseits eine veränderte Konzeption der politischen Partei, andererseits eine spezifische Lesart der Kultur- und Ideologietheorie. Dadurch gewann Gramsci einige Anhaltspunkte, um die angemahnten Fehlstellungen in der Volkssouveränität nicht nur zu identifizieren, sondern auch zu umgehen.

Der erste Schritt, den er in seinen *Gefängnisheften* formulierte, war eine ausgefeiltere Auffassung des kollektiven politischen Handelns.[34] Demnach ist jede Organisation, die das politische Handeln der Machtunterworfenen orchestriert, so zu verfassen, dass sie ihre Verstrickung in unterschiedliche, teils gegenläufige Handlungsfelder reflektiert. Nach der autoritären Involution durch den Faschismus stand fest, dass eine aussichtsreiche Politik in ökonomischen Klassenkonflikten handlungsfähig sein muss und in der Zivilgesellschaft um das Selbstverständnis der Gesellschaft zu kämpfen hat. Man konnte nicht mehr eine reine Klassenpolitik verfolgen oder bloß die bestehenden Verfahren der Demokratie verteidigen – beide Zuspitzungen erwiesen sich auf unterschiedliche Weise als machtlos gegenüber der faschistischen Bewegung.

Daraus zog Gramsci den Schluss, dass die Partei sich nicht nur als parlamentarische Volkspartei (Bernstein), als ökonomische Interessenspartei (Trade-Unionismus), als außerparlamentarische Bewegungspartei (Luxemburg) oder als Selbstaufklärungs- und Ermächtigungsversammlung (Horkheimer) zu verfassen habe; vielmehr solle sie diese verschiedenen Funktionen in sich aufnehmen und in ein Verhältnis wechselseitiger Verstärkung bringen, um so einen Kollektivwillen zu formulieren.[35] Diesen Kollektivwillen beschrieb Gramsci als komplex, da er im Umfeld der Differenzierung der modernen Gesellschaft herausgearbeitet wird und erst aus dem Wechselspiel der unterschiedlichen Funktionen hervorgeht. Die Partei wurde als Entdeckungsverfahren fassbar, das alle drei Komponenten aufeinander bezog: Es war ihre Aufgabe, die sozialen Konflikte im politischen System zur Geltung zu bringen, diese in der Gesellschaft zu organisieren und eine eigene Sozialpsychologie zu verbreiten, die das Denken und Fühlen der Massen erreichte.

34 Vgl. vor allem: Antonio Gramsci, »Anmerkungen zur Politik Machiavellis«, in: Antonio Gramsci, *Gefängnishefte – kritische Gesamtausgabe*, Hamburg 1991, S. 1532-1622.

35 Ebd., S. 1537.

Besonders prägnant arbeitete Gramsci diesen Gedanken in seinen »Anmerkungen zur Politik Machiavellis« heraus.[36] In diesen Passagen griff er immer wieder die Frage auf, wie eine politische Praxis beschaffen ist, die sich einerseits an der »verità effetuale« (Machiavelli) – an der Welt, wie sie ist – orientiert und andererseits die Fehlstellungen der Politik nicht immer von neuem wiederholt. In Anlehnung an Machiavellis *Il Principe* entwarf Gramsci die Eckpunkte eines »modernen Fürsten«, der sich dem Erstarken des Faschismus entgegenzustellen habe:

Der moderne Fürst, der Fürst-Mythos, kann keine wirkliche Person, kein konkretes Individuum sein, er kann nur ein Organismus sein; ein komplexes Gesellschaftselement, in welchem ein Kollektivwille schon konkret zu werden beginnt, der anerkannt ist und sich in der Aktion teilweise behauptet hat. Dieser Organismus ist durch die geschichtliche Entwicklung bereits gegeben und ist die politische Partei, die erste Zelle, in welcher Keime von Kollektivwillen zusammengefasst werden, die dahin tendieren, universal und total zu werden.[37]

In diesem Zitat klingt der Unterschied zu einer Personalisierung an, die einseitig auf das Charisma von Führungsfiguren setzt.[38] Gramscis neuer Fürst war schließlich keine »wirkliche Person«, sondern ein komplexer »Organismus«. Des Weiteren teilt sich dieser Organismus in zwei Teile. Der erste Teil schließt kommunikativ an die bestehende Politik an. Dies bezeichnete Gramsci als den »dem Jakobinismus gewidmeten Teil«, der auf dem Terrain des politischen Systems und seiner Volkssouveränität operiert. Dort kämpft die Partei um die Besetzung des Volkswillens. Nur so wird sie für die

36 Ebd.; für eine ausführliche Darstellung von Gramscis Machiavelli-Rezeption: Peter D. Thomas, »The Modern Prince: Gramsci's Reading of Machiavelli«, in: *History of Political Thought* 3 (2017), S. 523-544, Benedetto Fontana, *Hegemony and Power. On the Relation between Gramsci and Machiavelli*, Minneapolis 1993.

37 Ebd., S. 1537.

38 Er berücksichtigte durchaus den Umstand, dass der Cäsarismus in der Politik eine Rolle spielt. Der Cäsarismus erwächst aber nicht aus der Entschlusskraft oder dem Charisma einzelner Personen, sondern aus allgemeinen sozialen Konstellationen, in denen »die im Kampf befindlichen Kräfte sich in katastrophaler Weise die Waage halten«. Das schafft den Spielraum für cäsaristische Bewegungen, die sowohl im Sinne des Fortschritts als auch des Rückschritts in den Geschichtsverlauf eingreifen können (Antonio Gramsci, *Gefängnishefte – kritische Gesamtausgabe*, Hamburg 1991, S. 1178 ff.).

machtunterworfenen sozialen Gruppen beobachtbar und anerkennungsfähig.[39] Diesen ersten Teil kombinierte Gramsci mit einem zweiten Teil, der sich als Gegenkraft erwies. Schließlich beruht jede aussichtsreiche Politik nicht nur auf einem Siegeswillen, sondern auch auf einer Analyse von Machtkonfigurationen, in denen die Kräfteverhältnisse in unterschiedlichen gesellschaftlichen Teilbereichen evolvieren und schon im vorpolitischen Raum die jeweiligen Verhältnisse der Über- und Unterordnung festlegen (Hegemonie).[40] Veränderung wurde folglich erst möglich, wenn ein zweiter, »wichtiger Teil des modernen Fürsten« sich einer umfassenden »moralischen und intellektuellen Reform« widmete. Dabei avisierte Gramsci einen Prozess, der das Volk zu einem anderen werden ließ, indem es ein »neues Wissen« generierte.[41] In diesem Sinne spiegelte die Partei nicht einfach das Massenbewusstsein wider, sondern griff aktiv in seine Herausbildung ein.

Diese beiden Teile der Partei – der politisch-pragmatische und der gesellschaftlich-weltanschauliche – stehen in einem bleibenden Widerspruch zueinander. Denn der erste Teil der Partei muss immerzu behaupten, dass er nur einen vorausliegenden Volkswillen zur Geltung bringt. Demgegenüber arbeitet die Partei vom Standpunkt des zweiten Teils stets daran, einen solchen Willen und das zugrundeliegende Selbstverständnis überhaupt erst zu bilden. Das verändert den Charakter der Partei: Weder verstärkt sie einseitig schon bestehende Interessen noch definiert sie solche Anliegen im Sinne einer *creatio ex nihilo* einfach neu. Sie erweist sich als Ort eines umfangreichen Widerspruchsmanagements, das im besten Fall transformativ wirkt, indem es bestehende Anliegen so aufeinander bezieht, auskundschaftet, analysiert, erprobt oder revidiert, dass ein »neuer Kollektivwille« entsteht. Jedenfalls bilden »beide grundlegenden Punkte« für Gramsci die »Struktur der Arbeit« in der Politik.[42] Auf diese Weise entwickelte er die Partei zu einer hy-

39 Gramsci, »Anmerkungen zur Politik Machiavellis«, S. 1538. Dies ist ein wichtiger Aspekt, der die kommunikative Anschlussfähigkeit an das politische System ausbaut: Gerade machtunterworfene soziale Gruppen wollen keine Verlierer:innen als Vertreter:innen der eigenen Interessen.

40 Ebd., S. 1556 ff.

41 Ebd., S. 1539; zum »neuen Wissen« vgl. die Rekonstruktion bei: Fontana, *Hegemony and Power*, S. 111.

42 Gramsci, »Anmerkungen zur Politik Machiavellis«, S. 1540.

briden Organisation weiter, in der die Paradoxien popularer Politik auf Dauer gestellt werden.

4 Alltagsverstand

Gramsci verstand die Partei mithin so, dass sie den Widerspruch zwischen dem Anschluss an die Volkssouveränität und dem Ziel der sozialen Transformation nicht verdrängt oder einseitig auflöst, sondern beides verkoppelt. Dadurch verhindert die Partei in der Art, wie sie verfasst ist, dass sich die Handelnden in Fehlstellungen versteigen oder von den Konflikten der Gesellschaftsstruktur lösen. In diesem Sinne ordnete Gramsci die republikanische Volkssouveränität nochmal anders ein. Die Verkehrung in eine autoritäre Transformation war nun – im Unterschied zu Horkheimers Annahme – keine notwendige Folge mehr. Eher entstand ein ambivalentes Terrain, das sowohl den Ausgangspunkt für eine autoritäre Involution als auch für eine popular-demokratische Politik bildete. Eine solche Volkspolitik im guten Sinne wurde sogar zwingend. Denn um die autoritäre Involution und den Übergang in eine identitäre Lesart der Volkssouveränität zu unterlaufen, war der dualistisch verfasste »neue Fürst« die einzig aussichtsreiche Gegenkraft.

Gramscis Argumentation beruhte nicht nur auf einer strategischen Lageeinschätzung im Europa der 1930er Jahre und war damit eine Reaktion auf das vorläufige Scheitern der bis dahin zu beobachtenden Strategien der Faschismusbekampfung. Auch philosophische Erwägungen leiteten sein Denken an. Schließlich untersuchte er nicht nur auf der Ebene der parteilichen Organisationsverfassung, wie ein produktiver Umgang mit den Fehlstellungen der Politik aussehen kann. Er musste – im Sinne der erläuterten doppelten Adäquanz (vgl. dazu Teil I dieses Buches) – auch entgegenkommende Sozialprozesse benennen, an die eine gute Volkspolitik anzuknüpfen habe. Zwar übernahm Gramsci einige Einsichten der damals einflussreichen Analysen der gesellschaftlichen Rationalisierung, wie sie Georg Lukács und Max Weber für den Bereich der Bürokratie-, Staats- und Ideologietheorie vorgeschlagen hatten, aber flexibilisierte deren Betrachtungsweise erheblich. Herrschaft, so seine Annahme, lasse sich dauerhaft nur als Hegemonie ausüben, die aber nicht nur auf Zwangsmittel setze, sondern ebenso in der Welt der Ideen und Kultur verankert sei und eher netzwerkartig aufrechterhalten werde. Hegemonie erringe die herrschende Klasse insbesondere auf dem Feld der *società civile*, der Zivilgesellschaft. Seine einschlägige Formel lautete:

> In dem Sinne könnte man sagen, dass Staat = politische Gesellschaft + Zivilgesellschaft, das heißt Hegemonie gepanzert mit Zwang.[43]

Zwar bleibe die jeweilige Hegemonie mit kasernierter Gewalt gepanzert, stütze sich aber auch auf Wertvorstellungen und Wissen, auf Integrationsmechanismen, die Kulturindustrie und Kompromisse mit anderen gesellschaftlichen Kräften. Um Hegemonie zu erlangen, müssten die sie tragenden Gruppen ihr partikulares Interesse zum Allgemeinwohl erheben, das auch von den anderen sozialen Kräften mitgetragen wird. Darüber hinaus findet der Konflikt um die jeweilige Hegemonie nicht nur in der Konfrontation von kompakten Ideologien statt, sondern ebenso auf dem Terrain eines ungeordneten Alltagsverstands, der sich aus unterschiedlichen Quellen und Versatzstücken, aus Traditionen, Aberglauben und Folklore speise.[44]

So gewann Gramsci einen gewissen Abstand zu den bisher dominanten Rationalisierungstheorien. Insbesondere arbeitete er Überlegungen der lateinisch-italienischen Tradition der Philosophie (beispielsweise Vicos) ein und vernetzte sie mit der marxistischen Theorie.[45] Daraus ergab sich eine weniger skeptische Einschätzung

43 Antonio Gramsci, *Gefängnishefte – kritische Gesamtausgabe*, Hamburg 1991, S. 738.

44 Dass Gramsci viele seiner Überlegungen im Hinblick auf die italienische Gesellschaftsformation entwarf, die mit ihrer Spaltung in Nord und Süd einen Grenzfall sozialer Modernisierung darstellte, mag zu dieser Weichenstellung beigetragen haben. Vgl. zur Konzeption des Alltagsverstands: Antonio Gramsci, *Gefängnishefte – kritische Gesamtausgabe*, Hamburg 1991, insbes. S. 1039 ff.; zur Rekonstruktion: Uwe Hirschfeld, *Notizen zu Alltagsverstand, politischer Bildung und Utopie*, Hamburg 2015; Luciano Gruppi, *Gramsci. Philosophie der Praxis und die Hegemonie des Proletariats*, Hamburg 1977, S. 93 ff., Peter D. Thomas, *The Gramscian Moment. Philosophy, Hegemony and Marxism*, Leiden/Boston 2009, S. 372 ff.; zu den Grundbegriffen von Gramscis Analyse: Sonja Buckel/Andreas Fischer-Lescano (Hg.), *Hegemonie gepanzert mit Zwang*, Baden-Baden 2007.

45 Dazu Itay Snir, »›Not Just One Common Sense‹: Gramsci's Common Sense and Laclau and Mouffe's Radical Democratic Politics«, in: *Constellations* 2 (2016), S. 269-280, 270.

von pragmatischen Spielarten instrumenteller Rationalität. Lukács und Weber gingen von einem um sich greifenden Rationalisierungsprozess in modernen Gesellschaften aus, der in die Vorrangstellung eines instrumentellen Handlungstyps führt, sich dann zunehmend verselbstständigt und von seinen Gegenständen löst.[46] Schon in explikativer Hinsicht korrigierte Gramsci diese Annahme. Schließlich erläuterte er, dass die Rationalität der modernen Gesellschaft nicht einzig von in sich geschlossenen Ideologien, sondern auch von fragmentierten Denkmustern getragen wird. In der bürgerlichen Gesellschaft stabilisiert der Alltagsverstand die Herrschaft der bürgerlichen Klasse und folgt ihrer Ideologie. Dieser ist aber ausdrücklich nicht geschlossen und weiterhin von sozialen Praktiken durchsetzt, die sich nicht in die Rationalisierung einfügen. Der Alltagsverstand wird als Potpourri von Versatzstücken feudaler, religiöser und subalterner Ideologien, aus Aberglaube und Kultur, aus Liedern und Bildern verstanden. Gramsci fasste den verstreuten Charakter des Alltagsversands wie folgt zusammen:

> Wenn die Weltauffassung nicht kritisch und kohärent, sondern zufällig und zusammenhangslos ist, gehört man gleichzeitig zu einer Vielzahl von Masse-Mensch, die eigene Persönlichkeit ist auf bizarre Weise zusammengesetzt: es finden sich in ihr Elemente des Höhlenmenschen und Prinzipien der modernsten und fortgeschrittensten Wissenschaft, Vorurteile aller vergangenen, lokal bornierten geschichtlichen Phasen und Intuitionen einer künftigen Philosophie, wie sie einem weltweit vereinigten Menschengeschlecht zu eigen sein wird.[47]

Dies bietet einen neuen Ansatzpunkt für die Analyse der Volkssouveränität. Statt jeweils kohärente Modelle der Politik und passende Ideologien gegenüberzustellen,[48] muss es einer popularen

46 Vgl. etwa die Rekonstruktion bei Jürgen Habermas, *Theorie des kommunikativen Handelns. Band 1. Handlungsrationalität und gesellschaftliche Rationalisierung*, 1995, S. 225 ff. und S. 455 ff.

47 Antonio Gramsci, *Gefängnishefte – kritische Gesamtausgabe*, Hamburg 1991, S. 1376.

48 So etwa Georg Lukács in seiner Politik- und Parteitheorie, programmatisch gebündelt im Text »Methodisches zur Organisationsfrage«, vgl. Georg Lukács, *Geschichte und Klassenbewusstsein*, Berlin 1923, S. 298 ff. Jürgen Habermas hat in einem frühen Text zu Theorie und Praxis argumentiert, dass dieses Politikmodell durch die dichte Kopplung von Strategiebildung, Reflexion und Handlung notwendig scheitern muss. Er unterscheidet zwischen der »Bildung und Fort

Politik darum gehen, den Alltagsverstand zu verändern. Dabei gilt es, einzelne Elemente herauszulösen und – wo es aussichtsreich erscheint – als Ausgangspunkt für ein »neues Wissen« und eine »moralische und intellektuelle Reform« zu nutzen. Demnach sind soziale Konflikte selten als Aufeinanderprallen kohärenter Ideologien zu verstehen, sie bewegen sich eher um die Re-Artikulation des Alltagsverstands. Dieser speist sich neben den Annahmen der bürgerlichen Hegemonie in modernen Gesellschaften aus traditionellen, religiösen, bizarren, aber auch machtkritischen Momenten. In diesem Sinne stellte er für Gramsci nicht nur ein ideologisches Abbild der Gesellschaftsstruktur dar, sondern besteht auch aus den »Ablagerungen der strukturbildenden Geschichte und ihrer Interpretationen – unter dem Gesichtspunkt aktueller Nützlichkeit«.[49]

An einer zentralen Stelle der Gefängnishefte siedelte Gramsci diese spontane Philosophie auf drei Ebenen an: »1. In der Sprache selbst, die ein Ensemble von bestimmten Bezeichnungen und Begriffen ist [...], 2. im Alltagsverstand und gesundem Menschenverstand, 3. in der Popularreligion und folglich auch im gesamten System von Glaubensinhalten, Aberglauben, Meinungen, Sicht- und Handlungsweisen, die sich in dem zeigen, was allgemein Folklore genannt wird.«[50] Einerseits stabilisiert der Alltagsverstand also die jeweilige Hegemonie, andererseits ist er »gesunder Men-

bildung kritischer Theoreme«, der »Organisation von Aufklärungsprozessen« und der »Wahl angemessener Strategien« (Jürgen Habermas, *Theorie und Praxis. Sozialphilosophische Studien*, Frankfurt am Main 1972, S. 37). Die Antwort einer Auflösung der Parteiform und die Ent-kopplung dieser Felder in die bestehenden Systeme der funktional ausdifferenzierten Gesellschaft – kritische Sozialwissenschaft als Teil des Wissenschaftssystems, Aufklärung durch Reform des Bildungssystems, progressive Wahlparteien im politischen System – erscheint im Vergleich zu Lukács' hermetischem Parteimodell durchaus attraktiv. Sie kann aber nicht ausweisen, wie spezifische Gelegenheitsfenster für soziale Transformationsprozesse durch kollektives Handeln nutzbar wären. Die vollständige Eingliederung in die Sozialsysteme jedenfalls kann nicht erklären, wie grundlegende Veränderungen eintreten. Demgegenüber lautet Gramscis Vorschlag, die Partei beizubehalten, sie aber nicht als Ort zu verstehen, in der die Widersprüche der drei Felder durch politischen Beschluss aufgelöst werden, sondern sie im Rahmen einer intelligenten Organisationsverfassung strukturell zu koppeln.

49 Hirschfeld, *Notizen zu Alltagsverstand, politischer Bildung und Utopie*, S. 32.

50 Antonio Gramsci, *Gefängnishefte – kritische Gesamtausgabe*, Hamburg 1991, S. 1375.

schenverstand«. Im italienischen Original verwendete Gramsci an dieser Stelle den Begriff des »buon senso«, eines »guten Sinns«. Der gute Sinn ist wahrscheinlich besser geeignet, um den Kontrast zum hegemonialen Alltagsverstand zu verdeutlichen, denn es geht Gramsci ja gerade nicht um die konservative, beharrende Bedeutung, die der Begriff des gesunden Menschenverstandes in der deutschen Sprache oft trägt. Vielmehr scheint sich Gramsci dafür zu interessieren, dass der *buon senso* in einen Widerspruch zur hegemonialen Weltauffassung tritt. Der *buon senso* – ein guter Sinn im Handeln und in der Problemlösung – bildet dann das Gegenbild zu einer abstrahierenden Verinnerlichungsdynamik. Denn er ist weder das bloße rationale Eigeninteresse, wie es die Gesellschaftsformation vorgibt, noch versteigt er sich ins Fantastische und Vage. Damit brachte Gramsci ein anderes Modell kollektiver Handlungsfähigkeit ins Spiel: Kollektive Handlungsfähigkeit ergab sich nicht aus der Flucht in eine abstrahierende Verinnerlichung, wie sie Horkheimer beschrieben hatte, und auch nicht durch die Verbreitung einer geschlossenen Denkweise wie bei Lukács, sondern durch den Widerspruch von *buon senso* und der jeweiligen Hegemonie, aus dem schließlich ein »neuer Alltagsverstand«, ein »gemeinsamer Begriff der geteilten Wirklichkeit« hervorgehen sollte.[51] Als »gesunden Kern des Alltagsverstands« verdiene es der gute Sinn, »entwickelt und einheitlich und kohärent gemacht zu werden«.[52]

Der Alltagsverstand war also widersprüchlich verfasst: Er konnte die jeweiligen gesellschaftlichen Verhältnisse stabilisieren, aber der in ihm enthaltene *buon senso* konnte ebenso in einen Widerspruch zur hegemonialen Weltauffassung treten. Seine jeweiligen Praktiken übernahmen wichtige soziale Funktionen, indem sie nicht nur die Hegemonie, sondern ebenso die Lage der Machtunterworfenen reflektierten.[53] Gerade der *buon senso* im Widerspruch zur hegemonialen Weltauffassung dient als Ausgangspunkt einer guten Volks-

51 Hirschfeld, *Notizen zu Alltagsverstand, politischer Bildung und Utopie*, S. 25.

52 Antonio Gramsci, *Gefängnishefte – kritische Gesamtausgabe*, Hamburg 1991, S. 1379

53 Vgl. dazu insbesondere die Gramsci-Rezeption der *cultural studies*: Stuart Hall, »What is this ›black‹ in Popular Black Culture?«, in: David Morley/Kuan-Hsing Chen (Hg.), *Critical Dialogues in Cultural Studies*, London/New York 1996, S. 465-475, 470.

politik: Der *buon senso* falle dann, so Gramsci, mit der »Kritik und der Philosophie« zusammen.[54]

Demnach besteht die Herausforderung darin, eine Politik einzuleiten, die sich auf die Sozialpsychologie der handelnden Akteure (aufs Volk) einlässt, statt sie von Beginn an als irrational oder unaufgeklärt zurückzuweisen. Der *buon senso* ist in den jeweiligen Problemlösungen selbst aufzufinden, da er in die bestehende symbolische Ordnung verstrickt ist und sich durch Volkskultur, -religion und das Populäre überträgt. Es ist Aufgabe der Partei, diesen guten Sinn kohärent zu machen, um dem Handeln der Machtunterworfenen eine »bewusste Richtung« zu geben.[55] Diese Weichenstellung ist zentral für die Organisation einer popularen Politik, denn sie geht nicht den Weg einer Ideologiepolitik Lukács'schen Typs, die dem bestehenden Set an Weltanschauungen eine hermetische, eigene gegenüberstellt. Die Kritik entfaltet sich erst aus und in den Praxiszusammenhängen, mithin ist eine Anschlussfähigkeit ans Populäre angezeigt, um den Prozess des »Kohärent-Arbeitens« aussichtsreich einzuleiten. Insofern ist festzuhalten, dass Gramsci zwar den Schritt einer sozialpsychologischen Erweiterung des Politikmodells mitgeht, aber die Zwangsläufigkeit der autoritären Involution der Volkssouveränität nicht teilt. Im Gegenteil bleibt in den Identifikations-, Abstraktions-, und Symbolisierungsvorgängen ein *buon senso* erhalten, an den eine Volkspolitik anknüpfen und von dort aus die autoritäre Transformation unterlaufen kann.[56]

5 Volksrepubliken der Nachkriegszeit und Rückkehr des Populismus

Die Orientierung an einer solchen Volkspolitik wurde im Antifaschismus ab den 1940er Jahren zur zentralen Handlungsstrategie. Die unmittelbare Folge des Sieges gegen den Faschismus bestand

54 Antonio Gramsci, *Gefängnishefte – kritische Gesamtausgabe*, Hamburg 1991, S. 1377.

55 Ebd., S. 1379.

56 Zur »subversiven Dimension des Alltagsverstands«: Snir, »›Not Just One Common Sense‹: Gramsci's Common Sense and Laclau and Mouffe's Radical Democratic Politics«, S. 271; ähnlich: Hirschfeld, *Notizen zu Alltagsverstand, politischer Bildung und Utopie*, S. 23 ff.

darin, wieder Massendemokratien zu errichten, die davor geschützt sind, nochmal in eine autoritäre Transformation abzugleiten. Die demokratische Konstitutionalisierung der Volkssouveränität stand erneut auf der Tagesordnung. Es handelte sich jedoch nicht um eine bloße Rückkehr zu liberaldemokratischen Prinzipien, sondern um einen Neuanlauf in Richtung einer sozialen Demokratie, die an die Errungenschaften der Revolutionen ab 1917 anknüpfte. Sie sollte mit sozialen Sicherungsmechanismen, einer gemischten Wirtschaftsweise, einer eigenständigen Verfasstheit von Rundfunk, Zeitungen und Fernsehen und der aktiven Rolle großer Volksparteien einer autoritären Transformation entgegenwirken.

In diesem Sinne veränderte sich das Verständnis der Volkssouveränität in den USA und in Europa. Schon vor dem Ende des Zweiten Weltkrieges verfolgte Franklin D. Roosevelt das Projekt einer sozialen Massendemokratie. In seiner berühmten »Four Freedoms Speech« bekräftigte er vor dem US-Kongress 1941 eine sozialdemokratische Freiheitslehre. Hier trat zu den klassischen liberalen Grundrechten wie Meinungsfreiheit und Glaubensfreiheit jetzt auch die Freiheit von Not (soziale Rechte). Um einer autoritären Transformation entgegenzuwirken, war demnach ein System sozialer Rechte und eine Auflösung ökonomischer Machtkonzentration erforderlich. Auch in inter- und transnationaler Hinsicht forderte Roosevelt die Freiheit von Furcht. Er sprach sich für Abrüstung in internationaler Perspektive und ein verbindliches Völkerrecht aus, das erneute Kriege ausschließen sollte. Insgesamt verfolgte Roosevelt von seinem New Deal bis zur internationalen Politik, so der US-amerikanische Verfassungstheoretiker Bruce Ackerman, eine revolutionäre Reform des bisherigen Verständnisses der Volkssouveränität. In den 1930er Jahren hätten in den USA »siegreiche soziale Bewegungen zu Zeitpunkten hoher Mobilisierung an Kontrolle über bestehende Institutionen« gewonnen, »um Handlungen einzuleiten, die weit über die normale legale Autorität hinausgehen [...]«.[57] So revolutionierten sie das Verständnis der Volkssouveränität und kehrten es innerhalb eines Jahrzehnts von »laissez-faire« zu einem »aktiven Wohlfahrtsstaat« um.[58] Dieses neue Verständnis der

57 Bruce Ackerman, *We the People 2. Transformations*, Cambridge/London 1998, S. 384.

58 Ebd., S. 375. Man kann diese Revolution auch an den Urteilen des US Supreme Court nachvollziehen: Vor dem New Deal bestand das höchste Gericht auf einer

Volkssouveränität fand im internationalen Raum Widerhall. Nicht nur die allgemeine Erklärung der Menschenrechte datiert auf die 1940er Jahre (1948). Zuvor hatten schon in der Atlantik-Charta von 1941 der US-amerikanische Staatspräsident Roosevelt und der britische Premier Winston Churchill Entwaffnung und Friedenssicherung sowie wirtschaftliche Zusammenarbeit, Verbesserung der Arbeitsbedingungen, wirtschaftlichen Ausgleich und Schutz der Arbeitenden zu Kernbestandteilen der atlantischen Politik erklärt.

Die europäischen Nationalstaaten schlugen in der Nachkriegszeit zwar unterschiedliche Wege ein, um ihre Sozialstaaten und ihre Wirtschaftssteuerung auszubauen. Doch sie beruhten auf strukturanalogen Prinzipien, die soziale Rechte und ein friedenssicherndes internationales Recht aufwerteten.[59] Insgesamt ist auch im europäischen Nachkriegskonstitutionalismus eine ausgesprochene Völkerrechtsfreundlichkeit der Verfassungsordnungen festzustellen. Drei der sechs Gründungsmitglieder der europäischen Montanunion (Frankreich, Italien, BRD) sowie fünf der sechs Gründungsmitglieder der Europäischen Wirtschaftsgemeinschaft (Frankreich, Italien, BRD, Luxemburg, Niederlande) bezogen sich in ihren Verfassungen ausdrücklich auf das Völkerrecht und supranationale Institutionen.[60] Sie formulierten Normen, die eine Einschränkung nationalstaatlicher Souveränität ermöglichten und sogar begrüßten. Zudem erlebten im Nachkriegseuropa starke soziale Rechte und eine Demokratisierung des Wirtschaftens einen Bedeutungsgewinn. Dies war nicht zuletzt eine Lehre aus der Weltwirtschaftskrise und dem Faschismus. Die Forderungen der Arbeiterbewegung gingen zumindest in Teilen in die westeuropäischen Verfassungen

marktliberalen Interpretation der amerikanischen Verfassung. In dem prägenden Urteil *Lochner vs. New York* hatte der Supreme Court 1905 die Einführung einer Arbeitszeitbegrenzung für verfassungswidrig und unvereinbar mit der Vertragsfreiheit erklärt. Am Ende der New-Deal-Politik stand ein verändertes Verfassungsverständnis: So bestätigte der Supreme Court in *National Labor Relations Board v. Jones & Laughlin Steel Corporation* im Jahr 1937 das Verbot, gewerkschaftlich organisierte Arbeitnehmer:innen zu kündigen, als verfassungsmäßig, ebenso wie Eingriffe in die Vertragsfreiheit.

59 Lutz Leisering, »Gibt es einen Weltwohlfahrtsstaat?«, in: Mathias Albert/Rudolf Stichweh (Hg.), *Weltstaat und Weltstaatlichkeit. Beobachtungen globaler politischer Strukturbildung*, Wiesbaden 2007, S. 185-204, 188.

60 John Erik Fossum/Agustín José Menéndez, *The Constitution's Gift. A Constitutional Theory for a Democratic European Union*, Plymouth 2011, S. 79.

ein: In der BRD war es das Sozialstaatsgebot, in der Verfassung von Frankreichs Vierter Republik (1946) das Recht auf Arbeit, das Streikrecht sowie die Gleichstellung von Mann und Frau, und die *Costituzione della Repubblica Italiana* von 1948 enthielt in Artikel 3 die Verpflichtung, »die Hindernisse wirtschaftlicher und sozialer Art zu beseitigen, die durch eine tatsächliche Einschränkung der Freiheit und Gleichheit der Staatsbürger der vollen Entfaltung der menschlichen Persönlichkeit und der wirksamen Teilnahme aller Arbeiter an der politischen, wirtschaftlichen und sozialen Gestaltung des Landes im Wege stehen«. Als sozialer Kompromiss hielt der europäische Nachkriegskonstitutionalismus die Frage nach einer gerechten Wirtschafts- und Sozialordnung ausdrücklich in der Schwebe und übereignete sie dem demokratischen Prozess. Die Wirtschafts- und Gesellschaftsordnung sollte zur »Disposition der gesamten Gesellschaft stehen«.[61]

Eine weitere wichtige Säule dieser Neukonzeptionalisierung war darüber hinaus die Aufwertung von politischen Parteien. Als Volksparteien sollten sie eine Übersetzungsleistung zwischen Gesellschaft und politischem System erbringen. Sie sollten sich nicht mehr auf die Vertretung partikularer Einzelpositionen zurückziehen, sondern einen allgemeinen Volkswillen herausarbeiten, der von den jeweils konkurrierenden Volksparteien herauszufordern war. Unter diesen Bedingungen hatten es im engen Sinne populistische Politikformen erheblich schwerer: Sie konnten die Unterscheidung zwischen Volk und Elite nicht mehr leicht mobilisieren, da die Parteien eine tatsächliche Anbindung an breite Bevölkerungsschichten aufwiesen und sich in vielen Ländern Posten und Ämter aufteilten.

61 Abendroth, »Zum Begriff des demokratischen und sozialen Rechtsstaates im Grundgesetz der Bundesrepublik Deutschland«, S. 346.

Kapitel 9
Das Volk der Leute

1 Volkspolitik und Populismus

Der Neuanlauf für eine Konstitutionalisierung in der westlichen Welt wurde maßgeblich durch soziale Kompromisse zwischen Kapital und Arbeit vorangetrieben, die eine demokratische Gesellschaftsverfassung schaffen sollten, nicht nur in Bezug auf den Staat, sondern auch in anderen gesellschaftlichen Sphären wie der Wirtschaft. Die organisierten Bewegungen des Konservatismus, des Liberalismus und des Sozialismus appellierten dabei durchaus an einen übergreifenden Volkswillen, denn sie verstanden sich als Hüter des Volkes – seien es sozialdemokratische Parteien, die sich als Vertreterinnen des Volkes der Arbeit stilisierten, seien es konservative Kräfte, die sich auf das Volk der konfessionell gebundenen Katholik:innen beriefen, oder seien es liberale Bewegungen, die ein Volk der freiheitsliebenden Bürger:innen zum Grund der Ordnung erhoben. Dabei wirkte die breite gesellschaftliche Verankerung der Massenparteien sowie die Kompromissbildung zwischen Oben und Unten einer zugespitzten populistischen Konstellation entgegen. So verbreitete sich über alle politischen Spektren hinweg eine Politik, die zumeist nicht disruptiv vorging, sondern auf die Stabilisierung der Gesellschaft ausgerichtet war.

Dieser Siegeszug der Volksparteien war räumlich auf wenige Länder der westlichen Welt beschränkt. Nach dem Zweiten Weltkrieg kehrten populistische Politikformen aber in unterschiedlichen anderen Kontexten wieder, insbesondere auf dem lateinamerikanischen Kontinent. Präsidenten wie Juan Perón (Argentinien) oder Getúlio Vargas (Brasilien) beanspruchten, ihr Volk zu verkörpern, und etablierten eigene populistische Regime. In einer Welt, die vom Kalten Krieg geprägt war, wollten sie einen dritten Weg zwischen Liberalismus und Kommunismus gehen.[1]

Der Populismus kehrte nach 1945 noch in einem zweiten Kon-

1 »Modern populism was first proposed as a third position aimed at overcoming the Cold War dilemma choosing between communism and liberalism.« (Federico Finchelstein, *From Fascism to Populism in History*, Oakland 2017, S. 118)

text zurück. Die nationalen Befreiungsbewegungen in Afrika, Asien und wiederum Lateinamerika ließen sich nicht eindeutig den ideologischen Strömungen des Liberalismus oder des Kommunismus zuordnen. Sie mobilisierten einen breiten Volkswillen gegen die Kolonialmächte. Dabei löste sich das Konfliktgeschehen von den tradierten Volkskonzeptionen, wie sie bisher im atlantischen Raum gängig gewesen waren. Statt an ein Volk der Bürger:innen, an ein Volk der Arbeit oder an eine historisch gewachsene Volksidentität zu appellieren, war das Volk in diesen Fällen eine Konstruktion, die erst durch politisches Handeln hervorgebracht wurde. Zudem bewegte es sich nicht eindeutig in den Bahnen der ideologischen Spaltungslinien der Blockkonfrontation zwischen Ost und West. Es gehörte zur expliziten Strategie der nationalen Befreiungsbewegungen, die geteilte Welt mit ihren dekolonialen Bestrebungen zu irritieren.[2] Sie schmiedeten Allianzen zwischen den jeweiligen nationalen Eliten, den Bauern, Landarbeiter:innen, Studierenden und indigenen Gruppen. Das Volk war ein breites und vielfältiges Volk der Leute. Als »Mehrklassen-Bewegungen« versuchten die nationalen Befreiungsbewegungen, die »größtmögliche Zahl von Klassen, die von der Kolonialgesellschaft und der neokolonialistischen Gesellschaft unterdrückt werden, in ihren Reihen zu vereinen. Die Einheit der Bewegung ist eine von außen aufgezwungene Einheit.«[3] Dies war folgenreich für das politische Handeln, das sich nicht mehr ausschließlich auf Interessen bezog, die in der Sozialstruktur verankert waren. Im politischen Prozess sollte eine kollektive Handlungseinheit überhaupt erst hervorgebracht werden. Die antikoloniale Volksbewegung, so Jean Ziegler in seiner Studie zu den nationalen Befreiungsbewegungen,

> nimmt das Bündel dieser Pläne und einzelnen Wünsche auf, löst sie auf, wirbelt sie durcheinander und vermischt sie. Der Aufstand ist wie ein wilder Sturzbach, der auf seinem Weg durch die Stadt die Fundamente der offensichtlich solidesten Bauwerke zum Einsturz bringt. […] Die Volkser-

2 »Die unterentwickelten Länder, die den verbissenen Wettkampf zwischen den Systemen ausgenutzt haben, um den nationalen Befreiungskampf zu sichern, müssen es jedoch ablehnen, sich auf diesen Wettstreit einzulassen. Für die Dritte Welt ist es nicht damit getan, dass sie sich den Werten gegenüber definiert, die sie vorgefunden hat.« (Frantz Fanon, *Die Verdammten dieser Erde (1961)*, Berlin 2015, S. 81)

3 Jean Ziegler, *Gegen die Ordnung der Welt. Befreiungsbewegungen in Afrika und Lateinamerika*, Wuppertal 1986, S. 328.

hebung erweckt zum Leben, was ihr innerstes Geheimnis ist: die Befreiung der kollektiven Kreativität der Massen.[4]

Eine dritte Entwicklungslinie, die eine Renaissance des Populismus einläutete, war im westlichen Kapitalismus selbst angesiedelt. Zwar vereinnahmten die Volksparteien die Willensbildung, aber der demokratische Kapitalismus dynamisierte über die Jahre das Konfliktgeschehen zusehends. Insbesondere traten Prozesse der Individualisierung und Ausdifferenzierung ein, die es den politischen Gründungsströmungen der Nachkriegszeit erschwerten, ihre Bezugspunkte (Arbeiter:innen, Gläubige, Bürger:innen) weiterhin zur Grundlage ihrer Politik zu erheben. Die Volksparteien konnten zunehmend nicht mehr an ein klar umrissenes Kollektiv appellieren, das sich ihren Adressat:innen als natürliche Handlungseinheit mitteilte. Sie mussten sich eingestehen, dass sie schon lange keine Milieu- oder Klassenparteien mehr, sondern nun Volksparteien waren. Die deutsche Sozialdemokratie verabschiedete ihr Godesberger Programm, während die CDU von ihrem religiösen Weltbild einen gewissen Abstand nahm. Sie appellierte fortan nicht mehr nur einseitig an konservative Milieus und musste sich für Fortschritt, Säkularisierung und neue Modelle des familiären Zusammenlebens öffnen.[5] Auch in der politischen Linken veränderte sich die soziale Basis: In Frankreich formulierten Sozialist:innen und Kommunist:innen gemeinsame Programme, um Bündnisse mit den sogenannten Mittelschichten einzuleiten (Linksunion in Frankreich). In Italien wiederum schlossen die Kommunist:innen einen historischen Kompromiss mit den Christdemokrat:innen, um sich auf diese Weise neue Unterstützergruppen zu erschließen.[6] Die Bewegungen, die die Diktaturen in Griechenland, Spanien und Portugal stürzten, arbeiteten alle daran, die demokratische Volkssouveränität gegen die autoritären Regime durchzusetzen. Nicht zuletzt entstanden ab den 1970er Jahren neue soziale Bewegungen, die übergrei-

4 Ebd., S. 337.

5 Vgl. dazu die Analyse des langen Verfalls eines substantiellen rechten Konservatismus zugunsten eines technokratischen und weltanschaulich offeneren prozeduralen Konservatismus bei Thomas Biebricher, *Geistig-moralische Wende. Die Erschöpfung des deutschen Konservatismus*, Berlin 2018, S. 45 ff.

6 Der Versuch, eine breite, populare Politik zu entwickeln, begann in der PCI schon in den 1950er Jahren: Sydney Tarrow, *Peasant Communism in Southern Italy*, New Haven/London 1967.

fende gesellschaftliche Themen wie Umwelt, Geschlechterverhältnisse oder die Kritik an Disziplinarapparaten in den Mittelpunkt ihrer Aktivitäten stellten. Sie ließen ihre Positionalität in den tradierten Gegensätzen von Arbeit/Kapital, Stadt/Land usw. in vielen Fällen bewusst offen, um sich breitere kommunikative Anschlüsse an die Gesellschaft zu erschließen. Eine aussichtsreiche Politik, so die sich aufdrängende Einsicht, musste sich auf die moderne Gesellschaft einstellen und an ein in sich heterogenes Volk der Leute appellieren, um am Ende erfolgreich zu sein.

Vor diesem Hintergrund war es nicht weiter erstaunlich, dass diese vielfältigen Artikulationsprozesse in den Sozialwissenschaften zum ersten Mal analysiert wurden. Zunächst griff die politische Linke die neuen Einsichten in den spezifisch populistischen Typ der Politik auf und versuchte, sie für die Strategiebildung nutzbar zu machen, wie die Überlegungen zu einem möglichen Linkspopulismus seit den 1970er Jahren zeigen.[7] Demnach, so die zentrale These, bringen populistische Politikformen – mit ihrem Anknüpfen an die Volkssouveränität, ihrem Allgemeinheits- und Ausweitungsanspruch und auch mit ihrer inhaltlichen Unbestimmtheit – besonders prägnant zum Ausdruck, dass die jeweiligen Akteure die Frage nach dem Volk politisch, also im Sinne einer Selbstkonstruktion beantworten. Damit hält der Populismus, so die Betrachtung weiter, eine Option bereit, um die bestehende liberale Massendemokratie nochmals zu demokratisieren – sie sozusagen über den Staat hinaus in die Gesellschaft auszuweiten und die Machtkonzentrationen zu überwinden. Der Populismus erwies sich in dieser Perspektive nicht nur als unverzichtbare Mobilisierungsstrategie, sondern insgesamt als »Königsweg« der Politik.[8]

Im Folgenden soll genauer nachgezeichnet werden, wie der Populismus neu bestimmt wurde. In Bezug auf die Diskussion der 1970er Jahre wird erläutert, wie in der damaligen Zeit ein sozialistischer Populismus zum Bezugspunkt avancierte (2). Blieben dort Sozialstruktur und Volkssouveränität noch aufeinander bezogen, verschob sich der Schwerpunkt in der Folge in eine stärker konstruktivistisch inspirierte Perspektive. Sie betonte die Offenheit und

7 Ernesto Laclau, *Politik und Ideologie im Marxismus. Kapitalismus – Faschismus – Populismus*, Berlin 1981; Ernesto Laclau, *On Populist Reason*, London/New York 2005.

8 Laclau, *On Populist Reason*, S. 67.

Unbestimmtheit bei der Bestimmung des Volkswillens (3). Dabei fand ein Rückfall in die Willenskonzeption der Politik statt, der bis heute in zeitgenössischen Entwürfen des Linkspopulismus nachwirkt (4). Zwischenzeitlich hat sich jedoch auch eine neo-machiavellistische Alternative verbreitet, die populistische Politikformen in Anlehnung an eine materiale Machttheorie konzeptionalisiert (5-7). Auf diese Weise holt sie die Schwächen des konstruktivistischen Argumentationsgangs ein. Ihr fehlt allerdings wiederum eine angemessene Analyse der wechselseitigen Übersetzung von Volkssouveränität und Widerstand, da ihr die Differenzierungsleistungen der modernen Gesellschaft entgehen.

2 Sozialistischer Populismus

Die Theorie des Linkspopulismus, wie sie seit den 1960er und 1970er Jahren ausgearbeitet wurde, nahm ihren Ausgangspunkt in den veränderten Konfliktlagen im globalen Maßstab und in den westlichen kapitalistischen Demokratien. Die Analysen bewegten sich noch vollständig in einem polit-ökonomischen Horizont und siedelten die entscheidenden Konfliktlinien der Gesellschaft auf der Ebene der wirtschaftlichen Produktionsweise an. In den vielfältigen Erfahrungen von Partei- und Gewerkschaftsarbeit trat allerdings deutlich hervor, dass sich die ökonomischen Klassenkonflikte als breitere Volkskämpfe zeigten und auch nur so aussichtsreich zu führen waren.[9] Ernesto Laclau knüpfte an diese Beobachtungen an und kehrte die Betrachtungsweise um, die in marxistischen Kreisen verbreitet war: Statt in der Volkssouveränität eine bloße Verwässerung, Aufweichung oder Sozialdemokratisierung von Klasseninteressen zu erblicken, erhob er den sozialistischen Populismus zu einer zwingenden Handlungsoption. Er sei nicht als »rückständigste«, sondern als »fortgeschrittenste« Politikform zu charakterisieren.[10]

Diese Überlegung beruhte auf einem neu justierten Verständnis von dem, was in der marxistischen Diskussion der 1960er und 1970er Jahre als Verhältnis von ökonomischer Basis und ideologischem Überbau betrachtet wurde. Angesichts steigender Komplexi-

9 Vgl. Nicos Poulantzas, *Staatstheorie. Politischer Überbau, Ideologie, Autoritärer Etatismus (1978)*, Hamburg 2002, S. 278 ff.

10 Laclau, *Politik und Ideologie im Marxismus*, S. 152.

tät in modernen Gesellschaften revidierten Autor:innen wie Louis Althusser und Nicos Poulantzas allzu plumpe Erklärungsansätze, wonach eine ökonomische Basis die ideologischen und politischen Formen unmittelbar »determiniert«.[11] Bei Althusser mündete dies in die Unterscheidung zwischen Produktionsweise und Gesellschaftsformation.[12] Er nahm an, dass sich die entscheidenden Weichenstellungen der Geschichte zwar weiterhin auf der Ebene der Produktionsweise, das heißt der Dialektik von Produktivkräften und -verhältnissen, vollziehen. Jedoch müsse sich die jeweilige Produktionsweise in einem konkreten gesellschaftlichen Ensemble – einer spezifischen Gesellschaftsformation – verdichten. Sie sei dabei durch ein eigentümliches Zusammenspiel aus ideologischen, politischen und ökonomischen Formen geprägt. Man kann Althusser so verstehen, dass diese Formen ein Eigenleben entwickeln und sich in Teilen von der ökonomischen Produktionsweise lösen. Daraus ergeben sich sowohl Widersprüche und Kollisionen zwischen den verschiedenen Sphären als auch Entwicklungen, die sich nicht auf eine spezifisch ökonomische Funktion »reduzieren« lassen.[13] So gewinnt die soziale Differenzierung an Eigenständigkeit und bleibt nur in letzter Instanz von der Produktionsweise und den dortigen Kräfteverhältnissen zwischen den sozialen Klassen bestimmt.[14] Althusser fasst dieses Bestimmt-Werden im Verhältnis zur relativen oder relationen Eigenständigkeit der gesellschaftlichen Sphären als

11 Man muss freilich berücksichtigen, dass die »ökonomistischen« Strömungen im England und Frankreich der 1960er bis 1980er Jahre vor allem Varianten des politischen Marxismus im Umfeld des linken Flügels der Labour Party und der französischen kommunistischen Partei waren. Das Verhältnis von »Basis« und »Überbau« war schon im ausgehenden 19. Jahrhundert Gegenstand nuancierter Analysen, die sich ausdrücklich nicht auf eine argumentative Ableitungsbewegung stützten, vgl. Max Adler, *Natur und Gesellschaft. Soziologie des Marxismus 2 (1930)*, Wien/Köln/Stuttgart/Zürich 1964; Antonio Labriola, *Über den historischen Materialismus*, Frankfurt am Main 1974.

12 Vgl. Louis Althusser, *Ideologie und ideologische Staatsapparate (1970)*, Hamburg 2010, und die Wiederaufnahme dieser Unterscheidung: Poulantzas, *Staatstheorie*, S. 43 ff.; zur Darstellung: Alex Demirovic, *Nicos Poulantzas – eine kritische Auseinandersetzung*, Berlin 1987, S. 15.

13 Althusser geht folglich von einer »Unreinheit« auf der Ebene der Gesellschaftsformation aus (insbesondere im Hinblick auf die ungleiche Entwicklung im globalen Kapitalismus): Louis Althusser/Étienne Balibar, *Reading Capital (1968)*, London/New York 1997, S. 196 ff.

14 Ebd., S. 186 ff.

Überdetermination.[15] Daran anschließend fragt Laclau spezifischer, welche Folgen die Unterscheidung zwischen Produktionsweise und Gesellschaftsformation für den Bereich der Politik zeitigt. Er geht weiterhin davon aus, dass die zentralen Weichenstellungen der Geschichte in Klassenkämpfen entschieden werden, die in der Produktionsweise wirksam sind. Auch liegt für ihn ein fundierender Antagonismus zwischen den jeweiligen Hauptklassen vor, den er als letztlinstanzlichen Beweger ausweist.[16] Laclau betont jedoch den Umstand, dass dieser unversöhnliche Widerspruch nie rein sichtbar wird, da er sich immer nur in unreiner Form, also innerhalb einer Gesellschaftsformation artikuliert, die nie vollständig auf ihre Produktionsweise zu reduzieren ist. Der Klassenkampf werde immer in den existierenden politischen und ideologischen Formen der Gesellschaft ausgetragen. Über den »ersten Widerspruch« – die »Sphäre des Klassenkampfes« – lege sich, so Laclau, eine »zweite Sphäre des popular-demokratischen Kampfes«, in die sich der Klassenkampf notwendig übersetzen müsse, um sichtbar zu werden.[17]

An dieser Stelle findet der Schritt in den Populismus statt. Denn in der Sphäre des »popular-demokratischen Kampfes« ringen die Handelnden um die Unterscheidung Volk/Machtblock und gerade nicht um die Unterscheidung Arbeit/Kapital. Der Volkswille avanciere zum alles übertrumpfenden Bezugspunkt, um die Klassenwidersprüche zu thematisieren. Erst im Konflikt um die Volkssouveränität finde die »Artikulation« und »Desartikulation« der entscheidenden Grundbeziehungen statt, die in der Produktionsweise aufzufinden sind.[18] Die Unterscheidung Volk/Machtblock sei als zusätzlicher Antagonismus zu begreifen, »der nicht auf der Ebene der Produktionsverhältnisse angesiedelt ist, sondern im Komplex der politischen und ideologischen Herrschaftsverhältnisse«.[19] Dieser zweite Antagonismus stehe jedoch nicht unabhängig im gesellschaftlichen Ensemble, denn der Klassenkampf sei weiterhin diejenige Instanz, die »das spezifische Feld absteckt« und »dem popular-demokratischen Kampf übergeordnet ist«.[20]

15 Ebd., S. 188.
16 Laclau, *Politik und Ideologie im Marxismus*, S. 91 ff.
17 Ebd., S. 94.
18 Ebd., S. 95.
19 Ebd., S. 145.
20 Ebd., S. 145.

Demnach seien die Triebkräfte der sozialen Evolution und die prägenden Konflikte weiterhin in der Produktionsweise verankert. Sie zeigen sich jedoch nicht unvermittelt, erscheinen auf der Bühne des Repräsentationsregimes oder werden dort abgebildet. Eher findet eine Übersetzungsleistung der fundierenden Konflikte in die Volkssouveränität statt: Wer seine Interessen artikulieren will, muss daran arbeiten, dem Machtblock einen umfassenden Volkswillen entgegenzusetzen. Dieser Übersetzungsschritt zwingt die handelnden Parteien dazu, eine Vielfalt an kommunikativen Anschlüssen offenzuhalten und möglichst viele »klassenunspezifische Inhalte« zu absorbieren,[21] also etwa Traditionslinien und Denkmuster, die mit dem Klassenkampf nicht in unmittelbarer Beziehung stehen. Eine vollständige Lösung der Volkspolitik von den Klassenkämpfen bleibt jedoch risikobehaftet. Denn die Kämpfe könnten durchaus in einen Jakobinismus übergehen, der nicht mehr die ursächlichen Widersprüche in der Produktionsweise adressiert.[22]

In einer systematischen Betrachtungsweise verdichtet sich Laclaus Argumentationsgang in drei Schritten:

(i) Seine Populismusanalyse soll erklären, worin Gelingensbedingungen in der Politik bestehen. Die Annahme ist, dass neben ökonomischen Interessen auch Volkstraditionen und klassenunspezifische Inhalte eine Rolle spielen. Jede aussichtsreiche Politik muss deshalb kommunikative Anschlüsse herstellen. Allerdings sagt dieser Zwang zum Populären noch nichts darüber aus, ob die jeweilige Politik in der Lage ist, längerfristig Einfluss auszuüben. Mit der Verschränkung von Klassen- und Volkskämpfen behielt der frühe Laclau ein eindeutiges Kriterium bei: Nur solche Handlungsansätze sind aussichtsreich, die an die Widersprüche der Produktionsweise angebunden sind und von prägenden Trägerklassen ausstrahlen. Nur wenn sie auch ein sozio-ökonomisches Machtpotential jenseits der kurzfristigen Mobilisierung von Mehrheiten im politischen System geltend machen, können politische Bewegungen tatsächlich verändernd eingreifen. Nur so wird die bestehende Hegemonie in der Gesellschaftsformation, also ein umfassenderes Set an Mechanismen des sozialen Zusammenhalts, das sich den Zeitgenoss:innen als Konsens mitteilt, herausgefordert.

21 Ebd., S. 140.
22 Ebd., S. 153.

(ii) Im nächsten Schritt erweiterte Laclau die klassischen Bonapartismusanalysen. Er wiederholte die Einsicht, dass autoritäre Populismen erfolgreich sind, wenn sie sich nicht nur auf diffuse Stimmungen stützen, sondern auch auf belastbare ökonomische Interessenslagen. Für ihn zeugt ihr Siegeszug immer von einem folgenreichen Handlungsfehler der jeweiligen Gegenkräfte. Die Kehrseite des autoritären Populismus besteht darin, dass es ihm nicht gelingt, die Unterscheidung Volk/Elite für sich zu beanspruchen und um sich einen Volkswillen zu sammeln. Dementsprechend verortete Laclau den Hauptgrund für den Siegeszug des Faschismus im Europa der 1920 bis 1930er Jahre in der Unfähigkeit der Arbeiterklasse, »in den Massenkämpfen die Hegemonie zu erlangen und die popular-demokratische Ideologie mit den eigenen revolutionären Klassenzielen zu einer kohärenten politischen und ideologischen Praxis zu verschmelzen«.[23] Da weite Teile der Linken sich nicht auf die Volkssouveränität einließen, weil sie stattdessen einer möglichst reinen Klassenpolitik die Treue halten wollten, die gegenüber popularen Anrufungen und der Konzeption des Volks als Masse oder Nation skeptisch war, räumten sie ihren Platz in der Sphäre der Politik. Auf diese Weise öffneten sich Möglichkeitsräume für den Faschismus, der seine Volksgemeinschaftsideologie erfolgreich gegen den Machtblock wandte. Nach Laclau erhielt der Faschismus nur deshalb seine historische Chance, weil die politische Linke das »Feld des popular-demokratischen Kampfes preisgegeben« hatte.[24]

In diesen allgemeinen Einlassungen unterstellte Laclau, dass ein sozialistischer Populismus durch eine gute Strategie grundsätzlich möglich ist und sozusagen auf Augenhöhe mit dem autoritären Populismus konkurriert. Lassen die Handelnden von einer reinen Klassenpolitik ab und stellen einen allgemeinen Volkswillen in den Mittelpunkt, können sie die autoritäre Gefahr zurückdrängen. Was Laclau kaum berücksichtigte, waren die charakteristischen Bewusstseinsformen der modernen Gesellschaft. Selbst wenn man annimmt, dass eine letztinstanzliche Klassenspaltung vorliegt, durch die sich breite Bevölkerungsschichten in einem popular-demokratischen Projekt von unten statt in einem Bonapartismus von oben einfinden, zeigen die einschlägigen Faschismusanalysen, wie autori-

23 Ebd., S. 99.
24 Ebd., S. 107.

täre Populismen direkt an die eingeübten Bewusstseinsformen anknüpften (und es auch heute wieder können). Somit stellt sich die Frage, ob das Bild eines offenen Kampfes um die Besetzung des Volkes nicht auf Zusatzannahmen angewiesen ist[25] und ob von einem strukturellen Vorteil der autoritären Varianten auszugehen ist.

(iii) Des Weiteren zieht sich durch Laclaus Überlegungen ein Veränderungsimpuls. In einem sozialistischen Populismus findet, so seine Annahme, eine »größtmögliche Verschmelzung«[26] klassenspezifischer und popularer Konfliktlinien statt. Ein solcher Populismus soll darauf hinwirken, die für die kapitalistische Gesellschaft typische Formation des Machtblocks zu überwinden. Insofern stellt sich der Populismus hier nicht nur als defensive oder gar regressive Widerstandsstrategie dar, sondern als offensive, »fortgeschrittenste« Transformationsstrategie. Laclau spekulierte gar über eine »höchste Form« des Populismus, in der die populare Dynamik des Politischen auf alle verselbständigten sozialen Formen durchschlägt – und der Standpunkt des Volkes dazu dient, eine Art Rücknahme der funktionalen Differenzierung in die Gesellschaft zu bewirken. Lässt sich der sozialistische Populismus zu Beginn noch auf die Handlungsregeln des politischen Systems ein (Volkssouveränität), um von dort aus Veränderungen zu bewirken, so soll er schließlich als freigesetzte Dynamik die »Form des Staates selbst« subvertieren.[27] Damit versuchte Laclau, eine realistische Veränderungsstrategie, die innerhalb der bestehenden politischen Form ansetzt, mit einer Transformationsperspektive zu verbinden. In dieser dient die Unterscheidung Volk/Machtblock der Kritik aller Herrschaftskonstellationen.

25 Schließlich gab es in der Linken der 1920er Jahre auch immer den Versuch, eine nationale Anrufung zu integrieren, die oft erfolglos waren, vgl. etwa die Studie zum Umgang mit dem Faschismus in den 1920er und 1930er Jahren: Nicos Poulantzas, *Faschismus und Diktatur. Die Kommunistische Internationale und der Faschismus*, München 1973.

26 Laclau, *Politik und Ideologie im Marxismus*, S. 152.

27 Ebd., S. 173.

In diesen Überlegungen war ein Perspektivenwechsel hin zur Volkssouveränität wirksam. Ernesto Laclau nahm zusammen mit Chantal Mouffe jedoch eine folgenreiche Revision des frühen Erklärungsmodells vor, indem sie die Annahmen zum Verhältnis von Produktionsweise und Gesellschaftsformation durch eine poststrukturalistisch inspirierte Diskurstheorie ersetzten.[28] Beruhte der sozialistische Populismus noch auf einem Wechselspiel aus der Sphäre der ökonomischen Produktionsweise und des populardemokratischen Kampfes, löste sich dieses Wechselspiel in ihrem Modell nun auf. Laclau und Mouffe gingen davon aus, dass die jeweiligen Hegemonieverhältnisse auf diskursiven Arrangements beruhen. Sie begriffen Hegemonie nicht mehr nur als einfache Vorherrschaft spezifischer sozialer Klassen, sondern verwiesen auf den Umstand, dass sich aus der Komplexität des Sozialen diskursive »Knotenpunkte« herausbildeten.[29] Das Soziale sei nicht in der Ökonomie gegründet und die Komplexität der sozialen Welt entziehe sich einem einheitlichen Grund, aus dem es hervorgehe. Dies hält die diskursiven Arrangements nicht davon ab, sich eigene Fundierungen zu schaffen. Doch jedes dieser Verallgemeinerungsprojekte stilisiere sich immer nur vorläufig zum höchsten Grund der Gesellschaft, da es stets an der Unverfügbarkeit des Sozialen, seiner »Negativität«, scheitere:[30] Diskursive Einheiten grenzten sich negativ von einem »konstitutiven Außen« ab. Sie bildeten eigene Spielarten der Selbstthematisierung aus und setzten davon ausgehend eine Verallgemeinerung in Gang – um dann daran zu scheitern, sich zum vollumfänglich Ganzen zu erheben. So sind sie wieder mit einem Zyklus gegenhegemonialer Kontestation konfrontiert. Dadurch erhält der Populismus eine spezifische Pointe, denn er kann mit seinem Bezug aufs verallgemeinerte Volk als diejenige Politikform gelten, die diese Logik besonders sichtbar macht. Das, was Laclau und Mouffe als »das Politische« fassten, also die Abgrenzung von einem konstitutiven Außen, das in eine Verallgemeinerung

28 Ernesto Laclau/Chantal Mouffe, *Hegemonie und radikale Demokratie. Zur Dekonstruktion des Marxismus*, Wien 1991, S. 79 ff.

29 Ebd., S. 151.

30 Ernesto Laclau, *New Reflections on the Revolution of Our Time*, London/New York 1990, S. 26.

übergeht, wird auf der Ebene des politischen Systems artikulierbar. Das Wechselspiel aus Hegemonie und Gegenhegemonie übersetzt sich in die Unterscheidung Volk/Machtblock.

Diese Anbindung des Populismus an eine postfundamentalistische Logik des Sozialen umgeht den identitären Fehler. Laclau und Mouffe betonten immer wieder, wie unterschiedliche Akteure in Diskursen darum ringen, worin der Volkswille besteht und wer die jeweiligen Machtblöcke sind, gegen die er sich wendet. Sie begriffen das Volk als umkämpften Signifikanten, um den herum die politische Auseinandersetzung strukturiert ist. Es ist das zentrale Verallgemeinerungsrelais, durch das alle politischen Bewegungen hindurch müssen, um kommunikativen Anschluss zu finden. Folglich besteht auch die Kardinaltugend des politischen Handelns in der Konstruktion eines Volkes, das sich vom Machtblock abgrenzt und die eigene soziale Basis ausweitet. In jeder Ordnung liegen Frustrationen und Unzufriedenheit vor, die zunächst nicht systematisiert sind. Die zentrale politische Operation ist folglich in einer verbindenden Praxis anzusiedeln, die diese Frustrationen politisiert und zu einem Kollektivwillen zusammenführt. So entstehen schrittweise populare Forderungen gegen den etablierten Machtblock: »Aus den Fragen werden Forderungen. Eine Forderung, die, ob erfüllt oder nicht, isoliert bleibt, nennen wir eine demokratische Forderung. Eine Pluralität von Forderungen, die durch ihre äquivalente Artikulation eine breitere soziale Subjektivität konstituieren, die wir populäre Forderungen nennen werden – sie beginnen, auf einer sehr frühen Ebene, das ›Volk‹ als potentiellen historischen Akteur zu konstituieren.«[31]

Laclau grenzt diesen Vorgang deutlich von der Reifizierung eines vorgängigen Grundes ab.[32] Er nimmt an, dass die Handelnden ein aufgeklärtes Verhältnis zu den angenommenen Konstitutionsbedingungen gewinnen. Sie bringen das Volk handelnd hervor und machen es auf diese Weise der politischen Veränderung zugänglich. Was den Handelnden allerdings entzogen bleibt, ist die Form der gesellschaftlichen Konfliktaustragung. Wenigstens in demokratischen Gesellschaften gibt die Volkssouveränität den Handelnden

31 Laclau, *On Populist Reason*, S. 74.

32 Ernesto Laclau, »Why the Main Task of Radical Politics is Constructing a People«, in: Ernesto Laclau, *The Rethorical Foundations of Society*, London/New York 2014, S. 139-180, 150.

eine populistische Politikform vor. Da das Volk die höchste Autorität einnimmt, von der die Ordnung ihre Legitimation bezieht, wird jede erfolgversprechende Praxis ab einem bestimmten Punkt populistisch. Jede aussichtsreiche Politik muss aus den negativen Frustrationen ein Volk destillieren, auf das sie sich stützt, und schließlich erfolgreich das Allgemeine besetzen. Auf die Politisierung folgt demnach ein zweiter Schritt, der das politische Handeln auf eine spezifische Weise – als Streben nach Verallgemeinerung – präformiert.[33] Die verbindende Praxis findet immer als strategisches Spiel mit der und gegen die bestehende(n) Hegemonie(n) statt und nimmt dabei eine eigene populistische Form an. Für sie ist kennzeichnend, dass eine »Logik der Äquivalenz« die Oberhand gewinnt, die das unterworfene Volk zum regierenden Volk macht, und den partialen und unterworfenen *plebs* in den allgemeinen, regierenden *populus* überführt.[34]

Laclau und Mouffe stellten die positiven Folgen dieses Typs der politischen Konfliktaustragung in den Mittelpunkt. Durch den Zwang zur Verallgemeinerung wächst die Unbestimmtheit der verbindenden Sujets, da jede Bewegung ihre Anschlussmöglichkeiten zu erweitern sucht. Wer den Volkswillen besetzen will, lässt sich längerfristig auf einen Kontrollverlust und Diffusionstendenzen ein. Denn um immer mehr Anliegen aufzunehmen und den allgemeinen Willen besetzen zu können, wird das Volk immer unbestimmter.[35] Auf diese Weise kehrten Laclau und Mouffe die liberaldemokratische Kritik des Populismus um. Der Appell ans Volk birgt keine Gefahr, dass der Ort der Macht »leer« bleibt.[36] Im Gegenteil: Nur durch die populistische Kontestation wird die Vereinnahmung der Gesellschaft durch den Machtblock gebrochen. Und nur im Zuge des Drangs zur Verallgemeinerung findet eine

33 Laclau und Mouffe führen diesen Verallgemeinerungsimpuls einerseits auf eine Logik der Hegemonie zurück, die das Soziale durchzieht (Laclau/Mouffe, *Hegemonie und radikale Demokratie*, S. 79 ff.), andererseits auf die Subjekttheorie Jacques Lacans (Laclau, *On Populist Reason*, S. 115 ff.); vgl. in strategischer Hinsicht: Chantal Mouffe, *Exodus und Stellungskrieg*, Wien 2005.

34 Laclau, *On Populist Reason*, S. 81.

35 Laclau, »Why the Main Task of Radical Politics is Constructing a People«, S. 173; vgl. auch: Ernesto Laclau, »Was haben leere Signifikanten mit Politik zu tun?«, in: Ernesto Laclau (Hg.), *Emanzipation und Differenz*, Wien 2002, S. 65-78.

36 So die einschlägige Formulierung bei Claude Lefort, *L'invention démocratique: Les limites de la domination totalitaire*, Paris 1994, S. 92.

Öffnung der Willensbildung statt. Laclau und Mouffe entdecken in dieser popularen Leere eine zivilisatorische Errungenschaft,[37] da die Verallgemeinerungstendenzen einhegende Effekte erzielen und die Intensität des Konflikts zähmen. Insgesamt avanciert das Volk zu einem positiven Erzeugungszusammenhang, in dem die Handelnden ihre Rolle als negative Respondenten (auf den Machtblock) verlieren und schrittweise in die Rolle von Produzent:innen einer neuen Hegemonie schlüpfen.

4 Lernblockaden

Der Versuch, die identitären Problemlagen zu umgehen und zu berücksichtigen, dass der Populismus letztlich immer eine Frage der Politik und der dortigen Konstruktionsleistungen ist, schien in den nationalen Befreiungsbewegungen, den neuen sozialen Bewegungen und den Entwicklungen in den Volksparteien der westlichen Welt auf. Die Populismustheorie rationalisierte das historische Material. So wurde ein inklusiver Populismus der Leute zur Option, der sich aus der Pluralität der Gesellschaft speiste.

Betrachtet man diesen Perspektivenwechsel genauer, wird deutlich, wie sich hier eine Rückkehr zum Jakobinismus einschleicht. Dafür zeichnen die Auflösung des externen, sozialen Referenzpunktes und seine vollständige Internalisierung in die Konstruktionsprozesse der politisch Handelnden verantwortlich. Sie konstruieren sowohl ihr Volk als auch ihre Gegner, den Machtblock, vom Standpunkt des »politischen Verstandes« (Marx) aus. Dabei treten die Frustration und Unzufriedenheit, die zum Ausgangspunkt des Widerstands werden, in einer zweifachen Rolle auf. Sie sind Widerstandsmomente gegen die jeweiligen Hegemonieverhältnisse und avancieren zu einem logischen Erfordernis für die Existenz von Gesellschaft überhaupt.[38]

Diese Betrachtung legt wiederum eine stark sozialkonstruktivistische Lesart dieser Negativität nahe. Demnach bezieht sich die Ne-

37 Chantal Mouffe, *Über das Politische*, Frankfurt am Main 2007, S. 30; Ernesto Laclau, *The Rethorical Foundations of Society*, London/New York 2014, S. 133.

38 Die Gesellschaft wird zu einem »unmöglichen Objekt«: Vgl. Oliver Marchart, *Das unmögliche Objekt. Eine postfundamentalistische Theorie der Gesellschaft*, Berlin 2013.

gativität nicht einfach auf ein Unbehagen oder eine Frustration im Hinblick auf einen bestehenden Weltzustand, der aufklärungsbedürftig ist und sich teilweise der aktiven Politik entzieht. Vielmehr erscheint diese Negativität nun als logische Begleiterscheinung des Sozialen, die den handelnden Akteuren zur Konstruktion, Re- und De-Konstruktion – wie ein Knetstoff – zur Verfügung steht. Es ist dann die Politik der Diskurse selbst, die sich ihr konstitutives Außen schafft, von dem sie sich abgrenzt, und schließlich ein möglichst umfassendes Volk der Leute konstruiert.

Dies wirft wiederum die Frage nach der doppelten Adäquanz, nach dem Verhältnis von politischer Volkssouveränität und sozialer Evolution auf. Denn nimmt man an, dass – wie es im ersten Teil dieses Buches entwickelt wurde – das Soziale dem politischen Verstand eben nicht wie ein Knetstoff zur Verfügung steht, verändert dies den Modus des Handelns. Dann müssen sich die politisch Handelnden nicht nur in die Rolle von politischen Aktivist:innen begeben, um den Volkswillen möglichst umfassend zu konstruieren, sondern auch in die Rolle von Suchenden, die auskundschaften, wie der Weltzustand beschaffen ist und wo sich Spielräume für seine Veränderung ergeben. Sie handeln somit immer im Modus der Untersuchung und nicht nur der politiktypischen Durchsetzung, da jede Entscheidung und jeder Konstruktionsvorgang sich daran messen müssen, inwieweit sie angemessen oder aussichtsreich mit den allgemeinen Weltverhältnissen korrespondieren.

Doch der konstruktivistische Populismus ist dadurch gekennzeichnet, dass er dieses Problem kaum wahrnimmt. Er internalisiert das konstitutive Außen vollständig in die Konstruktionsprozesse, die sich einzig im Rahmen des politischen Kräftemessens zu bewähren haben. Diese Weichenstellung ist folgenreich für die Reflexivität: Indem der Bezug auf einen umfassenderen sozialen Machtblock und dessen Objektivitätsgehalt vollständig der Konstruktion durch die jeweils Handelnden obliegt, bleibt die Reflexivität eingeschränkt. Sowohl Volk als auch Machtblock müssen nämlich immer so konstruiert werden, dass sie sich als erfolgreich, durchsetzungsstark oder populär in den Grenzen des politischen Verstandes bewähren. Damit geht das Risiko einher, dass die Akteure die Herausforderungen und Rahmenbedingungen ihres Handelns verkennen.[39]

39 Der frühe Laclau hatte den Jakobinismus noch ausführlich kritisiert (Laclau,

Daraus erwächst ein verhängnisvoller Effekt: Da der Volkswille die Reflexionsprozesse vollständig überformt, steht immer fest, wie eine aussichtsreiche politische Strategie aussieht (unabhängig von den jeweiligen historischen Kontexten) und worauf das Scheitern politischer Bewegungen zurückzuführen ist. Die Konstruktion, der Erhalt und die Ausweitung eines übergreifenden Volkswillens stellen immer die naheliegende Politikweise dar. Der strategische Königsweg liegt in der Selbstverstärkung, die Gründe für das Scheitern in der Unfähigkeit, einen umfassenden Volkswillen zu vertreten.

Dadurch ergeben sich einige Strategie- und Lernblockaden. Politisches Handeln folgt hier einem Verallgemeinerungsimpuls, der die eigene soziale Basis durch Mobilisierung zu pflegen und auszuweiten sucht. Die Selbstbestätigung (»Wir sind das Volk«) oder die Ausweitung des Volkwillens (»Wir müssen mehr werden«) gewinnt stets die Oberhand. Wenn man scheitert, wird es der Willensschwäche zugeschrieben. Dabei weisen Einsichten zur Entwicklungslogik moderner Gesellschaften und zum strategischen Handeln auf den Umstand hin, dass der Volkswille nur eine Dimension des Konfliktgeschehens darstellt. Veränderungen vollziehen sich oft nicht planbar durch die Ausweitung des Volkswillens, denn wissenschaftliche Erkenntnisse, technische Neuerungen, ökonomische Entwicklungen oder schlichte Zufälle strukturieren die Spielräume.[40] So scheiterte die Hegemonie Mailands im Norditalien des 14. Jahrhunderts nicht an mangelnder Truppenstärke oder schlechter politischer

Politik und Ideologie im Marxismus, S. 101 ff.): Dabei wies er die Demokratiekritik der marxistischen Diskussion scharf zurück, hielt aber einen Teil der Betrachtungsweise aufrecht. Der Jakobinismus stellte für den frühen Laclau eine Ideologie dar, die den Konflikt vollständig von der Gesellschaftsstruktur löst. Er besteht in der »Überzeugung, der Kampf gegen den herrschenden Block könne als ausschließlich demokratischer Kampf jenseits der Klassen geführt werden« (S. 101). Der Jakobinismus gilt als problematischer Effekt der politischen Form, indem er die »Autonomie der popular-demokratischen Anrufungen« zur »höchsten Stufe« steigere (S. 153) – und so die Abhängigkeit des popular-demokratischen Konflikts von der Gesellschaftsstruktur verkennt.

40 Zur Unberechenbarkeit in politischen Konflikten: Kolja Möller, »Drohung und Verfahren«, in: Tatjana Sheplyakova (Hg.), *Prozeduralisierung des Rechts*, Tübingen 2018, S. 245-264; zum Verhältnis von Evolution und sozialen Kämpfen: Hauke Brunkhorst, *Critical Theory of Legal Revolutions*, London/New York 2014, S. 9 ff.

Führung, sondern an einer Krankheitswelle.[41] Der Siegeszug der Bolschewiki beruhte nicht nur auf Massenmobilisierung, sondern auch auf einem geschickten Strategiewechsel und der Unterstützung des deutschen Kaiserreichs, das Lenin die Rückreise von der Schweiz nach Russland ermöglichte. In der Europäischen Union unterläuft die Grundstruktur des gemeinsamen Marktes die politischen Strategien der jeweiligen Lager regelmäßig: Re-nationalisierende Grenzschützer:innen müssen paradoxerweise europäische Sicherheitsapparate aufbauen, um die Außengrenzen zu schützen; deutsche Ordoliberale ernten mit der gemeinsamen Währung auch die ihnen verhasste Vergemeinschaftung der Schulden; der paradoxe Effekt des (gescheiterten) europäischen Verfassungsvertrags war der Anstieg der Europa-Skepsis.

Diese Beispiele zeigen nur, dass sich die Frage nach einer aussichtsreichen politischen Reflexivität nicht im Register souveräner Willensentscheidung beantworten lässt; vielmehr gilt es, das teilweise Entzogen-Sein der sozialen Evolution anzuerkennen. So kann sie nicht nur Passungsverhältnisse herbeiführen, sondern ist auch mit jener Wendigkeit und Unberechenbarkeit konfrontiert, die für die unmittelbare Konfliktaustragung von zentraler Bedeutung ist. Gerade weil die soziale Welt den Handelnden nicht vollständig zugänglich ist und nicht von Anfang an feststeht, wie eine gute Strategie beschaffen ist, erweist sich eine solche Politik als lernfähig – bis hin zu dem Punkt, wo sie die Grundregeln der politischen Form selbst nochmal zur Disposition stellt. Dann könnte der Versuch, sich auf die etablierten Mechanismen der Politik und ihrer Volkssouveränität einzulassen, am Ende doch noch in eine Selbsttransformation der Politik führen.

5 Negativität und Macht: Vom Volk zum *plebs*

Bisher wurde nachgezeichnet, wie die Populismusdiskussion ab den 1970er und 1980er Jahren verstärkt einem politischen Konstruktivismus folgte. Dieser Schritt lag angesichts der Art, wie sich die Massendemokratien entwickelten (Volksparteien, nationale Befrei-

41 Hans Baron, *The Crisis of the Early Italian Renaissance. Civic Humanism and Republican Liberty in an Age of Classicism and Tyranny*, Princeton 1966, S. 40.

ungsbewegungen, aufkommende soziale Bewegungen), nahe: Ein Volk der Leute trat an die Stelle der klassischen Volksfiguren. Dabei aktualisierte die Populismusdiskussion ihre theoretischen Grundlagen. Die Wende zu einer poststrukturalistisch inspirierten Diskurstheorie bildete zwar die Vielfalt moderner Gesellschaften angemessener ab, führte allerdings in genau jene Blockaden, die den Populismus als Politikform schon immer begleitet hatten. Insbesondere schlug sie einen transzendental-logischen Weg ein, um die Negativität in der Gesellschaft – den Treibstoff des Populismus – zu bestimmen. Demnach handelte es sich bei dieser Negativität um ein logisches Erfordernis des Sozialen, das den kämpfenden Konfliktparteien für die einigermaßen freie politische Besetzung zur Verfügung steht: Die Annahme bestand darin, dass die handelnden Akteure sowohl das Volk als auch den Machtblock immer wieder aufs Neue de- und rekonstruieren können.

Im Gegensatz dazu hat die zeitgenössische Populismusdiskussion die Negativität des Volkes wieder stärker machtrealistisch von seiner Opposition zu den konstituierten politischen Organen und Eliten her begriffen.[42] Demnach befinden sich die Interessen, Bedürfnisse oder Gemütszustände zwischen Oben und Unten in einem grundsätzlichen, letztlich unversöhnlichen Widerspruch zueinander. Zwar setzt sich die Klasse der Machtunterworfenen durchaus heterogen zusammen, am Ende ist jedoch nicht die politische Konstruktion, sondern die plebejische Positionalität des Volkes im gesellschaftlichen Machtgefüge entscheidend. Die ideengeschichtliche Ressource, die für diese Diskussion bisher bemüht wurde, sind insbesondere die Schriften Niccolò Machiavellis und die dort ausführlich geschilderten Verfassungskämpfe der römischen Republik. Das überlieferte Bild der Ordnungskämpfe der römischen Republik wirkt so stark bis in unsere Gegenwart nach, dass es auch in modernen Gesellschaften immer noch als Orientierungspunkt

42 John P. McCormick, »Machiavellian Democracy: Controlling Elites with Ferocious Populism«, in: *The American Political Science Review* 2 (2001), S. 297-313; plebejisch, dabei aber nicht-populistisch: Miguel Vatter, »The Quarrel between Populism and Republicanism: Machiavelli and the Antinomies of Plebeian Politics«, in: *Contemporary Political Theory* 3 (2012), S. 242-263; Martin Breaugh, *The Plebeian Experience: A Discontinuous History of Political Freedom*, New York 2013; Isabell Lorey, *Figuren des Immunen: Elemente einer politischen Theorie*, Zürich 2011.

dient, um die Rolle popularer Bewegungen auszuleuchten. Dieser Rückbezug war schon immer Bestandteil der Diskussionen um die Rolle des Volkes in der Politik. Die Ordnungskämpfe der römischen Republik avancierten schon im 19. Jahrhundert zur Projektionsfläche der Klassenkämpfe im Umfeld der Industrialisierung. Das klassische Hauptwerk zur Geschichte der römischen Republik von Theodor Mommsen begriff den Widerspruch zwischen Plebejern und Patriziern als eine frühe Form des Klassenkampfs, wie er sich im 19. Jahrhundert in Europa seinen Weg bahnte.[43] Auch die Arbeiterbewegung stellte immer wieder Rückbezüge zu den sozialen Konflikten Roms her – das Studium der Geschichte Roms, das bis heute »unsere Köpfe, unsere Augen und Ohren füllt«, hält offenbar allgemeine Lehren bereit, die von unmittelbarer Bedeutung für die Gegenwart sind.[44]

So ist es nicht erstaunlich, dass auch zuletzt wieder verstärkt dieses Beispiel bemüht wird, um die Herausforderungen zu bestimmen, denen populare Widerstandsstrategien, Demokratisierungsprozesse oder Machtkritiken begegnen. Das kennzeichnende Strukturmerkmal des Volks als Gegenmacht lässt sich wie folgt zusammenfassen: Ist vom Volk als *plebs* die Rede, so wird davon ausgegangen, dass die jeweiligen Eliten das Ganze der Ordnung für sich besetzen. Dieser Verallgemeinerungsimpuls trifft auf eine Gegenkraft der Machtunterworfenen, die sich negativ vom Machtblock abgrenzen und so eine Neuverhandlung der Ordnungsmuster in Gang setzen, indem sie auf die Absetzung der Funktionsträger:innen oder sogar auf den Umsturz der Ordnung drängen.

6 Der *plebs* als Gegenmacht (Volk als *plebs*)

Die Schriften Niccolò Machiavellis und seine Überlegungen zu Fragen des Machterwerbs und -erhalts sind für die gegenwärtigen Analysen zum Volk als *plebs* der zentrale Bezugpunkt. Eine ganze Linie des politischen Denkens informiert sich bei Machiavelli über diejenigen Mechanismen, die eine freiheitliche Ordnung stabili-

43 Theodor Mommsen, *Römische Geschichte (1854-1885)*, Essen 2002.

44 So der US-amerikanische Arbeiterführer Daniel De Leon in seinem Vortrag »Plebs Leaders and Labor Leaders« (1902), veröffentlicht in: Daniel De Leon, *Two Pages from Roman History*, New York 1962.

sieren sollen.[45] Jener Strang der Machiavelli-Lektüre unterscheidet sich deutlich von konservativen Lektüren, die sein Werk als Handbuch für die Herstellung von Autorität durch staatsmännische Entscheidungskunst rekonstruieren.[46] Sie unterstreichen, wie der Florentiner Theoretiker vom Interesse an einer freiheitlichen Ordnung geleitet wird. Gerade deshalb, so ihre Beobachtung, zeichnete er in seinen Schriften das Bild einer Politik, die gerade nicht nur von oben – durch Waffen, Militär und Stärke –, sondern auch von unten – durch vielfältige gesellschaftliche Kräfte, Ungewissheiten und Affektdynamiken – gekennzeichnet ist.

In einzelnen Passagen seines Werks schilderte Machiavelli, dass das politische Leben stets um einen Zentralkonflikt organisiert ist. Demnach sind die Spaltung des Gemeinwesens in unterschiedliche soziale Klassen und die daraus hervorgehenden Spielarten ihrer Konstitutionalisierung für die Blüte und den Verfall politischer Ordnungen verantwortlich. Sowohl in den *Discorsi* (1531) als auch im *Principe* (1532) hatte Machiavelli immer wieder vom Ringen zweier Gemütszustände, zweier *umori*, geschrieben, das als Konflikt zwischen den sogenannten »Noblen« und »Subalternen« zum Ausdruck kommt. Die einschlägige Fundstelle ist Kapitel 4 des *Principe*:

Denn in jeder Stadt finden sich diese zwei unterschiedlichen Gesinnungen, was daher rührt, dass sich das Volk von den Großen weder beherrschen noch unterdrücken lassen will, die Großen aber das Volk beherrschen und unterdrücken wollen; aus diesen verschiedenen Bedürfnissen entsteht in

45 Vgl. die Beiträge John P. McCormick, *Machiavellian Democracy*, Cambridge 2011; Miguel Vatter, *Between Form and Event. Machiavelli's Theory of Political Freedom*, New York 2014; Breaugh, *The Plebeian Experience*; Filippo Del Lucchese u.a. (Hg.), *The Radical Machiavelli*, Leiden/Boston 2015; vgl. die materialistischen Vorläufer: Louis Althusser, »Machiavel et nous (1976)«, in: François Matheron (Hg.), *Écrits Philsophiques et Politiques. Tome II*, Paris 1995, S. 43-173; Antonio Gramsci, »Anmerkungen zur Politik Machiavellis«, in: Antonio Gramsci, *Gefängnishefte – kritische Gesamtausgabe*, Hamburg 1991, S. 1532-1622; zum Überblick über die aktuelle Rezeptionslage: Philipp Hölzing, »Für eine republikanische Kultur der Freiheit. Machiavellis klassischer Republikanismus«, in: *Archiv für Rechts- und Sozialphilosophie* 4 (2008), S. 512-525.

46 Vgl. etwa die konservative Machiavelli-Deutung von Harvey Mansfield, der bei Machiavelli die erforderliche Ungebundenheit der staatlichen Exekutive herausliest (und begrüßt): Harvey Mansfield, *Machiavelli's Virtue*, Chicago 1996, S. 295 ff.

den Städten jeweils eine von drei möglichen Wirkungen: entweder die Fürstenherrschaft oder die Freiheit oder die Anarchie.[47]

Der allgemeine *populus* teilt sich in den unterworfenen *plebs*, das eigentliche Volk, und die Patrizier. Von dort aus zeigt Machiavelli, wie eine plebejische Volkspolitik der Republik zur Stabilität verhalf, indem sie die Elite mit Auszugs- und Streikbewegungen, Tumulten und institutioneller Gegenmacht konfrontierte und so deren Machthunger einhegte:

> Mir scheint, wer die Kämpfe zwischen Adel und Volk verdammt, der verdammt auch die erste Ursache für die Erhaltung der römischen Freiheit. Wer mehr auf den Lärm und das Geschrei solcher Kämpfe sieht als auf ihre gute Wirkung, der bedenkt nicht, dass in jedem Gemeinwesen die Gesinnung des Volkes und der Großen verschieden ist und dass aus ihrem Widerstreit alle zugunsten der Freiheit erlassenen Gesetze entstehen.[48]

Auch hier bezieht sich Machiavelli auf die überlieferte Geschichte der römischen Republik, die besagt, dass die plebejischen Klassen insgesamt dreimal aus der Stadt auszogen, um sich auf dem heiligen Berg Mons Sacer zu versammeln. Sie konstituierten sich dort als politisches Subjekt, beeideten eigene »heilige Gesetze« und traten auf dieser Grundlage in einen Prozess der Neuverhandlung mit den Patriziern. Auf diese Weise erreichten sie Zugeständnisse, die sich in der Institution des Volkstribunen verkörperten. Das Tribunat war vor allem eine negative, populare Veto-Institution, um bestimmte Entscheidungen des Senats und des Konsulats zu blockieren.[49]

Im Gegensatz zu vielen Betrachtungen, die in der unorganisierten Menge des einfachen Volkes und der institutionellen Blockade der Ordnung einen Hort der Instabilität verorten, kehrte Machiavelli das Argument um: Ist nämlich erst einmal anerkannt, dass ein Widerspruch zwischen der Gesinnung des Volkes und der der Noblen vorliegt, erweisen sich die Plebejer mit ihren Gegenmachtaktionen als Hüter der Freiheit. Denn sie hemmen den selbstdest-

47 Niccolò Machiavelli, *Il Principe (1532)*, Stuttgart 2003, Kap. IV.

48 Niccolò Machiavelli, *Discorsi (1531)*, Frankfurt am Main/Leipzig 2000, S. 27.

49 Mommsen, *Römische Geschichte*, S. 60 ff.; Michael Sommer, *Volkstribun. Die Verführung der Massen und der Untergang der Römischen Republik*, Stuttgart 2023; vgl. auch: Christoph Lundgreen, »Populismus in der Antike?«, in: Gianpaolo Urso (Hg.), *Popularitas. Ricerca del Consenso e ›Populismo‹ in Roma antica*, Rom 2021, S. 13-46.

ruktiven Drang zur Ausweitung der Machtbefugnisse auf der Seite der Noblen und stellen so einen Zustand des Gleichgewichts her. Dieser wiederum ermöglicht Freiheit und ein gewisses Maß an Stabilität. Unabhängig davon, wie genau man diese *umori* verstehen soll – ob als vagabundierende Gemütszustände oder als Bewusstsein kompakter sozialer Klassen –, findet sich hier die Annahme, dass ein Herrschaftskonflikt den Aufstieg und Verfall politischer Formen antreibt. Deshalb werden Gegenmachtmechanismen zwingend. Der *plebs* muss eine Distanz zur bestehenden Ordnung aufbauen und sich als Gegensouverän konstituieren.[50] Praktische Wirksamkeit erlangt er dadurch, dass er immer wieder damit droht, die Ordnung umzuwälzen, zur Not auch mit »Tumulten, Lärm und Geschrei« (extra-konstitutionelle Kontestation), sowie dadurch, dass er eine Institutionalisierung erfährt, die Ordnung den Herrschaftskonflikt aufgreift und prozeduralisiert (Gegeninstitutionen).[51] In diesem Zusammenspiel aus institutioneller Anerkennung und extra-konstitutioneller Drohung kann der selbstdestruktive Machthunger der Noblen neutralisiert werden. Zwar lässt sich der Machtblock nicht vollständig überwinden, aber es kann eine Gegenmacht greifen, die sich auf ein Virtualisierungsszenario stützt: Weil das Volks als *plebs* immer wieder mit Umwälzung oder Blockade droht, verändern sich die Entscheidungsroutinen der Noblen im vorauseilenden Gehorsam, da sie Machtverlust, Unregierbarkeit oder gar Absetzung fürchten.[52]

In den Ausführungen klingt schon an, dass sich auf dieser Grundlage durchaus eine plebejische Kritik an der Art formulieren lässt, wie die Volkssouveränität operiert: Indem sie kontrafaktisch behauptet, dass sich das Volk aus der Gesamtheit der freien und gleichen Bürger:innen zusammensetzt, nistet sich eine Gleichheitsideologie ein, die über die reale Spaltung der Gesellschaft hinwegtäuscht. Die Volkssouveränität gibt vor, inhaltlich offen zu verfahren. Doch in ihrem Schatten können die starken sozialen Klassen die Machtunterworfenen übertölpeln und ihre Partikular- zu Allgemeininteressen erheben. So identifizieren neue Machiavelli-Les-

50 Albrecht Koschorke u. a., *Der fiktive Staat: Konstruktionen des politischen Körpers in der Geschichte Europas*, Frankfurt am Main 2007, S. 27.

51 Claude Lefort, *Le travail de l'œuvre Machiavel (1972)*, Paris 1986, S. 476 und 382.

52 Zum Problem der Drohung in der Politik vgl. Möller, »Drohung und Verfahren«, S. 245-264.

arten noch unter demokratischen Bedingungen eine sogenannte »republikanische Herrschaft«:[53] Stehen sich weiterhin »wohlhabende Bürger«, die über Geld und andere Machtressourcen verfügen, und die normalen Bürger:innen antagonistisch gegenüber, reichen egalitäre Verfahren der Willensbildung nicht aus.[54] Selbst wenn das politische System über eine formal demokratische Ordnung verfügt, indem es die Herrschaftsausübung rechtlich bindet, Grundrechte für die Bürger:innen bereithält und die Regierung durch Wahlen legitimiert, stellt sich eine folgenreiche Beherrschung ein. Die auf Allgemeinheit und Unparteilichkeit gerichteten Verfahren der Volkssouveränität scheinen in dieser Perspektive einen Schleier über die Interessensgegensätze zwischen Oben und Unten zu legen. In einem solchen Zustand ist es wahrscheinlich, dass die Eliten mit ihren Machtressourcen stärkeren Einfluss auf die öffentlichen Institutionen nehmen als die Bürger:innen. Sozio-ökonomische Machtpositionen übersetzen sich in politische Macht. Hinzu kommt ein ideologischer Zug. Da die Eliten privilegierten Zugriff auf die Agendasetzung in der Öffentlichkeit haben und eine proaktive Autorität ausüben, können sie viel eher ihre Interessen in den Verfahren behaupten.

Diese Einsichten, die freilich schon länger in der Theoriediskussion aufzufinden sind, führen zu der Frage, wie die demokratische Willensbildung wieder mit den plebejischen Interessen der Machtunterworfenen verknüpft wird. Die Antwort wird bisher vor allem in klassenspezifischen Institutionen verortet, die sich an der Idee des Tribunats in der römischen Republik orientieren:

Die machiavellistische Demokratie zeichnet sich durch eine klassenspezifische Ermächtigung des Volkes und durch Eliten einschränkende Institutionen aus, die zwei Aufgaben erfüllen: Sie schärfen das Klassenbewusstsein der einfachen Bürger:innen und ermöglichen es ihnen, mächtigere Bür-

53 McCormick, *Machiavellian Democracy*, S. 165 ff.

54 Ebd., S. 2. Diese eher soziologisierende Lesart des Klassenkonflikts steht in einem Spannungsverhältnis zu anderen Rekonstruktionen, die betonen, dass die Pole der Herrschaftsausübung und -kritik eher als umherschweifende Momente innerhalb des Gemeinwesens zu fassen und gerade nicht mit einer spezifischen sozialen Gruppe identisch sind (Claude Lefort, *Le travail de l'œuvre Machiavel (1972)*, Paris 1986; Andreas Wagner, *Recht – Macht – Öffentlichkeit. Elemente demokratischer Staatlichkeit bei Jürgen Habermas und Claude Lefort*, Stuttgart 2010).

ger:innen mit einer Kraft zu patrouillieren, wie es die Wahlpolitik an und für sich nicht gewährleistet.[55]

Es geht also um eine doppelte Aufgabe. Einerseits sollen formale Gegenmachtinstitutionen auf die politische Subjektivierung der Bürger einwirken, indem sie an den grundlegenden Interessenskonflikt zwischen Oben und Unten erinnern und eine Art Klassenbewusstsein präsent halten. Andererseits sollen sie auch mit Kompetenzen ausgestattet sein, um effektive Kontrolle auszuüben. Sie erhalten sowohl Veto- als auch Gesetzgebungsfunktionen.[56] In dieser neo-machiavellistischen Perspektive erweist sich der Populismus als das Vorspiel für eine solche ergänzende Institutionalisierung, als ein Instrument, »um moderne Wahldemokratien im emphatischen Sinne des Wortes demokratischer zu machen«.[57] Schließlich verknüpft der Populismus die plebejischen *umori* mit der Kommunikation im politischen System und weist auf die Verselbstständigung der Eliten hin.

Das Problem solcher Überlegungen, die das Volk als *plebs* aus dem Horizont Machiavellis in das 20. und 21. Jahrhundert übertragen, besteht darin, dass sich das Wechselspiel aus Macht und Gegenmacht in der modernen Gesellschaft verkompliziert hat. Machiavelli war schließlich ein Kind seiner Zeit, in seinem Fall: der frühen Neuzeit, und orientierte sich an einem kosmologischen Weltbild, in dem Affekte, Institutionen oder soziale Gruppen einen dauerhaften »natürlichen« Platz einnahmen.[58] Zwar war sein

55 Ebd., S. 16; vgl. auch: McCormick, »Machiavellian Democracy: Controlling Elites with Ferocious Populism«.

56 Ebd., S. 170 ff.; vgl. auch Janosch Prinz/Manon Westphal, »The Tribunate as a Realist Democratic Innovation«, in: *Political Theory* 1 (2023), S. 60-89 sowie die Studie: Camila Vergara, *Systemic Corruption. Constitutional Ideas for an Anti-Oligarchic Republic*, Princeton 2020 und meine Kritik: Kolja Möller, »Systemic Corruption: Constitutional Ideas for an Anti-Oligarchic Republic«, in: *Jurisprudence* (2021), S. 1-6.

57 John P. McCormick, »Die aktuelle Krise der Demokratie und der populistische Schmerzensschrei«, in: Dirk Jörke/Oliver Nachtwey (Hg.), *Das Volk gegen die (liberale) Demokratie*, Baden-Baden 2017, S. 41-54, 41.

58 Damit schloss sich Machiavelli der frühneuzeitlichen Affektenlehre an. Ein besonders eindrucksvolles Beispiel für die Verkörperung eines solchen Affekte-Regimes ist die Oper *Die Krönung der Poppea* von Claudio Monteverdi (1642), in der im Prolog unterschiedliche Affekte und Gefühle durch je einen Sänger repräsentiert werden.

Naturalismus zur damaligen Zeit geradezu revolutionär und wurde später als ein Materialismus *avant la lettre* verstanden. Doch Machiavelli hatte noch keine Vorstellung von der Historizität der Gesellschaft und den Differenzierungsprozessen unterschiedlicher sozialer Formen, die das Verhältnis von Macht und Gegenmacht verarbeiten, präformieren oder gar verzerren.

Die neo-machiavellistischen Vorschläge laufen letztlich auf ein sich dem klassischen Trade-Unionismus anschmiegendes Modell zu, wonach sich in Gesellschaft und Politik zwei Hauptklassen gegenüberstehen, deren Konflikt sich durch eine gute Institutionalisierung bearbeiten lässt. Die Herausforderung für das Volk als *plebs* besteht aber in einer Tendenz, die sich schon an der Entwicklung des Volkstribunats in der römischen Republik ablesen lässt: dass gerade die Institutionalisierung eine Eigendynamik ausbildet, die nicht nur einfach widerspiegelt oder an die ausschlaggebenden Interessenslagen erinnert, sondern selbst evolviert und sich in die Konfliktlagen der Gesellschaft verstrickt. Anhand der Geschichte der Gewerkschaftsbewegung lässt sich leicht feststellen, wie sich Veto-Institutionen und Gegenmachtmechanismen verändern können. Insbesondere wäre erläuterungsbedürftig, wie es dem Volk als *plebs* gelingen sollte, sich der Politik zu entziehen, die ja gerade auf Verallgemeinerung und nicht auf die Durchsetzung von klassenspezifischen Partikularinteressen festgelegt ist. Hier scheint der Vorschlag einer Institutionalisierung innerhalb des politischen Systems in die Gegenrichtung zu führen, indem die plebejischen *umori* in die Grammatik der Politik eingemeindet werden. So einleuchtend es ist, das Volk als *plebs* zu rekonstruieren, so deutlich können nur gesellschaftstheoretische Einsichten erklären, wie die Verknüpfung des Popularen mit dem Plebejischen aufrechtzuerhalten wäre. Darüber hinaus macht ein weiteres Erbstück des kosmologischen Zugriffs auf sich aufmerksam: Dass der *plebs* nicht nur ein korrektives Gegengewicht bildet, sondern auch eine soziale Transformation, also eine Überwindung des Antagonismus einleitet, scheint vollständig aus dem Optionsspielraum zu verschwinden.

Es ist jener Bruch und eine daran anschließende Transformation der Politik, den radikalere Lesarten des Volkes als *plebs* ins Spiel bringen. Während in der sozialdemokratischen Lesart, wie sie in der machiavellistischen Verteidigung des Populismus vorliegt, das Volk noch als Übertragungsrelais gilt, das die subalternen *umori* zur Geltung bringt, kehren die radikaleren Lesarten das Verhältnis von Volk und *plebs* um: Sie deuten das Plebejische als umfassendes Begehren nach Nicht-Beherrschung.[59] Es übersteigt jede Form der Institutionalisierung, ist nicht an spezifische soziale Gruppen gebunden und vagabundiert wild in der Gesellschaft umher, um sich schließlich in Protesten und Widerständen zu verdichten. Der Populismus erscheint vor diesem Hintergrund nicht mehr als Annäherungstechnik an eine machiavellistische Demokratie, sondern als Korruptionsmechanismus. Er hegt das Plebejische von Beginn an ein, indem er jene Offenheit sofort in die schon bestehenden Strukturen der Konfliktaustragung (Volkssouveränität) eingemeindet. Da der Populismus die plebejischen Dynamiken in ein vereinheitlichendes Volk presst und sich auf die Grundstrukturen der bestehenden Ordnung einlässt, verrät er den *plebs*.[60] Er entfernt sich von den anarchischen, mit der Ordnung brechenden Grundlagen und inszeniert sich als ordnende, gar souveräne Einheit.

Die Kritik des Populismus, wie sie die radikaleren Lesarten verfolgen, greift anders auf den sozialen Konflikt zu. Denn sie rekonstruieren den *plebs* nicht so sehr als Volk oder als sozio-ökonomische Klasse, sondern als allgemeine soziale Tendenz der Unregierbarkeit in Gesellschaften. Besonders pointiert hat dies Michel Foucault beschrieben:

59 Vgl. Vatter, »The Quarrel between Populism and Republicanism: Machiavelli and the Antinomies of Plebeian Politics«; Antonio Negri, *Insurgencies: Constituent Power and the Modern State*, Minneapolis 1999, S. 64 ff.; Miguel Abensour, *Demokratie gegen den Staat. Marx und das machiavellische Moment*, Berlin 2012; Maurice Merleau-Ponty, *Note sur Machiavel*, Paris 2008; Breaugh, *The Plebeian Experience*.

60 Die Studie von Breaugh (ebd.) zur Geschichte plebejischer Politik zeigt immer wieder, wie das Plebejische in sozialen Bewegungen und Kämpfen aufscheint, um sich dann populistisch zu korrumpieren. Wie man aus diesem ehernen Gesetz ausbrechen kann, erfährt man jedoch nicht.

Die ›plebs‹ existiert zweifellos nicht, aber es gibt etwas ›Plebejisches‹ in den Körpern und in den Seelen, es ist in den Individuen im Proletariat, im Bürgertum, aber mit verschiedenen Erweiterungen, Energien und Ursprünglichkeiten. Diese plebs bildet weniger eine Außenseite im Verhältnis zu den Machtbeziehungen, sondern vielleicht ihre Kehrseite, ihren Nachhall.[61]

Das Plebejische stützt sich also auf umfassendere *umori*, auf Affekte und Begehrenszustände wie auf die Unmöglichkeit der jeweiligen Ordnungen, sich zu schließen. Er speist sich aus »machtimmanenten Fliehkräften« und aus dem, »was den Machtverhältnissen entgeht«.[62]

Dadurch verschiebt sich die Betrachtung des historischen *plebs* der römischen Republik. Die plebejischen Sezessionen sind nicht nur als Gegenmachtprozesse zu begreifen, in denen sich die unterworfenen sozialen Klassen einer Streikbewegung verschrieben, um Zugeständnisse zu erzielen. Die Sezessionen müssen eher so verstanden werden, dass sich die »machtimmanenten Fliehkräfte« koordinieren: Sie begegnen der »patrizischen Vorherrschaft« mit »Ungehorsam«, sodann setzen sie eine »Selbstkonstituierung« in Gang.[63] Doch, so die anarchische Rekonstruktion, handle es sich ausdrücklich nicht um die Konstitution eines nach Verallgemeinerung strebenden Volkswillens. Der *plebs* sei gerade kein Volk und auch kein Vorläufer der Volkssouveränität, der sich anmaße, das Allgemeine zu repräsentieren, sondern er setze einen nicht-souveränen Typ der Ordnungsbildung in die Welt: Als »konstituierender Prozess eines Bündnisses«, der keine »plebejische Verfassung« hervorbringe, distanziere sich der *plebs* von der etablierten Verknüpfung zwischen Recht und Politik.[64] Eine Politik des Plebejischen richtet sich folglich darauf, neue, potentiell freiere Formen der Sozialität zu erschließen, und nimmt post-souveräne Handlungsweisen vorweg, die keinen Anschluss an die Volkssouveränität finden. Nimmt man diese radikaleren Lesarten des *plebs* auf, verschiebt dies auch die Perspektive auf die negativen Machtmechanismen. Der *plebs* übernimmt keine korrektive, sondern eine erneuernde Rolle, indem er die jeweilige Ordnung mit ihrer Überwindung konfrontiert. Dem-

61 Michel Foucault, »Mächte und Strategien«, in: Daniel Defert/François Ewald (Hg.), *Dits et Ecrits III,* Frankfurt am Main 2003, S. 538-567, 542.

62 Lorey, *Figuren des Immunen*, S. 295.

63 Ebd., S. 46 und S. 49.

64 Ebd., S. 59.

nach können nur solche politischen Formen als freiheitlich gelten, die für eine Transformation empfänglich bleiben. Die Triebfeder bleibt dabei stets jenes Begehren nach »no-rule«, das darauf zielt, die »Teilung zwischen Herrschern und Beherrschten« vollständig aufzuheben und sie nicht etwa im Sinne einer volkssouveränen Selbstregierung zu verflüssigen.[65]

Dies hat eine institutionentheoretische und eine handlungstheoretische Pointe. Die institutionentheoretische Pointe ist dort zu suchen, wo sich der *plebs* einer Internalisierung in die bestehende Ordnung entziehen muss und kein Teil der bisherigen Organgewalten ist. Der »politische Körper der Republik« ist in dieser Perspektive keine »organische Totalität, die sich aus Teilen zusammensetzt, die sich funktional in das Leben des Staates eingliedern, da das Begehren nach Nicht-Beherrschung genau das ist, was sich jeder funktionalen Reduktion auf das Interesse am Staatsganzen entzieht«.[66] Das plebejische Tribunat ist Teil der republikanischen Institutionenordnung, aber seine eigentliche politische Rolle erschließt sich erst dadurch, dass es die überschießenden *umori* artikuliert, die sich der Ordnung entziehen.

Die handlungstheoretische Pointe hingegen beruht auf einer entscheidenden Wende in der politischen Philosophie Machiavellis, bei der er versuchte, das politische Handeln aus einer Analyse der Sache selbst zu orientieren. Er ging von einem Bereich politischer Machtausübung aus, der eigenen Gesetzen und Schicksalsmächten – der Tugend, *virtù*, und der glücklichen Gelegenheit, *fortuna* – unterliegt. Das politische Handeln, so die Annahme, muss sich nun Klarheit über diese Strukturmerkmale verschaffen und eine Adäquanz zu ihnen aufbauen. Es wird nur erfolgreich sein, wenn es sich in einen Prozess des *riscontro* (des Antwortens) begibt, wo es versucht, die jeweiligen Gelegenheitsbedingungen zu bestimmen und möglichst klug auf sie zu antworten. Machiavelli formulierte diesen Gedankengang in einem Brief aus dem Jahre 1506 an Giovan Battista Soderini, der als Ghiribizzi al Soderini bekannt wurde. Dort schreibt Machiavelli, derjenige sei »glücklich, der die Umstände seiner Zeit trifft, während derjenige unglücklich ist, der von diesen Umständen abweicht und die Ordnung der

65 Vatter, *Between Form and Event*, S. 87.
66 Ebd., S. 102.

Dinge ignoriert«.[67] Damit liegen solche Handlungsweisen nahe, die sich realistisch als Teil einer bestehenden »Ordnung der Dinge« begreifen und die jeweiligen naturalen Proportionen wieder in ein adäquates Verhältnis zu bringen vermögen.[68]

Doch, so lautet nun die These, wird dabei verkannt, dass sich im Prozess des *riscontro* auch immer die »eigentlich plebejische« Handlungsoption eines radikalen Bruchs mit der Ordnung und eines Neuanfangs abzeichnet.[69] Weil das Plebejische die Ordnung der Dinge in Gang setzt und in Bewegung hält, erscheint es immer adäquat zu sein, nicht innerhalb der bestehenden Formen zu handeln, sondern die Formen selbst zu suspendieren und neue zu schaffen. Im politischen Handeln zeichnen sich stets radikale Spielräume ab, in denen die jeweiligen Akteure revolutionierend auf die jeweiligen Zeitumstände einwirken. Dies wird von den radikaleren Lesarten so weit getrieben, dass sie die Priorität dort erblicken, wo ein wirkliches Antworten auf die Zeitumstände nicht in einem nachvollziehenden Verhältnis der Korrespondenz besteht; vielmehr beginnt für sie politisches Handeln erst, wenn es sich der politischen Form entzieht und sie überschreitet: Der »gute Effekt« politischen Handelns stellt sich erst dort ein, wo ein »Bürsten gegen den Strom der Zeit« eintritt und die jeweiligen Formen »erneuert« oder »revolutioniert« werden.[70] Dass in Revolutionen oft die Zeit angehalten wird, dass die Revolutionär:innen auf die Uhren an den Kirchtürmen schießen oder neue Kalendarien einführen, ist kein Zufall, sondern Ausdruck der Einsicht, dass die in diesen Fällen realistische Handlungsoption nicht im Nachvollzug der bestehenden Zeit, sondern im Schaffen einer neuen Zeit liegt.

Vor diesem Hintergrund wird der *plebs* vom Populismus gelöst. Dessen Verstrickung mit der Volkssouveränität und dem etablierten politischen System erscheint in einem eher konservativen Licht. Denn der Populismus, so die Kritik, führe zwar den Volksaufstand im Munde, aber er gemeinde die Widerstände in die je-

67 Zit. nach ebd., S. 144.

68 Der *plebs* als Korrekturfaktor (McCormick) speist sich genau aus solchen Überlegungen: Da die jeweils herrschenden sozialen Gruppen zur Ausweitung der Herrschaftsausübung neigen, soll die Mobilisierung des plebejischen Gegenaffekts die Dinge wieder ins Lot bringen.

69 Ebd., S. 136 ff.

70 Ebd., S. 155.

weilige »Ordnung der Dinge« ein. Nicht nur, dass er sich an den bestehenden Institutionen der Demokratie beteilige, er bleibe am Ende der Staatsräson verhaftet und überführe den wilden *plebs* in die Logik des Parteikampfs um die Machtausübung. Stattdessen wird eine anarchische Lösung des Plebejischen von den tradierten Formen politischer Konfliktaustragung avisiert. Isabell Lorey entdeckt beispielsweise in jüngeren sozialen Bewegungen wie Occupy, den Platzbesetzungen im europäischen Süden oder im arabischen Frühling die Merkmale einer »präsentistischen Demokratie«. Gerade weil diese Bewegungen keine Forderungen stellen und sich der etablierten Politik entziehen, brächten sie das Plebejische zum Ausdruck.[71] Die wahre Volkspolitik sei folglich nicht nur eine Politik des unförmigen Nicht-Volks der Menge (*multitude*), sondern auch eine Nicht-Politik in dem Sinne, dass sie bewusst in Kauf nehme, als unpolitisch, ästhetisch oder nur lebensweltlich beobachtet zu werden. Der *plebs* wird hier als wilde Kraft, als Vermögen oder *potentia* konturiert, die die jeweiligen sozialen Formen umwälzt.

Diese Einwände reagieren auf die Schattenseiten einer sozialdemokratischen Institutionalisierung popularer Veto-Macht, indem sie auf Korruptionstendenzen hinweisen, die sich notwendig einstellen, wenn sich politische Akteure auf die bestehende Politik einlassen. Darüber hinaus halten sie die Möglichkeit einer Transformation der Machtverhältnisse (und nicht nur ihrer Korrektur) präsent, wie sie sich historisch immer wieder eingestellt haben. Allerdings ordnen die radikalen Machiavelli-Lesarten das Plebejische nicht in eine Betrachtungsweise ein, die sich der jeweiligen gesellschaftlichen Bedingungen versichert, sondern versteigen sich in eine nur äußerlich verfahrende Formkritik: Statt auszuleuchten, wie das Plebejische durch bestehende soziale Systeme vermittelt wird und welche Handlungsspielräume sich daraus ergeben, bleibt es bei einer Gegenüberstellung von Ereignis und Form, von Bruch und Kontinuität, von Öffnung und Schließung, von *plebs* und *populus*. Zudem sind so kaum Antworten für Situationen zu gewinnen, in denen sich das Plebejische nicht nur ereignishaft zeigt, sondern wo es sich auf Dauer stellen muss und mit klassischen Stabilisierungsherausforderungen konfrontiert ist.

71 Isabell Lorey, *Demokratie im Präsens. Eine Theorie der politischen Gegenwart*, Berlin 2020.

Auf dieser Grundlage kann nicht angegeben werden, ob es aussichtsreich ist, in plebejische Bewegungen zu investieren, die im Zweifel immer wieder niedergeschlagen werden und in der Folge für Jahrzehnte verschwinden.[72] Das Lob des Plebejischen kann sich fraglos auf historische Vorläufer berufen. Es wiederholt allerdings eine Reihe von Fehlstellungen: Der plebejische Insurrektionismus zielt nicht auf die jakobinische Verallgemeinerung eines Volkswillens, sondern entzieht sich der Ordnung. In diesem Sinne versucht er, den jakobinischen Fehler zu umgehen. Er identifiziert ein negatives Moment, bei dem allerdings offenbleibt, wie es sich unter den Bedingungen der funktionalen Differenzierung überhaupt artikulieren kann. Denn im Zweifel verfügen die Eliten oder der Machtblock über Gewalt- und Kommunikationsmittel, um das plebejische Begehren zu unterdrücken, es auszulöschen oder zu kooptieren. So stellt sich die Frage, in welchem Verhältnis *plebs* und *populus* stehen von neuem: Wie kann eine populare Gegenmacht denkbar werden, die eine Transzendierung bewirkt, ohne den jakobinischen Fehler zu wiederholen oder in die Ohnmacht unvermittelter Dissidenz umzuschlagen?

8 Populare Politik und die Herausforderung der Globalisierung

Wie schon ausgeführt wurde, sind die Überlegungen aus jüngerer Zeit zur negativen Verfasstheit des Volkes stark von Rückgriffen auf eine materiale Theorie der Macht geprägt. Sie lassen zwei Zugänge zu: Eine eher realistisch-sozialdemokratische Lesart, die ihr Augenmerk auf die Institutionalisierung von Gegengewichten zu den dominanten sozialen Gruppen legt. Sie deutet den Populismus als »Schmerzensschrei«, der eine populare Gegenmacht in Gang setzt.[73] Die zweite, anarchische Lesart löst das Plebejische aus der

72 Vgl. dazu die Studien von Breaugh und Dupuy, die man nicht nur als Lob des Plebejischen lesen kann, sondern die auch die politische Aussichtslosigkeit und Ohnmacht plebejischer Volksaufstände nachvollziehbar machen: Breaugh, *The Plebeian Experience*; Roger Dupuy, *La Politique du Peuple. Racines, Permanences et Ambiguités du Populisme*, Paris 2002.

73 Auch wenn McCormick durchaus die internen Probleme populistischer Politik

bestehenden Verfassungsordnung heraus und rekonstruiert dies als radikalen Bruch, der dem Begehren nach Nicht-Beherrschung zum Ausdruck verhilft.

Die Frage bleibt, ob sich aus den Strukturmerkmalen einer negativen Verfasstheit des Volkes systematische Ressourcen für die Populismusdiskussion gewinnen lassen. Wenigstens zeichnet sich im Wechselspiel aus *plebs* und *populus* die Option eines Populismus ab, der den jakobinischen Fehler umgeht. Entscheidend dafür ist jedoch weniger die Frage, ob das wahre Volk nun das Volk der einfachen Leute oder ein dissidenter *plebs* ist, sondern in welchem Verhältnis die hier wirksame Negativität zur Volkssouveränität steht: Um in der modernen Gesellschaft überhaupt als politisch wahrgenommen zu werden, schmiegen sich die Machtunterworfenen (oder ihre Vertreter:innen und Organe) der kommunikativen Selbstreferenz des politischen Systems an, da die Auseinandersetzung um das Allgemeine dort ihren Platz hat. Sie manövrieren in den Grenzen eines politischen Verstandes, der sie davon abhält, auf eine längerfristige Transformation der Gesellschaft hinzuwirken. Als sozialdemokratischer Korrekturfaktor wird das Volk als *plebs* in die Tragik der Willensstärke verstrickt; als dissidenter *plebs* ist fraglich, ob es überhaupt als Gegenmacht sichtbar wird oder nicht eher im kommunikativen Rauschen versinkt und an den Grenzen der Politik abprallt.

Solche Problemlagen verstärken sich in der Gegenwart, wenn sich im Globalisierungsprozess das Verhältnis von Gesellschaft und Volkssouveränität neu ordnet. Die Orientierung an der Volkssouveränität gerät in eine Krise, da sie der Siegeszug einer neoliberalen Wirtschaftsverfassung auf nationaler wie auf supranationaler Ebene in ihrer Reichweite massiv einschränkt: Sie kann die kollektive Wirksamkeitserfahrung, die im Volk der Leute anklingt, nicht mehr herstellen, wenn die Orientierung an marktliberalen Politikoptionen schon vor dem Gesetzgebungsprozess feststeht und sich weite Teile des politischen Gestaltungsspielraums nicht mehr aussichtsreich adressieren lassen. Hier setzen identitäre und neo-nationalistische Spielarten des Populismus an, indem sie an ein identitär bestimmtes Nationalvolk appellieren: Sie stellen sich gegen eine

formen, etwa des Cäsarismus sieht: McCormick, »Die aktuelle Krise der Demokratie und der populistische Schmerzensschrei«, S. 41.

liberal geprägte Globalisierung, ohne für die Probleme der gegenwärtigen Krisen – des gesellschaftlichen Entwicklungsmodells, des Klimawandels oder der Wirtschaftsweise – einen belastbaren Ausweg anzubieten.

Kapitel 10
Gegenwart und Zukunft der Volkssouveränität

1 Vom Kirchenvolk zum Volk der Leute: Aufstieg der Volkssouveränität

Die Volkssouveränität und die Art, wie sie in der modernen Verfassung eingerichtet ist, eröffnet den Spielraum für populistische Politikformen. Sie nehmen den Volkswillen verallgemeinernd in Anspruch und wenden ihn gegen die Eliten. Dabei kann der Populismus nicht als unabhängige Rhetorik gelten, die unterschiedliche Akteure bemühen; vielmehr knüpft er an die verfassungstypische Konfiguration von Recht und Politik an, wie sie sich in langen historischen Prozessen herausgebildet hat: Im Populismus erfährt die höherrangige Verfassungsdimension (»We, the people«) einen Wiedereintritt in die regulären Verfahren der Politik. Dann wird das Volk zum Bezugspunkt und eine Umkehr oder Neuverhandlung der Ordnung als ganzer wird eingefordert. Der Volkswille muss nicht zwangsläufig auf eine konstruktive Verfassungspolitik zulaufen. Er ist dadurch gekennzeichnet, dass er sich den Eliten oder Organgewalten gegenüberstellt, und macht sich häufig als Unwille bemerkbar. Die Bewegungen sammeln sich um den Impuls, das Volk nicht von oben regieren zu lassen. Sowohl der Wiedereintritt in die regulären Verfahren als auch die Negativität des Volkswillens grenzen den Populismus von anderen Varianten populärer Politik ab.

Diese Studie hat gezeigt, dass eine angemessene Analyse des Populismus auf das Verhältnis von Volkssouveränität und sozialer Evolution zurückzukommen hat. Um das eigentümliche Schwanken zwischen Machtkritik und Regression nicht nur zu beobachten, sondern zu erklären, muss der Blick über das politische System und seine Oppositionsmöglichkeiten hinausgehen. Denn der Populismus ist in Krisen der Ko-Evolution sozialer Systeme zu beobachten: Wenn das erprobte Zusammenspiel von Recht, Politik und Gesellschaft (strukturelle Kopplung) erodiert, entstehen populistische Momente und Fundierungsfragen finden wieder Gehör: Wer ist das Volk? Wie ist das Gemeinwesen verfasst? Wie sind die Machtressourcen verteilt? Dabei ist für den Populismus kennzeichnend, dass sein sozialer Stoff, sein Substrat, die Frage nach Hierarchie und Umkehr, nach Macht und Gegenmacht ist: Statt gesellschaftlichen Krisen durch eine technokratische Neujustierung zu begegnen, treten *reversed-hierarchy*-Tendenzen hervor. Sie bringen das Begehren zum Ausdruck, dass sich Oben und Unten verkehren oder die Oberen damit rechnen müssen, entmachtet zu werden.

Dabei weist der Populismus dem Volk eine omnipotente Rolle zu, indem die Komplexität der Gesellschaft aufs Volk reduziert wird. Es ist die entscheidende Größe, der höchste Zurechnungspunkt, der alles entscheidende Erklärungsfaktor. Dies mag aus soziologischer Perspektive suspekt erscheinen. Doch dieser holistische Überschwang ist ein entscheidender Charakterzug der Politik. Schließlich ist es ihr Lebenselixier, gesellschaftliche Verhältnisse als veränderbar darzustellen und die entscheidende Handlungsmacht für sich zu beanspruchen. Aber nicht nur im Hinblick auf die Komplexität, sondern auch im Hinblick auf die Umkehr der Hierarchien wird das Verhältnis von Politik und Gesellschaft problematisch. Will das Volk dauerhaften Anschluss im politischen System finden, muss es ab einem bestimmten Punkt aus seiner unwilligen Rolle zu einem positiven Machtanspruch im Sinne eines Populismus an der Macht übergehen. Dies öffnet sowohl den Spielraum für eine Verallgemeinerung im Sinne eines klassischen Übergangs von der Opposition zur Regierung, bringt jedoch ebenso die Möglichkeit hervor, dass sich die populistischen Bewegungen von ihrer initialen Negativität lösen, sie umformen, verzerren, überschreiben und in ein Herrschaftsprojekt umschlagen lassen.

An den entscheidenden Stationen seiner Geschichte wurde deutlich, wie der Populismus schon immer in die Ausdifferenzierung von Recht und Politik verstrickt war. Zunächst wurden einzelne Strukturmerkmale genauer beleuchtet, die sich im ausgehenden Mittelalter mit dem Kirchenvolk der katholischen Kirche und dem *popolo* der Stadtstaaten zeigten und später in der Volkssouveränität zusammengeführt wurden: Das Volk wurde sowohl als rückgebundenes Volk der *civitas dei* und ebenso als Relais zur Durchsetzung spezifischer Interessenslagen (als *popolo*) verstanden. Von dort aus changierten die unterschiedlichen populistisch-demokratischen Ordnungsmodelle, die dem Volk die Souveränität zuschreiben wollten, immer wieder zwischen beiden Polen. Das Volk galt stets als Verkörperung von Prinzipien und höchsten Werten, mithin als befreiende Einheit, die sich aus einer Rückbindung an ein – wie auch immer geartetes – Recht herausbildet (*ratio*). Es galt jedoch ebenfalls als soziale Basis, deren faktischer Wille zur Durchsetzung gebracht werden sollte (*voluntas*).

Die demokratischen Revolutionen des 18. Jahrhunderts entfalteten die Volkssouveränität konsequent als in sich widersprüchliche Einheit aus *voluntas* und *ratio*. Dadurch verkomplizierten sich die Diskussionen um die Rolle des Volkes und die Möglichkeiten, sich innerhalb der Politik auf seinen Willen zu berufen. Denn einerseits schrieben die demokratischen Revolutionen dem Volk die verfassungsgebende Gewalt zu. Andererseits galt die Volkssouveränität als politische Willenssouveränität oder als Rechtssouveränität, die die Handelnden bindet. Dadurch wurde die populistische Verkörperung des Volkes nach der Verfassungsgebung zu einem Gegenstand regelmäßiger Kritik. Fortan inflationierte die demokratische Verfassung zwar die Rede vom Volk und zwang die handelnden Akteure dazu, sich als Vertreter:innen von Volksinteressen zu inszenieren. Durch ihre zweistufige Grundstruktur allerdings, die einfache Politik von höherrangiger Verfassungspolitik trennt, erhöhte sie auch die Hürden, um den Volkswillen in Anspruch zu nehmen.

Die nächste Station der Problemgeschichte zeigte einen Fortschritt in der Betrachtungsweise, die sich im Nachgang der demokratischen Revolutionen des 18. Jahrhunderts einstellte. Sie ließ von den Vertragslehren ab und wendete sich den Spielräumen für eine soziale Transformation zu: Ist der Populismus, so die zentrale Frage, eine geeignete Politikform, um verändernd in die gesellschaftliche Entwicklung einzugreifen? Die Herausbildung der kapitalistischen Wirtschaftsweise veränderte die Rolle der Volkssouveränität. Sollte nochmal ein Volksaufstand oder eine Volksrevolution gelingen, dann wären diese – so waren sich die Zeitgenoss:innen des 19. Jahrhunderts einig – weniger von einem Volk der Bürger:innen als vom Volk der Arbeit getragen, das seine Wurzeln in der Produktion des materiellen Lebens hatte. Die Widersprüche der Wirtschaftsweise sollten entweder als Anknüpfungspunkt für eine Loslösung der Volkssouveränität von der etablierten Politik dienen (Marx/Engels) oder sich in den Bereich des Staates übersetzen (Sozialdemokratie). Dafür schien ein populistisches Politikmodell aufgrund seiner mangelnden sozialwissenschaftlichen Durchdringung und den stets drohenden Verwicklungen in identitäre, voluntaristische oder autoritäre Fehler schlecht geeignet zu sein. Die Volkssouveränität erschien den Zeitgenoss:innen insgesamt als blumige Semantik, die Anleihen bei der Französischen Revolution machte, aber durch die rasante Entwicklung der kapitalistischen Wirtschaftsweise aus ihrer Zentralstellung für die gesellschaftliche Konfliktaustragung verdrängt wurde. So einleuchtend diese sozialwissenschaftliche Aufklärung auch verfuhr, sie hatte ihren blinden Fleck darin, dass sie die Bedeutung der Volkssouveränität nicht hinreichend berücksichtigte. Die Verschiebung der Repräsentation des gesellschaftlichen Allgemeinen in die Wirtschaft, wie sie Marx und Engels angenommen hatte, trat nicht ein.

Und so kehrten nach einer Periode des Experimentierens mit ökonomischen Politikansätzen die Bezüge auf die Volkssouveränität und auf populistische Mobilisierungsstrategien zurück, mehr noch: der Kampf um die Demokratie wurde sogar zum zentralen Mobilisierungsgegenstand in einem veränderten sozialen Umfeld. Nicht mehr die frühbürgerliche Gesellschaft oder der expandierende Industriekapitalismus des 19. Jahrhunderts bildeten das Terrain, sondern eine Gesellschaftsformation, die von einer Kombination aus kapitalistischer Wirtschaftsweise, sozialer Differenzierung und dem Eintritt der Massen ins gesellschaftliche Leben gekennzeichnet war. Das Volk als Masse brachte die demokratischen und egalitären Aspirationen der Volkssouveränität wieder ins Spiel. Die Volkskonzeptionen lösten sich von den aristokratischen Zügen eines Volkes der Bürger:innen und wurden in die Massenbewegungen des entstehenden Proletariats verlegt. Zwar triumphierte zum Kriegsbeginn 1914 der Patriotismus eines nationalen Volkes. Aber die demokratischen Revolutionen der Jahre 1917 ff. leiteten zunächst eine erfolgreiche Konstitutionalisierung der Massendemokratie ein.

Auf diesen langen und am Ende erfolgreichen Volksaufstand folgte der Katzenjammer. Ab den späten 1920er Jahren vollzog sich eine Verkehrung. Die demokratische Vertiefung der Volkssouveränität, wie sie in den Verfassungen der Revolutionen 1917 ff. festgehalten worden war, wurde durch faschistische Bewegungen herausgefordert und letztlich zerstört. Der Bezug aufs Volk der Masse wurde – wahrscheinlich so drastisch wie niemals zuvor in der Geschichte – als Regressionsmechanismus lesbar. Der Umgang der Zeitgenoss:innen mit dem autoritären Populismus war widersprüchlich: Einerseits galt ihnen die Volkssouveränität als Einfallstor für die autoritäre Transformation (Horkheimer), andererseits mobilisierten antifaschistische Koalitionen weltweit breite Volksfronten, -kongresse und -republiken, um ein Gegengewicht aufzubauen (Gramsci, Roosevelt).

Der Neuanlauf für die Demokratie in der Welt nach 1945 war davon geprägt, wieder verfasste Massendemokratien zu etablieren, dabei aber Einfallstore für die faschistische Regression zu schließen. Dazu zählten die Einbindung der Staaten in die Konstitutionalisierung des Völkerrechts, die Auflösung ökonomischer Machtkonzentration und eine Wirtschafts- und Sozialverfassung. Zudem sollten Volksparteien als in der Gesellschaft verankerte Massenparteien einer erneuten Regression im Namen des Volkes entgegenwirken. Allerdings war dieser Versuch, den Populismus zu verdrängen, nur von kurzer Dauer. In den Ländern des globalen Südens gewannen nationale Befreiungsbewegungen an Zuspruch. Sie wendeten sich als Volk gegen die Kolonialmächte und bemühten eine ausdrücklich populistische Rhetorik. Insbesondere lösten sie das Volk aus seinem einseitigen Bezug auf die ökonomischen Klassenverhältnisse. Diese Ereignisse wirkten sich auf das Nachdenken über den Populismus aus. Eventuell brachten die nationalen Befreiungsbewegungen nur die tieferliegende Wahrheit zum Ausdruck, dass das Volk immer schon ein in sich vielfältiges Volk der Leute war, das in keinem notwendigen Verhältnis zu bürgerlicher Selbstständigkeit (Volk der Bürger:innen/Liberalismus), ökonomischer Ausbeutung (Volk der Arbeit/Sozialismus) oder kulturellen Traditionen (Volk als Abstammungsgemeinschaft/Konservatismus) stand. Das Volk wurde als Ergebnis eines offenen Konstruktionsprozesses lesbar, der eine Vielfalt von Anliegen und Forderungen in sich einsaugt. In der modernen Gesellschaft vervielfältigten sich die Anlässe populistischer Kommunikation und die Freiheitsgrade beim Thematisieren eigener Forderungen, die gegen die Eliten gerichtet waren. Spätestens ab den 1970er Jahren kehrten populistische Polit- und Mobilisierungsformen auch in die westlichen Demokratien zurück.

2 Marktvolk und Globalisierung: Krise der Volkssouveränität

Es wäre vorschnell, den eben geschilderten Weg in die Massendemokratie nur auf den Nationalstaat zu beschränken. Die Entwicklung der Massendemokratie war schon in den 1920er Jahren und dann wieder nach 1945 von Prozessen inter- und transnationaler Konstitutionalisierung begleitet.[1] Das Völkerrecht und die Menschenrechtserklärungen brachten einerseits die zunehmende Verbreitung von demokratischen Prinzipien und Rechtsansprüchen zum Ausdruck, die sich von individuellen Abwehrrechten bis zu sozialen Teilhaberechten erstreckten. Andererseits wirkten sie in die Verfassung der Nationalstaaten hinein und stellten eine Grammatik bereit, die den politischen Konflikt strukturierte. Unter dem Gesichtspunkt der Freiheit und Gleichheit aller Menschen steigerte sich die Inklusion in das politische System bis hin zu dem Punkt, wo sich diese Ansprüche auf andere gesellschaftliche Teilbereiche wie Wirtschaft, Bildung oder familiäres Zusammenleben ausweiteten.[2] Die vielfältigen Bewegungen für nationale Selbstbestimmung und die Demokratisierung der Demokratie, die sich spätestens seit den 1960er Jahren weltweit herausbildeten, standen in direktem Zusammenhang mit dieser Entwicklung. Dies lief in den 1970er und 1980er Jahren auf eine deutliche Veränderungsperspektive zu. Sie präsentierte sich als Alternative zum Liberalismus des Westens wie zum real existierenden Sozialismus des Ostens. Weltweit zeigten sich Tendenzen in Richtung eines demokratischen Sozialismus – sowohl in den Ländern des globalen Südens als auch in der westlichen Welt und im real existierenden Sozialismus. Die nationalen Befreiungsbewegungen des globalen Südens waren erfolgreich, die katholische Kirche warf in der fünften Enzyklika von Papst Paul VI. »Populorum Progressio« 1967 die Frage nach weltweitem sozialen Ausgleich und Eingriffen in die Eigentumsordnung auf, die sozialdemokratischen Parteien veränderten ihre Programme. In Frankreich entstand eine machtvolle Linksunion, die eine Vergesellschaftung

1 Martti Koskenniemi, *The Gentle Civilizer of Nations. The Rise and Fall of International Law 1870-1960*, Cambridge 2009.

2 Tim Wihl, *Aufhebungsrechte. Form, Zeitlichkeit und Gleichheit der Grund- und Menschenrechte*, Weilerswist 2019, S. 236 ff.; Samuel Moyn, *Not Enough. Human Rights in an Unequal World*, London/Cambridge 2018, S. 41 ff.

großer Unternehmen herbeiführen wollte, Italien stand vor einer Regierungsübernahme durch linke Parteien und die neuen Demokratien im Süden Europas – in Spanien, Portugal und Griechenland – waren vom Anspruch einer sozialen Demokratie getragen.[3] Der ehemalige Bundeskanzler Helmut Kohl skizzierte diese Ausgangslage in einem seiner letzten Interviews rückblickend wie folgt:

> 1982 standen viele von den sogenannten Linken [...] auf dem Standpunkt [...], jetzt haben wir die Republik. [...] Wir gewinnen jetzt die Republik. [...] Sie wollten eine andere Republik. Sie wollten natürlich überhaupt nicht die DDR hier – Quatsch. Aber sie wollten eine Form von Sozialismus, sie wollten eine Neutralisierung [...]. Wir machen sozusagen in Mitteleuropa eine ganz andere Entwicklung.[4]

Abgesehen von der allgemeinen Beliebtheit sozialreformerischer Ansätze galten insbesondere die Länder des globalen Südens und die nationalen Befreiungsbewegungen als Träger eines demokratischen Neuanlaufs. Dadurch geriet die internationale Ordnung unter Druck. Ab den 1960er Jahren bildeten diese Länder einen eigenen Machtfaktor in den Vereinten Nationen und den Institutionen der Weltwirtschaft wie dem GATT und dem IWF.[5] Ein wichtiger Stichwortgeber für die Konstitutionalisierung der Welthandelsorganisation unter Vorzeichen des Freihandels, Ernst-Ulrich Petersmann, warnte schon früh:

> Der u.a. in der Charta von Algier (1967) und im Aktionsprogramm von Lima (1971) formulierte entwicklungspolitische Forderungskatalog der in der Gruppe der 77 gewerkschaftsähnlich organisierten Entwicklungsländer läuft auf eine revolutionäre Gesamtrevision traditionellen Wirtschaftsvölkerrechts unter entwicklungspolitischen Gesichtspunkten hinaus.[6]

3 Zur katholischen Soziallehre: Moyn, *Not Enough. Human Rights in an Unequal World*, S. 114; zur Situation in Europa: Enrico Berlinguer, »Gedanken zu Italien nach den Ereignissen in Chile«, in: Pietro Valenza (Hg.), *Der historische Kompromiß*, Westberlin 1976, S. 13-67; Frédéric Heurtebize, *Le Péril Rouge. Washington face à l'Eurocommunisme*, Paris 2014.

4 Helmut Kohl, »Letztes großes Interview«, 17:00 ff., ⟨https://www.youtube.com/watch?v=6gytySjB7wQ⟩.

5 Quinn Slobodian, *Globalisten. Das Ende der Imperien und die Geburt des Neoliberalismus*, Berlin 2019, S. 352 ff.; Moyn, *Not Enough. Human Rights in an Unequal World*, S. 113 ff.

6 Ernst-Ulrich Petersmann, »Die Dritte Welt und das Wirtschaftsvölkerrecht«, in: *Zeitschrift für ausländisches öffentliches Recht und Völkerrecht* 16 (1976), S. 492-550, 496.

Die Entwicklungsländer waren im ersten Schritt erfolgreich. Die Vereinten Nationen beschlossen 1974 eine Resolution über die Einrichtung einer »neuen internationalen Wirtschaftsordnung«. Die Resolution forderte die vollständige Überwindung des Kolonialismus: Es habe »sich als unmöglich herausgestellt, dass sich eine ausgeglichene Entwicklung der internationalen Gemeinschaft unter der bestehenden internationalen Wirtschaftsordnung« einstellt. Die neue Weltwirtschaftsordnung solle sich an »souveräner Gleichheit der Staaten«, »Kooperation«, der »Restitution von Ausbeutung und Unterdrückung« sowie einer aktiven Umverteilungs- und Entwicklungspolitik orientieren.[7]

Gegen diese Forderungen, die weltweit auf eine Veränderung der sozio-ökonomischen Grundlagen drängten, bildete sich Widerstand. Die Stunde des Neoliberalismus begann zu schlagen: Der Putsch Pinochets in Chile sowie der neoliberale Populismus Margaret Thatchers in Großbritannien und Ronald Reagans in den USA waren Vorboten eines Vorgangs, der in der wissenschaftlichen Forschung und der öffentlichen Diskussion als neoliberale Globalisierung bezeichnet wurde.[8] Statt auf eine Intensivierung der Massendemokratie setzte der Neoliberalismus auf eine Neuanordnung der strukturellen Kopplung zwischen den Sozialsystemen – über die Wahlmechanismen des politischen Systems (Thatcher), das Privatfernsehen (Berlusconi), über blanke Gewalt (Pinochet) oder andere Drohszenarien setzten sie einen neuen gesellschaftlichen Entwicklungsschub durch. Dadurch wurden die Tendenzen zu einer vertieften Massendemokratie und einer neuen internationalen Weltwirtschaftsordnung niedergeschlagen oder ausgehebelt.[9]

7 Vgl. UN Declaration on the Establishment of a New International Economic Order 1974.

8 Stuart Hall, »Popular-demokratischer oder autoritärer Populismus«, in: Helmut Dubiel (Hg.), *Populismus und Aufklärung*, Frankfurt am Main 1986, S. 84-105; Michael Kazin, *The Populist Persuasion. An American History*, Ithaca/London 1995, S. 245 ff.; Guy Hermet, *Les Populismes dans le monde. Une histoire sociologique (XIXe-XXe siècle)*, Paris 2001, S. 433 ff.

9 Slobodian, *Globalisten*, S. 375 ff.; vgl. auch die Studie von Grégoire Chamayou: »Die große Reaktion, die sich in 1970er Jahren vorbereitete, war weniger als Alternative zum Wohlfahrtsstaat denn als Alternative zu dessen Infragestellung gedacht. Sie war eine Alternative zur Alternative.« (Grégoire Chamayou, *Die unregierbare Gesellschaft. Eine Genealogie des autoritären Liberalismus*, Berlin 2019, S. 350)

Das Leitbild bestand in einer von den Schriften Friedrich Hayeks inspirierten Re-Konstitutionalisierung der Gesellschaft.[10] Ein freihandelsbasiertes Wirtschaftssystem wurde zum Leitsystem für die gesamte Gesellschaft erhoben. In der neoliberalen Perspektive erbrachte es nicht nur Leistungen in einem Ensemble der funktionalen Differenzierung, sondern symbolisierte das gesellschaftliche Allgemeine. Die Leitidee bestand darin, dass alle anderen gesellschaftlichen Sphären ihm entweder dienen oder sich selbst so organisieren sollten. Das Volk der Volkssouveränität war kein Volk der Leute mehr, sondern ein Marktvolk. Margret Thatcher verkündete, dass es »so etwas wie eine Gesellschaft« gar nicht gebe. Ihr Volk war ein Volk der Individuen, die einer Unternehmerpersönlichkeit nachgebildet wurden.[11] Die entsprechenden Phänomene des Populären verbreiteten diese Konstruktion über die Systemgrenzen hinweg. Man appellierte an die Kreations- und Innovationskräfte der Einzelnen. Der Volkswille verdichtete sich nicht in der Gesetzgebung oder auf der Straße, sondern im massenhaften Kauf von Aktien. Die Börsenberichte schoben sich vor die Nachrichten. Von der Gesundheitsversorgung bis zur Grundschule, von der Verwaltung bis zur wissenschaftlichen Forschung sollte eine marktförmige Konkurrenz entfesselt werden.

Dies stürzte die Volkssouveränität in eine erste Krise. Es war das Ziel des neoliberalen Umbaus, das politische System und seine populare Interventionsmacht zu unterlaufen. Nicht-majoritäre Institutionen wie Gerichtshöfe, die Einführung wirtschaftspolitischer Expertengremien und Kommissionen, Schuldenbremsen und supranationale Freihandelsregeln blockierten politische Eingriffe, die auf eine Umverteilung und Vergesellschaftung der sozio-ökonomischen Machtpotentiale setzten. Diese neoliberale Neuanordnung hatte eine ausdrücklich politisch-rechtliche Dimension. Politik und Recht wurden gerade nicht einseitig von der Wirtschaft überwältigt; vielmehr ermöglichten sie einen Schub inter- und transnationaler Konstitutionalisierung.[12] Die Ideen, die die Neoliberalen im

10 Ebd., S. 307 ff.

11 Zur Aufarbeitung des Thatcherismus: Astrid Séville, *»There is no alternative«. Politik zwischen Demokratie und Sachzwang*, Frankfurt am Main/New York 2017, S. 89 ff.

12 Dies heißt nicht, dass es nicht auch zu weiteren Schritten der Erweiterung von Rechtsansprüchen und Partizipationschancen gekommen wäre, aber sie fanden

Grunde schon seit den 1930er und 1940er Jahren ausarbeiteten,[13] fielen auf fruchtbaren Boden: Sie wollten die Demokratie zwar nicht vollständig abschaffen (nahmen ihre Abschaffung in den Ländern des globalen Südens freilich in Kauf), sie aber so in eine supranationale Verrechtlichung einbinden, dass der freihandelsbasierte Kapitalismus und seine Machtzentren weltweit abgesichert blieben. Das Ziel bestand in einer konstitutionalistisch inspirierten »Ummantelung der Weltwirtschaft«, um vermeintlich freie Märkte gegen Eingriffe in die Eigentumsordnung zu schützen.[14] Man kann dieses Projekt als autoritären Liberalismus bezeichnen, der »die Begrenzung des politischen Entscheidungsbereichs qua ökonomischem Verbot (seine liberale Variante) mit einer Beschränkung der subalternen Druckmittel auf die politischen Entscheidungsfindung (seine eigentlich autoritäre Variante) verbindet«.[15]

Diese Tendenz setzte sich in den 1980er und 1990er Jahren durch. In den Nationalstaaten der westlichen Welt fand ein massiver Sozialabbau und die Verallgemeinerung neoliberaler Wirtschaftspolitik statt, und in der Europäischen Union verbreitete sich eine neoliberale Interpretation der sogenannten Grundfreiheiten, die die wohlfahrtsstaatliche Sozialverfassung unterliefen.[16] Zudem hatte sich ein Weltwirtschaftsregime herausgebildet, das sich von

im Schatten einer neuen Entwicklungslinie statt (vgl. Moyn, *Not Enough. Human Rights in an Unequal World*, S. 173 ff.).

13 Damals entwickelten die Neoliberalen Forderungen nach einem Wechselspiel aus Nationalstaaten und einer globalen Föderation, deren Aufgabe es sein sollte, ökonomische Freiheiten zu garantieren. Ziel war eine gegen Roosevelts New-Deal-Politik gerichtete »Ent-Planung« des gesellschaftlichen Lebens (Slobodian, *Globalisten.* S. 147). Daraus erwuchs in der Folge eine große Skepsis gegenüber der Massendemokratie. Hayek bemerkte in einem Interview in den 1980er Jahren: »Persönlich ziehe ich einen liberalen Diktator einer demokratischen Regierung ohne Liberalismus vor« (Interview mit *El Mercurio*, April 1981).

14 Slobodian, *Globalisten*, S. 34.

15 Chamayou, *Die unregierbare Gesellschaft*, S. 347.

16 Zwar wurden in der EU die Rechte der Unionsbürger:innen in den letzten Jahrzehnten stetig ausgebaut, gleichzeitig hat sie die Rechtsprechung des EuGH immer wieder in ein Abwägungsverhältnis zu den marktliberalen Grundfreiheiten gebracht, denen er stets eine Vorfahrt gewährt (vgl. Andreas Fischer-Lescano/Kolja Möller, »Europäische Grundrechte und die Konstitutionalisierung sozialer Demokratie in Europa«, in: Andreas Fischer-Lescano u. a. (Hg.), *Europäische Gesellschaftsverfassung. Zur Konstitutionalisierung sozialer Demokratie in Europa*, Baden-Baden 2009, S. 313-332).

der 1995 gegründeten Welthandelsorganisation WTO über den IWF und seine Strukturanpassungsprogramme bis hin zur zentralen Rolle privater Schiedsgerichtsbarkeiten erstreckte. Diese Entwicklung lässt sich als das begreifen, was ich an anderer Stelle als Formwandel des Konstitutionalismus ausgeleuchtet habe.[17] Es handelte sich nicht nur um die Dominanz bestimmter Einzelentscheidungen in bestimmten Politikfeldern, sondern um eine höherrangige Verfassungspolitik, die bis heute stark begrenzend in die demokratische Entscheidungsfindung eingreift. Diese Entwicklungen sind als »imperialer Globalstaat im Werden« oder als »postdemokratischer Exekutivförderalismus« scharf kritisiert worden.[18] Jedenfalls wurde dabei die Volkssouveränität verdrängt, die Organe der Exekutive oder Verwaltungen wurden besetzt und die unternehmerische Kultur eines Marktvolks der Individuen verallgemeinert.[19]

Dies hatte zwei Dimensionen: Erstens waren Selbstermächtigungsstrategien zu beobachten,[20] wenn sich die Eigenaktivität der Gerichte, staatlicher Exekutiven oder verselbstständigter Systemrationalitäten zur verfassungsgebenden Gewalt aufschwang. Die Gerichte der weltwirtschaftlichen Institutionen begannen damit, die Menschenrechte oder das globale Allgemeinwohl für sich zu beanspruchen; westliche Verfassungsjurist:innen reisten durch die Welt und schrieben Verfassungstexte für ferne Länder; der Weltsicherheitsrat setzte grundlegende Rechtsansprüche der Individuen durch einfache politische Entscheidungen außer Kraft. Überall

17 Kolja Möller, *Formwandel der Verfassung. Die postdemokratische Verfasstheit des Transnationalen*, Bielefeld 2015.

18 Bhupinder Singh Chimni, »International Institutions Today: An Imperial Global State in the Making«, in: *European Journal of International Law* 1 (2004), S. 1-37; Jürgen Habermas, *Zur Verfassung Europas*, Berlin 2011, S. 48 ff.

19 Vgl. zum »Marktvolk« auch die Verwendung bei Wolfgang Streeck, *Gekaufte Zeit. Die vertagte Krise des demokratischen Kapitalismus*, Berlin 2013, 118 ff.

20 Jean L. Cohen identifiziert am Beispiel der Entscheidungen des UN-Sicherheitsrats während des sogenannten »Kriegs gegen den Terror« eine »Usurpation konstituierender Autorität« (Jean L. Cohen, *Globalization and Sovereignty: Rethinking Legality, Legitimacy, and Constitutionalism*, New York 2012, S. 268). Ausführlich zum Problem verfassungsgebender Gewalt: Kolja Möller, »From Constituent to Destituent Power Beyond the State«, in: *Transnational Legal Theory* 1 (2018), S. 32-55; kritisch: Markus Patberg, »Destituent Power in the European Union: On the Limits of a Negativistic Logic of Constitutional Politics«, in: *Journal of International Political Theory* 1 (2018), S. 82-99.

dort traten konstituierte Mächte in einer Rolle auf, die eigentlich den Bürger:innen, Menschen oder Staatsvölkern vorbehalten waren.

Zweitens ging diese Selbstermächtigung mit einer inhaltlichen Verfestigung einher.[21] Die inhaltlichen Kerne der jeweiligen Ordnungsmuster wurden so von oben in die Vertragswerke oder in die Spruchpraxis von Gerichtsbarkeiten eingetragen, dass sie im normalen politischen Prozess nur noch schwer veränderbar waren. Das schillerndste Beispiel dafür war die Weltwirtschaft, wo sich die einschlägigen Institutionen wie die Welthandelsorganisation (WTO), der Internationale Währungsfonds (IWF) oder das International Centre for the Settlement of Investment Dispute (ICSID) an Freihandel, Eigentumsrechten und Austeritätspolitik orientierten und sie als quasi verfassungsmäßige Politikziele adelten. Darüber hinaus machte die neoliberale Wende auch vor den nationalstaatlichen Verfassungen (und im Fall der BRD auch den Landesverfassungen) nicht halt. Auch dort erfuhren sogenannte Schuldenbremsen eine Konstitutionalisierung, die die Handlungsoptionen in der Fiskalpolitik massiv einschränken. In diesem Sinne entbehrte die neue Form des Konstitutionalismus genau jener inhaltlichen Offenheit, die in den Massendemokratien der sozialen Kompromisse wirksam gewesen war: dass es möglich war, die Einrichtung der Ordnung – und sei es rückblickend – als Ausdruck eines demokratischen Prozesses zu verstehen, und dass unterschiedliche gesellschaftliche Kräfte innerhalb der Verfassung ihren Zielsetzungen nachgehen konnten, die bis auf die Gesellschaftsverfassung, das heißt auf die Wirtschaftsweise und die sozio-ökonomische Machtverteilung, durchschlugen.[22] In der neuen Form des Konstitutionalismus – in

21 Stephen Gill/Claire A. Cutler (Hg.), *New Constitutionalism and World Order*, Cambridge 2014; Martti Koskenniemi, »Hegemonic Regimes«, in: Margaret A. Young (Hg.), *Regime Interaction in International Law*, Cambridge 2012, S. 305-324.

22 Vgl. dazu: Wolfgang Abendroth, »Zum Begriff des demokratischen und sozialen Rechtsstaates im Grundgesetz der Bundesrepublik Deutschland (1954)«, in: Wolfgang Abendroth, *Gesammelte Schriften Band 2*, Hannover 2008, S. 338-357; Otto Bauer, »Das Gleichgewicht der Klassenkräfte (1924)«, in: Hans-Jörg Sandkühler/Rafael De La Vega (Hg.), *Austromarxismus. Texte zu »Ideologie und Klassenkampf«*, Frankfurt am Main 1970, S. 79-97; Otto Kirchheimer, »Zur Staatslehre von Sozialismus und Bolschewismus«, in: Otto Kirchheimer, *Von der Weimarer*

den Privatrechtsregimen des Investitionsschutzes, in der Austeritätsverfassung des europäischen Fiskalpakts, dem Schuldenbremsenregime des Grundgesetzes – stand die »Wirtschafts- und Gesellschaftsordnung«, wie Wolfgang Abendroth einst formulierte, eben nicht mehr zur »Disposition demokratischer Willensbildung«.[23]

Das Volk der Leute wurde zunehmend durch das Marktvolk ersetzt. Die Volkssouveränität – der Anspruch auf eine kollektive Gestaltung der Lebensverhältnisse durch politische Gesetzgebung – befand sich in einer Krise und schien nicht mehr zum Stand der sozialen Evolution zu passen. Die neoliberale Wende sorgte dafür, dass die Politik in ihren Gestaltungsoptionen auf marktliberale Optionen festgelegt wurde. Dies hatte nicht nur eine inhaltliche, sondern auch eine symbolische Dimension. Im politischen Leben wurde kaum noch eine Alternativität in wirtschafts- und sozialpolitischen Kernfragen abgebildet. Die Politik sollte Marktprozesse begleiten, sie – mit Gewalt, Sozialdisziplinierung und Polizei – ermöglichen und ausgestalten, aber nicht mehr verändernd in sie eingreifen. Man sprach von einer »marktkonformen Demokratie«. Auf diese Weise wurde versucht, das Wirtschaftssystem als neues Allgemeines einzusetzen. Allerdings entbehrte es der Erfahrung kollektiver Selbstwirksamkeit, die in der Volkssouveränität mitschwingt (und sei es der Umstand, dass der eigene Beitrag wie beispielsweise die Stimmabgabe für eine Partei tatsächlich einen substantiellen Unterschied macht und sich die Dinge in der Folge wenigstens leicht in die gewollte Richtung verändern). Die demokratischen Verfahren funktionierten freilich weiterhin, traten aber hinter dem Führungsanspruch einer neoliberalisierten Wirtschaftsverfassung zurück. Die sozialwissenschaftliche Forschung hat diesen Zustand der Krise der Volkssouveränität als Postdemokratie charakterisiert.[24]

Republik zum Faschismus: Die Auflösung der demokratischen Rechtsordnung, Frankfurt am Main 1976, S. 32-52.

23 Abendroth, »Zum Begriff des demokratischen und sozialen Rechtsstaates im Grundgesetz der Bundesrepublik Deutschland«, S. 346; zur Rekonstruktion und Aktualisierung: Kolja Möller, »The Constitution As Social Compromise: Hybrid Constitutionalisation and the Legacy of Wolfgang Abendroth«, in: Marco Goldoni/Michael A. Wilkinson (Hg.), *The Cambridge Handbook on the Material Constitution*, Cambridge 2023, S. 136-149.

24 Vgl. Colin Crouch, *Post-Democracy*, Cambridge/Malden 2004.

Epilog

Wie sich heute nachvollziehen lässt, folgte auf den Siegeszug des neoliberalen Projekts sein allmähliches Scheitern. Je weiter es mit seinem Anspruch vordrang, desto stärkeren Krisen war es ausgesetzt. Es gelang und gelingt ihm bis heute nicht, eine stabile Regulation der Gesellschaft zu etablieren. Auf die Widerstandsbewegungen, wie sie sich beispielsweise auf der Welthandelskonferenz 1999 in Seattle zeigten, folgten wiederkehrende Auseinandersetzungen bis hin zur weitgehenden Blockade der weltwirtschaftlichen Institutionen, vor allem der WTO. Insgesamt hatte sich das neoliberale Projekt als höchst instabil erwiesen: vom Zusammenbruch der Finanzmärkte 2008 bis zur massenhaften Ausbreitung psychischer Krankheiten, vom gebrochenen Wohlstandsversprechen bis zur Unfähigkeit, das Verhältnis von Wirtschaft und natürlicher Umwelt auf eine Weise zu organisieren, die die Zukunft der Gattung sichert.[1] Die Produktivkräfte der Globalisierung sind, so sind sich mittlerweile die meisten Beobachter:innen einig, unter der Ägide einer neoliberalen Wirtschaftsverfassung in Destruktivkräfte umgeschlagen. Zwischenzeitlich befindet sich die Welt im Umbruch, und im Umfeld inter- und transnationaler Institutionen sind folgenreiche Erosionen zu beobachten. Insgesamt deutet vieles darauf hin, dass die liberale Globalisierung neuartigen Blockbildungen weicht.[2]

Dabei fällt jedoch auf, dass die Volkssouveränität als Bezugspunkt in das gesellschaftliche Leben zurückkehrt. Sie wird ein weiteres Mal in der Geschichte als Widerstandsformel gegen die Eliten genutzt. Gegen die Überformung der Politik von oben wird der *pouvoir constituant* von unten als Souveränität der Bürger:innen

1 Zu diesen Ebenen: Adam Tooze, *Crashed: How a Decade of Financial Crises Changed the World*, London 2018; Alain Ehrenberg, *Das erschöpfte Selbst. Depression und Gesellschaft in der Gegenwart*, Frankfurt am Main 2008; Oliver Nachtwey, *Die Abstiegsgesellschaft. Über das Aufbegehren in der regressiven Moderne*, Berlin 2016.

2 Vgl. etwa die Beobachtungen bei G. John Ikenberry, *A World Safe for Democracy: Liberal Internationalism and the Crises of Global Order*, Yale 2020; Ann Orford, »International Law and the Populist Moment«, in: *American University International Law Review* 3 (2020), S. 427-443.

oder einfachen Leute aktiviert. Dieser Mechanismus vermittelt offenbar noch am ehesten die Hoffnung auf eine kollektive Wirksamkeitserfahrung in einer Welt, deren Zukunft ungewiss ist und die immer wieder von neuen Katastrophen heimgesucht wird. Im Zuge dessen ist es der neuen Rechten und den Nationalist:innen gelungen, diesen Widerstand in das Projekt einer Identitätsbewahrung zu überführen. Nicht die Reform der internationalen Finanzmärkte, eine gerechte Wirtschaftsverfassung, gar eine transnationale Demokratie oder eine verstärkte entwicklungspolitische Zusammenarbeit setzen sich durch, sondern autokratische Bewegungen, die in immer mehr Ländern der Welt die Regierungen stellen. Das Begehren nach einer kollektiven Wirksamkeitserfahrung, die der Neoliberalismus verdrängt hatte, übersetzt sich in eine noch dichtere Spielart sozialer Herrschaft. Der identitäre Populismus dreht den Aufstand gegen die Eliten um. Er stellt Fragen der kulturellen Identität in den Mittelpunkt und verschärft erprobte soziale Grenzziehungen. Dabei beruft er sich auf ein Volk als Abstammungsgemeinschaft einer nationalen Lebensform, der er gegen die Globalisierung zur Geltung verhilft.

Man muss sich jedoch vor Augen halten, dass die Geschichte im Schatten dieser Entwicklungen wie eine Lokomotive weiter voranfährt. Der Klimawandel wirft die Frage nach einer Revolutionierung der Wirtschaftsweise auf, damit die menschliche Gattung überhaupt noch eine Zukunft hat. Die Rückkehr der identitären Volkssouveränität nimmt den Namen des Volkes für sich in Anspruch, aber sie läuft auf ein grundlegendes Problem zu: Indem sie das Volk mobilisiert, bringt sie zwar nochmals eine Wirksamkeitserfahrung innerhalb der Politik ins Spiel. Wenn sie aber die gesellschaftlichen und ökologischen Voraussetzungen der Politik unterläuft, nimmt die Volkspolitik am Ende eine Zerstörung der popularen Lebensbedingungen in Kauf – die Wiederherstellung der Souveränität eines nativistisch verstandenen Volkes wird mit der drohenden Extinktion der Gattung erkauft.

Jene offensichtliche Unwucht zwischen Volkssouveränität und diesen Realwidersprüchen läuft auf eine nächste Krise der Volkssouveränität zu. Denn das Versprechen einer kollektiven Wirksamkeitserfahrung, die eine gelingende längerfristige Transformation einleitet, ist in den Bahnen dieser Identitätspolitik nicht mehr einzulösen. Man kann vom Standpunkt der Wohlstandsinseln des globalen Nordens mit Verdrängung reagieren. Der Preis ist allerdings hoch, denn er besteht in Gewalt und dem Bau neuer Mauern. Der identitäre Populismus wird die Krisen der Weltgesellschaft so nicht lösen. Er kann nur versuchen, einzelne Zonen abzuschotten, aber er wird die soziale und ökologische Frage dadurch nicht an den Wurzeln packen oder auch nur einigermaßen belastbare Wege für einen adäquaten Umgang beschreiten. Die Herausforderungen der gegenwärtigen Krisen und die regressive Lesart der Volkssouveränität fallen deutlich auseinander. Diese neue Krise der Volkssouveränität bezieht sich nicht mehr auf die Probleme des Neoliberalismus, sondern auf eine Welt, in der die Volkssouveränität zwar zurückgekehrt ist, aber ihre Wirksamkeits- und Steuerungsversprechen nicht mehr einzulösen vermag. Hier könnte der Ansatzpunkt für eine Politik liegen, die sowohl die Destruktionen des neoliberalen Experiments (1. Krise der Volkssouveränität) als auch den Rückfall in die Abschottung (2. Krise der Volkssouveränität) umgeht. Eine solche Politik wird die Volkssouveränität nicht umgehen können: Denn solange sie vorgibt, wie in unseren Gesellschaften um das Allgemeine gerungen wird, wird sich die erforderliche Transformation in eine populare Durchsetzungsperspektive übersetzen müssen. Wie einst Franklin D. Roosevelt in den 1930er Jahren mit seiner New-Deal-Politik einen Neuanlauf wagte, um sich dem Faschismus entgegenzustellen und die Herausforderungen seiner Zeit zu meistern, ist auch heute eine Übersetzung sozialer Krisendiagnosen in politisches Handeln erforderlich. Es fehlt nicht an aktiven Bewegungen und ebenso wenig an Utopien, Reformideen und wissenschaftlichen Analysen; vielmehr rückt die Frage nach jenen Übersetzungsmöglichkeiten in den Mittelpunkt, die nicht nur ein wohlbegründetes Sollen zum Ausdruck bringen, sondern unmittelbar auf die Verteilung von Amtsmacht, Entscheidungsbefugnisse und Gesetzgebungsspielräume durchschlagen. Eine populare Politik könnte ein Bindeglied bilden, um die notwendige Auflösung von Machtkonzentrationen in den Bereich des kollektiv bindenden Entscheidens wieder eintreten zu lassen. Sie würde eine inklusive Mobilisierung des Volkswillens in den Bahnen des politischen Systems anerkennen, aber dabei aus der Geschichte des Populismus – seiner irritierenden Wiederkehr wie seinen Fehlstellungen – lernen. Sie würde Mechanismen entwickeln, um die diagnostizierten Blockaden zu überwinden, und das tragische Verhängnis erkennen, statt es immer wieder zu wiederholen. Nicht aus dem prinzipiellen Lob oder der Zurückweisung des Populismus, sondern aus einer Bewegung des Durcharbeitens der angemahnten Fehlstellungen könnte ein transzendierender Schritt gelingen, der damit beginnt, die Krisen der Gegenwart zu überwinden.

Allerdings scheint die gegenwärtige Welt düster und aus den Fugen geraten. Das Tempo der unterschiedlichen Krisenprozesse – von den anstehenden Verwerfungen durch den Klimawandel bis zu den neuen Kriegen – macht es schwer, eine schlagkräftige Verknüpfung von gesellschaftstheoretischer Diagnose, politischer Organisierung und praktischer Durchsetzung herzustellen. Zumal der Spätliberalismus mit seiner narzisstischen Wettbewerbskultur die subjektiven Voraussetzungen für eine solche Politik tagtäglich zerstört. Ausgemacht ist es jedoch nicht, dass sich in den Krisen nicht doch Möglichkeitsfenster und Spielräume öffnen – sich auf sie vorzubereiten, sie zu erkennen und schließlich zu nutzen, ist geboten.

In diesem Sinne lässt Peter Weiss seinen Roman *Ästhetik des Widerstands* nicht nur mit dem Hinweis auf den leeren Platz am Pergamonfries enden, den es zu besetzen gilt, sondern ebenso mit dem Gedanken an ein eingreifendes Handeln, das sich den Widersprüchen, mithin dem Störenden der Politik stellt:

> Manchmal war es, als zermürbe die Politik unser Denken, unsre Ausdrucksfähigkeit […]. Doch wenn wir uns auch verliefen im Gewirr der politischen Perspektiven, so wäre uns das Abstandnehmen von den Kräften, die draußen aufeinanderprallten, als eine noch größere Verirrung erschienen […]. Wir mussten durch die Politik hindurch, dieses Störende, das den Stil trübte […].[3]

Der identitäre Populismus ist Ausdruck einer Krise der Volkssouveränität. Statt sie zu verdrängen, gilt es, sie durchzuarbeiten und zu überwinden. Dabei bleibt eine populare Politik, die zugleich transformativ wirkt, eine Handlungsoption, die aus dem Inneren der Volkssouveränität selbst hervorgeht.

3 Peter Weiss, *Ästhetik des Widerstands*, Frankfurt am Main 1976/1978/1981, S. 1188.

Danksagung

Das vorliegende Buch ist die überarbeitete Fassung meiner Habilitation »Volkssouveränität und Gesellschaft«, die ich 2021 am Institut für Soziologie der Universität Flensburg eingereicht habe. Wenn ich auf die letzten Jahre des Schreibens zurückblicke, dann besitzt die Studie einen doppelten Ausgangspunkt. Zunächst zeichnete sich in den 2010er Jahren zunehmend ab, dass die liberalen Demokratien in eine Krise geraten waren und sich populistische Politikformen verbreiten. Dies weckte mein Interesse. Ich begann, in meinem Projekt »Affekt und Verfassung«, das ich von 2013 bis 2017 am Exzellenzcluster »Normative Ordnungen« der Universität Frankfurt leitete, erste Vorstudien vorzunehmen. Diese Forschungen konnte ich im Projekt »Transnational Force of Law« an der Universität Bremen und am Institut für Politikwissenschaften der Technischen Universität Dresden fortführen. In der Endphase profitierte ich von der Förderung der German-Israeli Foundation im Projekt »Legal Populism« (Grant 1557), das ich gemeinsam mit Sabine Müller-Mall und Alon Harel bearbeite, und ich nahm insbesondere die sich stellenden Verfassungsfragen genauer in den Blick.[1] Insgesamt war es ein großes Glück, die kontinuierliche Arbeit an der Studie über die Jahre verfolgen zu dürfen – wie sich zwischenzeitlich herumgesprochen hat, ist der Wissenschaftsbetrieb ein Sozialbereich, in dem neoliberale Steuerungsansätze weiterhin ihr Unwesen treiben. Je destruktiver sich ihre Erträge gesamtgesellschaftlich darstellen,

1 Überlegungen aus einer Reihe meiner Publikationen sind in das vorliegende Buch eingeflossen, insbesondere: »Moses and Aron: Reconsidering Holistic Politics«, in: *Philosophy & Social Criticism* (2023), Online First; »From Jacobin Flaws to Transformative Populism: Left Populism and the Legacy of European Social Democracy«, in: *Constellations* 3 (2023), S. 309-324; »Populism and the Political System: A Critical Systems Theory Approach to the Study of Populism«, in: *Philosophy & Social Criticism* 50 (2022), S. 299-322 ; »Transnational Populism in Context: The UN, the EU and beyond«, in: Paul Blokker (Hg.), *Transnational Contestation and Civic Populism*, London/New York 2021, S. 271-301; *Volksaufstand und Katzenjammer. Zur Geschichte des Populismus*, Berlin 2020; »Invocatio populi: Demokratischer und autoritärer Populismus«, in: Dirk Jörke/Oliver Nachtwey (Hg.), *Das Volk gegen die (liberale) Demokratie? Die Krise der Repräsentation und neue populistische Herausforderungen (Leviathan-Sonderband)*, Baden-Baden 2018, S. 246-267.

desto stärker werden sie hier auf die Spitze getrieben. Es ist nicht selbstverständlich, unter diesen Bedingungen noch Spielräume für wissenschaftliche Forschung und Lehre zu erhalten.

Im Laufe des Schreibens wurde mir zudem die biographische Dimension des Projektes zunehmend deutlich. Das Gespräch am runden Küchentisch, das meine politisch engagierten Eltern abendlich in meiner Kindheit und Jugend führten, bewegte sich immer wieder darum, wie sich politische Inhalte auch so übersetzen lassen, dass sie als populare, allgemeine Forderungen Geltung erlangen und sich in der Auseinandersetzung mit Gegnern behaupten können. Dabei erinnere ich mich ebenso an das akribische Ringen um die politischen Möglichkeiten, aber auch an die Fallstricke, die sich regelmäßig zeigten. Es waren solche Problemlagen, die ich in den Gesprächen am Küchentisch aufsog und die mich später auch als politisch Handelnden beschäftigten. Seit jeher wundere ich mich deshalb über gerade in akademischen Kreisen weitverbreitete Auffassungen von Politik, die sie eher zu verdrängen scheinen – sei es durch die Anrufung eherner Prinzipien, sei es durch aufgesetzte Volkstümelei. Wie die Leser:in der Studie feststellen wird, kann die hier vorliegende Analyse des Populismus auch als Anlauf gelesen werden, sich dieser Problemlagen nochmals zu vergewissern.

Viele Freunde und Kollegen haben das Projekt mit ihren Kommentaren bereichert. Hauke Brunkhorst ermutigte mich, die Arbeit am Buch zu beginnen, und stand immer wieder mit Hinweisen bereit. Bei ihm sowie bei Christopher Thornhill und Monika Eigmüller bedanke ich mich zudem für die Gutachten im Habilitationsverfahren. Andreas Fischer-Lescano gab mir die Möglichkeit, eine Reihe von Fragestellungen im Projekt »Transnational Force of Law« an der Universität Bremen zu vertiefen, und setzte seit jeher das erforderliche Vertrauen in mich. Zudem bedanke ich mich für Hinweise und Kommentare bei Philipp Schink, Tim Wihl, Laszlo Strzoda, Rahel Jaeggi, Johannes Buchner, Regina Kreide, Johan Horst, Johannes Haaf, Jan-Philipp Kruse, Isette Schuhmacher, Federico Wolkenstein, Oliver Nachtwey, Hannah Franzki, Manès Weisskircher, Jasmin Siri, Karsten Schubert, Alex Karschnia, Seongcheol Kim, Paula Diehl, Veith Selk, Miguel Vatter, Nils Kohlmeier, Victor Kempf, Ralf Rogowski und Lucas von Ranim. Lena Luczak und Philipp Hölzing lektorierten den Text umsichtig und verbesserten ihn auf diese Weise. Ohne die Freundschaft mit Lena

Kreck und Jan Harms sowie Kathi und Tobias Buser wären die letzten Jahre schwerer gewesen. Zudem bedanke ich mich bei meiner Gitarrenlehrerin Tina Jäckel für die musikalische Inspiration der letzten Jahre und die Geduld mit den Zwischendominanten.

Das ewige Gespräch mit meiner Gefährtin, Katja Kipping, forderte mich immer wieder aufs Neue intellektuell heraus und unterzog meine Überlegungen stets einem erforderlichen Realitätscheck. Die Liebe zu meiner Tochter, Natalja Anais, trug mich. Sie erinnerte mich immer wieder daran – einem Diktum des dänischen Philosophen Sören Kierkegaard folgend –, dass wir »rückwärts« zu verstehen versuchen, um »nach vorne«, für die Zukunft, zu arbeiten.

Am Ende eines solchen Schreibprozesses stellt sich immer die schwierige Frage nach einer Widmung. Mein Vater Dr. Bernd Möller schulte mich in all jenen Tugenden, die mein Leben und insbesondere mein akademisches Arbeiten bis heute prägen. Sie erstrecken sich von der Lust am Denken über das Vertrauen darein, auch unkonventionelle Wege zu gehen, bis zum Widerspruchsgeist. Allerdings verließ er mich zu früh, noch vor seinem Tod in meiner Jugend. Geblieben ist ein Schmerz, der mich seither begleitet. Daneben stehen eine anhaltende Verbundenheit und das Glück meiner Kindheit. Für sie.

Literaturverzeichnis

Abendroth, Wolfgang, »Zum Begriff des demokratischen und sozialen Rechtsstaates im Grundgesetz der Bundesrepublik Deutschland (1954)«, in: Ders., *Gesammelte Schriften Band 2*, Hannover 2008, S. 338-357.

Abensour, Miguel, *Demokratie gegen den Staat. Marx und das machiavellische Moment*, Berlin 2012.

Ackerman, Bruce, »Constitutional Politics/Constitutional Law«, in: *Yale Law Journal* 3 (1989), S. 453-547.

–, *We the People 2. Transformations*, Cambridge/London 1998.

Adler, Max, *Natur und Gesellschaft. Soziologie des Marxismus 2 (1930)*, Wien/Köln/Stuttgart/Zürich 1964.

Adorno, Theodor W., *Philosophie der neuen Musik (1949)*, Frankfurt am Main 1976.

–, »Vers une musique informelle (1961)«, in: Ders., *Musikalische Schriften I-III*, Frankfurt am Main 1978, S. 493-540.

–, »Mahler. Eine musikalische Physiognomik«, in: Ders., *Gesammelte Schriften Band 13*, Frankfurt am Main 2003, S. 149-320.

–, »Schwierigkeiten I. Beim Komponieren«, in: Ders., *Gesammelte Schriften Band 17*, Frankfurt am Main 2003, S. 253-273.

Agamben, Giorgio, *Homo Sacer. Die souveräne Macht und das nackte Leben*, Frankfurt am Main 2002.

–, *Herrschaft und Herrlichkeit*, Frankfurt am Main 2010.

–, *Höchste Armut. Ordensregeln und Lebensform*, Frankfurt am Main 2012.

–, *Stasis. Der Bürgerkrieg als politisches Paradigma*, Frankfurt am Main 2016.

Agnoli, Johannes, *Die Transformation der Demokratie*, Freiburg 1990.

Agustín, Oscar García/Briziarelli, Marco (Hg.), *Podemos and the New Political Cycle: Left-Wing Populism and Anti-Establishment Politics*, Cham 2017.

Allen, Amy, *The End of Progress. Decolonizing the Normative Foundations of Critical Theory*, New York 2016.

Almeida, Fabio, »The Emergence of Constitutionalism as an Evolutionary Adaptation«, in: *Cardozo Public Law, Policy, and Ethics Journal* 1 (2014), S. 1-96.

Althusser, Louis, »Machiavel et nous (1976)«, in: François Matheron (Hg.), *Écrits Philsophiques et Politiques. Tome II*, Paris 1995, S. 43-173.

–, *Ideologie und ideologische Staatsapparate (1970)*, Hamburg 2010.

–, *Für Marx*, Frankfurt am Main 2011.

Althusser, Louis/Balibar, Étienne, *Reading Capital (1968)*, London/New York 1997.

Amlinger, Carolin/Nachtwey, Oliver, *Gekränkte Freiheit. Aspekte des libertären Autoritarismus*, Berlin 2022.
Amstutz, Marc/Fischer-Lescano, Andreas (Hg.), *Kritische Systemtheorie: Zur Evolution einer normativen Theorie*, Bielefeld 2013.
Arato, Andrew/Cohen, Jean L, *Populism and Civil Society*, Oxford/New York 2021.
Assmann, Jan, *Herrschaft und Heil. Politische Theologie in Altägypten, Israel und Europa*, München/Wien 2000.
–, *Exodus. Die Revolution der Alten Welt*, München 2015.
–, *Politische Theologie zwischen Ägypten und Israel*, München 2017.
Avineri, Shlomo, *The Social and Political Thought of Karl Marx*, Cambridge 1969.

Bachtin, Michail, *Rabelais und seine Welt. Volkskultur als Gegenkultur*, Frankfurt am Main 1987.
Bachur, João Paulo, *Kapitalismus und funktionale Differenzierung*, Baden-Baden 2013.
Baecker, Dirk, »Lenin's Void: Towards a Kenogrammar of Management«, in: *Soziale Systeme* 2 (2002), S. 294-306
–, *Form und Formen der Kommunikation*, Frankfurt am Main 2007.
–, »Crisis as Cultural Form«, in: Poul F. Kjaer u. a. (Hg.), *The Financial Crisis in Constitutional Perspective. The Dark Side of Functional Differentiation*, Oxford 2011, S. 173-187.
Baehr, Peter, *Caesar and the Fading of the Roman World. A Study in Republicanism and Caesarism*, New Brunswick/London 1998
Baranger, Denis, »The Apparition of Sovereignty«, in: Hent Kalmo/Quentin Skinner (Hg.), *Sovereignty in Fragments: The Past, Present and Future of a Contested Concept*, Cambridge 2010, S. 47-63.
Barion, Hans, »Kirche oder Partei? Römischer Katholizismus und politische Form«, in: *Der Staat* 2 (1965), S. 131-176.
Baron, Hans, *The Crisis of the Early Italian Renaissance. Civic Humanism and Republican Liberty in an Age of Classicism and Tyranny*, Princeton 1966.
Bartelson, Jens, *A Genealogy of Sovereignty*, Cambridge/New York 1995.
Bauer, Otto, *Die österreichische Revolution*, Wien 1923.
–, »Das Gleichgewicht der Klassenkräfte (1924)«, in: Hans-Jörg Sandkühler/Rafael De La Vega (Hg.), *Austromarxismus. Texte zu »Ideologie und Klassenkampf«*, Frankfurt am Main 1970, S. 79-97.
–, »Der Faschismus«, in: Wolfgang Abendroth (Hg.), *Faschismus und Kapitalismus. Theorien über die sozialen Ursprünge und die Funktion des Faschismus*, Frankfurt am Main 1972, S. 143-167.
Beaud, Olivier, *La Puissance de l'État*, Paris 1994.

Behrends, Okko, »Princeps Legibus Solutus«, in: Rainer Grote u. a. (Hg.), *Die Ordnung der Freiheit*, Tübingen 2007, S. 3-21.

Behrends, Okko u. a. (Hg.), *Corpus Iuris Civilis. Die Institutionen*, Heidelberg u. a. 2013.

Bendix, Reinhard, *Könige oder Volk – Machtausübung und Herrschaftsmandat. Zweiter Teil*, Frankfurt am Main 1980.

Berlin, Isaiah u. a., »To Define Populism«, in: *Government and Opposition* 2 (1968), S. 137-179.

Berlinguer, Enrico, »Gedanken zu Italien nach den Ereignissen in Chile«, in: Pietro Valenza (Hg.), *Der historische Kompromiß*, Westberlin 1976, S. 13-67.

Berman, Harold J., *Recht und Revolution. Die Bildung der westlichen Rechtstradition*, Frankfurt am Main 1991.

–, *Law and Revolution II. The Impact of the Protestant Reformations on the Western Legal Tradition*, Cambridge/London 2003.

Bernstein, Eduard, *Die Voraussetzungen des Sozialismus und die Aufgaben der Sozialdemokratie*, Stuttgart 1902.

–, »Wird die Sozialdemokratie Volkspartei?«, in: *Sozialistische Monatshefte* (1905), S. 663-671.

–, *Der Sozialismus einst und jetzt. Streitfragen des Sozialismus in Vergangenheit und Gegenwart*, Berlin 1923.

–, »Der Revisionismus in der Sozialdemokratie (1909)«, in: Tom Strohschneider (Hg.), *Eduard Bernstein oder: Die Freiheit des Andersdenkenden*, Berlin 2019, S. 67-106.

Besson, Samantha/Martí, José Luis (Hg.), *Deliberative Democracy and its Discontents*, Aldershot 2006.

Biebricher, Thomas, *Geistig moralische Wende. Die Erschöpfung des deutschen Konservatismus*, Berlin 2018.

Birnbaum, Norman, »Populismus, Reaganismus und die amerikanische Demokratie«, in: Helmut Dubiel (Hg.), *Populismus und Aufklärung*, Frankfurt am Main 1986, S. 106-131.

Black, Antony, »The Conciliar Movement«, in: James H. Burns (Hg.), *The Cambridge History of Medieval Political Thought c.350-c.1450*, Cambridge 1988, S. 573-587.

Bloch, Ernst, *Thomas Müntzer als Theologe der Revolution*, Frankfurt am Main 1969.

Blokker, Paul, »Populist Constitutionalism«, in: Carlos De la Torre (Hg.), *Routledge Handbook of Global Populism*, Oxon/New York 2018, S. 113-127.

–, »Populism as a Constitutional Project«, in: *Journal of International Constitutional Law* 2 (2019), S. 536-553

Blokker, Paul/Thornhill, Chris (Hg.), *Sociological Constitutionalism*, Cambridge 2017.

Böckenförde, Ernst-Wolfgang, »Politische Theorie und Politische Theologie«, in: Jacob Taubes (Hg.), *Religionstheorie und Politische Theologie: Der Fürst dieser Welt. Carl Schmitt und die Folgen*, München 1983, S. 16-25.
–, »Die verfassunggebende Gewalt des Volkes. Ein Grenzbegriff des Verfassungsrechts«, in: Ulrich K. Preuss (Hg.), *Zum Begriff der Verfassung. Die Ordnung des Politischen*, Frankfurt am Main 1994, S. 58-82.
Boehm, Christopher et al., »Egalitarian Behavior and Reverse Dominance Hierarchy [and Comments and Reply]«, in: *Current Anthropology* 3 (1993), S. 227-254.
Bohlender, Matthias u. a., *»Kritik im Handgemenge«: Die Marx'sche Gesellschaftskritik als politischer Einsatz*, Bielefeld 2018.
Boldt, Hans u. a., »Staat und Souveränität«, in: Otto Brunner u. a. (Hg.), *Geschichtliche Grundbegriffe*, Bd. 6, Stuttgart 1990, S. 1-154.
Borchardt, Rudolf, *Führung: Rede öffentlich gehalten in Bremen am 2. Januar 1931*, München 1931.
Boyer, Robert/Saillard, Yves (Hg.), *Regulation Theory. The State of the Art*, London/New York 2001.
Breaugh, Martin, *The Plebeian Experience: A Discontinuous History of Political Freedom*, New York 2013.
Brumlik, Micha, »Das alte Denken der neuen Rechten«, in: *Blätter für deutsche und internationale Politik* 3 (2016), S. 81-92.
Brunkhorst, Hauke, »Kommentar«, in: Karl Marx, *Der achtzehnte Brumaire des Louis Bonaparte*, Frankfurt am Main 2007, S. 133-328.
–, »Critique of Dualism: Hans Kelsen and the Twentieth Century Revolution in International Law«, in: *Constellations* 4 (2011), S. 496–512.
–, »Von der Krise zum Risiko und zurück. Marxistische Revisionen«, in: Rahel Jaeggi/Daniel Loick (Hg.), *Nach Marx*, Berlin 2013, S. 412-441.
–, *Critical Theory of Legal Revolutions*, London/New York 2014.
–, »Sociological Constitutionalism: An Evolutionary Approach«, in: Paul Blokker/Chris Thornhill (Hg.), *Sociological Constitutionalism*, Cambridge 2017, S. 95-132.
Brunner, Otto, *Land und Herrschaft*, Wien u. a. 1939.
Buckel, Sonja, *Subjektivierung und Kohäsion. Zur Rekonstruktion einer materialistischen Theorie des Rechts*, Weilerswist 2007.
Buckel, Sonja/Fischer-Lescano, Andreas (Hg.), *Hegemonie gepanzert mit Zwang*, Baden-Baden 2007.
Buonarroti, Philippo, *Babeuf's Conspiracy for Equality*, London 1836.

Calhoun, Craig J., *The Question of Class Struggle: Social Foundations of Popular Radicalism During the Industrial Revolution*, Chicago 1982
Canning, Joseph P., »Law, Sovereignty and Corporation Theory, 1300-

1450«, in: James H. Burns (Hg.), *The Cambridge History of Medieval Political Thought c.350-c.1450*, Cambridge 1988, S. 454-476.
Canovan, Margaret, *Populism*, New York/London 1981.
–, »Trust the People! Populism and the Two Faces of Democracy«, in: *Political Studies* 1 (1999), S. 2-16.
–, *The People*, Cambridge/Malden 2005.
Chamayou, Grégoire, *Die unregierbare Gesellschaft. Eine Genealogie des autoritären Liberalismus*, Berlin 2019.
Chambers, Simone, »Afterword: Populist Constitutionalism v. Deliberative Constitutionalism«, in: Graeme Orr u. a. (Hg.), *The Cambridge Handbook of Deliberative Constitutionalism*, Cambridge 2018, S. 370-372.
Chimni, Bhupinder Singh, »International Institutions Today: An Imperial Global State in the Making«, in: *European Journal of International Law* 1 (2004), S. 1-37.
Clarke, Maude V., *The Medieval City State*, London 1926.
Clastres, Pierre, *Staatsfeinde. Studien zur politischen Anthropologie (1974)*, Konstanz 2020.
Cohen, G. A., *Karl Marx's Theory of History. A Defence*, Oxford 2000.
Cohen, Jean L., *Globalization and Sovereignty: Rethinking Legality, Legitimacy, and Constitutionalism*, New York 2012.
Cohen, Joshua, »Democracy and Liberty«, in: Jon Elster (Hg.), *Deliberative Democracy*, Cambridge/New York 1998, S. 185-231.
Cohn, Samuel K., *The Laboring Classes in Renaissance Florence*, New York/London/Toronto/Sydney/San Francisco 1980.
Colletti, Lucio, *Bernstein und der Marxismus der Zweiten Internationalen*, Frankfurt am Main 1971.
Colliot-Thélène, Catherine, »Quel est le peuple du populisme?«, in: Dies./Florian Guénard (Hg.), *Peuples et Populismes*, Paris 2014, S. 5-25.
Corrias, Luigi, »Populism in a Constitutional Key: Constituent Power, Popular Sovereignty and Constitutional Identity«, in: *European Constitutional Law Review* 1 (2016), S. 6-26.
Corwin, Edward S., »The ›Higher Law‹ Background of American Constitutional Law«, in: *Harvard Law Review* 2 (1928), S. 149-185
Crouch, Colin, *Post-Democracy*, Cambridge/Malden 2004.

De Benoist, Alain, *Le Moment Populiste. Droite-Gauche C'est Fini!*, Paris 2017.
De Leon, Daniel, *Two Pages from Roman History*, New York 1962.
Decker, Frank, »Die populistische Herausforderung. Theoretische und ländervergleichende Perspektiven«, in: Ders. (Hg.), *Populismus. Gefahr für die Demokratie oder nützliches Korrektiv?*, Wiesbaden 2006, S. 9-32.
Del Lucchese, Filippo u. a. (Hg.), *The Radical Machiavelli*, Leiden/Boston 2015.

Demirovic, Alex, *Nicos Poulantzas – eine kritische Auseinandersetzung*, Berlin 1987.

Deppe, Frank, *Verschwörung, Aufstand und Revolution. Blanqui und das Problem der sozialen Revolution*, Frankfurt am Main 1970.

–, *Niccolò Machiavelli. Zur Kritik der reinen Politik*, Frankfurt am Main 1987.

Derrida, Jacques, »Unabhängigkeitserklärungen«, in: Friedrich A. Kittler (Hg.), *Nietzsche – Politik des Eigennamens: Wie man abschafft, wovon man spricht*, Berlin 2000, S. 9-19.

Dewey, John, »Mittel und Zwecke – Ihre Wechselbeziehung und Leo Trotzkis Essay: Ihre Moral und unsere«, in: John Dewey u. a. (Hg.), *Politik und Moral. Die Zweck-Mittel-Debatte in der neueren Philosophie und Politik*, Lüneburg 2001, S. 161-176.

»Dogmatische Konstitution über die Kirche (*Lumen Gentium*)«, in: Heinrich Suso Brechter u. a. (Hg), *Lexikon für Theologie und Kirche – Das Zweite Vatikanische Konzil – Teil 1*, Freiburg/Basel/Wien 1966, S. 137-347.

Diehl, Paula, *Das Symbolische, das Imaginäre und die Demokratie. Eine Theorie politischer Repräsentation*, Baden-Baden 2015.

–, »Rosanvallons Konzepte von Repräsentation und Volk und ihre Bedeutung für das Verstehen des Populismus«, in: *Zeitschrift für politische Theorie* 1 (2016), S. 89-104.

Draper, Hal, »Karl Marx and Simon Bolívar. A Note on Authoritarian Leadership in a National-Liberation Movement«, in: *New Politics* 1 (1968), S. 64-77.

–, *Karl Marx's Theory of Revolution: The Dictatorship of the Proletariat*, New York 1986.

Dryzek, John, *Foundations and Frontiers of Deliberative Governance*, Oxford/New York 2010.

Dubiel, Helmut, »Das Gespenst des Populismus«, in: Ders. (Hg.), *Populismus und Aufklärung*, Frankfurt am Main 1986, S. 33-50.

Dülffer, Jost, »Bonapartism, Fascism and National Socialism«, in: *Journal of Contemporary History* (1976), S. 109-128.

Dupuy, Roger, *La Politique du Peuple. Racines, Permanences et Ambiguités du Populisme*, Paris 2002.

Eberl, Oliver, »Der Vater der Gewaltentrennung. Sieyès' Begründung eines ›französischen‹ Modells der vertikalen Gewaltenteilung«, in: Ulrich Thiele (Hg.), *Volkssouveränität und Freiheitsrechte*, Baden-Baden 2009, S. 191-210.

Ehrenberg, Alain, *Das erschöpfte Selbst. Depression und Gesellschaft in der Gegenwart.*, Frankfurt am Main 2008.

Ehrhardt, Arnold, »Das Corpus Christi und die Korporationen im spät-römischen Recht«, in: *Zeitschrift der Savigny-Stiftung für Rechtsgeschichte: Romanistische Abteilung* 1 (1953), S. 299-347.
Eley, Geoff, *Forging Democracy. The History of the Left in Europe, 1850-2000*, Oxford 2002.
Engels, Friedrich, »Einleitung zur englischen Ausgabe (1892) der ›Entwicklung des Sozialismus von der Utopie zur Wissenschaft‹«, in: *Marx-Engels-Werke Band 22*, Berlin 1963, S. 287-311.
–, »Einleitung zu Karl Marx' ›Klassenkämpfe in Frankreich 1848 bis 1850‹ (1895)«, in: *Marx-Engels-Werke Band 22*, Berlin 1972, S. 509-527.
–, »Zur Kritik des sozialdemokratischen Programmentwurfs (1891)«, in: *Marx-Engels-Werke Band 22*, Berlin 1972, S. 225-240.
–, »Die Entwicklung des Sozialismus von der Utopie zur Wissenschaft (1880)«, in: *Marx-Engels-Werke Band 19*, Berlin 1973, S. 177-228.
–, »Grundsätze des Kommunismus (1847)«, in: (Hg.), *Marx-Engels-Werke Band 4*, Berlin 1974, S. 361-380.
–, »Der Ursprung der Familie, des Privateigentums und des Staats (1884)«, in: *Marx-Engels-Werke Band 21*, Berlin 1975, S. 25-173.
–, »Zur Geschichte des Bundes der Kommunisten (1885)«, in: *Marx-Engels-Werke Band 21*, Berlin 1975, S. 206-224.
Errejon, Inigo/Mouffe, Chantal, *Construir pueblo. Hegemonía y radicalización de la democracia*, Barcelona 2015.
Espejo, Paulina Ochoa, *The Time of Popular Sovereignty. Process and the Democratic State*, University Park, Pennsylvania 2011.
Estlund, David, »Deliberation Down and Dirty. Must Political Expression Be Civil?«, in: Thomas R. Hensley (Hg.), *The Boundaries of Freedom of Expression & Order in American Democracy*, Kent/London 2001, S. 49-67.
–, »Democracy and the Real Speech Situation«, in: Samantha Besson/José Luis Martí (Hg.), *Deliberative Democracy and its Discontents*, Aldershot 2006, S. 75-91.

Fanon, Frantz, *Die Verdammten dieser Erde (1961)*, Berlin 2015.
Fechner, Heiner, *Emanzipatorischer Rechtsstaat. Von der Rule of Law zum transformatorischen Konstitutionalismus*, Baden-Baden 2017.
Ferente, Serena, »Popolo and Law«, in: Quentin Skinner/Richard Bourke (Hg.), *Popular Sovereignty in Historical Perspective*, Cambridge 2016, S. 96-114.
Finchelstein, Federico, *From Fascism to Populism in History*, Oakland 2017.
Fischer-Lescano, Andreas, *Globalverfassung: Die Geltungsbegründung der Menschenrechte*, Weilerswist 2005
–, »Kritische Systemtheorie Frankfurter Schule«, in: Gralf-Peter Calliess u. a. (Hg.), *Soziologische Jurisprudenz*, Berlin 2009, S. 49-68.

–, »Critical Systems Theory«, in: *Philosophy & Social Criticism* 1 (2012), S. 3-23
–, *Rechtskraft*, Berlin 2013
Fischer-Lescano, Andreas/Eickenjäger, Sebastian, »Transnationalisierung des Versammlungsrechts«, in: Helmut Ridder u. a. (Hg.), *Kommentar Versammlungsrecht*, Baden-Baden 2020, S. 258-330.
Fischer-Lescano, Andreas/Möller, Kolja, »Europäische Grundrechte und die Konstitutionalisierung sozialer Demokratie in Europa«, in: Andreas Fischer-Lescano u. a. (Hg.), *Europäische Gesellschaftsverfassung. Zur Konstitutionalisierung sozialer Demokratie in Europa*, Baden-Baden 2009, S. 313-332.
Fontana, Benedetto, *Hegemony and Power. On the Relation between Gramsci and Machiavelli*, Minneapolis 1993.
Fossum, John Erik/Menéndez, Agustín José, *The Constitution's Gift. A Constitutional Theory for a Democratic European Union*, Plymouth 2011.
Fottorino, Eric, *Macron par Macron*, Paris 2017.
Foucault, Michel, »Mächte und Strategien«, in: Daniel Defert/François Ewald (Hg.), *Dits et Ecrits III*, Frankfurt am Main 2003, S. 538-567.
–, *Sicherheit, Territorium, Bevölkerung – Geschichte der Gouvernementalität I*, Frankfurt am Main 2004.
Fraenkel, Ernst, *Der Doppelstaat (1940)*, Leipzig 2012.
Freeden, Michael, *The Political Theory of Political Thinking*, Oxford 2013.

Garnett, George, *Marsilius of Padua and ›the Truth of History‹*, Oxford/New York 2006.
Gewirth, Alan, *Marsilius of Padua. The Defender of Peace*, New York 1951.
Gilbert, Alan, *Marx's Politics*, New Jersey 1981.
Gill, Stephen/Cutler, Claire A. (Hg.), *New Constitutionalism and World Order*, Cambridge 2014.
Gollwitzer, Heinz, »Der Cäsarismus Napoleons III. im Widerhall der öffentlichen Meinung Deutschlands«, in: *Historische Zeitschrift* 1 (1952), S. 23-75.
Goodwyn, Lawrence, *The Populist Moment. A Short History of the Agrarian Revolt in America*, Oxford 1978.
Graeber, David, *Frei von Herrschaft: Fragmente einer anarchistischen Anthropologie*, Wuppertal 2008.
Gramsci, Antonio, »Anmerkungen zur Politik Machiavellis«, in: Ders., *Gefängnishefte – kritische Gesamtausgabe*, Hamburg 1991, S. 1532-1622.
–, *Gefängnishefte – kritische Gesamtausgabe*, Hamburg 1991.
Grattan, Laura, »Pierre Bourdieu and Populism: The Everyday Politics of Outrageous Resistance«, in: *The Good Society* 2 (2012), S. 194-218.
Grebing, Helga, *Der Revisionismus. Von Bernstein bis zum »Prager Frühling«*, München 1977.

Griffin, Roger, »Interregnum or endgame? The Radical Right in the ›Post-Fascist‹ Era«, in: *Journal of Political Ideologies* 2 (2000), S. 163-178.

Grimm, Dieter, *Souveränität: Herkunft und Zukunft eines Schlüsselbegriffs* Berlin 2009.

Groh, Dieter, »Cäsarismus«, in: Otto Brunner u. a. (Hg.), *Geschichtliche Grundbegriffe*, Bd. 1, Stuttgart 1972, S. 726-771.

–, *Negative Integration und revolutionärer Attentismus. Die deutsche Sozialdemokratie am Vorabend des Ersten Weltkriegs*, Frankfurt am Main/Berlin/Wien 1973.

Groten, Andreas, *Corpus und Universitas. Römisches Körperschafts- und Gesellschaftsrecht: zwischen griechischer Philosophie und römischer Politik*, Tübingen 2015.

Grünwaldt, Klaus, *Gott und sein Volk*, Darmstadt 2006.

Gruppi, Luciano, *Gramsci. Philosophie der Praxis und die Hegemonie des Proletariats*, Hamburg 1977.

Gustafsson, Bo, *Marxismus und Revisionismus. Eduard Bernsteins Kritik des Marxismus und ihre ideengeschichtlichen Voraussetzungen*, Frankfurt am Main 1972.

Habermas, Jürgen, *Theorie und Praxis. Sozialphilosophische Studien*, Frankfurt am Main 1972.

–, *Zur Rekonstruktion des Historischen Materialismus*, Frankfurt am Main 1976.

–, *Faktizität und Geltung: Beiträge zur Diskurstheorie des Rechts und des demokratischen Rechtsstaats*, Frankfurt am Main 1992.

–, *Theorie des kommunikativen Handelns. Band 1. Handlungsrationalität und gesellschaftliche Rationalisierung*, Frankfurt am Main 1995.

–, »Constitutional Democracy: A Paradoxical Union of Contradictory Principles?«, in: *Political Theory* 6 (2001), S. 766-781.

–, *Zur Verfassung Europas*, Berlin 2011.

–, *Auch eine Geschichte der Philosophie. Band 1*, Berlin 2019.

Hall, Stuart, »Popular-demokratischer oder autoritärer Populismus«, in: Helmut Dubiel (Hg.), *Populismus und Aufklärung*, Frankfurt am Main 1986, S. 84-105.

–, »What is this ›black‹ in Popular Black Culture?«, in: David Morley/Kuan-Hsing Chen (Hg.), *Critical Dialogues in Cultural Studies*, London/New York 1996, S. 465-475.

Hall, Stuart/Jacques, Martin, *The Politics of Thatcherism*, London 1983.

Haltern, Ulrich, *Was bedeutet Souveränität?*, Tübingen 2007.

Haug, Frigga, *Rosa Luxemburg und die Kunst der Politik*, Berlin/Hamburg 2007.

–, »Marxismus-Femininismus«, in: *Historisch-kritisches Wörterbuch des Marxismus Band 8/II*, Hamburg 2015, S. 1882–1899.

Hebekus, Uwe, »›Enthusiasmus und Recht‹. Figurationen der Akklamation bei Ernst H. Karantorowitz, Erik Peterson und Carl Schmitt«, in: Jürgen Brokoff/Jürgen Fohrmann (Hg.), *Politische Theologie. Formen und Funktionen im 20. Jahrhundert*, Paderborn/München/Wien/Zürich 2003, S. 97-113.
Hegel, Georg W. F., *Grundlinien der Philosophie des Rechts (1821), Werke Band 7*, Frankfurt am Main 1986.
–, *Werke Band 1: Frühe Schriften*, Frankfurt am Main 1986.
Heller, Agnes, *Der Mensch in der Renaissance*, Darmstadt 1982.
Heller, Hermann, »Autoritärer Liberalismus (1933)«, in: *Gesammelte Schriften Band 2*, Tübingen 1992, S. 643-653.
Heller, Jonas, *Mensch und Maßnahme: Zur Dialektik von Ausnahmezustand und Menschenrechten*, Weilerswist 2018.
Henderson, M. I., »Potestas Regia«, in: *The Journal of Roman Studies* 1/2 (1957), S. 82-87.
Hermet, Guy, *Les Populismes dans le monde. Une histoire sociologique (XIXe-XXe siècle)*, Paris 2001.
Heurtebize, Frédéric, *Le Péril Rouge. Washington face à l'Eurocommunisme*, Paris 2014.
Hindrichs, Gunnar, *Philosophie der Revolution*, Berlin 2017.
Hirschfeld, Uwe, *Notizen zu Alltagsverstand, politischer Bildung und Utopie*, Hamburg 2015.
Hobsbawm, Eric, *Das Zeitalter der Extreme. Weltgeschichte des 20. Jahrhunderts*, München 2003.
Höchli, Daniel, *Der Florentiner Republikanismus. Verfassungswirklichkeit und Verfassungsdenken zur Zeit der Renaissance*, Bern/Stuttgart/Wien 2005.
Hochschild, Arlie Russell, *Strangers in Their Own Land. Anger and Mourning on the American Right*, New York 2016.
Hoffrogge, Ralf, *Sozialismus und Arbeiterbewegung in Deutschland und Österreich*, Stuttgart 2017.
Hofmann, Hasso, *Repräsentation. Studien zur Wort- und Begriffsgeschichte von der Antike bis ins 19. Jahrhundert*, Berlin 1990.
Hofstadter, Richard, *The Age of Reform*, New York 1955.
Hölzing, Philipp, »Für eine republikanische Kultur der Freiheit. Machiavellis klassischer Republikanismus«, in: *Archiv für Rechts- und Sozialphilosophie* 4 (2008), S. 512-525.
–, *Republikanismus und Kosmopolitismus. Eine ideengeschichtliche Studie*, Frankfurt am Main 2011.
Horkheimer, Max, »Egoismus und Freiheitsbewegung (1936)«, in: Max Horkheimer, *Traditionelle und kritische Theorie*, Frankfurt am Main 1992, S. 43-122.

Howarth, David R. u. a., *Discourse Theory and Political Analysis: Identities, Hegemonies and Social Change*, Manchester 2000.

Ibsen, Malte Frøslee, »The Populist Conjuncture: Legitimation Crisis in the Age of Globalized Capitalism«, in: *Political Studies* 3 (2019), S. 795-811.

Ikenberry, G. John, *A World Safe for Democracy: Liberal Internationalism and the Crises of Global Order*, Yale 2020.

Ingold, Albert, »Die verfassungsrechtliche Identität der Bundesrepublik Deutschland: Karriere – Konzept – Kritik«, in: *Archiv des öffentlichen Rechts* (2015), S. 1-30.

Ionescu, Ghita/Gellner, Ernest, *Populism. Its meanings and defining characteristics*, New York 1969.

Isensee, Josef, *Das Volk als Grund der Verfassung. Mythos und Relevanz der Lehre von der verfassunggebenden Gewalt*, Opladen 1995.

Jackson, Robert, *Sovereignty. Evolution of an Idea*, Malden/Cambridge 2007.

Jaeggi, Rahel, *Kritik von Lebensformen*, Berlin 2014.

Jessop, Bob, »Zur Relevanz von Luhmanns Systemtheorie und von Laclau und Mouffes Diskursanalyse für die Weiterentwicklung der materialistischen Staatstheorie«, in: Joachim Hirsch u. a. (Hg.), *Der Staat der bürgerlichen Gesellschaft. Zum Staatsverständnis von Karl Marx*, Baden-Baden 2008, S. 157-179.

Jones, Gareth Stedman, *Karl Marx: Greatness and Illusion*, London 2016.

Jones, Philip J., »Communes and Despots: The City State in Late-Medieval Italy«, in: John E. Law/Bernadette Paton (Hg.), *Communes and Despots in Medieval and Renaissance Italy*, Farnham/Burlington 2010, S. 3-26.

Jörke, Dirk/Selk, Veith, »Der hilflose Antipopulismus«, in: *Leviathan* 4 (2015), S. 484-500

Kaltwasser, Cristóbal Rovira u. a., »Populism: An Overview of the Concept and the State of the Art«, in: Cristóbal Rovira Kaltwasser u. a. (Hg.), *The Oxford Handbook of Populism*, New York 2017, S. 1-24.

Kalyvas, Andreas, *Democracy and the Politics of the Extraordinary. Max Weber, Carl Schmitt and Hannah Arendt*, New York 2008.

Kantorowitz, Ernst H., *The King's Two Bodies – A Study in Mediaeval Theology*, Princeton 1997.

–, »Das Problem der mittelalterlichen Welteinheit«, in: Ekkehart Grünewald/Ulrich Raulff (Hg.), *Götter in Uniform. Stuiden zur Entwicklung des abendländischen Königtums*, Stuttgart 1998, S. 148-154.

Kazin, Michael, *The Populist Persuasion. An American History*, Ithaca/London 1995.

Kelsen, Hans, *Vom Wesen und Wert der Demokratie*, Tübingen 1920.
–, *Reine Rechtslehre: Einleitung in die rechtswissenschaftliche Problematik*, Tübingen 2008.
Kerner, Max, *Johannes von Salisbury und die logische Struktur seines Policratus*, Wiesbaden 1977.
Kielmansegg, Peter Graf, *Volkssouveränität. Eine Untersuchung der Bedingungen demokratischer Legitimität*, Stuttgart 1977.
Kirchheimer, Otto, »Weimar und was dann? Entstehung und Gegenwart der Weimarer Verfassung (1930)«, in: Ders., *Politik und Verfassung*, Frankfurt am Main 1964, S. 9-56.
–, »Zur Staatslehre von Sozialismus und Bolschewismus«, in: Wolfgang Luthardt (Hg.), *Von der Weimarer Republik zum Faschismus: Die Auflösung der demokratischen Rechtsordnung*, Frankfurt am Main 1976, S. 32-52.
Klaus, Georg, *Kybernetik und Gesellschaft*, Berlin 1964.
–, *Kybernetik und Erkenntnistheorie*, Berlin 1966.
Körtvélyesi, Zsolt/Majtényi, Balázs, »Game of Values: The Threat of Exclusive Constitutional Identity, the EU and Hungary«, in: *German Law Journal* 7 (2018), S. 1721-1744.
Koschorke, Albrecht u. a., *Der fiktive Staat: Konstruktionen des politischen Körpers in der Geschichte Europas*, Frankfurt am Main 2007.
Koselleck, Reinhart, *Kritik und Krise*, Frankfurt am Main 1973.
Koskenniemi, Martti, *From Apology to Utopia: the Structure of International Legal Argument*, Cambridge 2005.
–, *The Gentle Civilizer of Nations. The Rise and Fall of International Law 1870-1960*, Cambridge 2009.
–, »What Use for Sovereignty Today?«, in: *Asian Journal of International Law* 1 (2011), S. 61-70.
–, »Hegemonic Regimes«, in: Margaret A. Young (Hg.), *Regime Interaction in International Law*, Cambridge 2012, S. 305-324.
Kovács, Kriszta »The Rise of an Ethnocultural Constitutional Identity in the Jurisprudence of the East Central European Courts«, in: *German Law Journal* 7 (2017), S. 1703-1720.
Kramer, Larry D., *The People Themselves. Popular Constitutionalism and Judicial Review*, Oxford/New York 2004.
Krasner, Stephen D., *Sovereignty. Organized Hypocrisy*, Princeton 1999.
Krisch, Nico, »Pouvoir Constituant and Pouvoir Irritant in the Postnational Order«, in: *International Journal of Constitutional Law* 3 (2015), S. 657-679.
Kruse, Jan-Philipp, *Semantische Krisen. Urteilen und Erfahrung in der Gesellschaft ungelöster Probleme*, Weilerwist 2022.
Kuchler, Barbara, »Das Problem des Übergangs in Luhmanns Evolutionstheorie«, in: *Soziale Systeme* 1 (2003), S. 27-53.

Labriola, Antonio, *Über den historischen Materialismus*, Frankfurt am Main 1974.
Laclau, Ernesto, *Politik und Ideologie im Marxismus. Kapitalismus – Faschismus – Populismus*, Berlin 1981.
–, *New Reflections on the Revolution of Our Time*, London/New York 1990.
–, »Was haben leere Signifikanten mit Politik zu tun?«, in: Ders., *Emanzipation und Differenz*, Wien 2002, S. 65-78.
–, *On Populist Reason*, London/New York 2005.
–, *The Rethorical Foundations of Society*, London/New York 2014.
–, »Why the Main Task of Radical Politics is Constructing a People«, in: Ders., *The Rethorical Foundations of Society*, London/New York 2014, S. 139-180.
Laclau, Ernesto/Mouffe, Chantal, *Hegemonie und radikale Demokratie. Zur Dekonstruktion des Marxismus*, Wien 1991.
Lafont, Cristina, »Is the Ideal of Deliberative Democracy Coherent?«, in: Samantha Besson/José Luis Martí (Hg.), *Deliberative Democracy and its Discontents*, Aldershot 2006, S. 3-25.
Landau, David, »Populist Constitutions«, in: *University of Chicago Law Review* 2 (2018), S. 521-543.
Laski, Harold J., *The Foundations of Sovereignty and Other Essays*, London 1921.
Lee, Daniel, *Popular Sovereignty in Early Modern Constitutional Thought*, Oxford 2016.
Lefort, Claude, *Le travail de l'œuvre Machiavel (1972)*, Paris 1986.
–, »L'image du corps et le totalitarisme«, in: Ders., *L'invention démocratique*, Paris 1994, S. 159-176.
–, *L'invention démocratique. Les limites de la domination totalitaire*, Paris 1994.
Lehmann, Karl Kardinal, »Kirche als Volk Gottes. Fastenpredigt im Dom zu Essen am 20. März 2015«, ⟨https://www.bistum-essen.de/fileadmin/bereiche/za-kom/Fastenpredigt_von_Kardinal_Karl_Lehmann_am_20._Maerz_2015_im_Essener_Dom.pdf⟩.
Lehmann, Maren, »Wo ist ›unten‹?«, in: Maren Lehmann/Marcel Tyrell (Hg.), *Komplexe Freiheit*, Wiesbaden 2016, S. 167-184.
Leibholz, Gerhard, *Das Wesen der Repräsentation und der Gestaltwandel der Demokratie im 20. Jahrhundert*, Berlin 1966.
Leisering, Lutz, »Gibt es einen Weltwohlfahrtsstaat?«, in: Mathias Albert/Rudolf Stichweh (Hg.), *Weltstaat und Weltstaatlichkeit. Beobachtungen globaler politischer Strukturbildung*, Wiesbaden 2007, S. 185-204.
Leisner, Walter, *Gott und Volk. Religion und Kirche in der Demokratie. Vox Populi – Vox Dei?*, Berlin 2008.
Lenin, Wladimir I., »Was tun? Brennende Fragen unserer Bewegung (1902)«, in: Ders., *Werke Band 5*, Berlin 1955, S. 355-551.

Livius, Titus, *Römische Geschichte. Von der Gründung der Stadt an*, Wiesbaden 2009.

Loick, Daniel, *Kritik der Souveränität*, Frankfurt am Main 2012.

Lorey, Isabell, *Figuren des Immunen: Elemente einer politischen Theorie*, Zürich 2011.

–, *Demokratie im Präsens. Eine Theorie der politischen Gegenwart*, Berlin 2020.

Loughlin, Martin, *Foundations of Public Law*, Oxford 2010.

Loughlin, Martin/Walker, Neil (Hg.), *The Paradox of Constitutionalism*, Oxford 2007.

Luhmann, Niklas, »Reflexive Mechanismen«, in: Ders., *Soziologische Aufklärung 1*, Opladen 1970, S. 92-112.

–, *Gesellschaftsstruktur und Semantik. Band 1*, Frankfurt am Main 1980.

–, *Soziale Systeme. Grundriß einer allgemeinen Theorie*, Frankfurt am Main 1984.

–, »Die Zukunft der Demokratie«, in: Ders., *Soziologische Aufklärung 4*, Wiesbaden 1987, S. 131-138.

–, *Gesellschaftsstruktur und Semantik. Band 3*, Frankfurt am Main 1989.

–, »Die Verfassung als evolutionäre Errungenschaft«, in: *Rechtshistorisches Journal* 1 (1990), S. 176-220

–, *Das Recht der Gesellschaft*, Frankfurt am Main 1993.

–, »Die Paradoxie der Form«, in: Dirk Baecker (Hg.), *Kalkül der Form*, Frankfurt am Main 1993, S. 197-215.

–, »Observing Re-entries«, in: *Graduate Faculty Philosophy Journal* 2 (1993), S. 485-498.

–, *Gesellschaftsstruktur und Semantik. Band 4*, Frankfurt am Main 1995.

–, »Metamorphosen des Staates«, in: Ders., *Gesellschaftsstruktur und Semantik. Band 4*, Frankfurt am Main 1995, S. 101-137.

–, *Die Gesellschaft der Gesellschaft I*, Frankfurt am Main 1998.

–, *Die Religion der Gesellschaft*, Frankfurt am Main 2000.

–, *Die Politik der Gesellschaft*, Frankfurt am Main 2002.

–, »Evolution und Geschichte«, in: Ders., *Soziologische Aufklärung 2*, Wiesbaden 2005, S. 187-211.

–, »Das Erkenntnisprogramm des Konstruktivismus und die unbekannt bleibende Realität«, in: Ders., *Soziologische Aufklärung 5: Konstruktivistische Perspektiven*, Wiesbaden 2009, S. 32-57.

–, »Geschichte als Prozess und die Theorie sozio-kultureller Evolution«, in: Ders., *Soziologische Aufklärung 3. Soziales, System, Gesellschaft, Organisation*, Wiesbaden 2009, S. 205-227.

–, *Politische Soziologie*, Berlin 2010.

Lukács, Georg, *Geschichte und Klassenbewusstsein*, Berlin 1923.

Lundgreen, Christoph, »Populismus in der Antike?«, in: Gianpaolo Urso

(Hg.), *Popularitas. Ricerca del Consenso e ›Populismo‹ in Roma antica*, Rom 2021, S. 13-46.

Luxemburg, Rosa, »Massenstreik, Partei und Gewerkschaften (1906)«, in: Ossip K. Flechtheim (Hg.), *Politische Schriften I*, Frankfurt am Main 1967, S. 135-228.

–, »Die Krise der Sozialdemokratie (›Junius-Broschüre‹) (1916)«, in: *Gesammelte Werke Band 4*, Berlin 1974, S. 49-164.

–, »Geknickte Hoffnungen (1903/1904)«, in: *Gesammelte Werke Band 1/2*, Berlin 1974, S. 394-402.

–, »Brief aus dem Gefängnis in Wronke an Mathilde Wurm (1917)«, in: Annelies Laschitza (Hg.), *Gesammelte Briefe Band 5*, Berlin 1987, S. 176.

Machiavelli, Niccolò, *Discorsi (1531)*, Frankfurt am Main/Leipzig 2000.

–, *Il Principe (1532)*, Stuttgart 2003.

–, »Geschichte von Florenz«, in: Ders., *Gesammelte Werke*, Frankfurt am Main 2006, S. 381-708.

Macron, Emmanuel, *Révolution. Réconcilier la France*, Paris 2017.

Maguire, John E., *Marx's Theory of Politics*, Cambridge 1978.

Manow, Philip, *Die Politische Ökonomie des Populismus*, Berlin 2018.

–, *Nehmen, Teilen, Weiden – Carl Schmitts politische Ökonomien*, Konstanz 2022.

Mansbridge, Jane u. a., »The Place of Self-Interest and the Role of Power in Deliberative Democarcy«, in: *The Journal of Political Philosophy* 1 (2010), S. 64-100.

Mansfield, Harvey, *Machiavelli's Virtue*, Chicago 1996.

Marchart, Oliver, *Das unmögliche Objekt. Eine postfundamentalistische Theorie der Gesellschaft*, Berlin 2013.

Marcuse, Herbert, »Der Kampf gegen den Liberalismus in der totalitären Staatsauffassung«, in: Wolfgang Abendroth (Hg.), *Faschismus und Kapitalismus. Theorien über die sozialen Ursprünge und Funktion des Faschismus*, Frankfurt am Main 1972, S. 39-74.

Martines, Lauro, *Power and Imagination. City-States in Renaissance Italy*, New York 1979.

Marx, Karl, »Das Kapital (1864)«, in: *Marx-Engels-Werke Band 23*, Berlin 1864/1972.

–, »An Abraham Lincoln, Präsident der Vereinigten Staaten von Amerika (1864)«, in: *Marx-Engels Werke Band 16*, Berlin 1962, S. 18-20.

–, »Der Bürgerkrieg in Frankreich«, in: *Marx-Engels Werke Band 17*, Berlin 1962, S. 313-365.

–, »Grundrisse der Kritik der politischen Ökonomie«, in: *Marx-Engels-Werke Band 42*, Berlin 1962, S. 15-770.

–, »Kritik des Gothaer Programms (1875)«, in: *Marx-Engels Werke Band 19*, Berlin 1962, S. 13-32.

–, »Die deutsche Ideologie«, in: *Marx-Engels-Werke Band 3*, Berlin 1969, S. 5-530.
–, »Thesen über Feuerbach (1845)«, in: *Marx-Engels-Werke Band 3*, Berlin 1969, S. 5-7.
–, »Zur Kritik der politischen Ökonomie. Vorwort«, in: *Marx-Engels-Werke 13*, Berlin 1971, S. 7-11.
–, »Bolivar y Ponte (1858)«, in: *Marx-Engels-Werke Band 14*, Berlin 1972, S. 217-231.
–, »Der 18. Brumaire des Louis Bonaparte (1852)«, in: *Marx-Engels-Werke Band 8*, Berlin 1972, S. 111-207.
–, »Kossuth und Mazzini (1853)«, in: *Marx-Engels-Werke Band 8*, Berlin 1972, S. 548-554.
–, »Kritik des Hegelschen Staatsrechts (1843)«, in: *Marx-Engels-Werke Band 1*, Berlin 1972, S. 203-333.
–, »Manifest der kommunistischen Partei«, in: *Marx-Engels-Werke Band 4*, Berlin 1972, S. 459-493.
–, »Zur Judenfrage (1843)«, in: *Marx-Engels-Werke Band 1*, Berlin 1972, S. 347-377.
–, »Rezensionen aus der ›Neuen Rheinischen Zeitung. Politisch-ökonomische Revue‹, Viertes Heft, April 1850«, in: *Marx-Engels-Werke Band 7*, Berlin 1973, S. 255-291.
–, »Kritische Randglossen zu dem Artikel ›Der König von Preußen und die Sozialreform. Von einem Preußen‹ (›Vorwärts!‹ Nr. 60) (1844)«, in: *Marx-Engels-Werke Band 1*, Berlin 1976, S. 392-409.
–, »Zur Kritik der Hegelschen Rechtsphilosophie. Einleitung«, in: *Marx-Engels-Werke Band 1*, Berlin 1976, S. 378-391.
Mason, Paul, *Faschismus. Und wie man ihn stoppt*, Berlin 2022.
Maus, Ingeborg, *Bürgerliche Rechtstheorie und Faschismus. Zur sozialen Funktion und aktuellen Wirkung der Theorie Carl Schmitts*, München 1980.
–, »Basisdemokratische Aktivitäten und rechtsstaatliche Verfassung. Zum Verhältnis von institutionalisierter und nichtinstitutionalisierter Volkssouveränität«, in: Thomas Kreuder (Hg.), *Der orientierungslose Leviathan. Verfassungsdebatte, Funktion und Leistungsfähigkeit von Recht und Verfassung*, Marburg 1992, S. 99-116.
–, *Zur Aufklärung der Demokratietheorie: rechts-und demokratietheoretische Überlegungen im Anschluss an Kant*, 1992.
–, *Über Volkssouveränität: Elemente einer Demokratietheorie*, Berlin 2011.
McCormick, John P., »Machiavellian Democracy: Controlling Elites with Ferocious Populism«, in: *The American Political Science Review* 2 (2001), S. 297-313.
–, *Machiavellian Democracy*, Cambridge 2011.

–, »Die aktuelle Krise der Demokratie und der populistische Schmerzensschrei«, in: Dirk Jörke/Oliver Nachtwey (Hg.), *Das Volk gegen die (liberale) Demokratie*, Baden-Baden 2017, S. 41-54.
McGuigan, Jim, *Cultural Populism*, London 1992.
McIlwain, Charles Howard, *Constitutionalism. Ancient and Modern*, New York 1947
Meder, Stephan, *Doppelte Körper im Recht*, Tübingen 2015.
Melville, Gert, »Formale Verfahren als Steuerungsmechanismen mittelalterlicher Orden. Aufriss eines Forschungsfeldes«, in: André Brodocz u. a. (Hg.), *Die Verfassung des Politischen. Festschrift für Hans Vorländer*, Wiesbaden 2014, S. 25-44.
Menke, Christoph, *Kritik der Rechte*, Berlin 2015.
–, »Die Lehre des Exodus. Der Auszug aus der Knechtschaft«, in: *Merkur* 1 (2016), S. 47-54
Mény, Yves/Surel, Yves, *Par le peuple, pour le peuple. Le populisme et les démocracies*, Paris 2000.
Merleau-Ponty, Maurice, *Note sur Machiavel*, Paris 2008.
Mészáros, Gábor, »Carl Schmitt in Hungary: Constitutional Crisis in the Shadow of Covid-19«, in: *Review of Central and East European Law* 1 (2021), S. 69-90.
Michelsen, Danny, *Kritischer Republikanismus und die Paradoxa konstitutioneller Demokratie*, Wiesbaden 2019.
Milstein, Brian, »Thinking politically about crisis: A pragmatist perspective«, in: *European Journal of Political Theory* 2 (2015), S. 141-160.
Moffitt, Benjamin/Tormey, Simon, »Rethinking Populism: Politics, Mediatisation and Political Style«, in: *Political Studies* (2014), S. 381-397.
Mohler, Armin/Weissmann, Karlheinz, *Die konservative Revolution in Deutschland 1918-1932*, Graz 2005.
Möller, Kolja, *Formwandel der Verfassung. Die postdemokratische Verfasstheit des Transnationalen*, Bielefeld 2015.
–, »Strukturelle Gewalt und funktionale Differenzierung. Anschlüsse an Luhmann, Benjamin und Adorno«, in: *Soziale Systeme* 2 (2015), S. 257-279.
–, »Das Ganze der konstituierenden Macht. Zur politischen Soziologie verfassungsgebender Gewalt«, in: Jasmin Siri/Kolja Möller (Hg.), *Systemtheorie und Gesellschaftkritik. Perspektiven der Kritischen Systemtheorie*, Bielefeld 2016, S. 39-56.
–, »Konstituierende als destituierende Macht. Zur Entgrenzung und Transnationalisierung der Lehre vom pouvoir constituant«, in: Nele Kortendiek/Marina Martinez Marteo (Hg.), *Grenze und Demokratie – ein Spannungsverhältnis*, Frankfurt am Main/New York 2017, S. 200-225.
–, »Drohung und Verfahren«, in: Tatjana Sheplyakova (Hg.), *Prozeduralisierung des Rechts*, Tübingen 2018, S. 245-264.

–, »Ein postheroischer Populismus? Zum Verhältnis von Populismus und Reflexivität«, in: Johan Horst u. a. (Hg.), *Gegenrechte*, Tübingen 2018, S. 277-299.
–, »From Constituent to Destituent Power Beyond the State«, in: *Transnational Legal Theory* 1 (2018), S. 32-55.
–, »Invocatio populi: Demokratischer und autoritärer Populismus«, in: Dirk Jörke/Oliver Nachtwey (Hg.), *Das Volk gegen die (liberale) Demokratie? Die Krise der Repräsentation und neue populistische Herausforderungen (Leviathan-Sonderband)*, Baden-Baden 2018, S. 246-267.
–, *Volksaufstand und Katzenjammer. Zur Geschichte des Populismus*, Berlin 2020.
–, »Systemic Corruption: Constitutional Ideas for an Anti-Oligarchic Republic«, in: *Jurisprudence* (2021), S. 1-6.
–, »Transnational Populism in Context: The UN, the EU and beyond«, in: Paul Blokker (Hg.), *Transnational Contestation and Civic Populism*, London/New York 2021, S. 271-301.
–, »Populism and the political system: A critical systems theory approach to the study of populism«, in: *Philosophy & Social Criticism* 50 (2022), S. 299-322.
–, »The Constitution as Social Compromise: Hybrid Constitutionalisation and the Legacy of Wolfgang Abendroth«, in: Marco Goldoni/Michael A. Wilkinson (Hg.), *The Cambridge Handbook on the Material Constitution*, Cambridge 2023, S. 136-149.
–, »From Jacobin Flaws to Transformative Populism: Left Populism and the Legacy of European Social Democracy«, in: *Constellations* 3 (2023), S. 309-324.
–, »Moses and Aron: Reconsidering Holistic Politics«, in: *Philosophy & Social Criticism* (2023), Online First.
Möller, Kolja/Siri, Jasmin (Hg.), *Systemtheorie und Gesellschaftskritik. Perspektiven der Kritischen Systemtheorie*, Bielefeld 2016.
Mommsen, Theodor, »Zur Lehre von den römischen Korporationen«, in: *Zeitschrift der Savigny-Stiftung für Rechtsgeschichte: Romanistische Abteilung* 1 (1904), S. 33-51.
–, *Römische Geschichte (1854 ff.)*, Essen 2002.
Moore, Barrington, *Moral Purity and Persecution in History*, Princeton/New Jersey 2000.
Moreno-Riano, Gerson/Nederman, Cary J., »Marsilius of Padua's Principles of Secular Politics«, in: Dies./Cary J. Nedeman (Hg.), *A Companion to Marsilius of Padua*, Leiden/Boston 2012, S. 117-138.
Morgan, Edmund S., *Inventing the People. The Rise of Popular Sovereignty in England and America*, New York/London 1988.
Morina, Christina, *Die Erfindung des Marxismus. Wie eine Idee die Welt eroberte*, München 2017.

Mouffe, Chantal, *Exodus und Stellungskrieg*, Wien 2005.
–, *Über das Politische*, Frankfurt am Main 2007.
–, *Das demokratische Paradox*, Wien/Berlin 2010.
–, *Für einen linken Populismus*, Berlin 2018.
Mounk, Yascha, *Der Zerfall der Demokratie: Wie der Populismus den Rechtsstaat bedroht*, München 2018.
Moyn, Samuel, *Not Enough. Human Rights in an Unequal World*, London/Cambridge 2018.
Mudde, Cas, »The Populist Zeitgeist«, in: *Government and Opposition* 4 (2004), S. 542–563.
Mudde, Cas/Kaltwasser, Cristóbal Rovira, »Exclusionary vs. Inclusionary Populism: Comparing the Contemporary Europe and Latin America«, in: *Government & Opposition* 2 (2013), S. 147-174.
Mühlfried, Florian, *Unherrschaft und Gegenherrschaft*, Berlin 2022.
Müller, Friedrich, *Wer ist das Volk?*, Berlin 1997.
Müller, Jan-Werner, *Verfassungspatriotismus*, Berlin 2010.
–, *Was ist Populismus?*, Berlin 2016.
–, »Populism and Constitutionalism«, in: Cristóbal Rovira Kaltwasser u. a. (Hg.), *The Oxford Handbook of Populism*, Oxford 2017, S. 590-606.
Müller-Mall, Sabine, *Verfassende Urteile. Eine Theorie des Rechts*, Berlin 2023.
Münkler, Herfried, *Marx, Wagner, Nietzsche. Welt im Umbruch*, Berlin 2021.

Nachtwey, Oliver, *Die Abstiegsgesellschaft. Über das Aufbegehren in der regressiven Moderne*, Berlin 2016.
Nassehi, Armin, »Politik des Staates oder Politik der Gesellschaft? Kollektivität als Problemformel des Politischen«, in: Kai-Uwe Hellmann/Rainer Schmalz-Bruns (Hg.), *Theorie der Politik. Niklas Luhmanns politische Soziologie*, Frankfurt am Main 2002, S. 38-59.
Näsström, Sofia, »The Legitimacy of the People«, in: *Political Theory* 5 (2007), S. 624-658.
Nederman, Cary J., »John of Salisbury's Political Theory«, in: Christophe Grellard/Frédérique Lachaud (Hg.), *A Companion to John of Salisbury*, Boston/Leiden 2015, S. 258-288.
Negri, Antonio, *Marx beyond Marx. Lessons on the Grundrisse*, London/New York 1991.
–, *Insurgencies: Constituent Power and the Modern State*, Minneapolis 1999.
Neumann, Franz L., »Der Funktionswandel des Gesetzes im Recht der bürgerlichen Gesellschaft (1937)«, in: Ders., *Demokratischer und autoritärer Staat. Beiträge zur Soziologie der Politik*, Frankfurt am Main 1967, S. 7-57.
–, »Die soziale Bedeutung der Grundrechte in der Weimarer Verfassung

(1930)«, in: Ders., *Wirtschaft, Staat, Demokratie. Aufsätze 1930-1954*, Frankfurt am Main 1978, S. 57-75.
–, *Die Herrschaft des Gesetzes*, Frankfurt am Main 1980.
–, *Behemoth. Struktur und Praxis des Nationalsozialismus 1933-1944*, Frankfurt am Main 1984.
Niesen, Peter u. a., »Konstituierende Autorität. Ein Grundbegriff für die Internationale Politische Theorie«, in: *Zeitschrift für politische Theorie* 2 (2015), S. 159-172.

Ober, Josiah, *Rhetoric, Ideology, and the Power of the People*, New Jersey 1989.
Offe, Claus, *Strukturprobleme des kapitalistischen Staates. Aufsätze zur politischen Soziologie*, Frankfurt am Main 1973.
Opitz, Sven, *An der Grenze des Rechts. Inklusion/Exklusion im Zeichen der Sicherheit*, Weilerswist 2012.
–, »Was ist Kritik? Was ist Aufklärung? Zum Spiel des Möglichen bei Niklas Luhmann und Michel Foucault«, in: Marc Amstutz/Andreas Fischer-Lescano (Hg.), *Kritische Systemtheorie. Zur Evolution einer normativen Theorie*, Bielefeld 2013, S. 39-62.
Orford, Ann, »International Law and the Populist Moment«, in: *American University International Law Review* 3 (2020), S. 427-443.
Osrecki, Fran, »Kritischer Funktionalismus: Über die Grenzen und Möglichkeiten einer kritischen Systemtheorie«, in: *Soziale Systeme* 2 (2017), S. 227-256.

Patberg, Markus, »Destituent power in the European Union: On the limits of a negativistic logic of constitutional politics«, in: *Journal of International Political Theory* 1 (2018), S. 82-99.
–, *Usurpation und Autorisierung. Konstituierende Gewalt im globalen Zeitalter*, Frankfurt am Main 2018.
Petersmann, Ernst-Ulrich, »Die Dritte Welt und das Wirtschaftsvölkerrecht«, in: *Zeitschrift für ausländisches öffentliches Recht und Völkerrecht* 16 (1976), S. 492-550.
Peterson, Erik, *Ekklesia. Studien zum altchristlichen Kirchenbegriff*, Würzburg 2010.
Pettit, Philip, *On the People's Terms: A Republican Theory and Model of Democracy*, New York 2012.
Piper, Ernst, *Der Aufstand der Ciompi. Über den »Tumult«, den die Wollarbeiter im Florenz der Frührenaissance anzettelten*, Berlin 1978.
Pistor, Katharina, *Der Code des Kapitals. Wie das Recht Reichtum und Ungleichheit schafft*, Berlin 2019.
Pitkin, Hanna Fenichel, *The Concept of Representation*, Berkeley/Los Angeles/London 1972.

Poulantzas, Nicos, *Faschismus und Diktatur. Die Kommunistische Internationale und der Faschismus*, München 1973.

–, *Staatstheorie. Politischer Überbau, Ideologie, Autoritärer Etatismus (1978)*, Hamburg 2002.

Prien, Thore, »Kritische Systemtheorie und materialistische Gesellschaftstheorie«, in: Andreas Fischer-Lescano/Marc Amstutz (Hg.), *Kritische Systemtheorie. Zur Evolution einer normativen Theorie*, Bielefeld 2013, S. 81-98.

Priester, Karin, *Rechter und linker Populismus. Annäherungen an ein Chamäleon*, Frankfurt am Main 2012.

Prinz, Janosch/Westphal, Manon, »The Tribunate as a Realist Democratic Innovation«, in: *Political Theory* 1 (2023), S. 60-89.

Przeworski, Adam, *Capitalism and Social Democracy*, New York 1987.

Przeworski, Adam/Sprague, John, *Paper Stones: A History of Electoral Socialism*, Chicago 1986.

Puhle, Hans-Jürgen, »Was ist Populismus?«, in: Helmut Dubiel (Hg.), *Populismus und Aufklärung*, Frankfurt am Main 1986, S. 12-32.

Quaritsch, Helmut, *Souveränität. Entstehung und Entwicklung des Begriffs in Frankreich und Deutschland vom 13. Jh. bis 1806*, Berlin 1986.

Rancière, Jacques, *Das Unvernehmen: Politik und Philosophie*, Frankfurt am Main 2002.

Ratzinger, Joseph, *Volk und Haus Gottes in Augustins Lehre von der Kirche (1954)*, Freiburg 2011.

Reimann, Brigitte, *Franziska Linkerhand*, Berlin 2008.

Renner, Moritz, »Death by Complexity – The Crisis of Law in World Society«, in: Poul F. Kjaer u. a. (Hg.), *The Financial Crisis in Constitutional Perspective: The Dark Side of Functional Differentiation*, Oxford 2011, S. 93-112.

Rosanvallon, Pierre, *Le Sacre du Citoyen. Historie du Suffrage Universel en France*, Paris 1992.

–, *Le Peuple Introuvable. Histoire de la Représentation Démocratique en France*, Paris 1998.

–, *La contre-démocratie. La politique à l'âge de la défiance*, Paris 2006.

–, *Democracy. Past and Future*, New York 2007.

–, »Penser le populisme«, in: Catherine Colliot-Thélène/Florian Guénard (Hg.), *Peuples et Populismes*, Paris 2014, S. 27-42.

Rubinstein, Nicolai, »Marsilius of Padua and Italian Political Thought of his Time«, in: J. R. Hale u. a. (Hg.), *Europe in the Late Middle Ages*, London 1965, S. 44-75.

Ruda, Frank, *Hegels Pöbel*, Konstanz 2011.

Salisbury, John of, *Policratus. Of the Frivolities of Courtiers and the Footprints of Philosophers*, Cambridge/New York 1990.
Sassier, Yves, »John of Salisbury and the Law«, in: Christophe Grellard/Frédérique Lachaud (Hg.), *A Companion to John of Salisbury*, Leiden/Boston 2015, S. 235-257.
Saward, Michael, *The Representative Claim*, Oxford/New York 2010.
Schecter, Darrow, *Critical Theory and Sociological Theory. On Late Modernity and Social Statehood*, Manchester 2019.
Scheppele, Kim Lane, »Autocratic Legalism«, in: *University of Chicago Law Review* 2 (2018), S. 545-583.
Schiller, Friedrich, *Geschichte der merkwürdigsten Rebellionen und Verschwörungen aus den mittlern und neuern Zeiten*, Leipzig 1788.
Schimank, Uwe, »Die Moderne: eine funktional differenzierte kapitalistische Gesellschaft«, in: *Berliner Journal für Soziologie* 3 (2009), S. 327-351
Schmaus, Michael, »Das gegenseitige Verhältnis von Leib Christi und Volk Gottes im Kirchenverständnis«, in: Remigius Bäumer/Heimo Dolch (Hg.), *Volk Gottes. Zum Kirchenverständnis der katholischen, evangelischen und anglikanischen Kirche*, Freiburg/Basel/Wien 1967, S. 13-27.
Schmidt, Alfred, *Der Begriff der Natur in der Lehre von Marx (1962)*, Hamburg 2016.
Schmitt, Carl, *Verfassungslehre (1928)*, Berlin 1993.
–, *Politische Theologie. Vier Kapitel zur Lehre von der Souveränität (1922)*, Berlin 2004.
–, *Römischer Katholizismus und politische Form (1923)*, Stuttgart 2008.
–, *Volksentscheid und Volksbegehren (1927)*, Berlin 2014.
Schönberg, Arnold, *Moses und Aron. Oper in drei Akten*, Mainz u. a. 1957.
Schönberger, Christoph, »Identitäterä: Verfassungsidentität zwischen Widerstandsformel und Musealisierung des Grundgesetzes«, in: *Jahrbuch des öffentlichen Rechts der Gegenwart* (2015), S. 41-62
Schubert, Karsten/Schwiertz, Helge, »Konstruktivistische Identitätspolitik«, in: *Zeitschrift für Politikwissenschaft* 4 (2021), S. 565-593.
Schulz, Daniel, *Die Krise des Republikanismus*, Baden-Baden 2015.
Schwöbel, Christine E. J., »Populism, International Law and the End of Keep Calm and Carry on Lawyering«, in: Janne Nijmann/Wouter Werner (Hg.), *Netherlands Yearbook of International Law*, 2019, S. 97-121.
Scott, Tom, *The City State in Europe 1000-1600*, New York 2012.
Senellart, Michel, *Les Arts de Gouverner*, Paris 1995.
Séville, Astrid, *»There is no alternative«. Politik zwischen Demokratie und Sachzwang*, Frankfurt am Main/New York 2017.
Sheplyakova, Tatjana, »Das Recht der Klage aus demokratietheoretischer Perspektive«, in: *Deutsche Zeitschrift für Philosophie* 1 (2016), S. 45-67.
Sieyès, Emmanuel-Joseph, »Was ist der dritte Stand? (1788)«, in: Eberhard

Schmitt/Rolf Reichardt (Hg.), *Emmanuel Joseph Sieyès Schriften 1788-1790*, Darmstadt/Neuwied 1975, S. 117-195.
Sinzheimer, Hugo, *Grundzüge des Arbeitsrechts*, Jena 1927.
Skinner, Quentin, *The Foundations of Modern Political Thought. The Age of Reformation*, Cambridge 1978.
–, *The Foundations of Modern Political Thought. The Renaissance*, Cambridge 1978.
–, »The Sovereign State: a Genealogy«, in: Hent Kalmo/Quentin Skinner (Hg.), *Sovereignty in Fragments: The Past, Present and Future of a Contested Concept*, Cambridge 2010, S. 26-46.
–, *Die drei Körper des Staates*, Göttingen 2012.
Slobodian, Quinn, *Globalisten. Das Ende der Imperien und die Geburt des Neoliberalismus*, Berlin 2019.
Smith, Rogers M., *Political Peoplehood. The Role of Values, Interests, and Identities*, Chicago/London 2015.
Snir, Itay, »›Not Just One Common Sense‹: Gramsci's Common Sense and Laclau and Mouffe's Radical Democratic Politics«, in: *Constellations* 2 (2016), S. 269-280.
Somek, Alexander, »Constituent Power in National and Transnational Contexts«, in: *Transnational Legal Theory* 1 (2012), S. 31-60.
Sommer, Michael, *Volkstribun. Die Verführung der Massen und der Untergang der Römischen Republik*, Stuttgart 2023.
Stäheli, Urs, »Zum Verhältnis von Sozialstruktur und Semantik«, in: *Soziale Systeme* 2 (1998), S. 315-340.
–, *Sinnzusammenbrüche. Eine dekonstruktive Lektüre von Niklas Luhmanns Systemtheorie*, Weilerswist 2000.
–, »The Popular in the Political System«, in: *Cultural Studies* 2 (2003), S. 275-299
–, »Bestimmungen des Populären«, in: Christian Huck/Carsten Zorn (Hg.), *Das Populäre der Gesellschaft. Systemtheorie und Populärkultur*, Wiesbaden 2007, S. 306-321.
–, *Spektakuläre Spekulation – Das Populäre der Ökonomie*, Frankfurt am Main 2007.
Stavrakakis, Yannis, »The Return of ›the People‹: Populism and Anti-Populism in the Shadow of the European Crisis«, in: *Constellations* 4 (2014), S. 505-517.
–, »Discourse theory in populism research. Three challenges and a dilemma«, in: *Journal of Language and Politics* 4 (2017), S. 523-534.
Steger, Manfred B., *The Quest for Evolutionary Socialism. Eduard Bernstein and Social Democracy*, Cambridge 1997.
Stein, Peter G., »Roman Law«, in: James H. Burns (Hg.), *The Cambridge History of Medieval Political Thought c.350-c.1450*, Cambridge 1988, S. 37-48.

Stein, Tine, »Der Verfassungsbegriff der römisch-katholischen Kirche«, in: Markus Llanque/Daniel Schulz (Hg.), *Verfassungsidee und Verfassungspolitik*, 2014, S. 379-386.

Streeck, Wolfgang, *Gekaufte Zeit. Die vertagte Krise des demokratischen Kapitalismus*, Berlin 2013.

Strohschneider, Tom, »Bernstein: Kritisches Denken in Bewegung«, in: Tom Strohschneider (Hg.), *Eduard Bernstein oder: Die Freiheit des Andersdenkenden*, Berlin 2019, S. 9-63.

Syros, Vasileios, *Marsilius of Padua at the Intersection of Ancient and Medieval Traditions of Political Thought*, Toronto/Buffallo/London 2012.

Tarrow, Sydney, *Peasant Communism in Southern Italy*, New Haven/London 1967.

Tellenbach, Gerd, *Libertas. Kirche und Weltordnung im Zeitalter des Investiturstreits (1936)*, Stuttgart/Berlin/Köln 1996.

Teubner, Gunther, »Reflexives Recht: Entwicklungsmodelle des Rechts in vergleichender Perspektive«, in: *Archiv für Rechts- und Sozialphilosophie* (1982), S. 13-59.

–, *Recht als autopoietisches System*, Frankfurt am Main 1989.

–, »Selbstsubversive Gerechtigkeit: Kontingenz- oder Transzendenzformel des Rechts?«, in: *Zeitschrift für Rechtssoziologie* (2008), S. 9-36.

–, *Verfassungsfragmente. Gesellschaftlicher Konstitutionalismus in der Globalisierung*, Berlin 2012.

–, »Exogene Selbstbindung: Wie gesellschaftliche Teilsysteme ihre Gründungsparadoxien externalisieren«, in: *Zeitschrift für Rechtssoziologie* 1 (2015), S. 69-89.

Thalheimer, August, »Über den Faschismus (1928)«, in: Wolfgang Abendroth (Hg.), *Faschismus und Kapitalismus. Theorie über die sozialen Ursprünge und die Funktion des Faschismus*, Frankfurt am Main 1972, S. 19-39.

Theweleit, Klaus, *Männerphantasien 1. Frauen, Fluten, Körper, Geschichten*, Reinbek bei Hamburg 1980.

Thomas, Peter D., *The Gramscian Moment. Philosophy, Hegemony and Marxism*, Leiden/Boston 2009.

–, »The Modern Prince: Gramsci's Reading of Machiavelli«, in: *History of Political Thought* 3 (2017), S. 523-544.

Thompson, Edward P., *The Making of the English Working Class*, London 2002.

Thornhill, Chris, *A Sociology of Constitutions: Constitutions and State Legitimacy in Historical-Sociological Perspective*, Cambridge 2011.

–, »Contemporary Constitutionalism and the Dialectic of Constituent Power«, in: *Global Constitutionalism* 3 (2012), S. 369-404.

–, *A Sociology of Transnational Constitutions. Social Foundations of the Post-National Legal Structure*, Cambridge 2016.
–, »Subjektive Rechte und Staatlichkeit«, in: Andreas Fischer-Lescano u. a. (Hg.), *Gegenrechte: Rechte jenseits des Subjekts*, Tübingen 2018, S. 53-80..
Tierney, Brian, *Church Law and Constitutional Thought in the Middle Ages*, London 1979.
–, *Foundations of the Conciliar Theory. The Contribution of the Medieval Canonists from Gratian to the Great Schism*, Leiden/New York/Köln 1998.
Tooze, Adam, *Crashed: How a Decade of Financial Crises Changed the World*, London 2018.
Tuck, Richard, *The Sleeping Sovereign. The Invention of Modern Democracy*, Cambridge 2015.
Turner, Henry S., *The Corporate Commonwealth. Pluralism and Political Fictions in England, 1516-1651*, Chicago/London 2016.
Tushnet, Mark, *Taking the Constitution Away from the Courts*, Princeton 2000.

Ullmann, Walter, *Principles of Government and Politics in the Middle Ages*, London 1961.
–, *A Short History of the Papacy in the Middle Ages*, Oxon/New York 2003.
Urbinati, Nadia, *Democracy Disfigured: Opinion, Truth, and the People*, Cambridge 2014.
Urbinati, Nadia/Warren, Mark E., »The Concept of Representation in Contemporary Democratic Theory«, in: *Annual Review of Political Science* (2008), S. 387-412.

Vatter, Miguel, »The Quarrel between Populism and Republicanism: Machiavelli and the Antinomies of Plebeian Politics«, in: *Contemporary Political Theory* 3 (2012), S. 242-263.
–, *Between Form and Event. Machiavelli's Theory of Political Freedom*, New York 2014.
–, *Divine Democracy. Political Theology after Carl Schmitt*, New York 2021.
Vergara, Camila, *Systemic Corruption. Constitutional Ideas for an Anti-Oligarchic Republic*, Princeton 2020.
Vester, Michael, *Die Entstehung des Proletariats als Lernprozess. Die Entstehung antikapitalistischer Theorie und Praxis in England 1792-1848*, Frankfurt am Main 1975.
Voeglin, Eric, *Das Volk Gottes. Sektenbewegung und der Geist der Moderne*, München 1994.
Volk, Christian, »Why Global Constitutionalism Does not Live Up to its Promises«, in: *Goettingen Journal of International Law* 2 (2013), S. 551-573.

Vollrath, Ernst, »Rosa Luxemburg's Theory of Revolution«, in: *Social Research* 1 (1973), S. 83-109.
von Bogdandy, Armin u. a. (Hg.), *Transformative Constitutionalism in Latin America: The Emergence of a New Ius Commune*, Oxford 2017.
von Gierke, Otto, *Das deutsche Genossenschaftsrecht. Band 3: Die Staats- und Korporationslehre des Altertums und des Mittelalters und ihre Aufnahme in Deutschland*, Berlin 1881.
–, *Political Theories of the Middle Age*, Cambridge 1900.
von Padua, Marsilius, *Der Verteidiger des Friedens (1324)*, Stuttgart 1971.
von Stetten, Moritz, *Verfremdungsspiele. Zur Unterscheidung von vier Formen des systemtheoretischen Denkens*, Weilerswist 2018.
Voßkuhle, Andreas, »Demokratie und Populismus«, in: *Der Staat* 1 (2018), S. 119-134.

Wagner, Andreas, *Recht – Macht – Öffentlichkeit. Elemente demokratischer Staatlichkeit bei Jürgen Habermas und Claude Lefort*, Stuttgart 2010.
Waley, Daniel/Dean, Trevor, *The Italian City-Republics (Fourth Edition)*, London/New York 2010.
Walzer, Michael, *The Revolution of the Saints. A Study in the Origins of Radical Politics*, Harvard/London 1965.
–, *Exodus und Revolution*, Frankfurt am Main 1995.
Weber, Max, *Wirtschaft und Gesellschaft*, Darmstadt 2005.
Weiss, Peter, *Ästhetik des Widerstands*, Frankfurt am Main 1976/1978/1981.
Wenman, Mark, *Agonistic Democracy. Constituent Power in the Era of Globalization*, New York 2013.
Werner, Ernst, »Probleme städtischer Volksbewegungen im 14. Jahrhundert, dargestellt am Beispiel der Ciompi-Erhebung in Florenz«, in: Ernst Werner/Max Steinmetz (Hg.), *Städtische Volksbewegungen im 14. Jahrhundert*, Berlin 1960, S. 11-55.
Wiethölter, Rudolf, »Just-ifications of a Law of Society«, in: Oren Perez/G. Teubner (Hg.), *Paradoxes and Inconsistencies in the Law*, Oxford 2005, S. 65-77.
Wihl, Tim, *Aufhebungsrechte. Form, Zeitlichkeit und Gleichheit der Grund- und Menschenrechte*, Weilerswist 2019.
–, *Wilde Demokratie. Das Recht auf Protest*, Berlin 2024.
Wildt, Michael, *Die Ambivalenz des Volkes. Der Nationalsozialismus als Gesellschaftsgeschichte*, Berlin 2018.
Wilkinson, Michael, *Authoritarian Liberalism and the Transformation of Modern Europe*, Oxford 2021.
Wippermann, Wolfgang, *Faschismustheorien. Zum Stand der gegenwärtigen Diskussion*, Darmstadt 1972.
–, *Die Bonapartismustheorie von Marx und Engels*, Stuttgart 1983.

Wyduckel, Dieter, *Princeps Legibus Solutus. Eine Untersuchung zur frühmodernen Rechts- und Staatslehre*, Berlin 1979.

Zabel, Benno, »Das Volk oder die totemistische Maske der Demokratie«, in: Jochen Bung/Milan Kuhli (Hg.), *Volk als Konzept in Recht und Politik*, Boston 2019, S. 33-62.

Ziegler, Jean, *Gegen die Ordnung der Welt. Befreiungsbewegungen in Afrika und Lateinamerika*, Wuppertal 1986.

Zinn, Howard, *A People's History of the United States*, New York 2003.

Zola, Émile, *Seine Exzellenz Eugène Rougon (1876)*, Berlin 1958.

–, *Das Glück der Familie Rougon (1871)*, Gütersloh 1985.

Politische Theorie
im Suhrkamp Verlag
Eine Auswahl

Mahmoud Bassiouni. Menschenrechte zwischen Universalität und islamischer Legitimität. stw 2114. 390 Seiten

Pierre Bayle. Toleranz. Ein philosophischer Kommentar. stw 2183. 354 Seiten

Seyla Benhabib. Kosmopolitismus ohne Illusionen. Menschenrechte in unruhigen Zeiten. stw 2165. 281 Seiten

Klaus von Beyme
- Die politische Klasse im Parteienstaat. stw 1064. 224 Seiten
- Theorie der Politik im 20. Jahrhundert. Von der Moderne zur Postmoderne. Erweiterte Ausgabe. stw 969. 450 Seiten

Ernst-Wolfgang Böckenförde
- Recht, Staat, Freiheit. Studien zur Rechtsphilosophie, Staatstheorie und Verfassungsgeschichte. stw 914. 382 Seiten
  Staat, Nation, Europa. Studien zur Staatslehre, Verfassungstheorie und Rechtsphilosophie. stw 1419. 290 Seiten

Armin von Bogdandy/Ingo Venzke. In wessen Namen? Internationale Gerichte in Zeiten globalen Regierens. stw 2088. 383 Seiten

Manfred Brocker. Geschichte des politischen Denkens. Ein Handbuch. stw 1818. 826 Seiten

Manfred Brocker (Hg.). Geschichte des politischen Denkens. Das 20. Jahrhundert. stw 2210. 965 Seiten

NF 112/1/5.19

Hauke Brunkhorst. Solidarität. Von der Bürgerfreundschaft zur globalen Rechtsgenossenschaft. stw 1560. 247 Seiten

Hauke Brunkhorst (Hg.). Demokratischer Experimentalismus. Politik in der komplexen Gesellschaft. stw 1369. 397 Seiten

Hauke Brunkhorst/Wolfgang R. Köhler/Matthias Lutz-Bachmann (Hg.). Recht auf Menschenrechte. Menschenrechte, Demokratie und internationale Politik. stw 1441. 352 Seiten

Hauke Brunkhorst/Peter Niesen (Hg.). Das Recht der Republik. stw 1392. 403 Seiten

Judith Butler

- Antigones Verlangen: Verwandtschaft zwischen Leben und Tod. Übersetzt von Reiner Ansén. es 2187. 160 Seiten
- Gefährdetes Leben. Politische Essays. Übersetzt von Karin Wördemann. es 2393. 179 Seiten
- Haß spricht. Zur politischen Performation. es 2414. 263 Seiten
- Körper von Gewicht. Die diskursiven Grenzen des Geschlechts. Übersetzt von Karin Wördemann. es 1737. 400 Seiten
- Kritik der ethischen Gewalt. Übersetzt von Reiner Ansén. Adorno-Vorlesungen 2002. stw 1792. 180 Seiten
- Psyche der Macht. Das Subjekt der Unterwerfung. Übersetzt von Reiner Ansén. es 1744. 260 Seiten
- Das Unbehagen der Geschlechter. Übersetzt von Kathrina Menke. es 1722. 240 Seiten

Christine Chwaszcza/Wolfgang Kersting (Hg.). Politische Philosophie der internationalen Beziehungen. stw 1365. 604 Seiten

NF 112/2/5.19

Iris Därmann. Figuren des Politischen. stw 1911. 304 Seiten

Nicole Deitelhoff. Überzeugung in der Politik. Grundzüge einer Diskurstheorie internationalen Regierens. stw 1821. 347 Seiten

Jacques Derrida
- Das andere Kap. Die vertagte Demokratie. Zwei Essays zu Europa. Übersetzt von Alexander García Düttmann. es 1769. 97 Seiten
- Schurken. Übersetzt von Horst Brühmann. 224 Seiten. Gebunden. stw 1778. 219 Seiten

Andreas Folkers/Thomas Lemke (Hg.). Biopolitik. Ein Reader. stw 2080. 526 Seiten

Michel Foucault
- Geschichte der Gouvernementalität. Band 1: Sicherheit, Territorium, Bevölkerung. stw 1808. 600 Seiten. Band 2: Die Geburt der Biopolitik. stw 1809. 517 Seiten
- Die Regierung der Lebenden. Vorlesungen am Collège de France 1979-1980. Übersetzt von Andrea Hemminger. 496 Seiten. Gebunden

Dieter Gosewinkel. Schutz und Freiheit? Staatsbürgerschaft in Europa im 20. und 21. Jahrhundert. stw 2167. 772 Seiten

Armin Grunwald. Technik und Politikberatung. Philosophische Perspektiven. stw 1901. 403 Seiten

Marion Heinz/Sidonie Kellerer (Hg.). Martin Heideggers »Schwarze Hefte«. Eine philosophisch-politische Debatte. stw 2178. 445 Seiten

Rahel Jaeggi/Daniel Loick. Nach Marx. Philosophie, Kritik, Praxis. stw 2066. 518 Seiten

NF 112/3/5.19

Hans Joas/Martin Kohli (Hg.). Der Zusammenbruch der DDR. es 1777. 325 Seiten

Matthias Kettner (Hg.). Angewandte Ethik als Politikum. stw 1458. 416 Seiten

Ekkehart Krippendorff
- Kritik der Außenpolitik. es 2139. 240 Seiten
- Staat und Krieg. Die historische Logik politischer Unvernunft. es 1305. 436 Seiten

Thomas Khurana/Dirk Quadflieg/Francesca Raimondi/Juliane Rebentisch/Dirk Setton (Hg.). Negativität. Kunst, Recht, Politik. stw 2267. 487 Seiten.

Skadi Siiri Krause. Eine neue Politische Wissenschaft für eine neue Welt. Alexis de Tocqueville im Spiegel seiner Zeit. stw 2227. 595 Seiten

Geoffroy de Lagasnerie. Die Kunst der Revolte. Snowden, Assange, Manning. Übersetzt von Jürgen Schröder. Gebunden. 158 Seiten

Ernst-Joachim Lampe (Hg.). Zur Entwicklung von Rechtsbewußtsein. stw 1315. 520 Seiten

Niklas Luhmann. Die Wirtschaft der Gesellschaft. stw 1152. 356 Seiten

Avishai Margalit
- Politik der Würde. Über Achtung und Verachtung. Übersetzt von Gunnar Schmidt und Anne Vonderstein. stw 2041. 277 Seiten
- Über Kompromisse – und faule Kompromisse. Übersetzt von Michael Bischoff. 251 Seiten. Gebunden

NF 112/4/5.19

Ingeborg Maus
- Justiz als gesellschaftliches Über-Ich. Zur Position der Rechtsprechnung in der Demokratie. stw 2229. 266 Seiten
- Menschenrechte, Demokratie und Frieden. Perspektiven globaler Organisation. stw 2113. 238 Seiten

Ulrich Menzel/Dieter Senghaas. Europas Entwicklung und die Dritte Welt. Eine Bestandsaufnahme. es 1393. 295 Seiten

Ulrich Menzel u. a. (Hg.). Die Neue Weltwirtschaft. Entstofflichung und Entgrenzung der Ökonomie. es 1983. 336 Seiten

Gabriele Metzler. Der Staat der Historiker. Staatsvorstellungen deutscher Historiker seit 1945. stw 2269. 371 Seiten

David Miller. Fremde in unserer Mitte. Politische Philosophie der Einwanderung. Übersetzt von Frank Lachmann. stw 2291. 330 Seiten

Jan-Werner Müller. Das demokratische Zeitalter. Eine politische Ideengeschichte Europas im 20. Jahrhundert. Übersetzt von Michael Adrian. stw 2243. 509 Seiten

Thomas Nagel. Eine Abhandlung über Gleichheit und Parteilichkeit. Übersetzt von Michael Gebauer. stw 2166. 243 Seiten

Julian Nida-Rümelin. Demokratie als Kooperation. stw 1430. 224 Seiten

Peter Niesen/Benjamin Herborth (Hg). Anarchie der kommunikativen Freiheit. Jürgen Habermas und die Theorie der internationalen Politik. stw 1820. 464 Seiten

NF 112/5/5.19

Martha C. Nussbaum. Politische Emotionen. Warum Liebe für Gerechtigkeit wichtig ist. Übersetzt von Ilse Utz. stw 2172. 623 Seiten

Claus Offe. Selbstbetrachtung aus der Ferne. Tocqueville, Weber und Adorno in den Vereinigten Staaten. Kartoniert. 144 Seiten

Bernhard Peters. Der Sinn von Öffentlichkeit. Herausgegeben von Hartmut Weßler. Mit einem Vorwort von Jürgen Habermas. stw 1836. 410 Seiten

Karl Polanyi. The Great Transformation. Politische und ökonomische Ursprünge von Gesellschaften und Wirtschaftssystemen. Übersetzt von Heinrich Jelinek. stw 260. 394 Seiten

John Rawls
- Gerechtigkeit als Fairneß. Ein Neuentwurf. stw 1804. 316 Seiten
- Geschichte der politischen Philosophie. Herausgegeben von Samuel Freeman. Übersetzt von Joachim Schulte. stw 2022. 671 Seiten

Hartmut Rosa. Beschleunigung. Die Veränderung der Zeitstrukturen in der Moderne. stw 1760. 537 Seiten

Pierre Rosanvallon. Die Gesellschaft der Gleichen. Übersetzt von Michael Halfbrodt. stw 2239. 384 Seiten

Dieter Senghaas
- Friedensprojekt Europa. es 1717. 226 Seiten
- Konfliktformationen im internationalen System. Weltpolitische Betrachtungen. es 1509. 230 Seiten
- Weltwirtschaftsordnung und Enwicklungspolitik. Plädoyer für Dissoziation. cs 856. 358 Seiten

NF 112/6/5.19

Dieter Senghaas (Hg.). Frieden machen. es 2000. 592 Seiten

Quentin Skinner. Freiheit und Pflicht. Thomas Hobbes' politische Theorie. Frankfurter Adorno-Vorlesungen 2005. Institut für Sozialforschung an der Johann Wolfgang Goethe-Universität, Frankfurt am Main. Aus dem Englischen von Karin Wördemann. Broschur. 141 Seiten

Horst Steinmann/Andreas Georg Scherer (Hg.). Zwischen Universalismus und Relativismus. Philosophische Grundlagenprobleme des interkulturellen Managements. stw 1380. 424 Seiten

Wolfgang Streeck. Gekaufte Zeit. Die vertagte Krise des demokratischen Kapitalismus. 271 Seiten. Gebunden

Cass. R. Sunstein. Gesetze der Angst. Jenseits des Vorsorgeprinzips. Aus dem Amerikanischen von Robin Celikates und Eva Engels. Gebunden. 344 Seiten

Dieter Thomä. Puer robustus. Eine Philosophie des Störenfrieds. stw 2275. 783 Seiten

Helmut Willke. Dezentrierte Demokratie. Prolegomena zur Revision politischer Steuerung. stw 2182. 207 Seiten

NF 112/7/5.19

NF 126a/1/10.15

Die Politik der Gesellschaft. Herausgegeben von André Kieserling. stw 1582. 444 Seiten

Politische Soziologie. Herausgegeben von André Kieserling. Gebunden und stw 2068. 499 Seiten

Protest. Systemtheorie und soziale Bewegungen. Herausgegeben von Kai-Uwe Hellmann. stw 1256. 216 Seiten

Das Recht der Gesellschaft. stw 1183. 598 Seiten

Die Religion der Gesellschaft. Herausgegeben von André Kieserling. stw 1581. 368 Seiten

Schriften zur Pädagogik. Herausgegeben und mit einem Vorwort von Dieter Lenzen. stw 1697. 278 Seiten

Soziale Systeme. Grundriß einer allgemeinen Theorie. stw 666. 675 Seiten

Theorie der Gesellschaft. Neun Bände in Kassette. 5100 Seiten

Die Wirtschaft der Gesellschaft. stw 1152. 356 Seiten

Die Wissenschaft der Gesellschaft. stw 1001. 732 Seiten

Zweckbegriff und Systemrationalität. Über die Funktion von Zwecken in sozialen Systemen. stw 12. 390 Seiten

Niklas Luhmann/Peter Fuchs. Reden und Schweigen. stw 848. 227 Seiten

Niklas Luhmann/Karl Eberhard Schorr. Reflexionsprobleme im Erziehungssystem. stw 740. 390 Seiten

NF 126a/2/10.15

Niklas Luhmann als Herausgeber

Niklas Luhmann/Stephan H. Pfürtner. Theorietechnik und Moral. stw 206. 267 Seiten

Niklas Luhmann/Karl Eberhard Schorr. Zwischen Intransparenz und Verstehen. Fragen an die Pädagogik. stw 572. 325 Seiten

Zu Niklas Luhmann

Beobachter der Moderne. Niklas Luhmanns »Die Gesellschaft der Gesellschaft«. Herausgegeben von Hans-Joachim Giegel und Uwe Schimank. stw 1612. 343 Seiten

GLU. Glossar zu Niklas Luhmanns Theorie sozialer Systeme. Von Claudio Baraldi, Giancarlo Corsi und Elena Esposito. stw 1226. 248 Seiten

Irritationen des Erziehungssystems. Pädagogische Resonanzen auf Niklas Luhmann. Herausgegeben von Dieter Lenzen. stw 1657. 235 Seiten

Luhmann und die Kulturtheorie. Herausgegeben von Günter Burkart und Gunter Runkel. stw 1725. 289 Seiten

Rezeption und Reflexion. Zur Resonanz der Systemtheorie Niklas Luhmanns außerhalb der Soziologie. Herausgegeben von Henk de Berg und Johannes F. K. Schmidt. stw 1501. 514 Seiten

Theorie der Politik. Niklas Luhmanns politische Soziologie. Herausgegeben von Kai-Uwe Hellmann und Rainer Schmalz-Bruns. stw 1583. 320 Seiten

NF 126a/3/10.15

50 Jahre suhrkamp taschenbuch wissenschaft 1973-2023 Das Jubiläumsprogramm

Aleida Assmann. Im Dickicht der Zeichen. stw 2429. 360 Seiten

Judith Butler. Die Macht der Geschlechternormen und die Grenzen des Menschlichen. Übersetzt von Karin Wördemann und Martin Stempfhuber. stw 2422. 414 Seiten

Esther Duflo. Kampf gegen die Armut. Übersetzt von Andrea Hemminger. stw 2428. 182 Seiten

Philippa Foot. Die Natur des Guten. Übersetzt von Michael Reuter. stw 2421. 162 Seiten

Eva Illouz. Gefühle in Zeiten des Kapitalismus. Übersetzt von Martin Hartmann. stw 2423. 170 Seiten

Rahel Jaeggi. Kritik von Lebensformen. stw 2424. 451 Seiten

Karin Knorr Cetina. Die Fabrikation von Erkenntnis. Zur Anthropologie der Wissenschaft. Mit einem Vorwort von Rom Harré. stw 2427. 372 Seiten

Martina Löw. Raumsoziologie. stw 2425. 320 Seiten

Beate Rössler. Autonomie. Ein Versuch über das gelungene Leben. stw 2426. 443 Seiten

Lucie Varga. Zeitenwende. Mentalitätshistorische Studien 1936-1939. Herausgegeben, übersetzt und eingeleitet von Peter Schöttler. stw 2430. 247 Seiten

NF 185/1/1.23